李国文，上海人。中共党员。1949年毕业于南京戏剧专科学校理论编剧专业。历任中国人民志愿军某部文工团创作组组长，中国铁路总工会宣传部主任干事，中国铁路文工团创作员，中国铁路文协副主席，《小说选刊》主编。中国作家协会第四届理事。1957年开始发表作品。

著有长篇小说《花园街五号》，短篇小说集《第一杯苦酒》、《危楼纪事》、《没意思的故事》等。长篇小说《冬天里的春天》获首届茅盾文学奖，《月食》、《危楼纪事之一》分别获全国第三、四届优秀短篇小说奖。

著有随笔散文集《骂人的艺术》、《淡之美》、《大雅村言》、《楼外谈红》、《中国文人的非正常死亡》、《中国文人的活法》、《文人遭遇皇帝》、《唐朝的天空》、《莎士比亚传》等。

天下文人

李国文◎著

中国文联出版社

目　录

时人不识李二曲——文人的品格 / 1

最有天才的女子——文人的精神 / 13

1644 年的北京——文人的节操 / 24

翩翩一只云中鹤——文人的愉悦 / 37

名士末路徒奈何——文人的潇洒 / 48

朱元璋的心结——文人的灾厄 / 58

乾隆写诗四万首——文人的克星 / 66

一代文人苏东坡——文人的业障 / 75

老夫聊发少年狂——文人的狂狷 / 83

最是凄寒二月天——文人的较量 / 94

我劝天公重抖擞——文人的浪漫 / 108

权力场中的角逐——文人的政治情结 / 122

生死关头见肝胆——文人的气节 / 136

江南何以才子多——文人的纬度 / 147

文文山与谢叠山——文人的报国情怀 / 162

帝王好写诗——文人的困厄 / 173

耗子玩猫——文人的宿命 / 183

李斯西行 / 196

人老莫作诗 / 205

白居易饮酒（外二篇） / 215

明"后七子"一瞥 / 229

名父之子（外一篇） / 238

文学的"粥化"（外一篇） / 250

袁枚的《随园食单》 / 257

"春风又绿江南岸" / 263

汤显祖和莎士比亚 / 267

"最是无情花落去" / 272

走近歌德（外二篇） / 279

他为什么迷上巴黎？（外一篇） / 289

永远的巴尔扎克 / 299

时人不识李二曲
——文人的品格

"关中三李"，现已不为人知，可在三百多年前，却是学界耳熟能详的提法。

"三李"系指周至县的李颙（1627—1705），眉县的李柏（1630—1700），富平的李因笃（1631—1692）。这三县都在关中，故而名之。

他们均为明末清初的一代名儒，无论道德，无论文章，都是当时众望所归的代表人物。不过，德国诗人海涅说过："文学史是一所硕大无朋的停尸场，人人都在那里寻找自己亲爱的死者，或亡故的亲友。"也许，掀过去的一页，就永远定格在历史的那一刻了，除非有人寻找，谁也不会在意。如今，即使在"三李"的故乡，也不大有人提及了。

公元1703年（清康熙四十二年）冬十月，玄烨西巡。

十一月十五日渡黄河，经潼关、临潼，当日抵达西安。侍卫和近臣都劝这位旅途劳顿的皇帝，稍事休息。无论如何，到底是年纪奔六之人，应该将养龙体。但一路来，这位陛下圣猷独断，岂容臣工多嘴？他决定次日，也就是十六日清早，要到沙场阅兵。圣旨一下，满城大乱。当地的抚督臬按，检巡府监，将帅校尉，以及参阅兵佐，整整一宿，谁也不敢合眼，忙乱得脚打后脑勺。

幸好，中国人对付皇帝的最妙之术，曰："齐不齐，一把泥"。只要大概齐说得过去，就会给皇帝留下军容整齐，骑射娴熟的印象。特别是下了一条死命令，俺们老陕别的本钱没有，会吼秦腔不？会吼信天游不？那本官拜托众位，放开嗓子吼"万岁"，这是最能讨好陛下的手段。①

> ① 玄烨心里很清楚，这既不是老百姓在骗皇帝，也不是皇帝乐意被骗。在中国，舞台上演戏的是演员，舞台下看戏的也是演员。台上的人演给台下人看，台下的人也在演给台上人看。你若悟到这一点，真得恭喜你，中国社会百分之五十的真谛，算是被你掌握了。

果然，那一天，在演兵场上，骑着马的戎装玄烨，顾眄四望，目光所及，"万岁万岁万万岁"的吼声，地动山摇，几乎令渭水为之倒流，差点让终南为之余震，教玄烨好一个得意。再次日，也就是十七日，心情怪不错的陛下又下了令，恩免陕西、甘肃两巡抚所属地方当年钱粮，消息传开，当然让黄土地的老乡们喜不自胜。三天以后，也就是二十日，又下令陕西绿旗兵把总以上官各加一级，八旗兵将军以下、骁骑校以上各加一级。这一连串派糖活动，说明老爷子很高兴，也说明陕西方面上上下下着实下了工夫，卖了力气。

虽然还不到腊月，离过年还远，压岁钱倒先给了。看来，在中国这块土地上，如何哄骗得皇帝老子开心，如何糊弄得万岁爷龙颜大悦，是各级官员首先要学会的功课。阅兵那天，玄烨看到万岁不离口，嗓子都喊哑的众军士，颇为感动，亲口对抚军博霁宣示："朕历巡江南、浙江、盛京、乌喇等处，未能有及西安兵丁者。尔处官兵俱娴礼节，重和睦，尚廉耻，且人材壮健，骑射精练，深可嘉尚，慎勿令其变易。"

在一旁侍候的巡抚鄂海，虽是一位庸吏，拍马术还是相当精通的，听到圣上这番奖谕以后，自然也掩嘴偷着乐。不过，鄂海还是捏着一把汗。因为，双管齐下，文武齐抓，习惯于两手皆硬，是当今圣上的行事方式。武的，他已经检阅过了，文的，也少不了要审视一番。果不其然，圣上的眼神落在鄂海身上，显得有话要说。当时吓得他一激灵，脑门子沁出一层冷汗。满清官员，对皇帝，一张口就是奴才，而隶属八旗出身的满洲官员，则尤其是奴才相十足。一到此刻，只有垂手侍立，双肩胁紧，竖着耳朵，一口一声地"嘿"，恭听圣训了。

因为康熙一过潼关，就发出手谕，要召见周至县的一位名叫李颙的"处士"。现在，陛下查问鄂海的，正是这项安排。

李颙是谁？谁是李颙？对今天的读者来说，可是一道真正的难题了。清人陈康祺《郎潜纪闻初笔·卷八·北学南学关学》条目中这样说："国初，孙征君讲学苏门，号为北学。余姚黄梨洲先生宗羲，教授其乡，数往来明越间，开塾讲肄，为南学。关中之士，则群奉西安李二曲先生容（颙），为人伦模楷，世称关学。"三百多年过去之后，这位关学领袖，即使你到西安最繁华的鼓楼大街，挨着个地向当地人打听，我估计，十之八九，不大会有人知道这个名字。向文联、作协的诸位贤达打听，十之七八，也未必能说得上子午卯酉。

有一年，我在西安，请教过一位文学界同行，如今在周至县，可还能找到李二曲老先生的什么遗迹吗？他看了看我，眼白多于眼黑。反问道，那该是与魏长生、刘省三同辈的唱秦腔的老艺人吧？他这一说，倒使我一时语噎，不知如何应对。对于陕西籍，甚或西北籍人士，酷嗜这门地方戏，到了偏执的程度，我最早是从鲁迅先生的日记中领教过的。民国初年，先生到北京任教育部佥事，赴西安考察，其中观摩易俗社的秦腔表演，那种非看不可、不看不行的热忱，让先生很有点吃不消的。于是，接下来，因无话好说，只好听这位文学界朋友谈当地那些名流，谁和谁结婚，谁和谁离婚，谁和谁结婚又离婚，谁和谁离婚又结婚之类的花边新闻。②

> ② 对于皇帝来说，最怕的是生前被人冷落，而对于文人来说，最怕的是死后被人冷落。皇帝若没有人将他当回事，估计他离末日也不远了，而文人死了以后，人们根本想不起他来，才是这位文人莫大的悲哀。才三百年过去，几乎连他的家乡人也已将他淡忘。谁人还识李二曲？能不令人感慨？

虽然结婚离婚已经如此之方便和轻易，说明后解构时代确实已经来临，但我仍然觉得将这样一位在明清易代期间广知博赡，著作等身，文章道德，世所共仰的大儒；一位与统治中国已经近六十年之久的清朝政府始终保持距离的文人；一位既未应明代科举，也未进清朝考场，全凭自学成才，苦学钻研，从六经诸史，百家诸子，到佛经道藏，天文地理，无不烂熟于胸的学者，人称"关中三李"的代表人物李颙，中国文人坚贞不屈的品格榜样，抛诸脑后，置若罔闻，忘了个干干净净，是有点说不过去的。

历史并不要求你记住所有一切，这就是人类审视自身来历时的大度和宽容；而是希望你记住应该记住的，如果应该记住的都置之脑后，那人之异于禽兽者还有几何，可真是问题了！

李二曲之所以被弘扬，被张大，被高山仰止到楷模、典范、先贤、大师的地步，是因为公元1664年的明清鼎革，对当时的每个中国人来讲，都是一次切肤之痛的深刻体验。中国历史上的改朝换代，何止数十百次，从来没有像清人进关这一次，伤筋动骨，摧肝裂胆，几乎无人能逃过这场生死劫。且不说"扬州十日"、"嘉定三屠",就脑袋顶上的几根毛,也是决定性命的抉择。你要明朝的头发,你就不能要脑袋,你要保全这颗脑袋,你就得剃得光秃秃的只留一根猪尾巴似的大清辫子。所以,在屠刀和剪刀面前,文人之降服变节者,软骨摇尾者,卖友求荣者,陷害密告者,无耻佞从者,投机取巧者,拍马钻营者,苟且偷生者,多得让人窒息,多得成为灾难。

因此,一不应清廷科举,二不为清廷官吏,三不与清廷合作,四不和清廷来往,始终自居遗民身份的李颙,便格外为人景仰。人心是秤,公道自在。有清三百年间,海内不知二曲先生者甚少。而三百年后,西北那黄土高原,除了安塞腰鼓,除了"妹妹你大胆地往前走",可有一位撑得起"关学"这样字号的大学问家,独领一方,独开一面,也好让我那位西安朋友,不要一听到李二曲的"曲"字,马上先就联想到唱秦腔的老艺人,显得乏善可陈的孤陋寡闻了。③

③ 契诃夫 1886 年写过一篇小说《头等客车乘客》,一位建桥的工程师,对同一包厢的乘客说,他一辈子给俄罗斯造了二十座大桥,没有人知道他是谁。一次新桥落成庆祝大会,当地的报纸,竟无一个字提到设计者的他,相反,他带去的一个歌女,却有着连篇累牍的报道。还有一次,他应莫斯科市长之请,去博物馆发表演讲。正当他走上台致辞时,全场观众一齐向窗口跑过去,向正在路过的短跑运动员欢呼致敬。说到这里,与他同行的乘客反过来问他,你可知道我是谁吗?这个旅伴,不但在大学里当了三十多年的教授,而且,还是科学院院士。于是,这两位头等客车乘客"互相瞧着,扬声大笑"。

但是,大清王朝的皇帝,尤其这位圣祖,可不是吃干饭的,对这位"关学"领袖,印象不但深刻,而且历久弥新。"处士李颙,人好读书,深明理学,屡征不出,朕甚佳之。"最后两句圣谕,语焉不详,究竟褒呢?还是贬?让在场的陕省官员,摸不清圣上的底细。他们深信,"处士"一词,出自圣谕,那玄机和奥秘,就够周至县的李二曲吃一壶的了。一般情况下,未经科举,未获功名的读书人,自称或人称"处士",是很正常的。而李颙,快八十岁的白头老翁,行将就木的前朝老朽,呼为"处士",就如同对鹤发鸡皮,风烛残年的老妇,叫她小姐一样,听来不免牙碜。按说,有了一大把子年纪,尚未释褐的老先生,便堂而皇之的"布衣"了。但玄烨不称他为"布衣",而称之为"处士",这就是统治者"率土之滨,莫非王臣"的必然想法,你必须要成为大清王朝的良民。④

④ "布衣"和"处士"，本无严格区别。但对玄烨来讲，体制内和体制外，这个界限是不可模糊的。

别看鄂海一脑袋糊涂糨子，但在意识形态领域方面，那高度防范之心、滴水不漏之意，倒与圣衷不谋而合。他掰着手指数了数，顺治爷坐江山十七年，康熙爷坐江山，至此公元 1703 年，也有四十二年，加在一起，大清王朝将近一个甲子。中国人五十年为一代，父生子，子生孙，李颙居然仍未改弦更张，另换门庭，继续当他的不入彀门的"处士"，继续做他的精神上的前朝"遗民"，所以，这次西巡，才生出召见这个花岗岩脑袋的想法吧？

他替圣上想，对于这个始终保持既不反抗，也不赞成的人生姿态，始终保持既不唱对台戏，也不随指挥棒跳舞的言行宗旨，始终保持超然物外、绝迹凡尘、独善其身、我行我素的文人品格的李颙，虽然一不生事，二不闹事，三不犯事，但陛下数十年打造出来的万宇一统，四海归心的大好局面中，有这么一个说不上是三心二意，可绝说不上是一心一意的死角，岂不让圣上有那种不够百分之百的遗憾嘛！

鄂海还真是揣摸透了玄烨的心思，陛下现在希望得到的，是政治上的绝对一统，是黎庶的完全归顺，是知识分子的心悦诚服，是大清天下的万古长青。四十多年前，他刚执政，也许不具有这样的自信，如今，屁股越坐越稳，江山越坐越牢，觉得"率土之滨，莫非王臣"的局面，是应该得到实现了。不过，圣人早说过的："水至清，则无鱼；人至察，则无徒。"统治者追求完美、完善、完全，对多样、多元、多彩、多面的社会来说，这种原教旨式的洁癖，倒有可能成为升斗小民的磨难。老百姓最怕统治者放着好日子不过，非要无事生非、非要节外生枝。陛下呀陛下，您大人大量，有必要非跟这个并不捣乱的老学究过不去吗？

早在圣上决定西巡之前，巡抚鄂海就得到京城军机处的某位章京的关照，说万岁爷此次到西京，有一个召见李颙的日程。鄂海接此信息，跌足长叹，直埋怨是谁出的这个鬼点子，让大家年都过不好。这个李二曲，岂是一个随便听摆布、任拿捏的文人吗？他不惹你，谢天谢地，你要惹他，不是没病找病嘛！可文治武功，是历代清朝皇帝最为期许的一个高境界。这次西巡，即是要体现出圣上黾勉士林的恩泽，莫过于召见当地最具代表性的文化界头面人物。在陕西省，甚或在西北地区，除了李二曲这样有年纪、有学问、有号召力、有影响力的大儒，再无适当人选。鄂海也就只好硬着头皮，派了一位干员，携了一份厚礼，趋访李颙，希望这位老学究给地方官一个面子。谁知，碰了个大钉子。这位"关学"领袖，"宴息土室"，"虽骨肉至亲，亦不得见"，已经二十多年足不出户了。

生于公元 1627 年（明天启七年），逝于公元 1705 年的李颙，享年 78 岁。玄烨西巡，是李颙死前两年，也就是 1703 年（清康熙四十二年）的事情。老人家哪里想到，临死临死，又被推到政治斗争的风口浪尖上。二十七年前，公元 1678 年（清康熙十七年）博学宏词科，他就躺在门板上，从周至县被抬到西安，验明正身，他确实因病重，不能应皇帝的恩典，而不参与全国会试。难道，二十七年后，他老人家又得被抬到西安去见这位万岁爷吗？

现在，摆在李颙面前的，是两道选择题，一是公然抗旨，拒绝参拜，惹恼皇上，引火烧身；二是抬赴省城，诚惶诚恐，山呼万岁，叩首跪拜。但是，他知道，他家人知道，陕西省的父老乡亲也知道，第一道题，他不敢做。在中国有皇帝的年代里，得罪了皇帝意味着什么，大家心知肚明。第二道题，他做不到。清人王士禛《池北偶谈·卷九·李颙》中说："近周至李颙两经征聘，不出，有古人之风。颙以理学倡导关中。"六十年来泾渭分明的他，忽然屁颠屁颠地跑到西安行在朝康熙磕头，他还能继续做他的大宗师吗？乡党们的唾沫星子，就能将他淹死了。

李二曲有点七上八下，捏把汗，可想而知。不过，当今皇上也有点七上八下，捏把汗，就不免吊诡。因为玄烨不能不考虑，君无戏言，话放出去了，第一，老"处士"不来，不给你面子，你陛下如何处置？是杀他，是关他，还是亲手掐死他？第二，老"处士"还真的来了，给了你面子，你能赏他一个什么？他六十年都不买你的账，他会稀罕你的恩典吗？如果，他来了，还夹七夹八说了一些不三不四的话，你陛下又如何处置？是乱棍打出行辕？还是斩监候收押？虽然帝王之威，莫敢抗违，怎么处理也都是皇帝有理。可是，大清立国六十年，为此惩治一个你已经容忍了六十年的对立面，大动干戈，值不值得？这是公元 1703 年玄烨西巡中一段见诸史册的小插曲。

这插曲的实质，也是中国历来的统治者（尤以清代的前几位皇帝为剧）几乎难以幸免的"意识形态恐惧症"的反应，而中国文人的全部的倒霉和不幸，掉脑袋的如戴名世，不掉脑袋的如钱名世，前者满门抄斩，株连三族，说痛苦，一下了断，倒也爽快；后者，顶着一顶"名教罪人"的帽子，天天谢罪，说是苟活着，真的不若死去。这种生不如死，或者，死不如生的命运，无不系于统治者的这一念之间。⑤

⑤ 在清代文字狱案中，有两个名为"名世"的文人，常被混淆。一为《南山集》记南明事而被康熙开铡的戴名世（1653—1713），一为年羹尧写拍马诗而被雍正收拾的钱名世（1660—1730）。雍正这个人，颇具阴刻的幽默感，书写了一块"名教罪人"的匾额，令其高悬于自家门口，每天一早起来，第一件必做之事，要向这块御题匾额磕头悔过。"文革"期间的"早请示，晚汇报"，不知是否受此启发？

清初最著名的思想家李颙，为陕西周至县人，字中孚，号二曲，理学名士，闻于关中。与孙奇逢、黄宗羲并为"清初三大儒"，又与眉县李柏、富平李因笃，共称为"关中三李"。是一位重磅级的学问极高、品望极著的大人物，《清史稿》称他："布衣安贫，以理学倡导关中，关中士子多宗之。"难怪康熙如此高看，如此关注，如此当回事地，竟屈尊要到西安来会他一会。⑥

⑥ 李颙幼年失父，家贫不能自给，无力支付塾师束脩，乃辍学自读。曾讲学东南，主持书院，问名求道者，不绝于途，成为一代宗师。玄烨不是一位附庸风雅的政治家，是一个相当识货的统治者，他既然要追求这个广告效应，那必然会物色这样一位具有票房价值的明星。

当时，陕人一概呼他为二曲先生，这也是中国人喜欢以地名代替人名表示尊敬的一种方式。周至这个县名，是解放后给简化了的。原来的繁体字，难认难写，但有讲。水曲为"厔"，山曲为"盩"，他也就自号"二曲"。一个文人能得到家乡父老子弟的如此认同，能得到当时士林杏坛的如此敬重，自有其非同小可之处，更有其与众不同之处。其实，说白了，康熙所戒惧的，也是百姓所赞赏的，一是他始终保持着虽不得不妥协但绝不阿附，不得不苟全但从不合污的清流身份；二是他始终保持着宁可清贫，不失节操，甘于淡泊，不求闻达的遗民心态。

对任何统治者来讲，文人中的大多数，他们是不会太放在心上的。"秀才造反，三年不成"，早就把耍笔杆者的软骨头和脓包蛋，看得死死的了。无论哪个朝代的知识分子，不管明朝的还是清朝的，不管过去的还是未来的，按其生存态度而言，绝大多数是奉行"活着主义"的。在他们心目中，活着乃人生第一要素。活得好，当然好，活得不好，也要活下去。再好的死，不如再赖的活。

活着，既是最高纲领，也是最低门槛。这类聪明和比较聪明的文人，通常不会抱残守缺，通常不会拿鸡蛋往石头上砸，通常不会只在一棵树上吊死自己，面对明清鼎革而发生的突然变化，这些"活着主义"者，相当程度地不自在了一阵。当最初的躁动不安期过去，随后的徘徊观望期过去，很快也就接受新主子坐稳了江山这个无法回避的现实，遂有了改换门庭，重觅出路，掉头转向，再寻新机的抉择。一个个或认输，或低头，或膺服，或投诚，来不及地向新朝效忠。对这些大多数信奉"活着主义"者的文人，康熙看得透透的，只消诱之以利禄，威之以强权，不愁他们不诚惶诚恐地跪拜在丹墀之下。

但是，文人之中，并非皆是随风转舵，见机行事，改头换面，卑躬屈膝，信奉"活着主义"的机会主义者。他们将品格的完整、言行的一致、信仰的忠贞、操守的纯洁，视为至高无上的道德境界，他们认为信念、理想、主义、真理，是与生命等值的精神支撑。既然如此，皇上说什么，威权说什么，主流说什么，甚至，老天爷说什么，他们那一根筋是不为所动的。

所以，像李颙这样既不抵制，也不反抗；既不合作，更不顺从的文人，在关中产生的巨大影响力，在全国产生的强大感召力，是康熙的一块心病。

早在公元1678年（清康熙十七年），年轻气盛的玄烨，时方24岁，曾经想借"博学宏词科"的征辟运动，使这位"关学"的领袖人物李颙就范，那是二十七年前的事情了。现在，已经很难厘清其时吴三桂正叛，战事吃紧，忙于调兵遣将镇压三藩的康熙，应该不会抛出，而且似乎不必急于抛出这样一个属于意识形态方面的重大措施的隐情了。

我不禁想到，在这一年前的1677年（清康熙十六年）所发生的两件事，是促使玄烨忽然心血来潮的起因。一是这年的十一月，康熙发出"博学宏词科"谕旨的前两个月，一个聪明得不能再聪明，滑头得不能再滑头，糟糕得不能再糟糕的高士奇入值南书房，为内阁中书，这个中国文人中玩文学、玩政治的八段高手，对此举的推动，当有重大干系。中国文人之收拾文人的不遗余力，远胜于中国皇帝之收拾文人的雷霆万钧。皇帝之收拾文人，固然可怕，但除了政治，还是政治；文人之收拾文人，不但可怕，政治之外，还会纠缠进同行相妒、文人相轻的复杂感情因素，那结局必更为刻毒惨烈。高士奇成为康熙倚重的文胆以后，绝对有可能出这个馊主意。作为文人的他，作为同属顶尖文人的他，对那些不曾失节，更未叛卖，学望深远，举足轻重，品格完整，民望所归，一言一行，模范天下的同行，自然有一种无颜故国的惭恶。我相信，推动玄烨加快实施整肃政策，反映了高士奇拉大家一起下水的阴暗心理。⑦

⑦ 高士奇（1643—1704），又号江村，杭州人。据说他进出内廷，必出袖中小金弹丸，馈送小太监们，故而康熙的一言一行、一举一动，无不在其掌控之中，由此而获宠遇。御史上书弹劾过他，说他"出身微贱，其始徒步来京，觅馆为生。皇上因其字学颇工，不拘资格，擢补翰林。令入南书房供奉，不过使之考订文章，原未假之与闻政事。而士奇日思结纳，谄附大臣，揽事招权，以图分肥。内外大小臣工，无不知有士奇者。声名赫奕，乃至如此。"

然而，康熙却认为："士奇无战阵功，而朕待之厚，以其禆朕学问者大也。"所以，他始终得到康熙信任。看来，一个聪明、滑头的文人，只要能唬住皇帝，再糟糕也能飞黄腾达的。

二是这年的十二月，康熙发出"博学宏词科"谕旨的前一个月，经学家张尔岐去世，这本是一件稀松平常的事情，但张尔岐与李二曲过从甚密，加之作诗挽之的顾炎武，又是这两位在经学、理学方面领衔者的共同朋友。虽然挽诗并无犯忌之处，"历山东望正凄然，忽报先生赴九泉。寄去一书悬剑后，贻来什袭绝韦前。衡门月冷巢篦室，墓道风枯宿草田。从此山东问《三礼》，康成家法竟谁传？"但这种非体制、非主流文坛的地下活动，绝对是统治者所不乐见的。而且，清人陈康祺《郎潜纪闻初笔·卷八·李二曲》条目中所夸张写出来的状态："一日，白昆山顾炎武、元和惠周惕至，倒屣迎之，谈宴极欢。一时门外瞻望颜色，伺候车骑者，骈肩累迹。几如荀、陈会坐，李、郭同舟，东汉风流，再见今日也。"玄烨本来是个"意识形态恐惧症"者，他的情治系统会不把这班与他不搭界、无交接、自成系统、意气相投的文人活动，如实禀报么？⑧

⑧ 鲁迅说过："清朝虽然尊崇朱子，但止于'尊崇'，却不许'学样'，因为一学样，就要讲学，于是而有学说，于是而有门户，于是而有门户之争，这就足为'太平盛世'之累。"（《且介亭杂文》）

李颙之所以能够做遗民，在夹缝中求生，一个最主要的原因，是他杜门不出，孑然一身，不收门徒，不涉时政。如果他像汉代的孔融那样，"家中客常满，樽中酒不空，吾无忧矣！"搞一个裴多菲俱乐部的话，我估计二曲先生的脑袋早就不在他脖子上了。对皇帝而言，一个半个文人，无足轻重，一拨一群文人，那是放心不下的。

所以，转过年来，大正月里，玄烨发出"博学宏词科"的谕旨。

"自古一代之兴，必有博学鸿儒，振起文运，阐发经史，润色词章，以备顾问著作之选。朕万几余暇，游心文翰，思得博学之士，用资典学。我朝定鼎以来，崇儒重道，培养人才。四海之广，岂无奇才硕彦，学问渊通，文藻瑰丽，可以追踪前哲者。凡有学行兼优，文词卓越之人，不论已仕未仕，令在京三品以上及科道官员，在外督抚、布按，各举所知，朕将亲试录用。其余内外各官，果有真知灼见，在内开送吏部，在外开报督抚，代为题荐，务令虚公延访，期得真才，以副朕求贤右文之意。"

据清人佚名著《啁啾漫记》："康熙十七年戊午，圣祖特开制科，以天下之文词卓越、才藻瑰丽者，召试擢用，备顾问著作之选，名曰博学宏词科。敕内外大臣，各荐举来京。于是臣工百僚，争以网罗魁奇闳达之士为胜。宰辅科道题荐八十三人，各衙门揭送吏部七十二人，督抚外荐三十一人，都一百八十六人。""虽趋舍各殊，然皆才高学博，著述斐然可观，近代能文之士，未能或之先也。当征试时，有司迫诸遗民就道，不容假借。胁以威势，强舁至京，如驱牛马然，使弗克自主。而美其名曰，圣天子求贤之盛典也，其然岂其然乎？"

名曰广揽天下才彦，实为文化整肃运动，用一网打尽的办法，将当时顶尖的中国文人，长官点名，朝臣指认，地方举荐，府道选送，类似锄草机的刈割，从，也得从，不从，也得从，统统强迫纳入大清王朝的主流体制之中。或入翰林，或为史官，或予闲职，或允致仕，那些曾经是对立面的，曾经是反清复明的，曾经以遗民身份不与清廷合作的，曾经誓不薙发，誓不胡服左衽的文人，如今端着人家的碗，岂有还不服人家管的道理。

其中，也有很少一部分人，以死拒得免，周至县的李二曲就谢绝了这次征辟。"李颙被征，自称废疾，长卧不起。陕抚怒，檄周至县令迫之。遂舁其床至西安，抚臣亲至榻前恓惠，颙遂绝粒，水浆不入口者六日，而抚臣犹欲强之，颙拔刀自刺，陕中官属大惊，乃免。"⑨

⑨ 任何社会，任何时代，统治阶级也并不是铁板一块。地方长官"骆钟麟之于李颙，更优礼备至。曾为之捐俸构屋，俾蔽风雨，时馈粟肉，以资侍养"，"俸满将升，念去后无以赡给，为置地十亩，聊资耕作"。其他如富平令郭云中、督学许孙荃等官员，对李颙也有过相当的物质援助。也许这是中国久而久之的一种文化传统，对于真正有学问的文人，对于真正认真著述的文人，还是怀着敬意的。也并非任何一个有棍有棒，有刀有枪的官员，都以施虐于文人为己任的。

俗话说，过了初一，过不了十五，你逃过康熙十七年的"博学宏词科"，你逃不过康熙四十二年的西巡召见。大家一致相信，文人被皇帝惦记着，与被贼惦记着，倒霉的概率是差不多的，早晚会是一场灾难。估计这位关中的学术栋梁，大概是进入其生命的倒计时了，竟有人忽悠着该为他准备祭文了。

当时，李颙已经举家迁至富平，这一天的这个小县城，驿道上来自省城的车骑络绎不绝，县衙里传递消息的差役往来穿梭。如果当时有直升机的话，肯定也早就降落在富平的骡马店门口，掀起满城风沙，恭候老先生上轿了。因为那些按察司、布政司、督学、巡抚、提学等有关官员，也是上窥天子颜色，是晴光霁月，还是彤云密布，来决定他们的下一步行动。至于李颙去或是不去，他们早就做了准备，去，有去的待遇，不去，有不去的处置。关中的冬天很冷，滴水成冰，官员们在李颙的土室门外，等候消息，冻得脚疼。行伍出身的抚军博霁说，索性一根绳子拴了这老汉走！做官做得很油的鄂海说，圣上只说恭请，可没交代押解，先别鲁莽行事，待我再问一声。

终于，土室里传出话来，二曲先生因病不能赴省城，不过，他将打发他的儿子代表他去参见圣上。

他当然不能去，去了还是那六十年一以贯之的李颙吗？看来，这位老先生虽然愚直，但并不迂执，想出来这样一个转圜的措施，好教那位康熙皇帝以及众多臣属，得以有一个台阶下。这边厢的高官们面面相觑，不敢做主。他不去，他派他的儿子去，能算是他去么？他的儿子代表他，是否就能说并不等于他去呢？好在富平离长安不远，快马跑趴下数匹，马鞭抽断了数根，最后传来最高指示："今上知先生抱恙，遂有'高年有疾，不必相强'温旨，随赐书'操志高洁'匾额及御制诗章，并索先生著作。"⑩

> ⑩ 愚直之愚，可能是"大智若愚"的"愚"，而迂执之迂，则必是"迂不可及"的"迂"，一愚一迂，音同意异，"失之毫厘，差之千里"。每当谈及中国文人之愚和迂，我就会想起清朝康熙年间的这位老先生，他大概算得上当时最具典型性的，最具戏剧性的，既相当愚直，但又相当不迂执的中国文人了。

康熙是何等天纵聪明的君主，当他过潼关发出召见手谕时，如果所欲见者不是李颙，而是别的什么脓包蛋、鼻涕虫，早就涎着一张肉脸在西安等待着了。既然他不来，派了高官去敦请也不来，他大概是死也不会改变主意的了。如今答应派他的儿子来，若是不就坡下驴的话，那只有诉诸强制手段。康熙肯定算了一下账，强迫他来，得到的多呢？还是这样优容宽待、大度豁达、由他自便，得到的多呢？于是，短暂的喧闹复归于平静，那间土室的柴门重又掩上，只有暮色苍茫中的寒鸦，给关中大地添一点生气。

　　中国文人之中，正是由于有李颙这样力求品格完整的人士，当他决定要做什么事情的时候，往往全力以赴，虽摩顶放踵，也在所不计。当他认定不做什么事情，或者，不能做什么事情的时候，虽斧钺刀锯架在脖子上，也不为所动。所以，数千年来，在这块土地上，文化传统之薪火相继，礼义廉耻之不绝如缕，恐怕也是与这些人坚持理想，发扬精神，不变初衷，始终如一分不开的。

　　要是大家都聪明得如墙头草那样，东风来，向西倒，西风来，向东倒，那结果还真是不堪设想呢！

最有天才的女子
——文人的精神

1948 年，解放锦州期间，我军的一队战士，行军经过一座苹果园。时值秋天，因为战争的缘故，果园无人管理，沉甸甸的苹果挂满枝头，有些过于成熟的果实，纷纷跌落在地下。然而，没有一个战士俯身下去捡拾，更没有一个战士伸手到枝头采摘。新华社随军记者写了一则报道，毛泽东看到了，便作了批示，说，"人，是需要一点精神的。"于是，这成为一句众所周知的名言。

精神这东西，看不见，也摸不着，但具有，或者不具有，对这个人来讲，却是存在着很大差别的。

李清照，中国文学史上最重量级的女性诗人，近一千年来，无人能出其右。胡适也说过："李清照是中国文学史上一个最有天才的女子。"如此肯定的评语，出自此公之口，当更有说服力。如今，崇胡者甚众，与过去打胡者甚众，都是一种情绪上的扭曲和偏颇。中国人，尤其知识分子，好过激，好响应，也是没有办法的事情。不过，若撇开一时的政治因素，就做学问这点上，胡还是很有发言权的。在"有天才"前，再加上个"最"字，可见对她的推崇。他还说，由于她"才气纵横，颇遭一般士人之忌"，这可真是说到点子上了。在中国漫长的历史长河中，文人遭忌，是太常见的事情了。道理很简单，谁让你李清照"才气纵横"呢？你一纵一横，四面八方，全是你的天下，那些无才的前辈、同辈、后辈，能不打心里腻味你（这算好的）、反对你（这算说得过去的）、打击你（基本上百分之九十九如此）吗？①

① 此语出自胡适《词选》的小传。原文为："李清照号易安居士……济南人，她的父亲李格非曾以文章受苏轼的赏识；母亲是状元

王拱辰的女儿，也能做文章。她生于宋神宗元丰四年（1081）；二十一岁时（1101）嫁太学生诸城赵明诚。她自述他们的家庭生活道：'侯（即赵明诚）年二十一，在太学作学生。……每朔望谒告出，质衣取半千钱，步入相国寺，市碑文果实归，相对展玩咀嚼，自谓葛天氏之民也。后二年出仕宦，便有饭蔬衣练，穷遐方绝域，尽天下古文奇字之志。……后或见古今名人书画，三代奇器，亦复脱衣市易。……连守两郡，竭其俸入，以事铅椠。每获一书，即同共校勘，整集签题。得书画彝鼎，亦摩玩舒卷，指摘疵病。夜尽一烛为率。……每饭罢，坐归来堂，烹茶，指堆积书史，言某事在某书某卷第几叶子第几行，以中否角胜负，为饮茶先后。中，即举杯大笑，至茶倾覆怀中，不得饮而起。甘心老是乡矣。'（《金石录后序》）金兵南侵，他们带了他们的书画古器避到南方。建炎己酉（1129），明诚病死。她奔走台州、温州、越州、杭州之间；家藏书物，十去七八。绍兴壬子（1132），她年五十二，那时她住杭州。甲寅（1134），她避乱西上，遂居金华。死时不可考，约在1140年以后。她有文七卷，词六卷，今皆不传。所传的只剩一些零散的诗词。"

所以，天才投错胎，时间不对，空间不对，跌进了小人堆，掉进了恶狗村，那就雪上加霜，不得好日子过了。

李清照的一辈子，过得很坎坷，很倒霉，很不走运，很受到同时代人的垢辱。她又挺爱国，挺爱这个对她很不怎么样的宋朝，所以她说什么也不能当亡国奴，说什么也要跟着这个居然没有被人灭掉的赵氏王朝，从北宋跟到南宋，从徽宗跟到高宗，从闪烁光辉的诗人，到一文莫名的釐妇，从海内传诵的词家，到不知所终的孤魂。究竟，何年何月死的？死在什么地方？是正常死亡？还是非正常死亡？一概不知，比一条流浪狗的下场更惨。这说明中国的宋朝，是个多么糟糕的王朝，它连本朝最有天才的女诗人，都弃若敝屣，这个王朝，不亡何待？

幸好，中国人记住了她的作品，中国人怀念她的精神，她在文学史上凭真实力、凭真本事，所达到的被人推誉为"最"的地位，并不因她悄无声息的死而湮没；相反，随着时光的推移，随着人们对她的理解，她的形象也愈益高大，她在文学史上的地位也愈益不可撼动。

文学史，有两种版本。一种是摆在书架上的，一种是放在人心里的。摆在书架上的文学史，可以装进成千上万位作家、诗人的名字；放在人心里的文学史，满打满算，不会超过一百位。这其中，就有李清照。每个读过宋词的人，都会记起这"寻寻觅觅，冷冷清清，凄凄惨惨戚戚，乍暖还寒时候，最难将息"的七字叠句，这些字，似乎并不艰深，似乎并不复杂，但经她创造出来，于是，前无古人，后无来者，成为她深入人心的品牌，凭这，当然也不完全凭这，大摇大摆地走进这部放在人心里的文学史，永远活着。虽然她死得不明不白，不知下落，但人们脑海里总能涌现上来，那早年美丽端庄、文思奇诡的她，那中年奔波跋涉、坚忍不拔的她，那晚年人间蒸发、不知所终的她。②

②好作品会随着岁月的迁移、时代的变化，如老窖的陈酒，历久弥香。而泛泛之作，尽管曾经火极一时，尽管得过这奖那奖，尽管进了当代文学史，尽管宣布不朽，但时过境迁之后，色彩渐渐淡化，声音渐渐微弱，泡沫渐渐消失，镀金渐渐磨蚀，遂成镜花水月，过眼浮云。所以，同时代的人谈作品，牵涉有人际关系、功利权衡、政治考量、派性因素，是不能作数的。因此，任何一部当代文学史，其中很多屁话，是不值一顾的。

也许，她知道，人生就是一场赌博，"余性专博，昼夜每忘食事"（《打马赋》序）；也许，她知道，历史，从来就是一面筛子，是精华，自然会留下，是糟粕，早晚要去除，一时火暴，不能持久，璞之剖玉，早晚的事。所以，她以自信，以达观，以完美，以一无牵挂的心态告别人世。果然，世事也正是如此这般地演变着，个人生前的不幸，因时过境迁而渐渐淡化，曾经遭遇的痛苦，因斗转星移也慢慢稀释。最后剩下来的，便是她璀璨的文学成就。那些小丑，那些败类，那些构陷，那些污亵，遂像泡沫一样，从人们视野中消失殆尽。于是，一个才华出众、成就卓越的李清照，便永存于这部人心中的文学史上。

其实，李清照留给后人的文学遗产，并不是很多，流传于世的词，不足五十首；流传于世的诗，不足二十首；流传于世的词学批评，只有区区560字（如果不是别人为了骂她，录以存照，也许早消失了），然而，她却因此成为一位名显于生前，不朽于身后的大家。

第一，她以长短句，雄踞宋词的榜首，那些巾帼们、须眉们，不得不甘拜下风。

历代评家，对《漱玉集》，无一不持正面肯定的评价，而且抱有相当的敬意。清人王士禛在《花草蒙拾》中，推崇她为婉约派的代表人物，并以同籍自豪："张南湖论词派有二，一曰婉约，一曰豪放。仆谓婉约以易安为宗，豪放惟幼安称首，皆吾济南人，难乎为继矣。"即使如宋人王灼，在《碧鸡漫志》中批评她："闾巷荒淫之语，肆意落笔，自古缙绅之家能文妇女，未见如此无顾忌也。"但也不得不承认："易安居士，京东路提刑李格非文叔之女，建康守赵明诚德甫之妻，自少年即有诗名，才力华赡，逼近前辈。在士大夫中已不多得，若本朝妇人，当推文采第一。"

宋以后的评家，则看重其超越性别界限的文学成就，认为不可以用一般女性诗人的水准视之。明人杨慎在《词品》中说："宋人中填词，李易安亦称冠绝，使在衣冠，当与秦七、黄九争雄，不独雄于闺阁也。"清人李调元在《雨村诗话》里，也持这样的观点："易安在宋诸媛中，自卓然一家，不在秦七、黄九之下。词无一首不工，其炼处可夺梦窗之席，其丽处直参片玉之班。盖不徒俯视巾帼，直欲压倒须眉。"

这就是说，一个作家，一位诗人，作品站住了，而且，还要站久了，才是正理。一时间站住，长时间的站不住，作不得数；长时间的站住了，而不是永远的站住，也作不得数。别说人心中的文学史，有淘汰率，书架上的文学史，也不等于阿猫阿狗都可以埋葬进去的文学公墓，也是要经常精兵简政，经常裁员缩编的。只有经得住时光的筛选，历久弥新，耐得住岁月的淬炼，永葆生机，这样的作品，才是文学瑰宝。那些为皇上所恩准，为衙门所册封，为市场所决定，为书商所追捧的文学，保鲜期很短，有效期有限，一时间内，经滚雪球式的炒作，上百万印数，上百万收入，上百人鼓吹呐喊，上百次提篮叫卖，看起来挺能唬那些乡下人冤大头的。但雪球这东西，虽能滚得很大，但接连几个晴天晒下来，就是一摊黑水加上一堆烂泥，别说新鞋不踩臭狗屎，就是旧鞋也避之唯恐不及的。

第二，她屈指可数的诗，其中数首，甚至还是断篇残句，却极具强烈的震撼力，尤其在国破家亡的时刻，简直就等同于战斗的号角，催人奋进。

在她笔下，诗言志，词寄情，两者有着严格的分工。她写诗，非常的政治，非常的现实，极具丈夫气概，绝非小女子文学，表现出她内心中英武的一面。宋人朱彧在《萍洲可谈》中说："本朝女妇之有文者，李易安为首称。易安名清照，元祐名人李格非之女。诗之典赡，无愧于古之作者，词尤婉丽，往往出人意表，近未见其比。"宋人赵彦卫在《云麓漫钞》中，绝非夸张地谈到她当时声望的非同小可，她的诗和词拥有广大的读者群："有才思，文章落纸，人争传之。"③

③ 据《建炎以来系年要录》载："四年（1130）九月，刘豫僭位于北京，即皇帝位，国号大齐。"李清照激于义愤，立作《咏史》诗斥之："两汉本继绍，新室如赘疣。所以嵇中散，至死薄殷周。"朱熹评曰："如此等语，岂女子所能。"王世祯评曰："易安此语虽涉议论，是佳境，出宋人表。"其实，这两位的评论都没有说到点子上，诗人作为时代的号手，在国难当头之际，群丑横行之时，不站出来棒喝、斥责、抗争，就愧对诗人这个称号了。这首诗的真正价值，就在于诗中所体现的爱国精神。

公元1125年（北宋宣和七年）年底，宋徽宗将北宋王朝玩完以后，传位钦宗，次年的次年，即公元1127年（北宋靖康二年），北宋亡。高宗即位南京（河南商丘），遂为南宋建炎元年。徽、钦二帝都被金人掳去，中原大乱，李清照只好告别山东青州故居，随着这个衰败的帝国南渡。宋高宗赵构逃到哪里，李清照也就追到哪里，历经颠沛流离，饱受战乱兵燹的她，再提起笔来，与她以往写词的出发点系于个人情感，竟决然不同。她在诗里，更着眼于河山变色，社稷危亡，家国倾覆，乡土沦陷。满纸慷慨悲歌，一心恢复国土，我们能够体认二十世纪三十年代鲁迅提倡杂文，应该如匕首、如投枪那样成为武器，那么，李清照的笔锋所指，痛斥苟安偷生的朝廷，讥讽"酒肉堆中"的昏君，揭露认贼作父的奸臣，唾弃望风而逃的将帅，无不发自诗人的良知，无不传递民间大众的悲愤。在这一时期中，诗成为她唯一的表达方式。她的"南渡衣冠少王导，北来消息欠刘琨"，她的"欲将血泪寄山河，去洒东山一抔土"，她的"南游尚觉吴江冷，北狩应悲易水寒"，她的"春残何事苦思乡，病里梳头恨发长"，都在说明诗人与她的祖国息息相关，与她的民族同声共气，她的责任感，她的使命感，使她不能自外于这个生死存亡的大时代，她呼唤抗战，她呐喊北征，总不能"子孙南渡今几年"地坐以等毙，也是那时与她一起南渡的中原士民的共同心声呀！

中国文学，自古就有小众和大众之分，因此，中国文人，从来就有关在象牙之塔和走向普罗阶层之别。当然，小众文学不是不可为，大众文学却是绝对不可少。大众，即大多数中国人。大多数中国人的喜怒哀乐，你无动于衷，你全无心肝，你醉生梦死，你声色犬马，也就莫怪罪最广大的人民群众抛弃文学，告别文学。当"靖康耻"成为全体中国人最抬不起头的侮辱时，当赖以安身立命的国家、民族、乡土、故园，到了最危险的关头，曾经写出过，还将要写出更多美得不能再美的小众文学的李清照，也要发出这个时代里属于她的声音。这就是她的伟大。一个诗人，一个作家，失语于自己的时代，是一种失职，也是一种背叛。所以，她的这些诗，就是她的大众文学。

她的代表作《夏日绝句》："生当作人杰，死亦为鬼雄。至今思项羽，不肯过江东。"就是她诗中的最强音，那种英雄气概，其实更是中国民族精神的写照，千古传诵，始终起到振奋人心的作用。所以明人毛晋，这位收藏家、出版家，在重刻李清照的《漱玉集》后，于跋中不由得感叹："易安居士文妙，非止雄于一代才媛，直洗南渡后诸儒腐气，上返魏、晋矣。"

第三，她那五百多字，来龙去脉都不明就里的《词论》，使她成为中国最早出现的酷评家，一竹竿打翻一船人，那震动持续数百年。

长短句始于唐而兴于宋，但对于词创作的理论研究，却为数不多，李清照这篇《词论》，可谓先着鞭者。她开头讲了一个唐代歌手的故事，然后讲，词应该是可歌的，然后讲，词的音乐感和节奏感，然后讲，词与诗不同，别是一家，再然后，挨着个儿点名批判，直白道来："始有柳屯田永者，出《乐章集》，虽协音律，而词语尘下"，"又有张子野、宋之京兄弟、沈唐、元绛、晁次膺辈继出，虽时时有妙语，而破碎何足名家"，"至晏元献、欧阳永叔、苏子瞻，学际天人，作为小歌词，直如酌蠡水于大海，然皆句读不葺之诗尔，又往往不协音律者。""王介甫、曾子固，文章似西汉，若作一小歌词，则人必绝倒，不可读也。""后晏叔原、贺方回、秦少游、黄鲁直出，始能知之。又晏苦无铺叙，贺苦少典重。秦却专主情致，而少故实，譬如贫家美女，虽极妍丽丰逸，而终乏富贵态。黄即尚故实，而多疵病，譬如良玉有瑕，价自减半矣。"（《李清照·词论》）

一网打尽，谁也逃脱不了本小姐的修理！

我估计，宋人胡仔在《苕溪渔隐丛话》中，照抄李的这段原文时，肯定是一脸官司，咬牙切齿。他尤其看不惯李清照笔下所流露出来的训诲口吻，那从容不迫之自由，居高临下之声势，肆无忌惮的锋芒，略无怯弱的勇气，让胡仔很撮火。据专家考证，一、没提南宋诗人，应为北宋时写；二、没提周邦彦，应该更为提前。这样算来，此文当系她在宋徽宗大观四年（1110）间写就。天！那年她才27岁，约等于当下的考研读博的年纪，也太嫩了一点吧？这个初出茅庐的年轻人，敢对扛鼎文坛的大老们发难，孰可忍，孰不可忍？然而，别看是说三道四，却言之成理，别看是信口雌黄，却无不中的。估计当时整个汴梁城为之侧目，对这来自山东济南的小妮子，肯定产生惊鸿一瞥，耐不住满街打探的轰动效应。

李清照发表这篇宏论时，胡仔（1110—1170）刚出生，等到他来讨伐这位前辈时，早已时过境迁，物是人非。此人那样大动肝火，殊为不可解之事。他狠歹歹地说："易安历评诸公歌词，皆摘其短，无一免者。此论未公，吾不凭也。其意盖自谓能擅其长，以乐府名家者。退之诗云：'不知群儿愚，那用故谤伤。蚍蜉撼大树，可笑不自量。'正为此辈发也。"看来，胡适所言李清照"颇遭一般士人之忌"，确乎非同寻常。虽同为宋人，但已经隔代，可历史恩怨之耿耿于怀，宗派歧见之排斥攻讦，至少三十年、五十年，甚至一百年间，仍是那些小心眼、没本事、会捣乱，成事不足，败事有余的众文人乐此不疲，干得十分起劲的事情。

其实，在文坛上，或者不管其他什么坛，再老的老爷子，再大的大人物，没有什么不可以批评的。但对《词论》的反弹，一直延续到清代，清人沈瑾假模假样地说："北宋大家被其指摘殆尽，填词岂易事哉！予素好倚声，读此论后，不敢轻下一语，恐遭妇人轻薄。"清人冯金伯引裴畅语，认为这篇《诗论》，"易安自恃其才，藐视一切"，大不以为然的同时，竟说："第以一妇人能开此大口，其妄不待言，其狂亦不可及也。"唉！有什么办法呢？以今观古，这是一种文人通病啊！禁不起年轻人的挑战，受不了年轻人的挑剔，那些胡子一把，年纪一把，眼泪一把，鼻涕一把的文坛老人，动不动跳出来棒喝，时不时跑出来镇压，已成一种条件反射，以致丢脸出丑，贻笑大方。宋代那些大老怎么跳的，余生也晚，是看不到了，可当代那些大老，一嘴毛地咬来咬去，却是有幸目睹的。

第四，我认为最重要的，李清照除了文学上的伟大成就之外，更有其令人景仰钦服的精神高度。那就是她南渡以后，这个单身女人所表现出来的坚强、坚韧、坚定的人格力量。

应该是从公元1127年（宋钦宗靖康二年），到公元1134年（宋高宗绍兴四年）的七年间，她变了一个人似的从柔弱到强硬，从顺应到反抗，从低调到高亢，从躲避到作为，"载书十五车"，驱车千百里，在她独自南下的途中，那绝不认输，更不气馁的品行，那无怨无悔，绝不回头的性格，到底坚持下来，实在是很不容易的。毛泽东的那句名言，"人，是需要一点精神的。"用在她的身上，便是这七年间她能够活下来的全部支撑。我无法估量十五车是个什么样的概念，每一车载重几何？人力推，还是牲畜拉？宋代缺马，全靠与邻国互市而来，此刻，自然全部用在战场上，那就只好老牛破车，蹒跚前行。这样一位富贵人家出来的闺秀，书香门第出来的才女，将这批大约数十吨重，至少也要三至五个货柜才能装下的文物，从山东青州，运到江苏江宁。晓行夜宿，餐风饮露，舟载车运，辗转千里，那该是怎样艰难的旅程啊！④

④ 据王明清《挥尘录余话》，"后会之（秦桧）再入相，会之，仲山婿也。"王仲山，为神宗时宰相王珪的次子，而李清照之父李格非，为王珪的女婿。这样，李清照与秦桧的妻子王氏，应是姑表姊妹。同时代的文人庄绰在《鸡肋编》中也有记载："桧妻王氏与清照为中表"。

在大节上绝不含糊的李清照，对这位身居相位的亲戚，是持一种不附骥，不高攀，不来往，不苟同的态度。斯其时也，诚如陆游在《跋傅给事帖》中所云："亲见当时士大夫，相与言及国事，或裂眦嚼齿，或流滋痛哭，人人自期以杀身诩戴王室，虽丑裔方张，视之蔑如。"无论在朝在野，无论为官为民，主和与主战，爱国与卖国，壁垒森严；忠良和奸佞，正气和邪恶，泾渭分明。因此，国难当前，李清照与这个卖国贼，不可能有共同语言。所以，无论怎样的艰难困苦，绝不向这个卖国贼求助。

这时候，在她身上，再也找不出少女时代那"昨夜雨疏风骤，浓睡不消残酒，试问卷帘人，却道海棠依旧。知否？知否？应是绿肥红瘦"的天真烂漫，找不出新婚时期"卖花担上，买得一枝春欲放，泪染轻匀，犹带彤霞晓露痕"的娇慵疏懒，而是"今看花月浑相似，安得情怀似昔时"，一路拖累下来，再也无力振作起来的疲惫心态。那是要用多大的力气，多强的意志，才能咬着牙，一步一个脚印地走过来呀！

直到建炎三年（1129），她大病一场，因时势日迫，只好将文物器皿再往江西洪州转移，尽管一路上被盗、丢失，"犹有书二万卷，金石刻二千卷，器皿茵褥可待百客，他长物称是。"全部家当以及背后所承担的对于丈夫的诺言，对这样一个弱女子来说，真是不堪重负。然而，她不能停下来，不能就此罢手，继续一路追随高宗，由杭州、越州、明州、温州、台州……走下去。前面是逃得比她快的皇帝，后面是紧追不放的金兵，放眼是破碎的山河，周围是与她一样逃难的百姓。中国之有客家这一族群，是从北宋末年这次全民大迁徙开始形成的，无数中原士民都逃离金人的铁蹄而南渡求生。凄风苦雨，道路泥泞，兵荒马乱，食宿难求，行程之艰辛，生死之莫测，器物之沉重，前途之渺茫，难以用语言形容她的可怜，然而，她不倒下，也不能倒下，拖着沉重的脚步赶路。

李清照的一生，一个是文学中的她，一个是与丈夫赵明诚的共同之好，积二十年之久的金石收藏中的她。文学中的她，是幸福的，快乐轻松的岁月，匆匆地来，匆匆地去，何其短促？收藏中的她，这悲伤痛苦的日子，却是难逃难躲，难熬难耐，永无尽头。在《金石录后序》里，她这样写道："靖康丙午岁，侯（即其夫赵明诚）守淄川，闻金人犯京师，四顾茫然，盈箱溢箧，且恋恋，且怅怅，知其必不为己有矣。"

到了靖康二年（1127），也就是建炎元年，他们的全部积累，不但成为他们夫妇的负担，甚至成为她不幸一生的灾难。"既长物不能尽载，乃先去书之重大印本者，又去画之多幅者，又去古器之无款识者，后又去书之监本者，画之平常者，器之重大者，凡屡减去，尚载书十五车。至东海，连舻渡淮，又渡江，至建康。青州帮地，尚锁书册什物用屋十余间，期明年再具舟载之。

"次年（建炎二年），十二月，金人陷青州，凡所谓十余屋者，已皆为煨烬矣。"

而她更想不到的沉重打击，接踵而至，丈夫这一去，竟成死别。"（明诚）独赴召，六月十三日，始负担舍舟，坐岸上，葛衣岸巾，精神如虎，目光烂烂射人，望舟中告别。余意甚恶，呼曰："如传闻城中缓急，奈何？"戟手遥应曰："从众，必不得已，先弃辎重，次衣被，次书册卷轴，次古器，独所谓宗器者，可自抱负，与身俱存亡，勿误。

"遂驰马去，途中奔驰，冒大暑，感疾，至行在，病痁。七月末，书报卧病，余惊怛，念侯素性急，奈何病痁？或热，必服寒药，疾可忧。遂解舟下，一日夜行三百里。比至，果大服柴胡、黄芩药，疟且痢，病危在膏肓。余悲泣仓皇，不忍问后事。八月十八日，遂不起。取笔作诗，绝笔而终。"

茕茕一人，远走他乡，凄凉驿路，孤灯残烛，李清照的这篇充满血泪的《金石录后序》，至今读来，那段惆怅，那份追思，犹令人怦然心动。

可李清照的苦难之旅，有谁能来分担一些呢？无能的政府不管，无耻的官僚不管，投降主义者看你的笑话，认贼作父者下你的毒手，然而，这也阻挡不住她，铁了心跟随着奉为正朔的流亡朝廷，一路逃奔下去。这就是中国知识分子独有的苦恋情结了，正是这种难能可贵的品质，才有五千年来中国文化的赓续吧？[⑤]

> ⑤ 建炎三年闰八月，御医王继先以黄金三百两向李清照家市古器，此时距赵明诚逝世才一月。而宋高宗赵构有意"颁金"于明诚遗孀，求其文物，也曾插手此事。这两个人的后面，还隐藏着一张对她来说不是十分陌生的面孔，就是她的亲戚秦桧，那才是更为可怕的黑手。因为这个卖国贼需要这些文物器玩进献高宗以固宠。据毕沅《续资治通鉴》："桧因结内侍及医师王继先希微旨，动静必具知之，日进珍宝、珠玉、书画、奇玩、美余，帝宠眷无比。"

中国文人，自古以来就具这种薪火相传的责任感，中国士子，从启蒙那天起，就种下这种"天下兴亡，匹夫有责"的使命感，中国知识分子，骨头并不十分坚硬，但到了异族进犯，列强侵略，帝国主义要亡我中华的时候，文化传统的自尊，悠久历史的自豪，也会大义凛然，挺直身子为家国效力。李清照明知那一无所有的结果，明知所有的付出都是徒劳，然而，面对这些辛苦收集起来，几乎变卖了自己全部资财而得到的文化瑰宝，不保护到最后一刻，不敢轻言放弃，无论如何，也将竭尽全力保全，不使这炷文化香火断送在自己手中。李清照，在前路渺茫的奔波中，在生离死别的苦难中，能够笔直挺立，能够铁打不倒，就是凭借着这股精神上的力量。[⑥]

> ⑥ 李清照和她的丈夫赵明诚，节衣缩食，好古博雅，典当质押，搜罗金石，本来就是吃力不讨好的事情。大敌当前，危机四起，殚思竭虑，奔走跋涉，以求保全文物于万一，这在他人眼中，更是愚不可及的书呆子行为。到了最后，她的藏品，失散、丢弃、遗落、败损，加之被窃、被盗、强借、勒索，"何得之艰难失之易也"，"所谓岿然独存者，乃十去其七八。所有一二残零不成部帙书册，三数种平平书帖，犹爱惜如护头目"，连诗人自己也忍不住嘲笑自己，"何愚也邪！"

然而，这所有一切，对她来讲，宝藏也好，珍爱也好，包袱也好，祸祟也好，最后的最后，"得之难而失之易"，统统都付之东流，失之殆尽。

她怎么说？你简直想象不到，她竟是如此的大明白、大智慧。"呜呼！三十四年之间，忧患得失，何其多也！然有有必有无，有聚必有散，乃理之常；

人亡弓，人得之，又胡足道。"

这是一个何等豁达的心胸，这是一个何等高蹈的精神世界，这是一个如何不让人高山仰止的中国最有天才的女子啊！

精神这东西，其实是很虚的，很空的，很泛泛的，但在某种情况下，它又是极物质的，极实在的，极能起到作用的。尤其在遭遇到类似天要塌下来的紧急状况，岂止需要一点精神，甚至需要全部精神，而且舍精神外别无其他。在这一刹那间，你一无所能，你别无他法。但是，你不想被压死，你不想被掩埋，而且，你不能坐着等死，你不能就此拉倒，因为，你不甘自暴自弃，你不甘一死了之。于是，当你面对着这顷刻间就要塌下来的天，你必须站得笔直的危殆时刻，倒数计时，眼看完蛋，能支撑着你的，也就只有精神了。

没有这精神，你早就成为一摊泥，一个泄了气的皮球，有了这精神，你就是一个站着的人，一个即使身体被压死，精神也会不死的汉子，这就是历史上和文学中的李清照。

人是需要一点精神的，作为文人，也许更加需要。但时下，那些一头扎进钱堆里的文人，像鸵鸟那样把自己的脑袋埋在沙漠里，肥硕的屁股上，却挂着一块牌子，上书"吾乃清流是也"以标榜自己。

睹此不雅，我也说不好，这该是一种什么精神了。

1644 年的北京
——文人的节操

> 在所有的汉语辞典里，"节操"一词，都解释为"气节操守"。其实，细细考校起来，"气节"和"操守"，是一回事，又不完全是一回事。"气节"者，是一种精神，是存之内心的，常常看不大见的；"操守"者，是一种行为，是形之于外的，倒全都在别人的目光之下。"气节"，是对于信仰、信念、教义、宗旨的坚持，不到关键时刻，不会表露出来。"操守"，是对所认同的主张、观点、决定、方针，在为人处事、言行举止、感情性格、志趣追求上所表现出来的状态。"节操"一词，若是译成英语的话，就大不如中文简捷。要用一长串的单词，"high moral principle ; moral integrity"，嘀里嘟噜，绕半天舌头，才能说清楚。也许，这就是方块字的优越性吧？

公元 1644 年，夏历为甲申。这一年，天下大乱，生活在天子脚下的京城人，过得可谓提心吊胆，度日如年。

这一年为明朝灭亡之崇祯十七年，同时又为清朝开国之顺治元年，历史上习惯称之为"明清易代"。但就华北地区而言，特别是京畿一带，很难将本年自三月十九日起，至四月三十日止的大顺政权撇开不论。李自成，也就是闯王，他率领的这支一直被蔑称，其实也算准确说法的"流寇"，基本上为乌合之众的农民起义队伍，席卷了大半个中国之后，终于在这年春天的一个细雨夹雪的早晨，到达他的终结目的地。

不过，这个短命政权，来也匆匆，去也匆匆，在北京停留时间不长。可这条汉子曾经有效地统治过京城一个月零十天左右，是确凿不移的事实。关于这个政权为啥如此短命，北京的坊间一直有这样的传言：本来，据推背图，李自成至少应有四十年的真命天子运，可那些"迎闯王，不纳粮"的农民军，在打京城之前，闯王许诺他们天天要像过年那样快活。因为农民视为一年之中最大的快活莫过于过年。而过年的最大快活，莫过于包饺子。进城以后的这四十多天里，大顺军顿顿按领袖的指示，让供养他们的市民百姓，剥葱剁肉，擀皮拌馅，包饺子吃。大街小巷，胡同里外，都支开大锅大灶，整个北京城，成了桑拿浴房，热气腾腾。由于中国贫苦农民只有过年那一天，才能吃上一顿饺子，杨白劳的女儿喜儿也是以玉米面饺子来"欢欢喜喜过大年"的。这下好了，闯王的四十年帝运，就被这些天天过年吃饺子的嘴，在四十天里，统统吃掉了。①

① 四月二十九日，是李自成这位老陕在北京的最后一天，那天他真是忙得不亦乐乎，居然在撤军的最后一刻，还有条不紊地，以颗粒归仓的精神，做了几件大事，我不得不佩服这位农民革命家的好心情。第一，于武英殿正式登基称帝；第二，追赠七代皆为帝、后；第三，立妻高氏为皇后；第四，穿上龙袍、冠冕列仗接受朝拜，同时派牛金星替他到天坛行郊天礼（他实在忙不过来了）；第五，放火焚烧宫殿及九门城楼（我带不走的谁也甭想得到）；第六，将拷索所得金银及宫中帑藏藏皿，全部熔铸为饼，每饼千金，约数万饼，载以骡车。二十四日凌晨从德胜门进京的他，又从德胜门开溜了（据章开沅《清通鉴》）。

老天爷说，一年只能过一次年，不可以天天过年的，这就是农民暴发户的不成气候了。然而，这种揶揄背后，也反映着农民掌握政权，难以逃脱"其兴也勃，其殆也甚"的宿命。民间有一句谚语，"别把豆包不当干粮"，没有这支农民军，明未必亡得如此迅速，清未必胜得如此轻松，明清易代也就未必如此手到擒来，天上掉馅儿饼，吴三桂降清，打开山海关，多尔衮遂居天下，说到底，其实是清朝捡了个便宜。

不过，由此证明，这一个多月的北京，上演的是一出明与大顺，然后清才加上的三国演义，这其中还夹杂着一个可耻的小花脸或者小瘪三吴三桂。事实上，清朝的睿亲王是从李自成农民军手里夺得了明朝的首都，而明朝的崇祯皇帝并不是败于多尔衮，是败于李自成，才登上景山吊死在歪脖树上的。由于朱由检上了吊，紧接着，大顺军进城，家家户户的门上，大书"顺民"，以保全性命。而且，大顺军是一支不讲究辎重后勤、保障供给的队伍，走到哪里，吃到哪里，一路吃大户而来。所以北京城的这些顺民们，每五户要摊派一名大顺军，保证其有饺子可吃。紧接着，那小花脸或者小瘪三，由于老婆遭大顺军扣留了，一怒之下，将关外八旗兵引进京城，于是，这些板凳没有坐热，饺子尚未吃够的一众庄稼汉们，放火烧了北京，向西向北分路开拔走了。于是，全城百姓赶紧扯下门板上的"顺民"帖子，人人薙发，个个留辫，诚惶诚恐，奴才一般地向大清王朝磕头，表达忠诚。②

②"闯贼本无大志，自得牛李后，始知收拾人心。至京师，颇严军令。然其下为贼久，令虽严，不能制也。军士初入民室曰：'假汝灶一炊。'既食，曰：'借汝床一眠。'将眠曰：'雇汝妻女一伴。'不从则死。已又编排甲，令五家养一贼，民不胜毒，缢死相望。"这是清人吴伟业《鹿樵见闻》中所载，显然有道听途说的成分，不可尽信。但可以想象这支农民革命军，进得城来，那种梁山好汉"大碗喝酒，大块吃肉，大秤分金银"的快活日子，怕是高兴得连做梦都会笑醒的。

由明而大顺而清，这样贴烧饼似的翻来覆去，可苦恼坏了公元1644年内的京城百姓，一会儿向这位菩萨烧香祷告，一会儿向那位尊神哀求饶命。因为并不是所有的中国人，都像那个小花脸或者小瘪三吴三桂那般没皮没脸的。连一位姓费的宫女，还身怀利刃想刺杀强暴她的大顺军高级首长呢！更何况权贵、勋戚、文臣、武将；更何况商绅、贤达、名流、耆宿；更何况文人、儒士、清流、雅客；更何况生员、役吏、书办、文案……都不能幸免地要面临这场生或死，战或降，走与留，宁死不屈或苟且偷生的选择。

于是，就在公元1644年的北京，出现了许许多多的高风亮节之士，也看到了为数可观的道德沦丧之徒。

现在回过头去看，在这一年的明、清、大顺三方的角力中，以李自成最具优势，因为明朝的腐败使他得到广大农民的支持，而襟黄河，控江汉，据太行，逼京畿，坐拥中原的军事集结，完全可以以逸待劳，养精蓄锐，等到强清弱明鹬蚌相争以后，坐收渔人之利。可这位闯王，到底沉不住气，要是他不急于当皇帝，不急于消灭明王朝，还真有出现三国鼎立的可能。然而，人性的悲剧就在于，一个种地的庄稼汉，他的全部生存哲学，就在春天播下去一粒种，是为了到秋后收获到手的那一把粮，这就是中国数千年小农经济社会养成的最根深蒂固的现实主义。至于明年，至于后年，至于十年、五十年以后，对他来讲，都是扯淡的事。李自成，这个米脂驿卒，也是一个眼光至多能看到来年开春的农民。自崇祯二年为"流寇"起，至此已十五年了。1643 年攻下西安以后，这位闯王决定不再"流"了，已经"豁出一身剐"了，现在就差最后一步，"敢把皇帝拉下马"，是到了将朱由检拉下龙椅，由他来坐江山的时候了。

李自成，显然这样盘算，如果俺不到北京去摘这个桃，关外的清人肯定先下手为强了。与其由他人捡这个便宜，为什么我不捷足先登，抢先一步？庄稼已经熟了，就得赶紧开镰，李自成革命十五年了，这本种田经没丢掉，像一个怕误了节气的米脂老汉，对他婆姨说，俺要到北京城收庄稼去了。

应该承认，李自成一路"流寇"过来，由小而大，由弱而强，能有今天的辉煌，并不全是他的能征惯战，指挥有方，而是，第一，明朝已绝对腐朽，第二，地方官已完全失控，第三，老百姓已无以为生。设若这三个因素，有一个不成立，李自成将永远是一名东奔西窜的流寇。前辈作家姚雪垠先生穷其毕生之力，用长篇历史小说证明，此人在政治上的高明，在军事上的成熟，真是煞费心思到了极点，一定要将毛泽东《论持久战》中游击战略的十六字方针，落实到李自成的实践中去；一定要将毛泽东在"星星之火，可以燎原"中建立根据地，用农村包围城市的革命思想，贯彻到李自成的行动中去，使他成为一个了不起的政治家，一个了不起的军事家。这难度该是多大呀！

其实，在文学上，真实，是最美的，百分之百的真实，百分之百的美，要是美到一百一、一百二，就可能要弄巧成拙，贻笑大方了。有什么办法呢？在中国文学史上，实用主义、功利主义，常常是大家、名家、老作家难以规避的致命伤。为一个人写，而想得到大家的鼓掌，恐怕是很难两全其美的事情，这也是姚老一生为他这部著作，终于未成"显学"而抱憾不已的事情。③

③ 上帝其实挺吝啬，不会特别垂青于谁，如同下电子一样地降下文学大师。因此，在文学史的某个阶段，出现大师缺位的空窗期，是很正常的。至少，当代中国文坛，就处在这种真空状态之中。因为，连二十世纪二十年代时的鲁迅、胡适那样的大师，也找不出一个。于是，一些志大才疏的狂妄分子，或自我感觉为"大师"，或众人哄抬为"大师"，或主流加冕为"大师"，或砸下银子为"大师"，这样，文坛便出现"大师多如狗"的热闹场面，而成为人们不禁摇头的笑话。

幸好，大家也都明白这一点，小说不是正史，古人早说过了，"小说家言"，乃街头巷尾的"稗史演义"罢了，姑妄言之，姑妄听之；若信以为真，则大谬不然。因为，李自成再伟大光明正确，毕竟跳不出时代的局限，作为一个农民的政治家，一个农民的军事家，不可能具有高屋建瓴、俯瞰全局的战略观点。

农民守着土地，有其勤劳朴实、善良本分的优良天性，一旦离开土地，那小农经济制度所养成的短视浅见的小格局，贪得无厌的大胃口，阴冷残酷的报复心，冒险盲动的破坏性，种种弊端，便会暴露无遗。随着权力的逐渐增大，欲望也逐渐膨胀，随着身价的日益抬升，野心也日益狂妄。君不见近年来那些"双规"的党政干部，报纸上做过统计的，大部分，甚至绝大部分有着比李自成还好的出身和成分呢！④

> ④《社会科学报》（2006年11月23日第2版）的一篇文章，对近年来犯罪领导干部的出身做了统计。其中出身于城市者为24.36%，出身于县城者为34.62%，出身于农村者为41.03%。这数字，值得深思。

公元1644年，大年初一，在西安过年的李自成，他要建大顺国，称大顺王了。看来，他是打算先实习一下，预演一下，然后，到北京紫禁城里，再戴上那顶皇冠时，就省得京城老少爷们儿笑俺们老陕土得掉渣了。大顺政权的成立，说来几乎等于笑话。究竟是这年的初二，还是初三，甚或是初四成立，这帮革命家都说不准了。有一条可以肯定，不是初一，那天尽忙着包饺子、煮饺子、吃饺子了。道理很简单，端着一碗热气腾腾的饺子，就着一盏香甜可口的醇酒，面临"分田分地真忙"这桌盛宴的农民军，自然是要看着碗里，望着锅里，计算能到自己手下多少胜利果实了，哪会费心思记住建国的日期。于是，什么时候立国，什么时候灭亡，史家索性一概忽略，只当一群乌合之众的儿戏。但李自成很起劲这个政权，造历书，封功臣，开科取士，檄告远近，露布天下。国号曰大顺，年号曰永昌，以西安为西京，为他的临时首都。未来的大顺国首都，他宣布，就是马上要去攻打的北京。

二月二，龙抬头，李自成就率大顺军浩浩荡荡出征了。

先陷汾州，再取太原，后夺大同，势如破竹；接着，攻上党、彰德，占固关、真定，逼近京畿，然后，发起总攻。三月十一日，据宣府，十五日，破居庸，十六日，陷昌平，十七日，大顺军包围京师，十八日，拿下外城，农民军由外八门蜂拥而进。这种闪电般的进攻速度，比之拥有阿帕奇直升机、悍马装甲车的美军攻伊部队，有过之而无不及。这支跟随闯王做"流寇"，南北驱驰，东西征战的农民军队伍，终于冲破黎明前的黑暗，看见德胜门城楼子上的黄瓦翠檐，一群一群飞翔的鸽子，甚至依稀听到更远的，也许是紫禁城上空嘹亮的鸽哨。在众军呼啸中，骑在乌龙驹上的李自成，我想他应该是开心的，很开心的，从统帅的观点看，这是一个大获全胜的日子，从老农的观点看，这是一个丰收在望的日子。那时的他，决不会料到，不出一个月，还要从这里灰溜溜地打道回府。所以，我不解，在北京市的五环路外，由德胜门去昌平的公路上，有一尊李自成的骑马雕像，那张农民的脸，为什么一定是那么神色凝滞、严峻、忧郁和不开心的样子呢？

这应该是那天崇祯上吊时的面部表情，他万万没有想到，横征暴敛，赋繁税重，天灾频仍，官逼民反，竟是在造就这支浩浩荡荡的掘墓人队伍，大明王朝终结的一天，终于来到了。⑤

⑤ 李自成在想摆阔、讲排场上，远不及他的唐代同行，公元878年1月，黄巢率他的农民军入长安时，据《资治通鉴》："乘金装肩舆，其徒皆被发，约以红缯，衣锦绣，执兵以从，甲骑如流，辎重塞途，千里络绎不绝，民夹道聚观。"看来这位陕西米脂驿卒，还存有农民的忐忑，不敢太傻狂了。而那位山东菏泽的私盐贩子，已是彻底变质的农民；农民一旦成为流氓无产者，便无恶不作了。

"丁未昧爽，天忽雨，俄微雪，须臾，城陷。""贼千骑入正阳门，投矢，令人持归，闭门得免死。于是俱门书'顺民'。"十九日，晨，李自成攻进内城，崇祯帝"易靴出中南门，手持三眼枪，杂内竖数十人，皆骑而持斧，出东华门。内监守城，疑有内变，施矢石相向。时成国公朱纯臣守齐化门，因至其邸，阍人辞焉，上太息而去。走安定门，门坚不可启，天且曙矣。帝御前殿，鸣钟集百官，无一至者。遂仍回南宫，登万岁山之寿皇殿自经。"崇祯不是一个好皇帝，他基本上属于狗肚鸡肠之辈，心胸狭窄的小人一类，不过，死得较惨，大家还多能同情他。⑥

⑥ 据说崇祯死前遗诏中自我辩白："朕非亡国之君，臣皆亡国之臣。"顺治十四年福临视察思陵，拜曰："大哥大哥，我与若皆有君无臣。"看来，这两个人有点同病相怜呢！（李清《三垣笔记》）

也许这天清晨，些微的雨雪，稍稍打乱了李自成入城式的安排。直到"午刻，李自成毡笠缥衣，乘乌龙驹，伪丞相牛金星、尚书宋企郊等五骑从之"。接下来，便是清人谷应泰在《明史纪事本末》卷八十的《甲申殉难》一章中，所写的那些惨绝人寰的死难场面。

从这个月开始，是北京城建城以来最血淋淋的死亡年。

1. 怀宗崇祯十七年三月十九日丁未，贼李自成陷京师，帝崩于煤山，大学士兼工部尚书范景文死之。初，贼犯都城，景文知事不可为，叹曰："身为大臣，不能从疆场少树功伐，虽死奚益？"十八日召对，已不食三日矣。饮泣入告，声不能续。翌日城陷，景文望阙再拜自经，家人解之，乃赋诗二首，潜赴龙泉巷古井死，其妾亦自经。

2. 户部尚书兼侍读学士倪元璐闻变，曰："国家至此，臣死有余责。"乃衣冠向阙，北谢天子，南谢母。索酒招二友为别，酹汉寿亭侯像前，遂投缳。题几案云："南都尚可为。死，吾分也。慎勿棺衾以志吾痛。"因诏家人曰："若即欲殓，必大行殓，方收吾尸。"乃缢死。三日后，贼突入，见之，颜色如生，贼惊避他去。一门殉节，共十有三人。

3. 左都御史李邦华闻难，叹曰："主辱臣死，臣之分也，夫复何辞！但得为东宫导一去路，死，庶可无憾已矣。势不可为矣。"乃题阁门曰："堂堂丈夫，圣贤为徒，忠孝大节，矢死靡他。"乃走文丞相祠再拜，自经祠中。贼至，见其冠带危坐，争前执之，乃知其死，惊避去。

4. 左副都御史施邦曜闻变恸哭，题词于几曰："愧无半策匡时艰，但有微躯报主恩。"遂自缢，仆解之复苏，邦曜叱曰："若知大义，毋久留我死！"乃更饮药而卒。

5. 大理寺卿凌义渠闻难，以首触柱，流血被面，尽焚其生平所著述及评骘诸书，服绯正笏望阙拜，复南向拜讫，遗书上其父，有曰："尽忠即所以尽孝，能死庶不辱父。"乃系帛奋身绝吭而死。

6. 刑部右侍郎孟兆祥，贼犯都城，奉命守正阳门。贼至，死于门下。妻何氏亦死。其子进士章明，收葬父尸甫归，别其妻王氏曰："吾不忍大人独死，吾往从大人。"妻曰："尔死，吾亦死。"章明以头抢地曰："谢夫人，然夫人须先死。"乃遣其家人尽出，止留一婢在侧。章明视妻缢，取笔作诗。已，复大书壁曰："有侮吾夫妇尸者，吾必为厉鬼杀之。"妻气绝，取一扉，置上，加绯服。又取一扉置妻左，亦服绯自缢。嘱婢曰："吾死亦置扉上。"遂死。

7. 左中允刘理顺，贼入城，理顺题于壁曰："成仁取义，孔孟所传。文信践之，吾何不然。"酌酒自尽。其妻万氏，妾李氏及子孝廉并婢仆十八人，阖门缢死。贼多河南人，至其居，曰："此吾乡杞县刘状元也，居乡厚德。吾军奉李将军令护卫，公何遽死也！"数百人下拜，泣涕而去。时谓臣死君，妻死夫，子死父，仆死主，一家殉难者，以刘状元为最。

8. 太常少卿吴麟征，奉命守西直门。贼势急，同守者相继避去。麟征遗友人书曰："时事决裂，一旦至此，同官潜身远害，某惟致命遂志，自矢而已。"丁未城陷，徒步归，贼已据其邸，因入道左三元祠。时传天子蒙尘，有劝公南归，不应。同官来，招之降贼，怒挥之户外，遂自经。家人救之苏，泣而请曰："明日待祝孝廉至，可一诀。"麟征许之。先是，祝孝廉渊以奏保刘宗周被逮留京师。渊晨至，麟征慷慨酌酒与别，曰："自我登第，时梦见隐士刘宗周题文信国《零丁洋诗》二语于壁，数实为之。今老矣，山河破碎，不死何为！"相对泣数行下，因作书诀家人曰："祖宗二百七十年宗社，一旦而失。身居谏垣，无所匡救，法应褫服。殓时用角巾青衫，覆以单衾，藉以布席足矣。茫茫泉路，咽咽寸心，所以瞑予目者，又不在乎此也。罪臣吴麟征绝笔。"书毕，投缳死之。渊为视含殓乃去。

9. 协理京营兵部右侍郎王家彦，贼犯都城，奉命守德胜门。城陷，家彦自投城下不死，折臂足。其仆掖入民舍，自缢死。贼燔民舍，焚其一臂，仆收其遗骸归。

10. 左谕德马世奇，是日方蚤食，闻变，曰："是当死。"家人曰："奈太夫人何？"世奇曰："正恐辱太夫人耳！"遂作书别母。侍妾朱氏、李氏盛服前，世奇曰："若辞我去耶？"二妾言："主人尽节，吾二人亦欲尽节。"
……⑦

⑦ 要诠释中国人的"节操"观，得先从一首老歌说起。

这首民国时期流行过，后来不大听到的《苏武牧羊》，真是一首老掉牙的歌曲了。如今只有年过花甲的老人，方能记得。起首那句"苏武流胡节不辱"，意简意赅，音律铿锵，至今我还记忆犹新。记得住的原因，不是这首歌，而是这首歌所唱的主人公。一般说，外国人在弹尽粮绝之后，通常就投降，不以为奇，也不以为耻。中国人最重"节操"，对祖国的节，对民族的节，对母亲大地的节，乃是人生在世，顶天立地的第一要务。唯有宁死不屈之义，哪有忍辱偷生之计？公元前100 年（西汉天汉元年），苏武被汉武帝派往匈奴，为特命全权大使。

单于诱降他，武不从。死可以，降免谈。"屈节辱命，虽生，何面目以归汉？"单于遂将他递解到漠北不毛之地，大概是贝加尔湖一带。不关，不杀，也不放，看你降是不降？哪想到苏武是条汉子，与他的朋友李陵战败以后，投降匈奴，大大不同。"武既至海上，廪食不至，掘野鼠去中实而食之。杖汉节牧羊，卧起操持，节毛尽落。"（《汉书》）

单于以为如此这样地百般挫折，他该绝了回汉的念头，谁知苏武在那里坚持了十九年，"饥吞雪，饿吞毡"，始终不肯臣服单于，终于获得释放。回到咸阳时，出使时汉武帝赐给他的节杖，杖端的氂毛都掉光了。然而，这个节仍是祖国、民族、母亲大地的象征。所以，后人在唱这首歌时，对于歌词中的这个"节"，就不光是他手中所持的，证明其使节身份的"节杖"了，而是延伸开来，成为气节的"节"，志节的"节"，贞节的"节"，守节的"节"，成为"富贵不能淫、贫贱不能移、威武不能屈"的人格象征。

谷应泰说："考其时，阖门同死者，父与子俱死者，母与妻子俱死者，妻妾从死者，独身效死者，闻难饿死者……无论道术素许，至性勃发，位列三阶，荣邀一命，莫不椎心扼吭，追路相从。自古亡国正终，未有若斯之烈者。"现在回顾发生在公元1644年京城的"甲申殉难"，虽然骇人听闻，但比之随后清朝入关，一纸薙发令，除明代衣冠而胡服左衽，让你从精神上降服，从心理上慑服，从人身侮辱上屈服，所激起的反抗，所造成的灾难，却又小得多。相比于李自成进京时门上贴"顺民"，不知道有多少人头落地。"顺民"只是一张纸，贴在门外，你在门内，可以照样不顺，而头发长在自己脑袋上，留发不留头，留头不留发，对这些明末遗民来讲，人人过刀，家家见血，满城尸臭，处处骸骨，是一场谁也躲避不了的灾难。所以，清末民初胡蕴玉所著《发史》一书，这样感慨：

"呜呼！吾民族蒙辫发之耻，至于今已二百六十八年矣。世人论者，以为区区之发，无与乎兴亡之故。呜呼，是不知夫发之历史也。入关之初，薙发令下，吾民族之不忍受屈辱而死是不知凡几？幸而不死，或埋居土室，或遁迹深山，甚且削发披缁，其百折不回之气，腕可折，头可断，肉可脔，身可碎，白刃可蹈，鼎镬可处，而此星星之发，必不可薙，其意岂在一发乎？盖不忍视上国之衣冠，沦于夷狄耳。"

对如今的人来说，我们钦佩其无惧无畏地走向死亡的勇气，然而，应该看到，这样义无反顾地奔赴死亡，对明朝那条即将破沉的船，其实是于事无补的。你不身死，它要沉，你死了，也挡不住它不沉。对那位寡恩刻薄，刚愎自用，多疑好变，狷急忙躁，恶谏好谀，滥施刑惩，救亡乏术，治国无方的庄烈帝，就尤其犯不着为之身殉。大明王朝这座大厦的倾覆命运，固非崇祯一人所能挽救，但为帝王者只能在景山上一死了之而无其他作为，那就更无必要与之共存亡了。所以，尽管死得很愚，很傻，很无必要，很不值得，但对公元1644年的这些当事人而言，他要活得尊严，他就得随旧朝"茫茫泉路，咽咽寸心"而去；他要苟全性命，他就得服膺新朝新政，改换门庭，输款纳诚。若是做不到低头，做不到苟且，做不到背叛，更做不到出卖，就只有一本正经的，郑重其事的，别无选择的，唯此一道的死。因为中国人，大部分的中国人（不是全部），对于"节操"二字，看得很重。所以在这些赴难者心中，觉得不如此，则不成其为天子脚下的大明之人，更不成其为堂堂正正的中国之人。

在这个世界上，莫过于我们中国人，特别看重，特别强调这个"节操"了。为什么看重？为什么强调？因为吃足了苦头的缘故。在中国的全部历史中，出现过许多讲"节操"的中国人，而在同样的历史中，也曾经出现过不少不讲"节操"的中国人。说到底，一部《二十四史》，就是这两类中国人——一是讲"节操"的正人君子，二是不讲"节操"的小人败类——其矛盾对立的斗争史；也是讲"节操"的人基本上吃亏，而不讲"节操"的人总能得逞于一时的伤心史。

中国人之讲究"节操"，到了极端的程度，不知道是否与中国历史上那些不讲"节操"之汉奸，之走狗，之卖国贼，之假洋鬼子，以及挟洋自重的败类，以及拉大旗作虎皮的下三烂，以及残害同类的无耻小人，以及出卖灵魂的卑鄙文人，太多太多的缘故，害得这个国家，这个民族，这块土地，这些善良人民太苦太苦，有些什么因果关系？所以，"节操"，在中华文化传统中，是用来评骘判断一个人的重要标准。尤其在民族危亡，山河沦丧，国本动摇，家园变色之际，到了做人做鬼，生死立决，存亡与否，在乎一念的那一瞬间，那是考验中国人的血性、良知、忠贞、信念的关键时刻，"节操"二字，其分量多重？多轻？就全部检验出来了。

就在公元1644年由大明而大顺，由大顺而大清的三国演义这出戏剧中，我们不想提到，然而又不能不提到，这个唯一的，绝无仅有的，能够在那血泊遍野的年代里，连串三朝重要角色的江左三大才子之一龚鼎孳。

　　江左三大才子——钱谦益、吴梅村、龚鼎孳，都是被史家看做在"节操"上不怎么样的文人，而龚鼎孳尤其不怎么样。

　　据民国版的《清史稿》载："龚鼎孳，字孝升，合肥人。明崇祯七年进士，授兵科给事中。李自成陷都城，以鼎孳为直指使，巡视北城。及睿亲王至迎降，授吏部给事中，改礼科迁太常寺少卿。顺治三年丁父忧，请赐恤典。给事中孙垍龄疏言，鼎孳辱身流贼，蒙朝廷擢用，曾不闻夙夜在公，惟饮酒醉歌，俳优角逐。闻讣仍复歌饮留连，冀邀非分之典，亏行灭伦，莫此为甚。部议降二级，寻遇恩诏获免，累迁左都御史。"

　　而据清代编撰的国史《贰臣传·龚鼎孳》载："及流贼李自成陷京师，鼎孳从贼，受伪直指使职，巡视北城。本朝顺治元年五月，睿亲王多尔衮定京师，鼎孳迎降，授吏科右给事中，寻改礼科。二年九月，迁太常寺少卿。三年六月丁父忧，请赐恤典。给事中孙垍龄疏言：'鼎孳，明朝罪人，流贼御史，蒙朝廷拔置谏垣，优转清卿，曾不闻夙夜在公，以答高厚，惟饮酒醉歌，俳优角逐。前在江南，用千金置妓，名顾眉生，恋恋难割，多为奇宝异珍以悦其心，淫纵之状，哄笑长安，已置其父母妻孥于度外。及闻父讣，而歌饮留连，依然如故，亏行灭伦，独冀邀非分之典，夸耀乡里，欲大肆其武断把持之焰。请饬部察核停格。'疏下部议，降二级调用。"

　　龚鼎孳之最无耻者，莫过于他为自己在明亡时不殉死的辩词："龚鼎孳娶顾媚，钱谦益娶柳如是，皆名妓也。龚以兵科给事中降贼，授伪直指使。每谓人曰：'我原欲死，奈小妾不肯何！'小妾者，即顾媚也。见冯见龙《绅志略》、顾苓河《东君传》，谓乙酉五月之变，君（即柳如是）劝钱死，钱谢不能。戊子五月，钱死后，君自经死。然则顾不及柳远矣。"（陆以恬《冷庐杂识》）

　　而最令人恶心的，莫过于他以耻为荣，为耻而不知耻了。"先是大学士冯铨被劾，睿亲王集科道质讯，鼎孳斥铨阉党，为忠贤义儿。铨曰：'何如孳贼余子？'鼎孳以魏征归顺太宗自解。王笑曰：'惟无瑕者可以戮人，奈何拟闯贼拟太宗？'遂罢不问。坐事降八级，调用补上林苑丞，旋罢。康熙初起左都御史迁刑部尚书卒。"（《清史稿》）

　　读《三国演义》，我们还记得，张飞与吕布交手的时候，张飞骂吕布为"三姓家奴"，真亏他想出来这样一个既刻薄又歹毒，而且极其准确的称呼。因为吕布先认丁原为父，后来，杀了丁原又认董卓为父，后来，又与王允合谋，杀了董卓。而龚鼎孳，在公元 1644 年那天日无光，血风腥雨的"甲申殉难"和随后小花脸或者小瘪三吴三桂引清军入关的"鼎革"中，他，由大明王朝的给事中，摇身一变，为大顺政权的直指使，又摇身一变，为大清政府的给事中，其变之面不改色，其变之毫无心肝，真是令人不敢想象。当得上三朝元老的这位文人，对他叛明投贼，在闯王的军政府中，居然混得一个北城直指使——相当于宪兵队或纠察队的角色，还沾沾自喜，还扬扬自得。如此恬不知耻，如此丧心病狂，近人孟森先生在其所著《心史丛刊》的《横波夫人考》中指出，龚在当时人的眼光里，基本上是一个无赖、无耻、无聊，无可救药之徒："芝麓于鼎革时，既名节扫地矣；其尤甚者，于他人讽刺之语，恬然与为应酬。自存稿，自入集，毫无愧耻之心。"

一个文人，已经不顾脸皮至此，还有什么可说的呢？⑧

⑧ 其实，比龚鼎孳更下作者，为大学士魏德藻。二十日李自成进城，二十一日他与成国公朱纯臣、大学士陈演，率文武百官入朝祝贺。然后，他单独求见李自成，拜谒之后，并表白："我当了三年宰相，都因为先帝不听臣言，致有今日。"李自成很看不起这个投降派。"你既得此高官，自当受崇祯重恩，你就应该为之死殉，还有什么脸面活在世上？"魏德藻趴在地下赶忙叩首："陛下赦臣的话，今后当赤心为报。"李自成种过庄稼，分得清禾苗与稗草的区别，这个在米脂当过驿卒，吃过几天明朝饷银的李自成，居然站在崇祯的立场上，要惩治这个变得太快的墙头草，着令交刘宗敏处理。

刘宗敏什么人物，正在夹讯前朝的文武百官，勒索金银。凡不献纳者，"即夹，往往骨碎身死。"一看押进来前朝首辅、大学士，刘说，来得正好，那就掏银子吧！"魏德藻被夹，献银万两。刘宗敏责以首相致乱，德藻曰：'此一人无道所致。'宗敏怒曰：'汝以书生擢状元，不三年为首相，崇祯有何负汝，而诋为无道？'掌嘴数十，仍夹不放。"（吴伟业《鹿樵纪闻》）

与龚鼎孳同为"江左三才子"的钱谦益，也是一名投机分子。"虞山钱谦益，以诗文奔走一生。甲申之变，其爱妾柳如是，结束戎装，冠插雉尾，招摇过世，如菊部所演唱《昭君出塞》也者。填阗喧逐，有识诟厉，谦益恧然也。乙未，大军驻郊坛门，忻城伯赵之龙，首议纳款。谦益与大学士王铎，首先迎降。又代为传檄四方，劝谕归诚。谦益自负众望，入本朝，觊觎相位。及用为礼侍，怏怏辞去。一日过虎丘，着窄袖大领衣，一生诘其所以，曰，窄袖者，当今法服。

大领者，示不忘先帝也。此生日，先生可谓两朝领袖矣。"（赵祖铭《文献迈古录》）

还有一位叫周钟的庶吉士，追随李自成部牛金星、宋献策"劝进"。周钟的《劝进表》中，谀李自成"比尧舜更多武功，较汤武尤无惭德"，贬崇祯为"独夫"，骇人听闻，士林羞之。然有无耻者，如魏学濂、如龚鼎孳，都争为己出，说"周介生绝想不出此等佳句"。这帮不成材的变节分子，如一群争食的狗，斯文扫地，不堪入目。冯梦龙说："噫，词林省闼，天子侍从，亲信之臣，作此逆天丧心语，而犹扬扬得意自诩佐命元勋。读书圣贤所学何事，尚何面目偷息天地之间耶？"（冯梦龙《甲申纪事》）

鬼子进村了，把全村人聚在一起，枪顶在脑门上，要你交代出谁是八路，谁是共党，你是说，还是不说？虽然，你知道谁是八路，谁是共党，但在这个节骨眼上，你不吭声，哪怕崩了你，你也咬牙不说。这就是宋人文天祥的诗《正气歌》中所说的"时穷节乃见，一一垂丹青"的"节"了。1937 年，卢沟桥事变，鬼子进了北平，同年 12 月 4 日，伪政权"中华民国临时政府"成立，周作人并没有被枪逼着、顶着，欣然任教育督办或总长之职，甘心成为铁杆汉奸。因此，我们不禁要想，学问如此之大的知堂先生，会不懂得一个知识分子在这关键时如何写好"节操"这两个字么？会不记得公元 1283 年 1 月 9 日，"天地有正气"的文天祥，在拒绝了元世祖最后一次利诱之后，在刑场向南拜祭，从容就义时的那首绝命辞嘛？

"孔曰成仁，孟曰取义，惟其义尽，所以仁至。读圣贤书，所学何事，而今而后，庶几无愧。"中国的文人，以此衡量历史；中国的历史，也以此衡量文人。

翩翩一只云中鹤
——文人的愉悦

> "装点山林大架子，附庸风雅小名家。终南捷径无心走，处士声名尽力夸。獭祭诗书充著作，蝇营钟鼎润烟霞。翩然一只云中鹤，飞来飞去宰相衙。"这是清代戏剧家蒋士铨《临川梦》杂剧中的一首出场诗。据清人倪鸿的《桐荫清话》披露，不过是作家在借古讽今罢了。"蒋苕生临川梦院本，刻意诋毁眉公。番禺叶兰台太史衍兰，谓此诗非诋眉公，实诋袁子才也。所说未必足据，然诗中神气颇相肖。"

愉悦，从历史的长远角度来看，从使命感的神圣角度来看，对文人而言，是一种可得而不可常得，可有而不能常有的奢侈品。

当然，一个文人，在一些事情上，快活得不行；在一段日子里，压根儿用不着忧虑和恐惧；在一定范围中，甚至连顾忌、戒备、防范、紧张，也是无须乎在意的，从而获得相当程度，或一定程度的愉悦感受，是绝对可能的。但是，终其一生愉悦，从头至尾愉悦，无日无夜不愉悦，无时无刻不愉悦，这种福星，中国没有，世界也没有，过去没有，将来也不会有。古人说过，"人生识字忧患始"，古人还说过，"不如意事常八九"，这就说明生活本身，其实是并不愉悦的。因此，作为文人，愉悦难得，不愉悦却常得，是太正常的事情。

不过，乾隆年间，江右三才子之一的袁枚，是几乎接近于上述福星水平的愉悦文人。此人字子才，号简斋，别号随园老人，生于1716年，逝于1797年，享年81岁，优哉游哉大半个世纪。在中国历史上，在那个很难愉悦得起来，文字狱大行其道的年代里，袁枚，他的一辈子，不但他自己感觉到愉悦，享受着愉悦，同时代的人也都认为他，即使不算百分之百的愉悦，也足够百分之九十九的愉悦了。很有一些同行，不但羡慕得直流哈喇子，还嫉妒得恨不能咬他一口。所以说，如果只是自己感觉到愉悦，也许是作不得数的，谁知你是强撑着的呢，还是假装着的？唯有众人都一致认为，那才是货真价实的愉悦。这位老人家的出现和存在，应该说是一个奇迹。

因此，不管你对袁枚的评价是好是坏，对他这种能够获得全天候愉悦的结果，我觉得有值得中国文人为之深思的地方。

其实说白了，袁子才的愉悦或不愉悦，与别人是并不相干的，愉悦是他，不愉悦也是他，干咱屁事？为什么人们要将他的愉悦当回事呢？问题就在于这位老先生的一辈子，基本也是乾隆皇帝的一辈子呀！如果袁枚是个有他不多，无他不少的三流诗人，是个作品不多，废品不少的末等文人，也则罢了，皇帝是不会把目光投射到这班文坛小虫子身上的。可他却是领袖群伦，左右诗坛，引导潮流，众望所归的庞然大物，乃举足轻重之人，非同小可之辈啊！古语说，"木秀于林，风必摧之"，这样一个大脑袋，在这位皇帝铁腕文化政策的统治下，既没有受过被摸顶的荣耀，也没有挨过吃凿栗的疼痛，细想想，该是多么多么（恐怕还要加上一个"多么"）的不容易了。那是一个闭门家中坐，祸从天上来的年代，是一个死了以后应该入土为安却不能安的年代。结果，袁老先生在他的随园里，优哉游哉地风花雪月着，得其所哉地吃喝玩乐着，既没有派出所的警察半夜敲门，也没有戴墨镜的便衣盯梢尾随，能够安然无恙地，逍遥自在地，甚至还是大摇大摆地，风风光光地度过一生，这岂不是奇哉怪哉，值得刮目相待的事情吗？这其中的蹊跷，大家嘴上不说，心里全都纳闷，为什么他在乾隆当政期间，居然成了个特例，难道这位老先生在陛下眼中，竟然成为一个隐身人吗？

弘历（1711—1799），比袁枚早生五年，晚死二年，是个在文化思想范畴中，意识形态领域内，极其镇压防范，极其猜忌挑剔，极其兴师问罪，极其滥杀无辜的皇帝。他1736年登基，1796年内禅嘉庆，又做了三年太上皇。在他执政期间，制造了140多起的文字狱案件，平均每年2.7起，其中40多起要案，均处以极刑。这就是说，在位六十三年中，每隔一百天，就要对文人开刀问斩一次。乾隆在整肃知识分子方面，在收拾异端思想方面，在咬文嚼字、吹毛求疵方面，在歹毒刻薄、无所不用其极方面，与他的父亲雍正、祖父康熙、曾祖父顺治，不但如出一辙，而且有过之而无不及，到了登峰造极的程度。①

① 乾隆时期主要文字狱案件：
十六年（1751）伪孙家淦奏稿案。
十八年（1753）刘震平《治平新策》案。

二十年（1755）胡中藻《坚磨生诗抄》案。

二十二年（1757）彭家屏奏灾案。

三十二年（1767）蔡显《闲闲录》案；齐周华《名山藏初集》案。

四十年（1775）王锡侯《字贯》案。

四十三年（1778）徐述夔《一柱楼诗集》案，株及沈德潜作序案。

四十六年（1781）尹嘉铨"古稀罪"案。

四十七年（1782）吴英拦舆献策案。

四十八年（1783）李一《糊涂词》案。

五十三年（1788）贺世盛《笃国策》案。

以蔡显的著作《闲闲录》为例：

乾隆三十二年（1767）戴名世诛后之五十四年，三月，华亭孝廉蔡显的《闲渔闲闲录》刊行，有人告密检举，其中引用前人诗"夺朱非正色，异种尽称王"，有"怨望谤讪"意。蔡显得知以后，立刻呈书自首。五月，两江总督以书中悖逆语句甚多，拟凌迟处死。六月，乾隆在谕旨中大做文章。"蔡显身系举人，辄敢造作书词，恣行怨诽，情罪重大，实为天理国法所难容，但阅原书内签出各条，多属侘傺无聊，失志怨愤之语。朕方以该犯尚无诋毁朝政字句，其情与叛逆犹去一间，或可原情酌减，及细检未签各处，如称戴名世以《南山集》弃市，钱名世以'年案'得罪，又'风雨从所好，南北香难分'，及《题友袈裟照》有'莫行教化乌场国，风雨龙王欲怒嗔'等句，则系有心隐约其词，甘与恶逆之人为伍，实为该犯罪案所系。"蔡显从宽为斩立决，长子必照改为斩监候，门下士十人，或谪戍，或长流。地方官高晋、明德在查办此案中失察，竟未能发现重大悖逆词句，也加以处分。

虽然到乾隆时，大清江山已经坐稳一百多年。然而，一个人的根，扎在血脉之中，非一朝一夕形成，也就非一朝一夕能够改变；如果不幸这根是劣根的话，那就成了劣根性。清朝历代皇帝，那种边鄙民族的狭隘偏执，发源于野蛮的讳莫如深，文化落后的耻于齿及，满汉大防的不可逾越的劣根性，根深蒂固，不可改易，盘根错节，无力挣脱，遂造成这个种族最后的没落，这个国家最后的衰败。所有出身于草根阶层的头领，莽原部落的渠首，即使登上权力巅峰，都难免这种抱残守缺，自屎不觉臭，死抱住亡人牌牌不放的愚执。有什么法子呢？试为乾隆以及其父其祖着想，统治着人数、地域大于自己，文明、文化高于自己的汉民族，如何不被同化，如何不致淹没，戒备防范都来不及，忌虑抵制还来不及，焉能有将国家、民族进入世界之林的宏图大志？所以，这些整日疑惧不安，心理复杂变态，充满过敏反应，深感危机叵测的帝王来说，面对汉族精英分子，在清洗上之不择巨细，在铲除上之不遗余力，在屠灭上之不留死角，是一点也不奇怪的。

而弘历在这方面，可以称做是青出于蓝胜于蓝的一位。据故宫博物院早年出版的《满清文字狱档》，顺治在位十八年，康熙在位六十一年，雍正在位十三年，乾隆在位六十年，加在一起，共计 152 年，清代的中央政府一级，或政治运动式的大规模，或消防灭火式的中规模，或追查扑杀式小规模，先后共制造了数百起文字狱案件。在这种皇帝钦批的诏狱里，坐大牢的，掉脑袋的，株连九族的，流放宁古塔或更远的黑龙江、乌苏里江，给披甲人为奴的，每起少则数十人，多则数百人。加上地方政府一级的扩大战果，层层加码，法外行刑，斩尽杀绝，恨不能挖地三尺，人人过刀，以邀功求赏，用这些无辜文人的鲜血，染红自己的顶子，全中国到底关、杀、流、坐、立决、凌迟、斩监候多少文人，恐怕是个统计不出来的巨大数字。

所以，袁枚生活在每隔三个月，就得收紧骨头一次的年代里，不但毫发无损，皮毛未伤，而且相当愉悦地活到了 81 岁，寿终正寝。能不教人呲牙花子，啧啧称羡吗？能不令人视为奇迹，纳罕叫绝吗？要知道，乾隆如果想修理的话，是绝对来得及的，因为袁枚咽气之后两年他才咽气，但这位陛下，百密一疏，这样一位"倡性灵说，天下靡然从之"的大文人，在文网罗织，诗狱频仍的年代里，居然能逃脱乾隆那一双鹰隼般捕获猎物的眼，简直不可思议。

所以，我特别钦佩这位老滑头，头大且滑加之老，俗话说："老了的兔子不好拿"，他就属于这种让乾隆没辙的老人家。

说实在的，他的名气，大得不可能不让当局对他注意有加，他的行状，其招摇，其响动，其出格，其影响，不可能不让当局对他置之不理。据李元度《袁枚事略》："所作随园诗文集，上自公卿下至市井负贩皆重之，海外琉球至有购其书者，仕虽不显，而世谓百余年来极山林之乐，享文章之名，未有及先生者。"这份张扬，这份排场，这份气势，这份声誉，尤其不可能不让中国文学史上首屈一指的，诗产量最高的乾隆皇帝，漠然视之，心不为动。然而也怪，他快活欣喜一辈子，舒畅自在一辈子，吃喝玩乐一辈子，风流潇洒一辈子，相对于他同时代的那些愁眉苦脸、焦虑恐惧、担惊受怕、坐卧不安，惶惶然不可终日的同行，有天壤之别，简直不可同日而语。

弘历好作诗，这是这位皇帝的毛病，做你的皇帝得了，干吗非要挤进诗人队伍里来？乾隆十四年（袁枚辞官后的次年）六月，他的处女作《御制诗初集》问世，共44卷，收其自元年起到十二年的诗共4150首。此后，越写越多，欲罢不能，到了嘉庆年间，他当太上皇了，还在写，一生写诗达四万多首，超过《全唐诗》所录的唐人诗篇总量，这实在是惊人可怕之多。一位如此强烈喜好写诗的皇帝，对文人来讲，我相信，福的可能性很小，祸的可能性反而很大。固然，皇帝爱好文学，马屁文人得以施展其溜须功夫，但那些非马屁文人、拍不上马屁的文人，马屁没有拍好，拍到了马脚上的文人，就不会有好日子过。大学士张廷玉，因为一纸祭文，用了"泉台"二字，罚俸一年。因为皇后娘娘死后只能上天堂，哪有下地狱之理？由此可以了解弘历，必是一位非常精细，非常尖刻，非常不容人，非常挑鼻子挑眼，非常具有侵略意识的人。如果他不是帝王，是个普通人的话，第一，不能共事，第二，也不能交友，第三，当他的上级可以，做他的下级，你就没命了。因为这种唯我独尊的强人，几乎不能容忍超过他，胜过他，对他不敬，对他的存在构成威胁的另一个。在历代清帝的肖像之中，乾隆这张脸，是最不面善的。②

② 近人陈登原《国史旧闻》中，"论高宗为人，武功则与汉唐争名，而非十全，文学则与才士争名，而但斗富，除《四库全书》寓禁于征外，不过千叟宴中实为一叟而已，是可笑也。"

乾隆编纂《四库全书》，全毁2453种，抽毁402种，销毁书版50种，销毁石刻24种，那才是中国文化的最大大劫难。

　　袁枚辞职，未必是受到北京城里乾隆对于张廷玉等五大臣罚款的影响，但下决心打报告自炒鱿鱼，他肯定了解这位懂诗的皇帝，对于诗人的存在，绝不是什么福音。果如其料，第一，对钱谦益，乾隆三十四年下令销毁他的《初学集》《有学集》，四十一年汇辑《四库全书》时发布上谕，"钱谦益等人，实不足齿，其书自应概行焚弃"。同年，命国史馆编列明季《贰臣传》，收入钱谦益，将其彻底搞倒搞臭，打入另册。第二，对沈德潜，乾隆二十六年，将这位老夫子由苏州招至北京，因为陛下正处于诗歌创作热潮之中，急需一位捉刀人为其大量制造诗篇。归愚先生虽年近古稀，但乾隆对他破格提拔，恩庇有加，授编修，擢中允，五迁内阁学士，官至礼部侍郎，以年老乞休，乾隆许原品致仕，并赐诗送行，作为御用文人，得此殊荣，可谓登峰造极。然而，乾隆四十三年，徐述夔《一柱楼诗集》案起，乾隆以其曾为作序的罪名，尽管已死多年，也不轻饶，"扑其碑，夺其谥"。其实，大家都明白，沈老先生告老还乡之后，管不住自己的嘴，透露了他为陛下代笔的秘辛，这才招来刨坟掘棺之灾。就这样两位诗人的下场，能不让袁枚不寒而栗吗？

现在，弄不懂袁枚是一种自觉行为呢——万万不能跟作诗的皇帝玩文学，那可是一种危险的游戏——还是袁枚下意识的本能规避？似乎总是躲着这位陛下，形成了他的生存准则。所以，他做官，也只做江南的官，如溧水、江浦、沭阳等小地方的县令。偏偏两江总督尹继善，器重他的行政能力，赏识他的诗词才华，虽一为上司，一为下属，但同为斯文，倒也相处得不错。从袁的《随园食单》里，可以看到他在总督府里，吃过鲟鳇鱼、风猪肉、鹿尾等诸多大菜的记载，可证他们除了诗词上的唱和、文字上的投契外，还是一对很对胃口的食友。随后，尹继善就"剧调"他到江宁就任，以示倚重，也算擢用。江宁是个大县，是官员们仕进南京的跳板。因为南京是清朝政府控制江南的重地，为乾隆所关注，后来，他六下江南，都落脚于此。但袁枚却不领情尹两江的这种安排，很快就请假，"引疾家居"。

吴敬梓著的《儒林外史》中有一句名言："南京是饿得死人的地方"，同样，在袁枚眼中，南京的官场，也是能整得死人的地方。乾隆十三年九月，两江总督尹继善与两广总督策楞对调，这场权力角斗，使袁枚看透了，政治这玩意儿，文人还是不要沉溺其中为好。如果你不是玩家，而且你也玩不过人家，浅尝辄止，也就够了。况且，尹文端赴岭南就任，他在这个能饿得死人的南京，就不大好待了。尽管尹继善不是他的保护伞，但朝中有人好做官，可是放之四海皆准的道理。遂生顿悟，拉倒吧！索性连官也不要做了。不做你的官，不端你的碗，自然也就不受你的管。这时，吏部下文起复，要调他到陕西去任职，他就借口"丁父忧归，遂牒请养母"而致仕。③

③从袁枚的一则诗话，略知与这位总督大人之交往，这也是"飞来飞去宰相衙"的口实了。"尹文端公好和韵，尤好叠韵。与人角胜，多多益善。除夕公馈食物，枚以诗谢。末句云：'知公得韵便传笺，倚马才高不让先。今日教公输一着，新诗和到是明年。'公见之大笑。"袁枚能愉悦一生，最主要的成就，在于他应对得当，措置适宜，以文会友，保持距离，不求得更多，不介入太深，有所倚仗而不投靠，视若知己而不入幕，不谈政治，只谈诗歌，不涉时事，唯讲性灵，从而得到相对程度的自由。

　　这位乾隆四年的进士，到乾隆十三年就辞官了。那年他应该是 32 岁，约相当于现在文坛上那些 70 后、80 后年纪的后生，我觉得袁枚的举动，确有惊世骇俗之意义。试想，如今那些耳顺之年的官员，挣扎着不肯让位，那些古稀之年的干部，扑腾着发挥余热，更甭说那些四五十岁仕进得意之辈，干得正热热乎乎，怎能金盆洗手？那些五六十岁求得大发展之人，还打算继续峥嵘一番，岂能归隐山林？所以，袁枚为彻底不受羁束，离权力中心远一点，再远一点，离是非漩涡远一点，再远一点，实在是极明智、极清醒的选择。于是，急流勇退，退出政治，躲开乾隆皇帝，老实说，不是所有考得进士出身的读书人，都舍得抛弃前程，做到这一点的。据《清史稿》：袁枚"年十二，补县学生。会开博学鸿词科，海内学者二百余人，枚年最少。试报罢，乾隆四年成进士，选庶吉士"。这正是登高望远，前途无量之际，学而优则仕，不就等着这个阶梯么？但他"卜筑江宁小仓山，号随园。崇饬池馆，自是优游其中五十年。时出游佳山水，终不复仕"。从此，他的活动范围，足迹所至，始终囿限于长江下游，江浙两淮一带。

　　不做到这点决绝，他也不能获得他想要的愉悦。果然，他辞官以后，一心经营他的随园。广造声势，广结善缘，广交朋友，更以他的《诗话》，广为扩大影响。据姚鼐《袁随园君墓志铭》云："四方士至江南，必造随园投诗文，几无虚日。君园馆花竹水古，幽深静丽，至栌槛器具，皆精好，所以待宾客者甚胜。"又云，"随园诗文集，上自朝廷公卿，下至市井负贩，皆知贵重之。海外琉球，有来求其书者。君仕虽不显，而世谓百余年来，极山林之乐，获文章之名，盖未有及君也。"那时候，老先生退隐在随园里，左拥佳人，右列美姝，谈笑鸿儒，往来俊秀；山珍海味，花舫堂会，茗茶美酒，水榭唱曲；官员慕名来访，商绅络绎于门，门墙桃李攀附，造请坐无虚日；书商靠他挣钱，刻局赖他赐活，名流借他增光，诗坛由他主盟。他可以说是乾隆年间中国文人的风流魁首，引导时代潮流的浪漫先锋，那时，既无文联，更无作协，但他却成为众望所归的不具领袖名位的实际文坛领袖。

　　他称他自己："好味，好色，好葺屋，好游，好友，好花竹泉石，好璋彝尊、名人字画，又好书。"可这世界上，最是文章不值钱，好风雅，无一不需要大批银两来开销打发。特别是那座园林，是要有相当雄厚的物质基础，才能上规模、成气候的。他甚至大言不惭地说，曹雪芹《红楼梦》中的大观园，就是以他的随园为蓝本的。我们都知道那荣宁二府，为迎接元春省亲，将"银子花得像淌水似的"。由此，我们对于这位随园老人，就像我们评价历史人物一样，活得磊落与行为的苟且，讲得好听与心里的龌龊，想得达观与性格的卑下，看得清高与欲望的强烈，乃至于文章道德与声色犬马，诗情画意与庸俗无聊，正直不阿与低三下四，铁骨铮铮与软弱缺钙，都可能合二为一，并行不悖的。有什么办法呢？这就是那个封建专制社会里面一个文人，不准备拿鸡蛋往石头上碰，还想活得长久一点的处世哲学。心里想的，嘴上说的，身体力行的，绝对不可能三点成一线，像小胡同赶猪那样直来直去的。在中国，有几个文人，不多好几个心眼呢？

对袁枚的评价，鲁迅先生持苛刻的态度，认为他不过是位清客。清客，即帮闲，一帮闲文人而已。不过，他也认为，"清客，还是要有清客的本钱的，虽然有骨气者所不屑为，却又非搭空架者所能企及。例如李渔的《一字言》，袁枚的《随园诗话》，就不是每个帮闲都能做得出来的。"而胡适先生的看法，则比较肯定得多，也能理解之所以这样，乃性情之故，他是统评乾隆朝这三位才子的："袁枚、赵翼都是绝对顶尖的天才，性情都很真率，忍不住那种矫揉的做法和法式的束缚，故多能成大家。蒋士铨以《临川梦》为最佳——知道他是一个第一流文人，不愧他的盛名。"④

④ 蒋士铨（1725—1785），字苕生，又字心余，江西铅山人，曾充武英殿纂修，因母丧乞假归，先后主持江南诸学院，讲学授徒，声誉卓著。后供职国史馆，记名御史，专修《开国方略》，是一位诗词戏曲诸体俱工，文章学问为时所重的文人。赵翼（1727—1814），字云崧，号瓯北，阳湖（今江苏常州）人，翰林学士，内阁中书，在清廷要害部门军机处任章京，进奉文字多出其手，顷刻千言，倚马可待，深为宰辅所重，是一位在史学研究上，在文学创作上，都具有开创意义的文人。袁善于诗，赵长于史，蒋则以戏曲杂剧著称于世，"江右三大家"并驾齐驱，既是好友，也为劲敌。

其实，人之一生，就是一根直线和一根曲线并行的轨迹。直线是本真的我，曲线是社会的我。社会的我随客观世界的变化而生出适应的曲曲弯弯，本真的我虽受天性和本能的支配，但无论如何也不能排除曲线的影响。智者之智，在于曲线虽曲，不致太曲而扭曲，在于直线应直，不致太直而愚直。这位随园老人，自是智者无疑。不过，他的这两条平行不悖的线，为了他的愉悦，曲得有些过头；同样，也是为了他的愉悦，直得显然不够，历史，大概就是这样定位没有被乾隆捉进文字狱的袁枚。

于是，无论是他健在，还是身后，他都是议论纷纷，众说纷纭的人物。

文坛也就是这样一代一代热闹过来的，我们都曾有幸看到，文人一老，而不自量，而不安生，而不甘寂寞，而不肯淡出文坛，不停裹乱，不断搅局的讨嫌场面。好像不到八宝山，躺在那儿再也起不来，人们是无法阿弥陀佛，如释重负的。因此，居然活到81岁的袁枚，自然也是可憎面多，可爱面少，可恶面多，可敬面少的文学老人之一了。当然，生前追捧，死后唾弃，忽然觉悟，划清界限，是无可厚非之事，也是这么多年来，"城头变幻大王旗"之后，那些聪明人事所难免之举，已是大家司空见惯的花头精了。袁枚终究是位智者，聪明就在于他看穿一切，而且知道历史是一面筛子，一般性的闲言碎语，过眼烟云，花花草草，污泥浊水，会被淘汰出局，而有斤两的，有价值的，抹杀不掉的，诛灭不了的东西，会长时期地传承下来。⑤

⑤ "随园生前，才名遍海内外，高丽琉球，争购其诗。其实借名诗话，以结纳公卿，招致权贵，颇有一种狡狯手段。当时同辈如赵瓯北等，已多诋哄之。至其身后，诟之者犹众。袁之门生某，尝私刻印曰：'随园门下士'，后受舆论攻击，乃复刻曰：'悔作随园门下士'。张问陶初亦崇拜子才，名其诗集曰《推袁集》。袁殁后，更名《船山诗抄》。"（民国佚名《慧因室杂缀》）

说实在的，文坛，其实也是一个充斥小人的所在。

他的翰林院两位学弟，讽刺他为"翩翩一只云中鹤"的蒋士铨，死在他的前头，调侃他为"风流班首""名教罪人"的赵翼，死在他的后头，硬是拿这位特别自信，特别自我感觉良好的老先生没办法。他只听他想听的话，而把不想听的话拒之耳外，听见也当没听见；他只由着性子做他想做的事，而不在乎别人说三道四。一个文人能达到如此不进油盐的境界，实在是了不起，让我对他膺服不已。我在文坛厮混数十年，发现这种自我感觉良好的同行，多得不可胜数，一片污泥浊水。然而，他们比起这位老爷子的文、老爷子的才，甚至老爷子的风流，有着天壤之别。可今人之神气活现，几乎都超得过袁老爷子。因此，我觉得袁枚管别人怎么看，怎么想，怎么烦，怎么笑话！他在南京城里的随园里，坐定了头把交椅，那就更理所当然了。

他这一辈子也真是开心，他的全部快乐，是建筑在他的识时务，知进退，善经营，能鼓吹，会炒作，擅公关，广交游，好风雅上，这当然也并非很容易就能达到的高水平，那是智商加上阅历，才华加上胆识的结果，仅此还不够，还要加上老脸皮厚，加上不择手段，方可臻至圆满境界。因此之故，长达半个世纪，他在儒林，他在官场，他在民间，他在三流九教、五行八作中所造出来的非凡声势，足以让蒋和赵自愧弗如。

在他的《随园诗话》卷里，有这样一则故事，表达出来他的这层意思："予戏刻一私印，用唐人'钱唐苏小是乡亲'之句，某尚书过金陵，索予诗册。予一时率意用之，尚书大加呵责，予初犹逊谢，既而责之不休，予正色曰：'公以为此印不伦耶？在今日观，自然公居一品，苏小贱矣。诚恐百年以后，人但知有苏小，不复知有公也。'一座輾然。"我不大相信袁枚会如他所说的那样，正颜厉色地与一品尚书辩驳，但是，他所坚持的用长远的历史角度观察，此一时也，彼一时也，还是很有道理的。同样，虽然袁枚这位江右才子，可诟病之言、之行、之诗、之文，很多很多，他在乾隆年间，那高压的政治气氛，那低迷的文化环境，那恐怖的镇压手段，那无望的帝国统治之下，能发出一点来自性灵的心声，并且靡然成风，将这位皇帝的四万余首诗，给挤到角落里去，成为人们不闻不问的文化垃圾，不也是一种消极抵抗吗？

一个文人，赤手空拳，能对皇帝做些什么？在严酷的、严密的、严厉的精神控制、文化钳制、意识形态压制下，存活下来，让弘历逮不着把柄，捉不住破绽，而且，在他的眼皮子底下，还相当程度的愉悦着，该是多么不容易啊！

清人陈康祺在其《郎潜纪闻》里，对他的评述，还是较为公允的。这是由他的一幅《随园十三女弟子湖楼请业图》说起，此老时年已八十有一，但春心犹在，找了一位画师，定要将这些名媛仕女画在图上，团团围住这位恩师，衣钗裙带，国色天香，他在姹紫嫣红的女弟子中，享受着那一种只能算是柏拉图式的满足。这大概是当时许多正经人对他最不以为然的德行了，可他，这位愉悦主义者，堂而皇之，张而扬之，才不在乎别人说三道四。《郎潜纪闻》的作者，对此倒无异词，而是说"康祺以谓随园风流放诞，充隐梯荣，诗格极卑，碑版亦多不根之作；其著述，惟骈体文差强人意，余无足观。其攀附公卿，提倡骚雅，志不专在猎名。蒋苕生蝇营獭祭之词，赵云松虎帐蛾眉之檄，同时隽彦，都已窥破此老心肝。惟生际承平，天假耆寿，文名盖代，福慧双修，殊为文人难得之遭遇。湖楼请业一图，香粉琴尊，丹青昭映，不可谓非湖山韵事也"。

被一群说大不大，说小不小的女文人包围着，簇拥着，恭维着，挤靠着，紧贴着，弗洛伊德着，也是当代一些老文人所憧憬，所期盼，所营造，所实践的愉悦呢！

但是，同为清人的刘声木，在其《苌楚斋随笔》的《论袁枚出游》一文中，让我们看到了一个其实并不完全愉悦，并不绝对愉悦的随园先生。"袁简斋明府枚，以诗文小慧，当乾嘉全盛之时，坐享山林之福者数十年，后人羡慕之者众矣。实则随园当日广通声气，肆意逢迎高位，以为己用。下材又奔走其门，以为间接之光荣。随园遂借此为渔猎之资，收为点缀山林，放浪形骸之用，其用心亦良苦矣。观其后半生，大半出门遨游，在家时少，实为避难而起。不知者，以为真好山水也，殊为所愚。细审随园之出游，皆在刘文清公任江宁府时，欲实行按治驱逐之后。当时虽有人为之关说，未能实行，然随园知不容于众议，是以终年出游，以避他人指摘；且恐又有人实行案治者，终难漏网。随园虽自言于诗集，明示不怍，实因其事早已道路喧腾，不得不自言之，以示光明磊落，计亦狡矣。予观其诗集，检其出游之岁月而始知之。其出游系出逼迫，非出心愿，是以随园心终不怿。临终诗有云：'我见玉皇先跪奏，他生永不落红尘。'在他人方羡其遇，在随园深知当日之行为，已苦其艰，但难为不知者道耳。不然，随园果何所不足意，而欲不再生人间世耶？其故可思矣！"

他愉悦吗，这位随园先生？我不禁想问一声。

所以，愉悦对于文人来说，的的确确，是一种奢侈品。

名士末路徒奈何
——文人的潇洒

中国之强弱，以宋为分界线，赵宋王朝的理学禁锢、礼教桎梏、人性压抑、思想束缚，种种意识形态的整肃，将中国人的生气、活力、创造性、想象力、开放心态，宽容胸怀，统统钳制得往木乃伊的方向发展；将汉、唐以来那种万物皆备于我的主人公姿态，敢于拥抱整个世界的大志气、大雄心，敢于追求精神和物质上的大丰富、大满足，敢于昂首于天下，嚣张于宇内的大气魄、大手笔，统统压榨进死气沉沉的棺材板中。木乃伊与潇洒是不共戴天的死敌，而无论什么人，在棺材板中也绝对潇洒不起来。所以，宋以后，中国文人真正称得上潇洒者，便很稀见了。因此，词典解释"潇洒"一词，通常举唐·李白《王右军》诗"右军本清真，潇洒在风尘"为例，这一个唐人，一个晋人，才是令人向往的潇洒风范。而随后经历了宋之阉割，元之去势，明之幽辟，清之自宫，中国文人连"雄起"的可能性都不存在了，还有什么潇洒可言？

于是乎，像张岱这样一位名士，文学史上最后一位真正的潇洒人物，便值得刮目相看了。

公元 1644 年，对中国人来说，是不知该朝谁磕头才好而惶惶不安的动乱之年。

在北京城，首善之区，这一年，三月十九日，天下着小雪，朱由检吊死景山，四月三十日，玉兰花开得正欢，李自成撤出北京，十月初一，初冬阴霾的天气里，福临登基。大约在半年多的时间内，死了一个皇帝，跑了一个皇帝，来了一个皇帝。生活在胡同里的老百姓，对这走马灯似的政局，眼睛都嫌不够用了。

磕头，并非中国人的嗜好，而是数千年封建统治的结果。国人这种必须要用磕头的方式，向登上龙床的陛下，表示子民的效忠，才感到活得踏实的毛病，也是多少年无数经验总结出来的结晶。因为，老百姓有他的算盘，国不可一日无主，如果无主，势必人人皆主，而人人皆主，对老百姓所带来的灾难，要比没有主更祸害，更痛苦。因此，有一个哪怕不是东西的主，戳在紫禁城，也比人人皆主强。所以，京城百姓，在这半年多时间里，不管三位皇帝，谁先来，谁后到，谁是东西，谁不是东西，都乖乖地山呼万岁，磕头连连。

文人，有点麻烦，麻烦在于他们是这个社会里有文化的一群。因为有文化，就有思想，因为有思想，就有看法，因为有看法，就有选择。那么，他必然自问：第一，磕不磕？第二，向谁磕？所以，在这改朝换代的日子里，文人们比无知百姓多了一层烦恼，头是要磕的，可怎么磕，成了问题。

即使一家杂货铺，半年之中，接连换了三位东家，店里的伙计能无动于衷吗？虽然说，谁来都是老板；虽然说，不管谁来你也是伙计。但是，老东家朱由检，新东家福临，半路上插一腿的过渡东家李自成，对当伙计的来说，就产生了疑难，一是感情上的取舍，一是认知上的异同。可想而知，对匆匆而去，匆匆而来的三位皇帝，胡同里的老百姓，只消磕头就行了。而文人，有的磕得下这个头，有的磕不下这个头；还有的，也不说磕，也不说不磕，给你一个背脊，介乎磕和不磕之间。所以说，这一年的北京，做老板难，做伙计又何尝不难呢？到了该笼火生炉子的季节，中国文人面对着磕不磕头的这张试卷，再不做出答案，恐怕日子就不好过了。

政权就是老板，文人就是伙计，任何社会都是这样的一种契约关系。虽然，大家羞于承认这一点，但大家也不否认"皮之不存，毛将焉附"这个道理。事实就是如此，说白了，中国文人，不过是各人用各人的方法和手段，直接或间接地从统治阶级那里讨生活罢了。包括那些口头革命派，包括那些清流名士派，也包括那些不拿人民币而拿美元和欧元的西化鼓吹派，说到底，都是给人打工的伙计。老板开腔了，现在我是掌柜的，你要服我的管，听我的话，如此，你就可以留下来；否则，对不起，我就炒你的鱿鱼，卷铺盖走人。如果真是一家杂货铺的老板，这样的狠话，也许不必放在心上，此处不留爷，自有留爷处。可大清江山，独此一家，别无分号，你到哪里去？明末清初，有多少中国文人，想彻底逃脱必须交卷的命运，也就仅有一个朱舜水，浮海去了日本，免除磕头的烦恼，绝大多数文人无一例外地皆要面对这道难题。①

①俗语"学成文武艺，货于帝王家"，不知典出何处，但却是中国旧时知识分子奉为圭臬的箴言。加上北宋时期的《神童诗》"万般皆下品，惟有读书高"，再加上宋真宗的《劝学诗》，这就像孙悟空脑袋上的紧箍咒一样，使得封建社会里的中国人，从启蒙识字那天开始，就将自己将来给谁打工，为谁效力，看谁脸色，朝谁磕头，都基本定向。而且，也像"俺老孙"一样，永远跳不出如来佛的手掌心，一辈子在怪圈中打转。

中国文人，在宋以前，还能保持一点自己，在宋以后，基本上就没有了自己。当然，也有的人不那么甘心，想有一点自己，那么被戴帽子，被打屁股，被砍脑袋，便是注定的命运了。

可怜啊，当时的中国文人，就只好一分为三：第一种人，磕头的顺服者；第二种人，不磕头的抵抗者；第三种人，让他磕，不得不磕，能不磕，绝对不磕的既不顺服，也不抵抗者。

我们知道，大明王朝第一个剃发磕头的武人，为吴三桂，准确日期为1644年的四月二十二日下午时分，准确的地点为山海关老龙头军前。而大明王朝第一个剃发磕头的文人是谁呢？好像应该是钱谦益，然而不是。这位领袖文坛的扛鼎人物，这位有头有脸的大明官员，是在吴三桂剃发后一年，顺治二年五月十五日清军过江，进入南京城时，将自己头上的白发剪掉，以示顺服。这位前朝的东林党人，首辅候选，晚明第一号种子作家，其实是一个不大耐得住寂寞的文人；不过话说回来，又有几多文人能耐得住寂寞呢？牧斋先生认为自己，既然胡服左衽地降清了，还不如索性豁出去为新朝大干一场，也算有失有得吧！随后，顺治三年，他来到北京，给福临磕头来了。立授礼部侍郎管秘书院事，充明史馆副总裁，着实的滋润。他这一带头，一示范，不打紧，如吴梅村，如龚鼎孳，前有车，后有辙，也一一剃了发，排在后面向新朝磕头。这样，凡有奶便是娘的中国文人，凡光棍不吃眼前亏的中国文人，凡在前朝不得烟儿抽的中国文人，都走钱谦益这条路。这第一种人，大约占了文人的大多数。

中国文人在非要你买账，不买账就要你好看的老板手下，通常都将磕头列为首选的生存方式，这绝对是中国文人的聪明了。这聪明来得不易，是以千百年来纷纷落地的人头为代价而得来的。尽管这是一份苟且的聪明，难堪的聪明，你可以鄙视，你可以看不起，但大多数文人站在老板面前，这其中包括你、我，想到脑袋没了，其他一切也跟着完蛋时，会选择这一份聪明的。

不过，大多数文人聪明了，不等于所有中国文人都采取这种聪明的活法；还是有不聪明的文人，偏要做不买账的第二种人。一般情况下，不买账，说起来容易，实行起来却难。因为，得罪老板，至多将你开革，得罪皇帝，那是要砍你脑袋的。但即便如此，如张煌言，如陈子龙，如夏完淳……这班不怕死的硬骨头，刀横在脖子上，也绝不下跪；膝盖不弯，当然也就磕不了头。他们不但不剃发留辫，不但不磕头效忠，还要纠集人马，举刀执矛，进行反清复明的抵抗运动，坚决抗争，决不投降。这第二种人，在中国文人总数中，只占极小比例，但却是应该得到格外的敬重，要没有这些脊梁骨支撑着，中国文人岂不全是软壳鸡蛋了吗？

接下来，就是介乎磕和不磕之间的第三种人了，如黄宗羲，如顾炎武，如王夫之……索性隐姓埋名，销声匿迹，干脆远走他乡，逃遁山林，在那天高皇帝远的地方，一方面，自食其力，种田糊口，一方面，苦心研读，潜心著述。统治者的网罗再密，也有鞭长莫及的死角，于是，也就不用朝谁磕头。在这个队列中间，排在第一名者，非张岱莫属，首先，他年事高于黄、顾、王等人；其次，他文名不亚于钱、吴、龚等人；第三，也是最重要的，他的风流倜傥，他的奇情壮采，却是大江南北，无人不知的大名士。

在《陶庵梦忆》一书的序言中，他这样写道："今已矣，三十年来，杜门谢客，客亦渐辞老人去。间策杖入市，人有不识其姓氏者，老人辄自喜。"由此可知张岱盛时，不但山阴装不下这位名士，甚至杭城，甚至江南，也都仰其声名，羡其华腴，慕其文采，效其潇洒而从者如云。那时，资讯极不发达，消息相当闭塞，这位大名士却有如此众多粉丝捧场，可见其闻名遐迩。他在《闰中秋》一文中说到他的一次聚会："崇祯七年闰中秋，仿虎丘故事，会各友于蕺山亭。每友携斗酒、五簋、十蔬果、红毡一床，席地鳞次坐。缘山七十余床，衰童榻妓，无席无之。在席七百余人，能歌者百余人，同声唱《澄湖万顷》，声如潮涌，山为雷动。"从他举办的这次嘉年华会看，这位大名士之大手笔，之号召力，之能折腾，之出风头，可想而知。

做名士，是风光的，可到了老板更迭，皇帝轮换之际，名士脑袋大，更是明显的目标。黄宗羲屡战屡败，入四明山结寨自固去了；顾炎武举事不成，到乡野间觅室苦读去了；王夫之知事不可为，隐遁湘西潜心著述去了。而这位江左名士，走又走不了，躲又躲不成，他只有采取这种与新朝既不合作，也不反抗，与当局既不妥协，也不顶牛的龟缩政策。实在无法背过脸去，必须面对这个绝不心诚悦服的皇帝，怎么办？或假做磕状，尽量敷衍；或磕下头去，却不认账。这样，第一种人觉得他不省时务，不知大势所趋；第二种人觉得他同流合污，缺乏革命气节，他自己也很痛苦。所以，他比第一种人，要活得艰难，因为不能不顾及自己的脸面，不能太无耻；他比第二种人，要活得艰险，因为不能不顾及自己的头颅，别撞到枪口上。于是，闪躲、避让，免遭没顶之灾，游离、回旋，终成漏网之鱼。三十多年下来，活得是多么不易。然而，他居然活下来了，那就更不易；而他是一位众所周知的名士，则是尤其的不易。

话说回来，也不是随便一个阿猫阿狗、张龙赵虎之流，就可以称得起名士的。《世说新语·任诞》载王恭的一句名言："名士不必须奇才，但使常得无事，痛饮酒，熟读《离骚》，便可称名士。"看来，名士在中国，有着长远的历史。也许魏晋时的名士，只需有点酒量，背得出几句《离骚》即可。经过南北朝，经过唐宋元明，名士，就不是随便拎一个脑袋可以充数的了。

真正的潇洒，是文化、精神、学问、道德之长期积累的结果，是智慧、意趣、品位、见识之诸多素质的综合，是学养、教养、素养、修养之潜移默化的积淀。所以，你有钱也好，你有权也好，可以附庸风雅，无妨逢场作戏，但一定要善于藏拙，勿露马脚。即使你的吹鼓手，你的拉拉队，哄然叫绝，说你酷毙了，秀透了，你也千万别当真。以为自己就是真潇洒、大潇洒，而忘乎所以，那可要让人笑掉大牙的。

第一，你得有真学问；第二，你得有真才情；第三，你得有真名望。有真学问，世人打心眼里佩服；有真才情，同行不得不心服；有真名望，官府轻易不愿拿你是问。你只是写过几篇报屁股的骂人文章，你只是出过几本过眼即忘的烂污小说，你只是喝过洋墨水能讲几句鸟语，你只是在巴掌大的地方上自我封王，对不起，这帮文坛暴发户、暴走族，想给张岱拾鞋，也是不够格的。②

②张岱《又与毅儒八弟》信中说："前见吾弟选《明诗存》，有一字不似钟谭者，必弃置不取；今几社诸君子盛称王李，痛骂钟谭，而吾弟选法又与前一变，有一字似钟谭者必弃置不取。钟谭之诗集，仍此诗集，吾弟手眼，仍此手眼，而乃转若飞蓬，捷如影响，何胸无定识，目无定见，口无定评，乃至斯极耶？盖吾弟喜钟谭时，有钟谭之好处，尽有钟谭之不好处，彼盖玉常带璞，原不该尽视为连城；吾弟恨钟谭时，有钟谭之不好处，仍有钟谭之好处，彼盖瑕不掩瑜，更不可尽弃为瓦砾。吾弟勿以几社君子之言，横据心中，虚心平气，细细论之，则其妍丑自见，奈何以他人好尚为好尚哉！"这封信说明一个道

理，一个活在他人影子下面，一个失去自我的文人，也是无从潇洒得起来的。

这就是在精神上不羁于凡俗的名士风度，这就是在文学上不追随风气的独立人格，这就是"胸中自有百万兵"的笃定和自信，这就是在乌天黑地，伸手不见五指的混沌蒙昧中，不至于找不着北的清醒和镇定。只是可惜，时不我予，具有如此大家风范的张岱，也唯有于淹蹇中埋没终身。

公元1644年，按天干地支排，为甲申年，中华大地惨遭一劫，先是李闯王进城称帝，后是顺治帝正式登基，遂彻底改变了社会秩序，打乱了生活节奏。这年，张岱47岁，行将半百，是他一生的转折点。"甲申以后，悠悠忽忽，既不能觅死，又不能聊生，白发婆娑，犹视息人世。"一个从鲜花着锦，烈火烹油的鼎盛巅峰，跌入冰天雪地，四视皆空的万丈深坑，居然没自杀，没上吊，凭一丝弱息而能坚持过来，生存下去，不能不为这位从未吃过苦头，却吃了大苦头的张岱庆幸。

知识分子最怕的，也是最难规避的事情，莫过于降生到这个世界上，睁眼一看，时间不对，空间也不对，再退回娘胎也不可能，只有淹蹇一生的命运，等待着他，那才是既恨又憾的悲哀啊！而他在三十岁至四十岁的最佳年龄段，受到过明中叶以后反理学、叛礼教的运动洗礼，正是在思想上有所升华，在文学上大有作为的年纪；城头频换大王旗，三个皇帝走马灯式的转场，这位算得上明末清初最有才智的文人，掉进兵荒马乱的动荡之中，顾命都来不及，焉谈文章？老天爷不开眼，你又徒可奈何？

本来，晚明的这次"思想解放"，是一次连启蒙都说不上的"运动"，它与差不多同时期的欧洲文艺复兴，简直不可同日而语。然而，这种意识形态，恰恰是在明代嘉靖、隆庆、万历朝，经济渐次发达，商业日益繁荣的基础上形成的，也曾煞有生气过的。《金瓶梅》的问世，市井文学的兴起，商品消费的繁荣，市场经济的扩大，绝非偶然事件，而是时代在进步之中的必然。张居正的改革，虽然失败，但他的政策措施，确实使王朝增加了积累。这正是一次应该推进处于萌芽状态下的资本主义走向发展的难得机遇。可是，第一，王朝太过腐败，什么事情也做不了；第二，文人太过堕落，只想到自己怎么快活，而坐失与世界同步发展的良机。随后，更为不幸的是，一个来自关外的，在文化上更加落后的民族，实行了完全倒退的野蛮统治，中国也就只有沉沦一途了。

名士末路徒奈何——文人的潇洒

不过，我们还是看到，即使这样一个早产而且夭折的"思想解放运动"，在反对传统的礼教束缚上，在反对程朱"存天理，灭人欲"的理学桎梏上，在被称为"无耻之尤"的李贽所嘲"阳为道学，阴为富贵，被服儒雅，行若狗彘"的非孔反儒上，在标榜欲望，提倡人性，主张本真，反对矫情，追求个性上，一系列文化批判、思想裂变，对当时的文人而言，震动还是很大的。积极的一面，莫过于在张岱身上所表现出来的离经叛道的革命精神，不随俯仰的独立人格，拒绝臣服的自我主义和傲世嫉俗的内心世界。而消极的一面，也就是放浪形骸，纵情于感官之快，淫靡放荡，沉湎于声色之好。这也是张岱在新的老板当政之后，不得不手忙脚乱，不得不狼狈应对的缘故，于是，性格决定命运，由于精神上的清高，做不了第一种人，由于物质上的诱惑，也做不成第二种人，遂只有成为第三种人，众人眼中的另类。

张岱，生于公元 1597 年（明万历二十五年），逝于公元 1679 年（清康熙十八年），字宗子，号陶庵，山阴（今浙江绍兴）人。在明末清初的文坛上，他不但是一个无所不能、无所不擅的全天候文人，而且还是一个身体力行，将明中叶那种"人情以放荡为快，世风以侈靡相尚"（张瀚《松窗梦语》语）的风气推向极致的人物。名士之名，一是能作（zuō），一是能闹，不作不闹，如何能名？张岱就是这样一位敢大浮华，敢大快活，敢大撒把，敢大癫狂的"败家子"。

从他《自为墓志铭》所写，"少为纨绔子弟，极爱繁华，好精舍，好美婢，好娈童，好鲜衣，好骏马，好华灯，好烟火，好梨园，好鼓吹，好古董，好花鸟，兼以茶淫桔虐，书蠹诗魔"；从他《陶庵梦忆》序文所写，"大江南北，凡黄冠、剑客、缁衣、伶工，毕聚其庐。且遭时太平，海内晏安，老人家龙阜，有园亭池沼之胜，木奴、秫粳，岁入缗以千计，以故斗鸡、臂鹰、六博、蹴鞠、弹琴、劈阮诸技，老人亦靡不为。"③

③ 其实，张岱还忘记了自己一大好——好美食。第一，他出身于美食世家。"余大父与武林涵所包先生，贞父黄先生为饮食社，讲求正味。"第二，他认为，食物的本味才是感官享受的最高境界。第三，"割归于正，味取其鲜，一切矫揉泡炙之制不存焉。"（张岱《老饕集序》）

每个人都长一张嘴，但并非每个人都懂得吃。填饱肚子，叫吃本能，品出美味，叫吃文化。这就是张岱与进得北京天天下饺子吃便过年一般的大顺军农民兄弟的本质上的差异所在。

这位大名士，放浪至此，也许只能用"不可救药"一词可以恭维他的了。他应该永远生活在明朝，那里才是他的精神家园。然而，他又不能死殉，因为他说他怕杀头时疼，只好活下来做清朝的人。可想而知，为什么他始终留恋昨日的浪漫，始终怀念旧朝的风流，始终不肯臣服，始终不向新朝磕头的原因。

张岱之不磕头，固然是他的反潮流精神，但也是他自由的天性使之然耳。一个人精神世界的种种一切，是由这个人上溯三代的 DNA 所决定的，不会因时、因事、因人、因意识而改变，这也真是没有办法的宿命论。那个李自成手下的大将刘宗敏，大顺军的第二把手，也是甲申年进的北京。来自草根阶层的他，进了德胜门后，第一件事，满北京城找了个遍，要睡吴三桂的爱妾陈圆圆；第二件事，将搜刮来的黄金，铸成大饼子用骡马运回家，因为对这位流氓无产阶级而言，这就是他朝思暮想的最高境界。而他祖先的祖先，三十亩地一头牛，老婆孩子热炕头，也许尽一生之力都奋斗不到的目标。现在，这位出息了的后代，跟着李自成闹革命，居然左手搂着名妓，右手抱着金砖，那可真是光宗耀祖了。一般来说，家庭，决定教养，出身，体现素质，这是铁的法则，小农发财的天性，动物发春的本能，刘宗敏非这样行事不可。同样，从世代簪缨的豪门望族中走出来的张岱，就未必像这位农家子弟那样下作了。"旧时王谢堂前燕，飞入寻常百姓家"，燕子飞来，不等于寻常百姓就成为王谢人家。刘宗敏企慕的那些，张岱半拉眼睛都瞧不上，而张岱在意的一切，那位起义农民也根本无法理解。因此，像张岱这样的名士，空前未必，绝后是可以肯定的了。在当今的物质世界里，一掷千金的豪富，比比皆是，可他们的精神世界，绝对是一个个小瘪三。

更何况，从张岱更早的先辈开始，无不为通儒饱学，著作等身，家学之渊源，根基之扎实，自非等闲。就看他们这书香门第的高台阶上，出出进进的人物，如徐渭、黄汝亨、陈继儒、陶望龄、王思任、陈章侯、祁彪佳兄弟等人，哪一个不是文章作手？哪一个不是思想先锋？这些时贤先进对张岱产生的影响，是不可低估的。文化这东西，不是馒头，多吃即胖；学问这东西，也不是老酒，多喝即醉，那是一种缓慢的积累过程，一个渐进的成熟阶段。在这样一个耳濡目染，潜移默化的环境中成长，才分极高的张岱，自然要鱼龙变化，而冠绝一时的。

尤其是这富贵世家，自其祖父那一代开始，即拥有私家戏班，自蓄声伎小蹊，家境之豪富，门阀之通显，不同一般。因此，张岱就在文学、在艺术、在历史，乃至琴棋书画、笙箫管笛、吹拉弹唱、吃喝玩乐等各个领域，全面覆盖，达到无不精通熟谙，也无不得心应手的地步。当他早年过着精舍骏马，鲜衣美食，斗鸡臂鹰，弹琴咏诗的贵公子生活时，凡人间所有的快活，他都由衷地去追求，去享受；凡世上所有的美丽，他都急切地去把握，去拥有。这样一位得过大自在的文人，即使跌倒，即使趴下，也不会屈下膝来，像奴才似的朝新朝磕头的。④

④ 明中后期，是中国文人最为放肆，最为自我，也是最为追求本真，最为离经叛道的年代。李梦阳（1475—1581）有言："天地间唯声色，人安能不溺之？"袁宏道则弘扬此说："目极世间之色，耳极世间之声，身极世间之鲜，口极世间之啖，一快活也。堂前列鼎，堂后度曲，宾客满座，男女交舄，烛气熏天，珠翠委地，金钱不足，继以田土，二快活也。箧中藏万卷书，书皆珍异；宅畔置一馆，馆中真正同心友十余人，人中立一识见极高，如司马迁、罗贯中、关汉卿者为主，分曹部署，各成一书，远文唐宋酸儒之陋，近完一代未竟之篇，三快活也。千金买一舟，舟中置鼓吹一部，妓妾数人，游闲数人，浮家泛宅，不知老之将至，四快活也。然人生受用至此，不及中年，家资田地荡尽矣；然后一身野狼狈，朝不谋夕，托钵歌妓之院，分餐孤老之盘，往来乡亲，恬不知耻，五快活也。"

张岱的一生，就是这种"五快活"的最地道的践行者，他性之所至的那些散文作品，也可读得出来那溢出纸外的名士风流，和跃出笔墨的文人潇洒。

浪漫的春天，属于歌唱的诗人，严寒的冬日，适合做学问的学者。而明末清初的张岱，恰巧经历了冰火两重天的考验，也造就了他在为文和治史的两大领域中，获得斐然的成功。

张岱之文，似粗疏而意境精致，似肤浅而思想深刻，似不经意间而见其心胸擘画，似率性挥洒而惜墨如金。晚明文人小品文极多，多着重个人感受，张岱作文只是在摹写客观的人、事、物、景，偶涉自己，也是闲中落笔，超然物我。呈现给读者的，是一个丰富多彩的世界。以他《湖心亭看雪》一文为例："雾凇沆砀，天与云、与山、与水，上下一白，湖上影子，惟长堤一痕，湖心亭一点，与余舟一芥，舟中人两三粒而已。"其中一连串的"一"，活生生跳入眼帘，烘托出美不胜收的西湖。这些本来极无味，也极无趣的数字，却起到点石成金的效果。读他的书，其随便的笔墨，其任意的文字，其隽短简约的词语，其明丽精俏的行文，其兴之所至的感想，其情致盎然的兴趣，比比皆是，处处可见，极耐玩味，百读不厌。可以这样评价，张岱的末世奇文，在他之前不曾有，在他之后不会有。

他的这两部小品文集，一曰《陶庵梦忆》，一曰《西湖梦寻》，书名中的这两个"梦"字，看得出来是他失去所有一切以后的反思。斯其时也，先生老矣，一瓢米，一把豆，必亲自劳作，方得果腹，一畦菜，一圃苗，必跋涉田间，方得收获，沦落困顿，无以为生，布衣蔬食，常至不继。也就只有这残存在记忆里的梦，是他仅有的慰藉了。

从他《三世藏书》一文，约略知道他在这动乱年月里，是怎样走上人生末路的。"余自垂髫聚书四十年，不下三万卷。乙酉避兵入剡，略携数簏随行，而所存者为方兵所据，日裂以炊烟，并舁至江干，籍甲内挡箭弹，四十年所积，亦一日尽失。此吾家书运，亦复谁尤？"然后就是他在《自为墓志铭》中所写的景况："年过五十，国破家亡，避迹山居。所存者，破床碎几，折鼎病琴，与残书数帙，缺砚一方而已。"

不过，他没有颓丧，也没有噤缩。清人温睿临撰《南疆逸史》，曾赞美其著史立说，晚年刻苦的成就。

"山阴张岱，字宗子，左谕德元忭曾孙也。长于史学。丙戌后，屏居卧龙山之仙室，短檐颓壁，终日兀坐，辑有明一代纪传，既成，名曰《石匮藏书》。丰润谷应泰督学浙江，闻其名，礼聘之，不往。以五百金购其书，慨然曰：'是固当公之，谷君知文献者，得其人矣！'岱衣冠揖让，犹见前辈风范。年八十八卒。"

这部二百二十卷纪传体明史，五易其稿，九正其讹。清人毛奇龄曰："先生慷慨亮节，必不欲入仕，而宁穷年厄厄，以究竟此一编者，发皇畅茂，致有今日。此固有明之祖宗臣庶，灵爽在天，所几经保而护之，式而凭之者也。"至于谷应泰的《明史纪事本末》，是不是就是张岱的《石匮藏书》？说法不一。纪昀的《四库总目提要》，陆以湉的《冷庐杂识》，均持此说。姑置知识产权的争议不论，张岱以垂暮之年，以衰迈之力，以饥馁之逼，以孤难之境，给他梦中的故国立传，说明这位大名士的真爱所在，衷情所系，这才是让我们肃然起敬的。

也许这就是中国文人最难得的一种精神了。精神在，志弥坚，享米寿，节不坠，名士末路，余馨长存，足矣！

朱元璋的心结
——文人的灾厄

　　按照主流历史学家的观点，中国历代农民"豁出一身剐，敢把皇帝拉下马"的造反行为，推翻旧王朝，建立新王朝，是推动社会前进的原动力，因而也就具有革命的意义。教科书都这样写着的。但实际上，中国封建王朝这种由张三而李四，由李四而王二麻子的改朝换代，龙床上的脑袋变了，冠冕下的面孔变了，但今天的农民，打倒昨天的农民以后，那锅封建制度的老汤，是永远也不会变的。所以，这锅老汤在中国这块土地上，以不变应万变，居然"咕嘟"了三千年之久，这正好说明农民革命乃时代进步的推力，是经不起历史检验的一个似是而非的命题。

　　一部《二十四史》告诉我们，每一次这种换汤不换药的变化，是以血腥的战争为代价，是以赤地千里，人口锐减，神州陆沉，一劫不复的巨大社会成本为代价而实现的。所以，每一次农民革命战争，必然是一次历史的倒退，民族的灾难，文明的倒退，文化的灭绝。朱元璋，当他洗干净腿上的泥巴，在金銮殿上南面为王的时候，比起所有同类的皇帝，对于文人、才俊、学者、儒生，官佐、吏员、书办、刀笔之类的知识分子，其警惕、戒惧、防范、敌视之心，其打击、镇压、排斥、杀戮之意，有过之而无不及。他在位三十年，也是中国历史上文字狱最盛行的时期。

　　吴晗作《朱元璋传》二十年，四易其稿，就是因为他无法将这个皇帝，写成主流历史学家所希望的那个样子。

　　明·无名氏的《翦胜野闻》载，"太祖视朝，若举带当胸，则是日诛夷盖寡。若按而下之，则倾朝无人色矣。中涓以此察其喜怒云。"

这个嗜杀的太祖，就是明朝的开国皇帝朱元璋。在中国约三百多个帝王中间，也就只有他，是真正来自草根阶层的卑微人物。几千年来，农民起来造反者无数，失败者也无数，而他却是成功坐上龙椅的唯一。与他景况相类似者，还有一个，那就是汉高祖刘邦。近人钱穆说："除却汉高祖，中国史上由平民直起为天子者，只有明太祖。"不过，刘邦非绝对之平民，当过泗水亭长，介乎派出所所长与街道委员会主任之间，官职不高，但吃公粮，领取九品或从九品的俸禄，用公帑支付工资，那就是官员。在中国，再小的官也是官，官，就是管，管，就是权。亭长，管辖约方圆十里的范围，后来，他发达了，又回到他当亭长的老家，一张口，"大风起兮云飞扬，威加海内兮归故乡。"那底气，那声势，绝非一朝一夕之功，也绝非一个升斗小民吼得出来的。

朱元璋好杀人，这一点，刘邦有点惭愧，但要论牛气、大气，朱元璋就差得多了。明·陈继儒《狂夫之言》中载："太祖常躬祭历代帝王庙，至汉高像前曰：'我与公皆布衣，起得天下。公是好汉子！'命再加一爵。"其实，朱元璋这个赤贫无产阶级，或流氓无产者，根本没法跟泗水亭长相比。从他自叙《朱氏世德之碑》来看，"某自幼多疾，舍身皇觉寺中。甲申岁，父母长兄俱丧，某托迹缁流。至正二十四年，天下大乱，淮兵蜂起，掠入行伍……"

他的职业：

一、当过和尚；

二、混过盲流；

三、干过兵痞；

四、做过蟊贼。

他的履历：

一、在地主家放过牛；

二、在庙宇里挂过单；

三、在流浪时讨过饭；

四、在落草中打过劫。①

---

① 明代这位开国帝王，自称起自布衣，托迹缁流，掠入行伍，适天下大乱，遂起兵滁州。这当然都是拣好听的说，他明白，当过和尚，当过兵痞，游方讨饭，打家劫舍，并非十分光彩之事。所以，他在自撰《朱氏世德之碑》的文中，总是强调"上世以来，服勤农业"，"先祖营家泗上，置田治产"。其实，他只是一个无家无业的"流民"，与土地，

与农业，与春种秋收，了无关系。

"流民"，属于江湖，而江湖，是周旋于统治阶层和被统治阶层之间的流离分子组合体，他们有时站在官方立场，鱼肉百姓；有时也站在民间立场，反抗苛政。当统治者强，他们是统治者的狗腿子；当受压迫者强，他们又成为造反的急先锋。每当天下大乱，民不聊生之日，便是他们铤而走险，亡命冒险，举事起义，投机博命之时。农民因为田地的羁绊，其革命性，远不如这些没有什么害怕失去的流氓无产者、痞子先锋来得坚决，所以，朱元璋就因为他非本质上的"农民"，而单枪匹马在江湖上历练了差不多四十年，才打下这份江山。说实在的，这是他的光荣，完全用不着讳莫如深的。

虽然按照今天的观点，这都是他的优势，他比刘邦更无产阶级，更苦大仇深，更彻底革命，更立场坚定。但在封建时代人们眼里，这都成为他的劣势，这些不光彩的过去，那是上不得台面的。为这些阶级胎记，当上皇帝以后的朱元璋，很自卑，很恼火，很觉得玷污自己，很感到耻于谈论。这样，他说，可以，别人说，不行，构成他绝对碰不得，始终解不开的心结。

洪武年间，开科考士，太祖翻阅考中的生员名单，一名来自江西婺源的姓朱的举子，吸引住他的目光。如果此人是南宋朱熹后裔的话，排个转折亲，攀上一位先贤当祖宗，岂不很是光彩么？那个考生当然了解太祖杀人不眨眼的脾气，哪敢撒谎，连忙申辩与朱熹并非同宗，连远房也不是。朱元璋一想，这样一个学子，都不冒认圣人为祖，朕就更犯不着了，遂寝息了这个认祖的念头。

这是一件小事，但可了解朱元璋心底里的这个结，左右着他的一生。

现在无从知道，明太祖在他闯荡江湖，厮杀搏斗，走投无路，跌倒爬起的早期岁月中，是如何饱受生员官吏、豪门士族、衙隶差役，地主富户欺压的？当初游方乞讨，流浪为生之际，没有机会读书，没有可能成为读书人，是如何被同龄人笑话他不识字，笑话他大老粗，耍他蒙他，从而产生对知识分子的嫉妒和厌恶心理的？一个活生生的人，被迫害而无法抗争，被镇压而不能反弹，郁积于胸，深藏于心，总有爆炸的一天，何况朱元璋？积怨生恨，久恨成仇，就像酵母一样膨胀，便酿成对官员、对富户、对文化人的血海深仇。待他有了报复的机会，有了报复的手段，嗜杀，便是他那数十年积郁心结的一次释放，一种补偿。

所以，他老婆马皇后跟他厮杀一生，最后沉疴不起，知道死之将至，无法挽救。太医们精心会诊，尽力治疗。谁知她宁可等死，坚决拒绝用药。朱元璋大为光火，跑到后宫去，责问她为什么，马皇后说，"我吃药也是死，不吃药也是死，可我吃了药死后，你一定要杀这些太医们的头，与其如此，还不如不吃药而死，可以保全这些太医们。"这一段野史，人称"马皇后怜惜太医"，由此可见，这位皇帝的嫉恨心结发作起来，其残忍，其猜忌，其动辄杀人之不问情由，与他同生死共患难的老婆，对他无所不用其极的狠毒，斩草除根的决绝，也是无可奈何。

清·赵翼在《二十二史札记》中说，"盖明祖一人，圣贤豪杰盗贼之性，皆兼而有之者也。"清·万斯同论朱元璋："盖自暴秦以后所绝无而仅有者。此非人之所敢谤，亦非人之所能掩也。"按照近代精神病学的研究，他的这种近乎疯狂的嗜杀行径，基本上属于心理变态。从清·谈迁的《谈氏笔乘》中提到的："太祖好微行，察政理，微行恐人识其貌，所赐诸王侯御容，盖疑象也。真幅藏之太庙。"看来，他的嫉恨心结，随着他登基以后，愈演愈烈，他的嗜杀之性，随着他为帝以后，变本加厉。据吴晗的《朱元璋传》，他打江山三十年，坐江山三十年，当上皇帝以后杀掉的人，要比他未当上皇帝前所杀掉的人，只多不少。光一个胡惟庸案，一个蓝玉案，株连人数之多，牵扯地域之广，前后共屠杀五六万人，真是骇人听闻的人口灭绝。"村墟断炊烟，陇上无行人"，这是当时诗人笔下对大案开杀的惨状描写。②

② 有人做过统计，历代王朝的开国之君，出身于流民者几达百分之五十。而像五代十国的那些短命君王，更等而下之，为兵痞，为无赖，为邪教，为盗贼，不堪口及。流民，为失去土地的农民，或已不依附土地，不再从事农业劳动的农民。这群人由于游手好闲，走乡串里，逞强不法，横行江湖，逐渐形成其冒险、暴力、亡命徒和痞子先锋的生存状态。而由流民到暴徒，只是一步之遥的距离。所以在历来的农民起义、造反、举事、铤而走险的乱世中，这群"恶从心头起，怒向胆边生"的流民，便因其不畏生死，残忍凶恶，冲锋在先，敢打敢拼，脱颖而出而成为主力，成为骨干，成为核心，最终推翻旧政权，成为新皇帝，小和尚朱元璋就是这样南面而王的。

可是，流民文化，小农意识，暴虐禀性，嫉恨心理，以及对于知识、文明的本能抵制，对于知识分子、文化精华的难以认同，这些旧日习气，是改不了的。据《孤树裒谈》："国初重典，凌迟处死之外，有洗刷，裸置铁床，沃以沸汤，以铁帚扫去皮。有枭令，以钩钩脊悬。有称秆，似半悬而称之。有抽肠，亦挂架上，以钩钩入谷道而出。有剥皮，剥赃贪吏之皮，置公座之侧，令代者见而儆惩云。"此等酷刑，也就只有无恶不作的流民兼暴徒的朱皇帝才做得出来。

在明人笔记中，关于朱元璋私访而大开杀戒的记载颇多，如无名氏的《翦胜野闻》中载："太祖尝微行京城中，闻一老妪密指呼上为老头儿。帝大怒，至徐太傅家，绕室而行，沉吟不已。时太傅外出，夫人震骇，恐有他虞，稽首再拜曰：'得非妾夫徐达负罪于陛下耶？'太祖曰：'非也，嫂勿以为念。'亟传令召五城兵马司总诸军至，曰：'张士诚小窃江东，吴氏至今呼为张王。今朕为天子，此邦居民呼朕为老头儿，何也？'即令籍没民家甚众。"如马生龙《凤凰台记事》中载："元宵都城张灯，太祖微行至聚宝门外，见民间张一灯，上绘一大足妇人，怀一西瓜而坐。上意其有'淮西妇人好大足'之讪，乃剿除一家九族三百余口，邻里俱发充军。"

封建社会的小农经济，决定了个体农民的生存状态。无非四件事，春耕，夏播，秋收，冬藏；无非四个头，生活在炕头，劳动在地头，最远到村头，最终到坟头，终其一生，仅此而已。所以，在一个农民的心目中，地头乃维系生存的根本，对朱元璋这样一个当了皇帝的农民来讲，国家，就是他的地头。所以，他把宰相取消，耕耘、灌溉、锄草、施肥，事无巨细，无不亲手操持，即或佣工，两眼也盯得溜直。清·黄宗羲《明夷待访录》中说，"有明一代政治之坏，自高皇帝废宰相始。"凡农民（或原来的农民），凡庄稼汉（或早先的庄稼汉），只要手中拥有权（上至一个国家，下至一个单位），都崇尚权力高度集中，绝不相信他人，更不假手他人。然而，国家那么大，你朱元璋纵有三头六臂，日理万机，也有管不过来的时候。于是，具体而微的国家行政事务，唯有托付给有知识、有文化、有能力的人进行管理。正如一个老农忙不完地头的庄稼活，不得不请邻居帮忙，不得不雇长工短工，尽管他信不过，但不得不耳。

如果说，朱元璋借微行察访，是因为他不放心老百姓，那么，朱元璋主持朝政，那就更加不放心读书人了。因为他内心中这个结，总在提醒他，这些知识分子，会不会给他耍心眼，会不会跟他不合作，会不会看他的笑话，会不会出他的洋相。尤其那些有思想、有才能、有威信、有人望的知识分子，更视作心腹之患。朱元璋这种残暴阴刻的念头，自负褊狭的行为，猜忌怀疑的心态，与人为敌的戒惧，自然与他早年受欺压、遭摧残、被排斥而抬不起头来的成长过程有关，自然也与过去人家不把他当人对待，现在他也不将这些人当人对待，产生强烈的逆反心理有关。因此，他对手下的这些功臣宿将、文武官员，总提防着，总戒备着，总敏感着，总介意着，甚至有点病态的神经质，而神经绷紧到一定程度，就要开刀问斩。

在《国史大纲》中，钱穆分析朱元璋的这种与读书人为敌的意识形态之形成渊源时说："宋太祖惩于唐中叶以后武人之跋扈，因此极意扶植文儒。明太祖则觉胡元出塞以后，中国社会上比较可怕的只有读书人。但是所谓传统政治，便是一种士人的政治。明太祖无法将这一种传统政治改变，于是一面广事封建，希望将王室的势力扩大。一面废去宰相，正式将政府直辖于王室。既不能不用士人，遂不惜时时用一种严刑酷罚，期使士人震慑于王室积威之下，使其只能为吾用而不足为吾患。"③

③ 在中国封建社会中，朱元璋是皇权至上主义者。为此，他非常反感孟子，因为这位民本主义者强调："民为贵，社稷次之，君为轻"；"君之视臣如草芥，则臣视君如寇仇"；"残贼之人谓之一夫，闻诛一夫纣矣，未闻弑君也"。太不把皇帝当回事，而触怒了他。他说：这老儿要活在今日，不杀了他才怪！洪武二年（1369）罢其配享，剥夺受祭祀的资格，洪武五年（1372），撤其神牌，不准供奉在孔庙大殿里。这下子，孔孟之徒都傻眼了。幸好，钦天监说了，荧行于惑，这是老天爷在示儆，陛下最好别动亚圣为佳。老朱谁也不怕，天意他却不敢违，这样，孟子没被扫地出门。不过，老朱相当小人，总对孟子耿耿于怀，洪武二十七年（1394），到底让大学士刘三吾编了一本《孟子节文》，将他不受用的词句删去。事隔二十年后，老朱犹怀恨在心，可见小人的记仇，是多么可怕了。（见清·全祖望《鲒埼亭集》）

早年间，朱元璋与元军，与其他起义军作战打天下的时候，还是很注意延揽士人，以为己用的。譬如"高筑墙，广积粮，缓称王"的高升，譬如"不嗜杀人，故能定天下于一"的唐仲实，再譬如刘基，譬如宋濂等等。而且，他能够从淮北起家，渡过长江，西与陈友谅战，南与方国珍战，东与张士诚战，然后，北驱蒙元，定鼎金陵，为他出谋划策，运筹帷幄者，都是这批由他敦请入幕的知识分子。但江山坐稳后，这些有着自己的观点信念的军师谋士，这些在征战中立下卓著功勋的名帅宿将，很有碍于他的统治，登基没几年，他就开始收拾这些老伙计、老战友和那些不得不使用，可又不得不防范的文人了。

　　明初，蒙元知识分子看不起朱元璋，就因为他小和尚出身，为兵为匪的经历，并不积极合作。加之后来他对待臣下的手段恶劣，名声不佳。尤其他暴虐的"廷杖"，当着陛下，当着朝臣，揍他的臣下，令人生畏。当众被脱下裤子按住了打屁股；每五棍换一个打手，这种施之于朝臣的"廷杖"，第一，非常羞辱；第二，即使被杖者命大，不致毙命，也将终身残疾不起。在中国历史上，廷杖以明朝最为盛行，就是太祖带的头，一直到末帝崇祯，终明之世，廷杖逮治，不绝于书。因此，当时的士人以服官为畏途，清·赵翼《二十二史札记》载："时京官每旦入朝，必与妻子诀，及暮无事，则相庆以为又活一日。"

　　朱元璋一看文人纷纷借故推托，指名也不来，给官也不做，顿时火起，下了一道御旨，叫做"寰中士夫不为君用"的律例。这意思就是，别以为朝廷多么待见你们这班文人，可我需要尔等为朕效力的时候，必须马上报到上班，不来就是犯罪行为。"贵溪儒士夏伯启叔侄断指不仕，苏州人才姚润、王谟被征不至"，就按照这条"不为君用"的律令，将他们"诛而籍没其家"。

　　如果说，引发朱元璋对开国元勋大开杀戒的借口，是谋反叛乱，那么他对知识分子的镇压，就是不能容忍这些读书人对他的"讥讪"，尤其不要碰他的"忌讳"。他的心结，是绝对禁区，谁碰谁就遭殃。鲁迅先生笔下的阿Q，因为头秃，连"光"、连"亮"都在忌讳之列，这种农民心理，可算是一脉相承。那个小D，曾经语带不逊地讥讽过，阿Q不但怒目而视，还扭抱住他打了一架。如果阿Q成了皇帝，金口玉言，那小D肯定被抓起来拉出去毙了。说到底，朱元璋是农民，而农民在小农经济状态下形成起来的狭隘、封闭的意识，就免不了要有阿Q这种由极其自卑逆转成极其自尊的护短心理。

　　明·黄溥《闲中今古录》载：杭州教授徐一夔撰写了一份贺表，上呈朱元璋讨好。马屁拍得够响的，其中有"光天之下，天生圣人，为世作则"等阿谀奉承语句。谁知朱元璋阅后大怒，他说："'生'者，僧也，以我尝为僧也，'光'则无发也，'则'字音近贼也。"遂下令把教授斩了。《闲中今古录》又载：洪武甲子，朱元璋开科取士，一些功勋大臣不服，认为他轻武重文，朱元璋讲："世乱则用武，世治则用文。"勋臣们提醒他："此固然，但此辈善讥讪。"并举了朱元璋当年的死对头，另一位起义军领袖张士诚的例子告诫他。张原名九四，对儒士相当礼遇的，因嫌九四作名不雅，请教这些儒士，才改为张士诚这个名字的。朱元璋一听，说："这名字不是蛮好吗？"哪知道这些勋臣说：《孟子》里有一句'士诚小人也'，这根本就是在变着法儿骂他，他不明白罢了!"这正好碰到朱元璋的心结上,从此对士人和他们的文字,挑剔找碴儿,没完没了。

明·皇甫录《皇明纪略》载,太祖曾经命令状元张信教他的儿子们写字,张信用杜甫诗"舍下笋穿壁"作为临摹字式。朱元璋一见这五个字,莫名其妙地大怒:"堂堂天朝,何讥诮如此?"说话间把这位状元推出去腰斩了。僧人来复上谢恩诗,其中有"金盘苏合来殊域""自惭无德颂陶唐"两句,朱元璋阅后发火了,头一句认为"殊"字是"歹"和"朱"二字合起来的,是在咒骂他;后一句认为是讽刺他无德,"虽欲以陶唐颂我而不能也,遂斩之"。④

④ 明·吕毖《明朝小史》载:"新淦有邓伯言者,宋潜溪(濂)以诗人荐之(太祖)。廷试《钟山晓寒诗》,太祖爱其中二句曰:'鳌足立四极,钟山蟠一龙。'不觉御手拍案诵之。伯言俯伏墀下,误疑上触天怒,遂惊死,扶出东华门,始苏。次日遂授翰林。"可以想象这位朱皇帝统治的天下里,知识分子如惊弓之鸟,居然当场吓得休克过去,那该是一个怎样恐怖的世界啊!

这种毫无理性的"忌讳",这种纯系脑残的"找碴儿",其实,是和这位皇帝的文化弱势相联系的,是受到他那可怕的阴暗心结所驱使,也是历代草根阶层出身的帝王,仇视知识,痛恨文明,轻蔑文人,憎恶文化的必然结果。现在,我们终于读懂《阿Q正传》最后第九章《大团圆》中,为什么阿Q使尽了平生的力画圆圈,立志要画得圆一点。说白了,这个未庄农民,也是生怕别人笑话,与当上皇帝的农民朱元璋一样,有着与生俱来的对于读书人、对于文化人、对于知识分子的嫉恨心结呢!

乾隆写诗四万首
——文人的克星

　　《东华录》乾隆二十年五月上谕："近日满洲薰染汉习，每思以文墨见长，并有与汉人较论同年行辈往来者，殊属恶习。此等习气不可不深加惩改，嗣后八旗满洲，须以清语骑射为重。着通行晓谕八旗部院知之。"但这位口含天宪的皇帝，却是一个不仅"薰染汉习"，而且极端汉化，极喜舞文弄墨之满人。清·昭梿《啸亭杂录》称他诗写得极多。"高宗万几之暇，惟事丹铅，御制诗文至于十万余首。自古骚人词客，未有如此之多者。每一诗出，尝令儒臣注解，不得原委，许其归家涉猎，然多有撷破万卷而不能得其解者。"御用文人纪昀，在《四库总目提要》里吹捧他诗写得不光多，还快。"勤政荏民之余，紫殿凝神，别无嗜好，惟以观书乙夜，悦性恬情。是以圣学通微，睿思契妙，天机所到，造化生心。……顷刻间便数十首，侍臣受简，吮墨沉思，前韵未赓，新题又作，丹毫宣示，日以为常。"看来，这台"乾隆牌"造诗机器，是一个创作组合体，有若干文臣润饰，有若干枪手执笔，有若干马屁精献句，有若干跟屁虫缮改，更有若干恬不知耻的文人越俎代劳，于是，这位皇帝成为中国诗歌的高产冠军。

　　乾隆死后四十一年，鸦片战争就爆发了，这绝对是那些"盛世"论者最为忌讳的一个提示。

　　因为大家知道乾隆之死，也知道鸦片战争，但大家并不在意这两者之间，只相隔了仅仅四十一年。按"盛世"论者的误导，好像乾隆以后，又过了好久好久"盛世"，大清王朝才衰败的。其实不然，半个世纪都不到，英国军舰就开到了大沽口。这就是说，乾隆朝既是浮夸起来的盛世结局，也是终于败落的衰世开端。

这正好说明乾隆——爱新觉罗·弘历,绝对是"盛世"论者无限拔高的"英主"。

乾隆生于1711年,死于1799年,1735—1795年在位,他登基的时候,刚刚25岁,还是有所作为的。执政前期,尚称谨慎,是一个"励精图治,开拓疆土"的皇帝。他的父亲雍正,给他留下三百万两白银,经他多年积攒,国库存银一度达到七千万两白银,那时的他,很有一点英主的气象。执政后期,此人骄傲了,懈怠了,会大消费了,会大享受了,于是,成为一个"倦勤骄荒,蔽于权幸"的庸主。尤其晚年,"柄用和珅,贪婪掊克",大清王朝,步入中衰,这时的他,基本上就是一个昏君了。最可笑者,因为康熙在位六十一年,乾隆说他执政的年份,不能超过乃祖,可他又不肯彻底地退位,公元1796年内禅嘉庆,他又当了三年太上皇。一般当太上皇,都是甩手掌柜,他却真抓实干,弄得嘉庆很尴尬,老爷子的话,不敢违拗,老爷子宠臣和珅的话,不能不听,这就是老人政治的弊端了。

综观乾隆一生,在中国全部帝王中,他算得上是最为快活、最为轻松的皇帝之一,不过,他也是最为消耗、最为铺张的皇帝之一。因十全战功、因大兴土木、因六下江南、因赏赐豁免,就使得他沿着从英主,到庸主,到昏君的三个阶梯跌落下来,不但将那七千万两白银用光,连他老子攒下的老本三百万两白银,也挥霍一空,有人统计,乾隆统治六十三年,前后消耗掉了一亿五千万两白银,大清王朝的元气,就这样被透支殆尽。①

---

① 赵翼《檐曝杂记·军需各数》中载:"上用兵凡四十五次,乾隆十二三年,用兵金川,至十四年三月止,共军需银七百七十五万。十九年用兵西陲,至二十五年止,共军需银二千三百十一万。三十一年,用兵缅甸,至三十四年,共军需银九百十一万。三十六年,用兵安南,至四十二年,共军需银六千三百七十万。以上乃章湖庄在户部时,所见军需局结算之数。五十二年,台湾用兵,本省先用九十三万,邻省增拨五百四十万,又续拨二百万。又拨各省米一百一十万石,本省米三十万石,加以运脚,共银米一千万。"战争,是一个国家永远止不住流血的创口,凡穷兵黩武者,如西方的古罗马帝国,如东方的秦帝国,乃至于当下大洋彼岸的那个超级大国,当国力耗竭的那一刻,必然也是丧钟敲响之时。孙子曰:"兵者,国之大事,死生之地,存亡之道,不可不察也。"而虚荣矜夸,欲立万世之名的乾隆,希借康、雍之根基,图建汉、唐之国威,动辄用兵,消竭国帑,十全武功以后,大清王朝基本成了油将耗尽的灯,他还没有死,这盏灯已经奄奄一息了。

乾隆的继任者为嘉庆，智商不高，能力有限，但不聋不瞎，国库空空如也，他心里是有数的。所以乾隆死的当天，下令和珅守灵，将其内外隔绝。然后，不出半个月，勒令自尽，全部财产没收。说实在的，这个嘉庆，一辈子就做了这一件漂亮事。可有什么办法呢？民间有一说："和珅跌倒，嘉庆吃饱"。其实，正确的说法，应该是嘉庆为了吃饱，才非让这位宠臣跌倒的。因为他知道，这个中国有史以来最大的贪污犯，被他爹养得太肥了。据《梼杌近志·和珅之家财》一文，"其家财先后抄出凡百有九号，就中估价者二十六号，已值二百二十三兆两有奇。未估者尚八十三号，论者谓以比例算之，又当八百兆两有奇。甲午、庚子两次偿金总额，仅和珅一人之家产，足以当之。政府岁入七千万，而和珅以二十年之宰相，其所蓄当一国二十年岁入之半额而强。虽以法国路易第十四，其私产亦不过二千余万，四十倍之，犹不足当一大清国之宰相云。"②

②《曾国藩奏稿·议汰兵疏》："高宗不惜散财，以增兵力，阿桂即上疏陈言，以为国家经费，骤加不觉其多，岁支殊难为继，至嘉庆十九年，仁宗睹帑藏之日拙，遂思阿桂之远见。"老子败了家，儿子又能奈何？何况一个不争气的儿子？

衡量一个统治者的政绩，最简单的指标，就是看他交出政权时，这个国家，是强了，还是弱了，是富了，还是穷了。现在看来，除了乾隆的宠臣和珅的金山银山外，大清王朝已经一弱二穷，内忧外患，所以，四十一年后，发生了第一次鸦片战争。

在中国人的心目中，对这位皇帝的第一印象，就是他不断地下江南。康熙六次，乾隆也六次，一切步其祖父后尘。而更多中国人不知道的一点，他还是中国的诗歌高产冠军，一说39340首，一说43000首。写了这么多首诗，却没有一首被中国人记住，也算是一个奇迹，更是一个笑话。诗写得不怎么样，偏要写，还写了许多，说明这个人在精神上是有毛病的。

国学大师钱穆在其《国史大纲》一书中，对"盛世"的三位主角，最不看好的正是这位乾隆。他没有说他诗作之烂，也没有说他好下江南，而是将他与其父、其祖比较，认为："乾隆好大喜功，不如雍正之励精图治。雍正刻薄，不如康熙宽仁。"这三代"帝王精神，一代不如一代"。所以，"到乾隆中叶以后，清室即入衰运"。

钱穆对"盛世"一说，不以为然。在他看来，所谓"盛世"，其实不盛。

"然言世运物力，则实在清不如明，康熙五十年所谓盛世人丁者，尚不及明万历时之半数。"到了乾隆手里，斯时，江山牢固，国泰民安，因此，这个幸运儿无须乎像他祖父康熙那般好学敏求，也无须乎像他父亲雍正那样事必躬亲。俗话说，"前人栽树，后人乘凉"，是好事，也是坏事，父祖差不多用了一个世纪打造出来的江山基业，如同一棵枝繁叶茂的大树，足够他树下纳凉，这种用不着辛苦，坐享其成的局面，让这位皇帝得以从心所欲，想干什么就干什么。前期的乾隆，尚有一些谨慎，中期的乾隆，便多了一些放肆，晚期的乾隆，就不可避免地昏庸起来，最后，就是老糊涂。很简单，他觉得自己有资本，敢于放手花钱，遂有六下江南，庆寿盛典的巨大靡费；觉得自己很神武，敢于大胆用兵，遂有频繁开战，东征西讨的消耗国力；觉得自己天纵聪明，无所不能，不但为所欲为，而且刚愎自用，遂有宠信近臣，任用非人的政治腐败。

"好大喜功"，是乾隆一生全部弊端的根本。《清史稿》在《高宗本纪》末，论曰："运际郅隆，励精图治，开疆拓宇，四征不庭，揆文奋武，于斯为盛。……惟耄期倦勤，蔽于权幸，上累日月之明，为之叹息焉。"清朝之败，始于乾隆，其实，中国之沦为殖民地与半殖民地，又何尝不是这位写了四万首诗的皇帝所作的孽呢？

他为什么要写这么多的诗，难道因为有那么多马屁精捧场，他就会相信自己写出来的东西，果真就是绝妙好诗么？难道他不知道不会有人敢当面对他说"陛下，您的诗写得不怎么样"。但他还是笔耕不辍，我想，固然有其好大喜功的一面，其实，还在于他根深蒂固的民族自卑感。

乾隆精通汉文化，不亚其父，稍逊其祖，但他始终觉得是一个来自关外的异族主子，始终觉得是一个少数人统治着大多数人的外来政权，而且，始终觉得汉族知识分子看不起他们的来历，看不起他们的发源地，看不起他们落后的文化、野蛮的风俗、粗鄙的生活方式和低下的文明程度。所以他的屡兴大狱，进行镇压，钳制思想，屠杀文人，是出自于他灵魂中的一种自卑的心病，或者，一种屈辱的情结。他上台后，整起知识分子，比其父，比其祖，尤为残酷。其实，从顺治（在位十八年）起，到康熙（在位六十一年），到雍正（在位十三年），已经对汉族士人修理、整肃、洗脑、奴化了快一个世纪，即使明朝灭亡那年诞生的汉人，至此也已经是近百岁之人，还会有一丝反清复明的力气吗？但乾隆仍旧觉得自己是一个孤家寡人，尤其看到八旗子弟，一天天地汉化，不识满文，不习满语，连他们进关打天下、坐江山的骑射本领，也日益生疏。因此，他深为这大势所趋感到紧张。使得他对其实已是他忠实臣民的汉族知识分子，时刻保持着戒惧、警惕、敌视的情绪。③

③ 满人见主子，自称奴才。皇帝为最大的主子，满人无论地位多么高贵，官职多么显要，叩见陛下，也是一口一声"奴才"，佐之以"喳"的应答，表示奴性的俯首帖耳，这种自甘下贱的称谓，竟成了满族官吏引以为荣的标志。因为，汉人想得还得不到这种自称"奴才"的待遇呢！乾隆三十八年（1773），满臣天保和汉臣马人龙，联名上奏关于科场舞弊案的折子。由于天保的名字在前，便一起称为"奴才天保、马人龙"。乾隆一看，大为光火，你马人龙算什么东西，竟敢冒称奴才，这两个字是尔等汉人能用的吗？遂规定："凡内外满汉诸臣会奏公事，均一体称'臣'。"宁可让满人委屈一时，权且陪着称"臣"，也不让汉人永远沾光而"奴才"起来。

其实，怪不得马人龙攀附，而是有前车之鉴的。乾隆三十五年（1770），满臣西宁、达翎阿与汉臣周元理，联名上奏"搜捕蝗蝻"一折。前二人自称奴才，周元理自称臣，这应该符合乾隆的意思，不该受到责备，而应嘉奖才是。但乾隆他不愿别人抢尖卖快，他还没有发话，此人就率尔行事，那还了得？遂找碴儿寻衅，"不屑随西宁同称，有意立异。"而落了很大不是。反正皇帝嘴大，怎么说怎么是，这先后两个汉臣，称奴才不是，不称奴才也不是，这个皇帝的刻薄和浅薄，也就可想而知。

在他统治六十年间，文字狱案件发生数达到高潮，共一百三十余起。其中四十七起均被处以极刑，生者凌迟，死者戮尸，其家族连坐，男者坐立斩，女者被发配为奴。那时候，为文人者，闭门家中坐，祸从天上来，帝名该避讳而没有避讳，圣上另行抬头而未照办，写错一个字，用错一个词，都是杀头之罪。④

④ 据故宫出版的《清代文字狱档》：从乾隆六年（1741）至五十三年（1788）的四十七年中，有文字狱53起，案件遍及全国各地。你不能不佩服这位文人的克星，在六下江南，十全武功之日理万机之中，竟然没忘记每年收拾知识分子一次。碰上这样一位"爱"你的皇帝，哪怕一年只"吻"你一次，也是很要命的。

乾隆十三年十月二十日，翰林院撰孝贤皇后的冬至祭文，这本是一篇例行的应景文章。但文中出现了"泉台"这样的字眼，乾隆一看，挑起刺来。他说，"泉台"二字，用之常人尚可，岂可加之皇后之尊？皇后归天，只能去西天极乐世界，哪有进十八层地狱之理？所以，皇帝好文学，对文人而言，绝非好事。第一，他明白文学是怎么回事；第二，他也明白文人是怎么回事，你要不小心侍候，碰上这样一个鸡蛋里挑骨头的主子，不定哪段文字、哪句话被他抓住，吃不了兜着走。做皇帝手下的御用文人，物质待遇也许丰饶，精神世界却始终是紧张着的，谁知道"龙威"何时发作呢，所以那日子相当不好过的。

结果，大学士张廷玉，以及阿克敦、德通、文保、程景伊等几位翰林院承旨学士，自请处分。乾隆格外开恩，着罚本俸一年。这一年，从理论上讲，他们就只有喝西北风了。不过，饿饭大概是不至于的。但从乾隆的这种苛刻处分看，反映出他的内心世界的肮脏，第一，是提防；第二，是镇压；第三，是轻蔑。即使对他身边的文人学士，一个个都是大师级的扛鼎人物，也像对一条狗似的呼来叱去。

清末民初天戡所著《满清外史》载这位皇帝的一次"天威"，说到乾隆"尝叱协办大学士纪昀曰：'朕以汝文字尚优，故使领四库书，实不过以倡优蓄之，汝何敢妄议国事？'夫协办大学士，位亦尊矣，而曰'倡优蓄之'，则其视群臣为草芥，摧残士气为何如者。尹会一视学江苏，还奏云：'陛下几次南巡，民间疾苦，怨声载道。'弘历厉声诘之曰：'汝谓民间疾苦，试指明何人怨言。怨声载道，试指明何人怨言。'夫此何事也，岂能指出何人乎？尹会一于此，惟有自伏妄奏，免冠叩首已耳，乃谪戍远边"。

纪昀（1724—1805），即纪晓岚，河北献县人，一位于学无所不涉猎，无所不淹博的《四库全书》总编辑。尹会一（1691—1748），直隶博野人，一位精通程朱理学，文章道德悉为楷模的大家名吏。说来好笑，领袖儒林的堂堂大老，被乾隆这一顿吹胡子瞪眼睛，差点吓得尿了裤子，连忙磕头掌嘴，认罪求饶不已。

纪晓岚以为自己是众望所归的文坛领袖，尹会一以为自己是国家栋梁的当朝一品，觉得弘历应该会对他们多么优容，多么礼让，便不知天高地厚，直言无讳。在乾隆眼里，这种给个梯子就上脸的狂妄，撇开满汉之隔，异己之嫌，主子和奴才的悬殊不论，凭借文章华彩，学识鼎望，儒林名声，士子仰慕的优势，敢对朕指手画脚，说三道四，简直就是是可忍，孰不可忍的大不敬。

也许乾隆并不拥有他们满肚子的学问，但拥有的绝对权力，却能置这两位顶尖文人于死地。在帝王眼里，两条腿的狗也许难找，两条腿的作家诗人，却有的是。幸好乾隆没有秦始皇的坑人癖，否则，这两位大腕，很可能不是充军发配，而是自己挖坑埋掉自己了。

在这部《满清外史》中，还有一段关于乾隆与给他当差的御用文人沈德潜的记载，那就更有趣了。尽管，乾隆本人已经相当程度的汉化，诗词歌赋，琴棋书画，其造诣，其水平，也非寻常人所能及。但他的潜意识中，那边外未开化的民族来历，始终是他的内心阴霾。所以，对汉族文人，始终持有戒心和敌意，哪怕输诚纳款，五体投地表忠心者，也要时不时进行修理，不能让他们活得太痛快，太多翘，太翘尾巴。而且，凭借权力优势，你行，爷比你更行，乾隆一辈子所写的诗，总量超过《全唐诗》。他之所以要打破这个记录，其中既有赌气个人能力之心，更有涮雪民族耻辱之意。

乾隆一辈子写了近四万首诗，就算他一出娘胎就写，到八十多岁驾崩捯气儿时还在写诗，谅也写不出这么许多。有好事者做过一道算术题，他一生活了32220天，按诗总量40000首除，平均每天要写诗1.38首。加上初稿、改稿、另起稿、未完成稿，这位老汉至少一天要作诗多首，这当然不可能，必须有枪手代劳，可能还不止一位，说不定有个写作班子，替他代庖。于是，蛰居苏州，名闻江南的沈德潜，便交了好运。

"长洲诗人沈归愚，为叶横山入室弟子，微时即名满大江南北。弘历闻而慕之，乃以庶常召试。不数年，遂跻八座，礼遇之隆，一时无两。尝告归，弘历以所著诗十二本，令其为之改订，颇多删削。迨归愚疾殁，弘历命搜其遗诗读之，则已平时所乞捉刀者咸录焉，心窃恶之。"

沈德潜（1673—1769），江苏长洲人。此老直到六十多岁高龄，忽被乾隆看中，受聘京师。须臾之间，登上翰林讲席，擢为内阁学士，他当然明白，弄他到京师来，就是来为主子捉刀。这些高官厚禄的好处，等于付钱买断他的署名权。按理，这君子协定，是不可悔约的。可最后老先生编自己的全集时，竟然撕毁合同，收归己有，统统物归原主地"咸录焉"。

这样赖账，当然不像话，太不讲信义，太不够朋友了。你卖他买，一手付款，一手交货，那些代作的诗，版权已经属于皇帝大人的了。

我发现，无论古今，文人上了年纪，就添毛病。为什么老文人总是做出些令人诟病的行止来呢？很大程度是生理原因。第一，脑浆子变稠了；第二，脸皮子加厚了。脑浆一稠，呈固化状态，这个人活着也像木乃伊了；脸皮一厚，则感觉失灵，便堂而皇之地下作，而且还不知耻。

他想得也有他的道理，横竖这是没签字的一纸合同，即使乾隆发现他违约，也对他无可奈何。

错了，这位背时的、昏聩的老先生，竟然不知道马王爷长几只眼！我们现在能看到的，故宫里收藏的乾隆像，那副尊容，酷似其祖康熙，绝非善类。尤其晚年，脸部瘦削，两腮内陷，眼角下垂，鼻准峻刻，透出一股阴鸷毒狠的神色，令人望而生畏。你老先生缺乏基本的商业道德，无视起码的买卖公平，以为老脸皮厚，假装糊涂，陛下就会放过你吗？于是，抓住他为扬州东台人徐述夔所作《一柱楼诗集》的序，下令严办。有人报告，陛下，他已经死了！

睚眦必报的乾隆说，死了也得结账。

先前，此老八十多岁致仕，告老还乡，作为皇帝的笔杆子，光焰万丈，何其了得？肯定招摇过市，大出风头，苏州本不大，简直装不下他。在中国，大文人喜捧，小文人善捧，大文人唯恐捧不够，小文人生怕捧不上，于是，抬轿的，喝道的，筛锣的，打旗的，一起大捧特捧，捧昏了头的他，没细看徐书中的"反动"内容，胡乱作了个序。结果，作者满门抄斩不说，老先生虽死，因这篇序，也受到"扑其碑，戮其尸"的处置。

皇帝，有时很小人的。文人遭遇这类小人皇帝，那就更没救了。乾隆歹毒一笑，你这个老东西，哪怕逃到阴曹地府，朕也能让你不得安宁。徐述夔的这本诗集之"反动"，就是一句"大明天子重相见，且把壶儿搁半边"。诗中反清复明的变天思想，固然罪不可恕，而以"壶儿"隐射"胡儿"来诽谤，尤其触犯了这位异族主子的心理隐痛。这就如同阿Q因癞痢头而忌讳说亮说光一样，千万不能提到脑袋上的那块秃疤。地方官检举上来，遂定为大逆不道罪。于是，由序牵连到沈归愚，到底弄了个燔尸扬骨的下场。⑤

⑤ 乾隆修《四库全书》对文化的毁灭，比起文字狱对文人之摧残，更是惨重。近人邓实在《国粹丛书》的跋中说："书自秦火之后，大厄凡十有一，而以有清乾隆之时，为最后而最烈。计共遭劫，可以稽之于史者，凡七十一万卷。"近人孟森在《心史丛刊》中论及："江西巡抚海成，以查办禁书最为出力之人，煽近世禁书之祸。今检清代禁书，不独明人著述，多遭禁毁，乃至自宋以来，皆有指摘，史乘之外，兼及诗文，充其自讳夷狄之一念，不难举自昔之记载而尽混淆之。始皇当日之厄，决不至离奇若是。盖一面既毁前人之信史，一面又伪撰以作补充，文字之劫，真是万古所无。"作为一个中国文人，鼓吹如此这般的"盛世"，实在太TMD了。

乾隆写诗四万首——文人的克星

在中国诗歌史上，从来不把清代这位弘历皇帝列入的。但是，他却是中国（甚至全世界）写诗最多的人。他的御制诗，数量着实惊人，超过清代收诗四万多首的《全唐诗》。一个写得很多，却写得并不出色的诗人皇帝，对于其他真正的诗人而言，也许不是一件值得高兴的事情。

一代文人苏东坡
——文人的业障

业障，佛教语。谓妨碍修行证果的罪恶。南朝·梁·慧皎《高僧传·译经中·昙无谶》："进更思惟，'但是我业障未消弭。'"《法苑珠林》卷七五："如是神咒，具大威力，能受持者，业障消除。"对于中国文人来讲，最大的业障，有时并非皇帝，而是文人中间的小人之辈，那才是永远摆脱不了的梦魇。

苏东坡，是一个充满人格魅力的文学大师，一直到今天，九百年来，他像一块兀立不动的文学基石，支撑着中国文学史。

伟大的文人，之所以不朽，之所以永生，就因为他是一"代"文人，这个"代"，代表着一个年代，代表着一个朝代，也代表着一个跨越漫长历史进程的时代。不是所有文人都能享此殊荣，能够称之为一代文人的，那是少之又少。正如我们说到汉，你马上想到的是司马迁，说到唐，你马上想到的是李白，说到清，你马上想到的是曹雪芹，说到二十世纪，你马上想到的是鲁迅，那么，说到宋，你马上想到的，肯定就是苏东坡。

如果大学中文系开《两宋文学史》这堂课的教师，突然奉命不谈苏轼的话，我想他一定要失语五分钟以上，因为他不知道该怎样才能绕开这位巨人，自然也包括教授小食堂里那碗"东坡肉"。因为没有这位发明了这道名菜的文人，大家也就欣赏不到这"肥而不腻，瘦而不柴"的佳肴了。而在这九百年中，中国饮食文化这个领域中，以文人的雅号来命名一道菜肴的光荣，第一位当数苏东坡。①

① 1080 年，苏东坡谪居黄冈。宋·周紫芝《竹坡诗话》载："东坡性喜嗜猪肉，在黄冈时，尝戏作《食猪肉诗》云：'黄州好猪肉，

价贱等粪土，富者不肯吃，贫者不解煮。慢着火，少着水，火候足时他自美。每日起来打一碗，饱得自家君莫管。'" 1085 年苏轼从黄州复出，经常州、登州任上返回都城开封，在朝廷里任职，受排挤，1089 年要求调往杭州任太守。他在杭州任上，着力修浚西湖，筑堤防汛，杭城老百姓为了感谢他的仁政，把这条湖堤称做苏堤。堤修好时，适逢年节，市民为了感谢他，送来了猪肉和酒。苏东坡写了个条子，说将"酒肉一起送"给那些在湖里劳作的民工。结果，做饭的师傅错看成"酒肉一起烧"，就把两样东西一块下锅煮起来，想不到香飘西湖，令人馋涎欲滴。这就是色浓味香，酥糯可口，肥而不腻，瘦而不柴的东坡肉的来历。于是，慢火，少水，多酒，便成了制作这道菜的诀窍。

如果中国文学史没有这一块基石的话，作为中国诗歌中豪放一派，在他之前，在他之后，能找出另外一位更具代表性，并被中国的读者——上至顶尖人物，下至普通百姓，遍及士农工商，包括男女老少所认同，达到雅俗共赏的程度吗？九百年来，中国人鲜有不知道苏轼这位文学大师者，鲜有不知道苏轼的作品者，略加思索，即可脱口而出他的诗词歌赋的，也是大有人在。只一句耳熟能详的"大江东去，浪淘尽，千古风流人物"，让多少中国人顿生登高望远之胸襟，而能淡看世象纷纭，朝云暮雨；而能冷眼人事变迁，寒来暑往，从而获得须臾的超脱，片刻的放松，这正是我们称之为"一代文人"的不朽魅力。②

②毛滂《上苏内翰书》说，苏轼"名满天下，虽渔樵之人，里巷之儿童，马医厮役之徒，深山穷谷之妾妇，莫不能道"。清·赵翼《瓯北诗话》说："东坡才名震爆一世，故所至倾动。士大夫即在谪籍中，犹皆慕与之交，而不敢轻。"这说明苏轼的一生，虽屡遭排斥打击，构陷迫害，但如日中天的声望和知名度，在宋代作家中，无人能与之相比；因此，这也是他始终逃脱不了小人纠缠的由来。中国人比较习惯于罐头沙丁鱼式的生存方式，大家挤在一个狭窄的空间里，你不比我胖，我不比你瘦，可以相安无事。可你苏东坡突然体积膨胀，体重增加，冲出罐头，另辟天地，那些仍挤在罐头里讨生活的人，能饶了这个成功者吗？更何况那些一肚子坏水的魑魅魍魉？

幸好，苏轼生在宋朝。这个所谓的"幸好"，并非是说他碰到的对手王安石，以及他卵翼下的同类，以及由此而衍生出来的党同伐异集团、势利小人集团，都是脓包蛋。这些构成苏轼一生业障的梦魇，其狠毒，其歹恶，不亚于历朝历代以整人为业的食肉动物。这个"幸好"是指大宋王朝的统治者，第一，与那些半文盲的农民皇帝视文人为世敌不同；第二，与那些半开化的异族皇帝视文人为宿仇不同。因此，苏轼虽坐牢而未杀头，虽流放而未株连，虽蒙羞而未被踩上一万只脚，虽批倒批臭还能写诗作画到处旅游。

这位文人若是生在别的朝代，早脱八层皮，死一百回了。也许不一定能走出乌台诗狱，也许不一定能从发配的岭南生还，也许更不一定重渡琼州海峡，以为必死于天涯海角的他，居然堂堂正正地活着回到中原。所以，皇帝和文人之间，存在着生物链的平衡问题。皇帝老琢磨文人，文人就没得好日子过，那一时期的文学史，必然是凄风苦雨，哀鸿遍野；皇帝要对文人宽容一点，轻松一点，那一时期的文学史，必然要好看一点，丰收一点。

如果讲宋文学史而无苏东坡，该少掉多少精彩？

苏轼写过一篇很著名的文章，题曰《商鞅论》，其中有这样一段话，绝非泛泛之论。"后之君子，有商君之罪，而无商君之功，享商君之福，而未受商君之祸者，吾为之惧矣。"而文中所指的"后之君子"，正是这个王安石，而此人所倚重的，视为股肱的吕惠卿、章惇、曾布、李定、舒亶、邓绾……一个个都具有嗜血动物的天性，收拾起对手来，无不既毒又狠，居然就是整不死他，就是因为苏轼生在大宋王朝。王安石是个很厉害的政治家，也是个很出色的文学家，作为政治家，他不能忍受苏轼不但不合作而且反对的态度，作为文学家，他不能接受后来者居上而令自己黯然失色的现状。所以，整不死苏轼，也得整倒他。王安石整不死苏轼，不是他心慈手软，而是宋神宗不想整死苏轼。宋神宗之所以不想将苏轼置之死地，是赵宋统治集团不那么与文人为敌的政策所决定的。我想，在中国封建社会的全过程中，皇帝和文人的关系，唐朝和宋朝是一种类型，明朝和清朝，又是另一种类型。

唐、宋的皇帝与文人为敌者少，轻易不举刀子；明、清的皇帝对文人仇恨者多，动不动就砍脑袋。

别看宋神宗支持王安石全面变法，但并不支持王安石和他的党羽一定要弄死苏东坡。虽然把他关了起来，最后还是把他放出去了。也许宋神宗对苏东坡诗里的指桑骂槐不以为然，有些恼火，大概也是实情。别人挑拨说，陛下！他在骂万岁爷您呀！挑拨者指着检举书里揭发出来的苏轼诗句，"根到九泉无曲处，世间唯有蛰龙知。"然后说："陛下飞龙在天，轼以为不知己，而求之于地

一代文人苏东坡——文人的业障

下之蛰龙，非不臣而何？"神宗也是不肯轻信的："诗人之词安可如此论？彼自咏桧，何与朕事？"这是个明白皇帝，至少能进行正常思维的皇帝，要是碰上朱元璋，早推出去交给刽子手了。③

③何薳《春渚纪闻》载："公在黄州，都下忽传公病没。裕陵以问蒲宗孟，宗孟奏曰：'日来外间似闻此语，亦未知的实。'裕陵将进食，因叹息再三曰：'才难！'遂辍饭而起，意甚不怿。"据《词林纪事》："神宗读'琼楼玉宇，高处不胜寒'，叹曰：'苏轼终是爱君。'即量移汝州。"

一般来讲，文人被患有意识形态恐惧症的皇帝惦着，绝非好事。不过，宋神宗赵顼如此关注一位诗人，在整个中国文学史上，也是属于凤毛麟角，极为罕见的事例。

据宋·方勺《泊宅编》："东坡既就逮，下御史府。慈圣曹太皇语上曰：'官家何事数日不怿？'对曰：'更张数事未成，有苏轼者，辄加谤讪，至形于文字。'太皇曰：'得非轼、辙乎？'上惊曰：'娘娘何以闻之？'曰：'尝记仁宗皇帝策试制举人罢，归喜而言曰：朕今日得二文士，谓苏轼、苏辙也。然吾老矣，虑不能用，将来遗后人，不亦可乎！'因泣问：'二人安在？'上对以轼方系狱，则又泣下。上亦感动，始有贷轼意。"

据宋·陈鹄《耆旧续闻》："慈圣光献大渐，上纯孝，欲肆赦。后曰：'不须赦天下凶恶，但放苏轼足矣！'时子瞻对簿也。后又言：'昔仁宗策贤良，归喜曰：吾今又为子孙得太平宰相两人。盖轼、辙也，而杀之可乎？'上悟，即有黄州之贬。"

这就是宋朝最高统治当局，不那么死磕文人的最好例证。

其实，唐朝也是类似的风气。骆宾王受徐敬业约，写了一篇《讨武曌檄》，把这位女皇帝糟蹋得够戗。当有人将这篇东西送交到她那里，她非但没暴跳如雷，下令给我把他抓住，给我将他毙了，而是很奇怪，这样一位会写文章的作者，我们的宰相怎么未能及时发现，怎么没有安排他到我们的政府工作。同样，安史之乱，玄宗西逃，肃宗立，根基未稳，唐代第一诗人李白，觉得永王有戏，因为征召过他，高看过他，于是把宝押在那儿，以为他能继承天下。谁知结果是唐肃宗坐上大位，于是，那些不买账的、不合作的，这位新皇帝通通给镇压了。李白被押送长安问罪，因为他支持永王造反。如果是明、清的皇帝，你不来，你本来就不对，因为你是天字第一号诗人，不投奔我而投奔到我的对立面那儿，当然要处理。不过，这个肃宗对李白还算客气，因为他会写诗，既没有杀他，也没有关他，只是流放夜郎，继续作诗去吧！

在中国历史上，李唐和赵宋两朝，对于文人比较优容，也比较信任。而有宋一代，对文人授官之高，要高于唐朝。以唐宋八大家为例，唐授韩愈、柳宗元的官位，也就是刺史、侍郎等职，相当于省辖市一级、地委一级。而宋授欧阳修、苏轼的官位，往往超过省部级，如范仲淹、司马光、王安石都是进入中枢决策层面的要员。虽然，说到赵匡胤，都会加上"行伍出身"四字，但从他的父亲起，已是历后唐、后晋、后汉至后周数朝的军人世家，为涿州的名门望户，不仅拥有财富，还拥有贵族门第的精神传统，这一点非常重要，他们对于文明的趋附，对于文化的感知，对于文化人的亲和，是那些思想狭隘，意识偏执的农民和小生产者所不具有的。对没有文化素质的领导人谈文化，就如同与坐井观天的人谈万里无云的广阔天空一样，根本不会有共同语言的。

赵姓皇帝对于文化人的优容，是有其家族契约的立法基础，在中国，在世界，如果不是唯一，也是少有这样器识的统治者。

据宋·叶梦得《避暑漫抄》："艺祖受命之三年，密镌一碑，立于太庙寝殿之夹室，谓之誓碑，用销金黄幔蔽之，门钥封闭甚严。因敕有司，自后时享（四时八节的祭祀）及新太子即位，谒庙礼毕奏请恭读誓词。独一小黄门不识字者从，余皆远立。上至碑前，再拜跪瞻默诵讫，复再拜出。群臣近侍，皆不知所誓何事。自后列圣相承，皆踵故事。靖康之变，门皆洞开，人得纵观。碑高七八尺，阔四尺余，誓词三行，一云：'柴氏子孙，有罪不得加刑，纵犯谋逆，止于狱内赐尽，不得市曹刑戮，亦不得连坐支属。'一云：'不得杀士大夫及上书言事人。'一云：'子孙有渝此誓者，天必殛之。'"④

④ 从朱元璋废相一事，便可看出明太祖与宋太祖的不一样了。

丞相，是秦朝建立的内阁行政首长，也是中国封建社会中将政权从皇权中剥离出来的一种文官制度。凡丞相，一般都由翰林、学士充任，因而也是文人为官的最高位阶。朱元璋怕文人专权乱政，干脆废了这个职务。《大明律》规定："在朝官员，交结朋友，紊乱朝政者，皆斩。交结近侍官员，符同奏启，或上书言大臣德政者，皆斩。"

朱元璋在《皇明祖训》中说："今吾朝罢丞相，设五部六府，彼此颉颃，不敢相压，事皆朝廷总之。以后子孙，做皇帝时，并不许立丞相。臣下敢有奏请设立者，群臣即时劾奏，将犯人凌迟，全家处死。"仅从明朝的这一类格杀勿论的法令，与宋朝的这一块不杀文人的誓碑相比，便大约知道两朝知识分子的命运了。

九百年前的统治者，敢立这块石碑，可以说是中国文化能在这个世界上有如此博大精深，有如此悠久历史，有如此辉煌灿烂，有如此蓬勃生命力的精神渊源。当然，不仅仅是这一块石碑的功劳，而是与这块石碑相连贯的，在此之前和在此之后的中国人心目中传承下来的血脉。昏君、庸君也许不把这种精神传承放在心上，不等于那些明主、英主不把这种精神传承不当回事。秦始皇焚书，医药的书，农林的书，他是不扔到火堆里去的。这说明，即使暴君在下手屠杀文人，灭绝文化时，作为一个中国人，这种血脉传承的精神渊源，除非他已经是畜生，是野兽，否则总会存有一丝一缕的考虑。这也是五千年中国文化传统得以绵延至今，还发扬光大的原因。

为什么明清之际的帝王，视文人为草芥，以倡优蓄之，不当一回事呢？为什么屡兴不止的文字狱最为猖獗，在文化上大张挞伐，动辄杀无赦呢？一，因为明朝的开国帝王朱元璋，基本上是无文化的流民，而且是以无赖行径暴得天下，坐江山后又不能不依靠读书人来管理这个国家，因此，他不可能不怀疑猜忌，生怕这些有思想、有看法、有能力的文人，将他算计了；二，因为清朝的康熙、雍正、乾隆三帝，作为外族统治者驭临天下，虽然他们自身的文化素质达到相当高度，但来自边鄙民族的整体愚昧、落后、原始、野蛮，除了恃金戈铁马强行征服外，别无其他足以使汉民族心悦诚服的力量，色厉而内荏，其实很心虚，所以，他们明白，夷夏之别，汉族知识分子不可能与之同心同德，与之合作无间。因此明朝也好，清朝也好，他们在文化上抬不起头来的弱势心态，他们在精神上难以克服的自卑心理，遂造成对文人的警惕、戒惧、整肃、镇压。

弱势心态，与权力结合在一起，便是知识分子的倒霉之时，自卑心理，与暴虐结合在一起，知识分子就永无翻身之日。"文革"期间，造反派和红卫兵，所以要把臭老九往死里折腾，也是对自己过去处于低下状态中自卑压抑心理的一种精神补偿，可想而知在惩罚手段上，是如何的无所不用其极了。翻开《二十四史》或《二十五史》，爱收拾知识分子的皇帝，通常是来自草根阶层，且个人文化程度偏低者，几乎是一条铁的规律，很少有例外。这种人因其天性所致，因其基因作用，对于文明的拒绝情绪，对于文化的抵触心理，对于知识分子"非我族类"的界隔感情，绝对根深蒂固。常常要经数代的教养熏陶，直到其子孙也成为真正的知识分子，才能有所改变。明之朱元璋，清之康雍乾，就是最典型的例证。

现在看起来，皇帝和文人的关系，以及由此产生的后果，唐宋和明清，确实存在着不同的对待方式。

所以，苏东坡出现于宋代，是宋代之幸，但出现在宋代的苏东坡，其实也是相当不幸的。据元·脱脱的《宋史·苏轼传》所说："自为举子至出入侍从，必以爱君为本，忠规谠论，挺挺大节，群臣无出其右，但为小人忌恶挤排，不使立于朝廷之上。"任何一个朝代，都会有小人，而小人作难，不论哪个朝代都是相同的。所以，遭遇小人，是一件不幸的事情；遭遇一群小人，则是一场可怕的灾难；而一辈子掉进小人堆里，那就绝对是不值得羡慕的命运了。宋代的苏东坡，从公元 1057 年（宋仁宗嘉祐二年）二十二岁应进士举起，到公元 1101 年（宋徽宗建中靖国元年）六十六岁病卒止，终其一生，至少有四十来年，被小人紧缠不放。基本上就是这样一个倒霉透顶的人物。

然而，也应该看到，如果不是宋代传承着中国文化血脉的精神渊源，苏东坡的不幸便可能万劫不复了。苏东坡在仁宗年间，公元 1057 年（北宋嘉祐二年）中进士，公元 1059 年（北宋嘉祐四年）举家出川至京都，公元 1061 年（北宋嘉祐六年）任凤翔判官。英宗年间，公元 1064 年（北宋治平元年）召回京师，公元 1065 年（北宋治平二年）磨勘转殿中丞除判登闻鼓院，又任试馆职，除直史馆。"英宗自藩邸闻公名，欲以唐故事再召入翰林，宰相限近制不可，故有此命"（《年谱》）。据《渑水燕谈录》载："眉山苏洵……嘉祐初，与二子轼、辙至京师，欧阳文忠公献其书于朝，士大夫争持其文，二子举进士亦皆在高等，于是父子名动京师，而苏氏文章擅天下。"

同样的原因，公元 1069 年（北宋熙宁二年），"春，（居丧回籍的）苏轼至京，除判官告院兼判尚书祠郎。时王安石方用事，议改法度，以变风俗，知先生素不同己，故置之是官。五月，以论贡举法不当轻改，召对，又为安石所不乐。未几，上欲用先生修《中书条例》，安石沮之。秋，为国子监考试官，以发策为安石所怒。冬，上欲用先生修《起居注》，安石又言不可，且诬先生遭丧贩苏木入川，事遂罢，不用。安石欲以吏事困先生，使权开封府判官"（《年谱》）。公元 1068 年（北宋熙宁元年），"三月，新除翰林学士王安石始入对，劝上以更法度"，苏东坡一下子站在了王安石的对立面，而且，也无所顾忌地与实施新法的神宗唱对台戏。即使如此，公元 1079 年（北宋元丰二年）"乌台诗案"将他关进了诏狱，然而，这场官司，重重拿起，轻轻放下，苏轼继续做他的官，继续写他的诗，这大概也只有在文化上取开明态度的宋朝，才会这样对待文人了。⑤

⑤ 社会公众对于天才，从来就是两途，一种是希望他成为巨人，一种则是努力把他践踏，化为乌有，而无其他。就在苏轼被逮捕、被拘留、被审判的时候，杭州城里的老百姓，专门为他做了一场法事，祷祝平安。当他关在牢房里，狱卒敢替他把写好的诗偷偷传递出来，可见真正的作家，即使在最阴暗的日子里，也不会孤独的。哪怕当时那些作品狗屁不如的卑鄙小人，动用全部花花肠子，想出一切办法来整苏东坡的话，也不是所有同行都会跟他们站在一条战线雪上加霜的。

据张萱《西园闻见录》："鲜于侁知扬州时，东坡自湖被谴，亲朋皆与绝交。道出广陵，侁独往见，或劝将平日往来文字书问焚之。侁曰：'欺君欺友，吾不忍为，以忠义分谴，则所愿也。'"据马永卿《元城语录》："东坡下御史狱，张安道在南京，愤然上书，欲附南京递，府官不敢受，乃遣其子恕持至登闻鼓院投进。"由此一睹世道人心，公理所在。甘心为狗的作家，为虎作伥的作家，不是没有，但这种败类在作家队伍中终属少数，大部分作家的良知，还是有黑白是非的判断，他也许会沉默，但绝不苟从，更不会阿附。

尽管嗣后的哲宗继位，公元1086年（北宋元祐元年）召为翰林承旨。好景不长，很快就被打翻在地，一路往南发配，幸好那时不提倡踏上千万只脚，让他永世不得翻身，一代文人苏东坡虽然走上流放之路，知英州，贬惠州，谪琼州，一直到公元1101年，徽宗立，才改徙永州，得以从海南岛返回大陆。中国小人的最大乐趣，最高境界，最全力以赴的一件事情，就是挫折大师，折腾大师，让大师活得艰难，活得痛苦。然而，苏东坡有幸的是在这种迫害和折磨中，迂回曲折地寻找到自己的文学空间，也是不幸中之大幸了。所以，宋·朱弁在《曲洧见闻》中说："东坡文章，至黄州以后，人莫能及，唯黄鲁直诗，时可以抗衡。晚年过海，则虽鲁直亦瞠若乎其后矣！"

如果，我们试着往好处想，一代文人苏东坡，青云直上，意气风发，不知还会为中国文学史增添多少精彩！不过，转念一想，我们这位大师，要是生在明朝，生在清朝，恐怕连昙花一现的可能性也不存在了。

老夫聊发少年狂
——文人的狂狷

　　此句出自苏轼的词《江城子》："老夫聊发少年狂，左牵黄，右擎苍，锦帽貂裘，千骑卷平冈。为报倾城随太守，亲射虎，看孙郎。酒酣胸胆尚开张，鬓微霜，又何妨。持节云中，何日遣冯唐？会挽雕弓如满月，西北望，射天狼。"据《东坡词编年笺证》：此词作于熙宁八年（1075）苏轼知密州时。"冬，祭常山回，与同官习射放鹰。"那年他三十九岁，自称老夫，看来，狂得可以，狷得也可以。

　　狂和狷，是一回事，但也不完全是一回事。"牵黄、擎苍，千骑卷平冈"，是狂的外在表现；"酒酣胸胆，鬓霜何妨"，是狷的内心状态。前者是别人眼中的他，后者是灵魂深处的自己。所以，狂和放连用，狷和独不分。放者，放肆也，放纵也，放浪也；独者，独立也，独特也，独行也。文人的狂狷，说到底，是追求不同凡响。如果堕落到与别人"无差别境界"之日，也就是这个文人的完蛋之时。

　　在文学史上，文人的狂狷，基其成就，系其声望，受制约于时代，得成功于历史，但活得通常不会很痛快。因为现实世界，芸芸众生，都习惯于成品化的生活，习惯于模块化的思想，习惯于队列化的秩序，习惯于饲养化的公平，便很不能忍受异端。所以，对文人来说，狂狷，是一种需要付出代价的高消费。

　　凡文人，其性格特征之一的狂狷，最为非文人所关切。

　　大多数非文人，也许并不认可，但通常都能接受这个现实，因为，在老百姓看来，文人的狂，是理所应当的。而文化人、读书人，对此也是无所谓的。

　　鲁迅先生对于魏晋时期文人的狂狷，持一种很宽容，甚至赞赏的态度，尤其对于带头狂狷的阮籍和嵇康，抱有好感。所以，这世界上的文人，狂者多，不狂者少，绝对不狂心如止水者，几乎没有。因此，狂，也就成了文人的标志特色。①

①鲁迅一生除写作外，研究过许多中国文人及其作品，多有著述。但下工夫最多，花时间最长，剔微钩沉，缮写誊抄，就是他刚到北平教育部当佥事，住在绍兴会馆时亲自辑校的《嵇康集》。他认为："阮籍作文章和诗都很好，他的诗文虽然也很激昂慷慨，但许多意思都是隐而不显的。嵇康的论文，比阮籍更好，思想新颖，往往与古时旧说反对。"由此看鲁迅更倾向嵇康。他对这位魏晋文人，既是衷心的敬佩，更是精神的向慕，才一字一句地校勘出这部古籍，传世永存。

不过，在中国，太过正经的道学先生，如鲁迅小说《肥皂》中的四铭先生，对于这种文人的性格特征，是反感、抵触、看不惯、很恼火的。其实，大多数文人的狂，不妨碍别人，也则罢了。因为狂是文人自我膨胀的结果，是成就感难以抑制的发泄，只要对别人不构成观瞻上的不舒服，感觉上的不自在，心理上的不抵触，精神上的不讨厌，我们没有理由不允许人家自我感觉良好。因为良好而狂一下，狂两下，甚至狂三下，都是情有可原。第一，无伤大雅；第二，无可厚非。不必马上把眼睛立起来，面皮紧起来，像灶王爷那样严肃无比。我始终认为，在地球上，每个人，只要能够管好自己，马上就会实现世界大同。问题在于这些灶王爷，总是要管别人的事，总是要让别人按他的意旨去做什么，不做什么，说什么，不说什么。于是，出现矛盾、分歧；于是，出现对立、斗争；于是，出现胜负、成败；于是，出现仇恨、死敌。

中国有着数千年的封建社会史，涌现出来许多优秀的文人，同时，也产生出来更多的灶王爷。这些道学先生，有点像日本农民种西瓜那样，为了运输装载的便利，非要把本来圆形的西瓜，硬憋在方形的盒子里，让它长得方方正正，整齐划一。这些灶王爷，一代一代，一朝一朝，就将文人的"精气神"桎梏得如方西瓜似的，自敛，自锁，自囿，自封。想来想去，数千年来，孔夫子《论语·颜渊》所说过的"非礼勿视，非礼勿听，非礼勿言，非礼勿动"的"四勿"，就是把中国人，尤其是中国文人的思想和行为捆绑起来的戒条。

因此之故，我对于时下有些道德狂提倡小孩子读经，非常反感。我不禁想，若是四书五经回潮，子曰诗云泛滥，那些先行者们干吗要进行一次五四运动呢？

对文人而言，若笃信孔夫子的"四勿"，成天起承转合，只能写八股文，小说、诗歌、散文、随笔，想也别想。即使写出来，绝对有一股木乃伊味。而木乃伊，大概是最具代表性的"四勿"样板。文人在这种盒子里，去圆就方，循规蹈矩，削足适履，按部就班，恐怕也就无以为文了。其实孔夫子的原意，并不要求大家做木乃伊。而是他的学生颜回问他：如何才能做到"克己复礼"？老夫子才想到形而上的东西，对这些晚辈来讲，大概难以把握真谛，但是，端肃自己的言行，制约个人的欲望，总是能够逐渐做起来的吧？于是，颜回拍拍脑袋，说，老师，我明白了，实施"四勿"，方可"克己复礼"，是不是？老夫子很高兴，觉得孺子可教。这种本质上属于师生之间道德修养的方法探讨，到了历代封建统治者手里，却成了钳制老百姓思想的得力工具。在中国，什么事情就怕绝对，就怕极端，就怕过头，就怕大张旗鼓，加上道学先生拿住这"四勿"，所谓"拉大旗作虎皮"来对付知识分子，就起到了使西瓜由圆成方的成长盒作用。②

②清代思想家颜元说过："秦灭之后，汉儒掇拾遗文，遂误为训诂之学，晋人又诬为清谈，汉唐又流为佛老，至宋而加甚矣。仆尝有言，训诂、清谈、禅宗、乡愿，有一皆足以惑世诬民，而宋人兼之，乌得不晦圣道误苍生至此也！仆窃谓其祸甚于杨墨，烈于嬴秦。每一念及，辄为太息流涕，甚则痛哭！"他对于提倡《四书》，鼓吹礼教的宋儒朱熹，极为反感："千余年来，率天下入故纸中，耗尽身心气力，作弱人、病人、无用人者，皆晦庵为之也。"（《朱子语类评》）让小孩读经，大有居心不良之嫌，真还不如让小学生书包瘦身，家庭作业减少，更有助于成长发育呢！

这也是觉悟的中国知识分子，发起五四运动，打倒孔家店的原因。因此，如今再拾儒学，张扬孔孟，会不会又把封建礼教、程朱理学的沉渣，重新从泔水缸里搅拌上来？真是很令人感到寒栗不已的。

大概在五四运动以后不久，1925 年，在湖南的毛泽东写了《沁园春》一词，那年他 32 岁。这首早年的词，很有振臂一呼，呐喊自由的浪漫主义色彩。其中"书生意气，挥斥方遒"一句，更道出知识分子奋斗追求的紧迫感。"方遒"，用白话来说，就是"来劲"，按诗意推论，"方遒"对意气风发的"书生"而言，是再正常不过的事情，那么，文人的"方遒"，也就是"来劲"，则更属理所当然了。文人的来劲，在非文人看来，就属于"狂狷"了。其实，这首词中的"指点江山，激扬文字，粪土当年万户侯"，在当年的道学先生眼里，肯定是百分之百的"狂狷"了。

鲁迅先生在《魏晋风度及文章与药及酒之关系》一文中，讲到在中国文学史上汉代末年的狂狷，"在党锢之祸以前，凡党中人都自命清流，不过讲'清'讲得太过，便成固执，所以在汉末，清流的举动有时便非常可笑了。……深知其弊的曹操要起来反对这种习气，力倡通脱。通脱即随便之意。此种提倡影响到文坛，便产生大量想说什么便说什么的文章。更因思想通脱之后，废除固执，遂能充分容纳异端和外来的思想，故孔教以外的思想源源引入。"自曹操起，到曹丕、曹植、曹睿，鲁迅先生总结成为一个"文学的自觉时代"，"或如近代所说是为艺术而艺术（Art for Art's Sake）的一派"。他认为："汉末、魏初的文章，可说是'清峻，通脱，华丽，壮大'。"大概文学运动的发展规律，也是循着"文武之道，一张一弛"的原则。曹操的"尚通脱"，与他以前、以后的统治者让圆西瓜长成方西瓜的出发点不同，结果当然也就不同。试想，任何一个蛮正常、蛮自然的中国文人，其禀赋，其脾胃，其意趣，其蕴涵，在盒子里，被拘束，被收缩，被制约，被扭偏；不在盒子里，能延展，能舒放，能开拓，能自在，肯定会有迥然相异的差别。这差别，表现在文章之外，便是魏晋文人的狂狷。③

③文人作为一个自觉的，不再视自己为奴仆的人，在精神上获得解放，在心境上有所飞跃，不再臣服于谁，不再附属于谁，这一步，这一天，某种程度上可以说是曹操给改变了的。这当中也包括曹丕、曹植，也就是文学史惯称的"三曹"的共同努力，从此，中国就有了两种文人，一种是御用的，一种是非御用的。当然，非御用的不见得不可以转为御用，同样，御用的也会丢掉皇家的饭碗而非御用；反过来，在野的不见得不想在朝，吃香喝辣，同样，在廊庙里脑满肠肥之后，想要一份山林野趣的清名令誉，也说不定。所以，有这两种文人出现，是好事情，但他们之间，也是你中有我，我中有你，并非泾渭分明的格局。

由于"三曹"，中国有文学以来，开始出现体制外文人，有别于官方的、主流的、正统的、在朝言朝的体制内文人，实在是文学的大进步。有了这种不一定听命君主，不一定奉旨写作，与统治集团意识形态大相径庭的，相对程度上能够自由创作的文人，对于文学的繁荣和发展，肯定会起到促进和推动的作用。这是公元196年，东汉献帝建安年间出现的文学盛况，故名之曰"建安文学"，其代表人物，又称

"建安七子"。

曹操，虽然他有时杀害文人，名声不佳，但他有时也能容忍文人，在不危及他的统治威权下，给文人较多的选择余地，较大的活动空间，因此造成建安文学的辉煌。而且，曹孟德不像汉武帝那样，把司马相如、司马迁，当做可以呼来叱去的狗那样对待，而是在矛盾没有激化到必须镇压才能解决问题时，还是能够平心静气与孔融、杨修之流探讨文学，甚至开个玩笑什么的。将他们当做人，当做文人，而不是部属、下级、听差、茶房，在封建王朝中，这样的统治者，敢于突破流俗之所轻，敢于改变周秦以来视文人为末流的观点，真是了不起。

狂狷，有两种，一是可以接受的狂狷，在太正经的人看来，或可谓之"轻狂""张狂"的狂狷；一是不可以接受的狂狷，属于的的确确的"傻狂""猖狂"，在统治者眼里划入"疯狂""丧心病狂"的狂狷。说到这里，你不能不感慨曹操的厉害，鲁迅就很崇拜他，他声明："我虽不是曹操一党，但无论如何，总是非常佩服他。"因为这位统治者，既能把狂狷从魔瓶里释放出来，也有办法将文人的这种性格收拾得干净彻底。

典型的例子，便是祢衡和孔融两位"狂"得可以，"狷"得更可以的文人。

汉末，平原德州的祢衡，史称他"少有才辩，而尚气刚傲，好矫时慢物"。"尚气"，亢奋浮躁，"刚傲"，盛气凌人，"矫时"，针砭是非，"慢物"，刚愎自任，这当然不是什么好的评价。一个人养成这样难以恭维的毛病，便不大容易得到别人的尊敬了。这位年轻才子，自视甚高。"建安初，来游许下。始达颍川，乃阴怀一刺，既而无所之适，至于无刺字漫灭。"

古代的"刺"，即今日之名片。汉代造纸业处于始创阶段，极金贵，祢衡怀里揣着的这"刺"，其实就是一块刻有自己名姓、籍贯、学业、履历的竹简。但是，有得狂的狂，或许还会为人所重，没得狂的狂，便不会有人买账了。他到处送"刺"，可没有人接受。这块竹简，老是派不上用场，也就休想当时许都的政府机关、文教团体给他安排一个位置了。可"刺"老是在口袋里揣着，刻上去的字迹，都快磨蚀到辨别不出来了。这位年轻人很失落，很郁闷，长时间的失落和郁闷，就憋出一肚子火气。④

④ 宋·孔平仲《孔氏谈苑·名刺门状》载："古者未有纸，削竹以书姓名，故谓之刺；后以纸书，故谓之名纸。"明·张萱《疑耀·拜帖不

古》里提到："余阅一小说，古人书启往来，及姓名相通，皆以竹木为之，所谓刺也。"清·赵翼《陔余丛考·名帖》也说："古昔削木以书姓名，故谓之刺，后世以纸书，谓之名帖。"古人用刺，还有一点输诚纳款之意。《梁书·江淹传》载："永元中，崔慧景举兵围京城，衣冠悉投名刺，淹称疾不往。"祢衡也是低姿态来到许都，可老碰钉子，老被拒之门外，也很让他败兴，于是，就索性边缘化，与主流唱开对台戏了。

有火，就要发作，而且是大发作，击鼓骂曹，这是中国文人史上的唯一。只此一例，再无第二。

如果在唐朝，还是这个祢衡的话，顶多对圣明的天子发出"冠盖满京华，斯人独憔悴"的"怨而不怒"的呻吟，打死他也不敢击鼓。

如果在清朝，仍旧是这个祢衡，只能"臣罪当诛兮"地诚惶诚恐跪在丹墀之下，磕头如捣蒜口呼"吾皇万岁万万岁"，别说击鼓，连想都不敢想的。

呜呼，五千年来，中国文人的性格，在孔夫子的"四勿"调教下，到了辛亥革命前夕，基本上都成为循规蹈矩的方西瓜矣！这也只能说是历史的进步，文人的进化了。

祢衡若在今天，很可能在省市作协有份固定收入，外加出书版税，日子应该过得去，不算殷实，但绝不至有冻馁之虞。可在东汉末年，天下大乱，民生凋零，他的家乡遍地饿殍，哪里养得起一个作家，便来到天子脚下，想谋份差使，混个公职，有朝廷俸禄可吃。虽然要求也并不高，但当时曹操政权刚刚创建，百废待兴，虽然也在网罗文人雅士，可他属于有才无名的后辈，谁知道他是老几啊，有关部门不一定好好安排接待，到处碰壁，这火也就越憋越大。

鲁迅在文章里说过："曹操是一个精明人，他自己能做文章，又有手段，把天下的方士文士统统搜罗起来，省得他们跑到外面给他捣乱。所以他帷幄里面，方士文士就特别地多。""是时，许都新建，贤士大夫，四方来集。"然而，百密一疏，曹操竟把这一个有点刺儿头的祢衡给疏忽了，于是惹出一场麻烦。当时，有人向祢衡建议，你以为你是谁？你以为首都文艺界会列队出来欢迎你吗？你既然得不到曹公的罗致，那你就去投奔陈群、司马朗这样的大人物，庶几能在许都政界，谋一份立足之地。

他眼睛一翻，陈群是谁，司马朗是谁，我在许都能看得上的人，只有两个，大儿孔文举，小儿杨德祖。口气之大，出言之壮，让人咋舌，这就是曹操那个时代不以为奇的狂而且狷的现象了。年轻文人通常缺乏自控能力，轻则失衡，重则颠错。于是，给人留下来的印象，就是轻妄躁进，不安于位。这也是稍稍有点子本钱的文人，最容易犯的一个错误，而且不仅仅局限于文学青年，什么年龄段的人都可能头脑发热，都可能手之舞之、足之蹈之地跳将出来的。那些上了点岁数的文学老年，自我感觉特别良好者；那些年纪一把的文学中年，自己觉得怪不错怪有能耐者，也难以幸免"老夫聊发少年狂"的作秀。在文坛上，这班老中少三类很能折腾的文人，可谓屡见不鲜，层出不穷。老的，以老大自居，口含天宪，做领袖状；中的，以骨干面貌，中流砥柱，做核心状；少的，以才子身份，口发狂言，做霸主状。主席台，雄踞其上，麦克风，抢在手中，发言时，口吐飞沫，走路时，目中无人。当然，文坛没有他们不热闹，有了他们，那热闹也真叫人受不了的。

于是，祢衡与孔融一拍即合。鲁迅说："七子之中，特别是孔融，他专喜欢和曹操捣乱。曹丕《典论》里有论孔融的，因此他也被拉进'建安七子'一块儿去。其实不对，很两样的。不过在当时，他的名声可非常之大。孔融作文，喜用讥讽的笔调，曹丕很不满意他。孔融的文章现在传世的也很少，就他所有的看起来，我们可以瞧出他并不大对别人讥讽，只对曹操。"祢衡的文学水准较高，这是他狂的资本，政治水平极低，遂酿成他掉脑袋的悲剧。他根本不了解曹操之整肃孔融，孔融之抗衡曹操，是皇族、贵族、士族、名士，与挟天子以令诸侯的丞相所代表的寒族、草根、平民、市井之辈的复辟与反复辟的决战。近代学者陈寅恪先生所说："夫曹孟德者，旷世之枭杰也。其在汉末，欲取刘氏之皇统而代之，则必先摧破其劲敌士大夫阶级精神上之堡垒，即汉代儒家思想。"所以，他杀崔琰，杀孔融，杀杨修，杀祢衡，处置董承衣带诏案、吉平下毒案，都是着眼于"摧破其劲敌"，也就是以儒家思想为精神基础的士大夫阶级这个大目标，是半点也不温柔的。⑤

> ⑤ 在中国帝王级的人物中间，曹操是真正称得上为文人的一位。他的文章写得有气概，诗歌写得有声势。毛泽东诗"东临碣石有遗篇"，颇透出惺惺相惜之意。老实说，文学家玩政治，和政治家玩文学，都有点票友性质，是不能正式登场的。在中国历史上，有几个像曹操这样全才全能的政治家兼文学家呢？因此，他的一生，既没有出过政治家玩文学玩不好丢人现眼的闹剧，也没有出过文学家玩政治玩不好把小命搭上的悲剧。
>
> 对曹操的评价，因文化程度高低的不同而异，低者，视为奸雄，中者，视为枭雄，高者，视为英雄。

　　正好出现祢衡这个愤青，就煽动他跳出来与曹操作对。如果没有孔融这位大名士，将他吹捧，给他撑胆，他也未必会跳出来击鼓骂曹。第一，他愣头青，一拱火，就敢上；第二，他不经捧，一叫好，就来劲；第三，他正气不打一处来，那根磨成光板的"刺"，记录着他这些天在许都饱尝到的冷落、耻笑、侮辱和闭门羹，于是，不知所以，傻狂起来。于是，就有了出曹操丑的击鼓骂曹。这一举，他出了名，也送了命。

　　这就是年轻人少不经事，被人利用的毛病了。

　　他也真够狂的，脱光衣裳，光着膀子，抢起鼓槌，将曹操骂了个狗血喷头。这一次，大家十分奇怪，曹操居然没有发火，既没有下令杀他，也没有下令关他，而是派了两个人，牵来三匹马，把他架在马上，两位公安人员客客气气地挟持住这位才子，礼送出境。临行这一刻，曹操搞了一次欢送会，在许都东门为他饯行，让当时的文人俊士，都来和他辞别。这个很隆重，也很莫名其妙的场面，颇有点黑色幽默。祢衡当然不想走，可被人挟得紧紧的，哪怕申请下马去卫生间一趟也不准。再回头看那位老文人孔融，小文人杨修，都戴着玳瑁边的墨镜，像黑道老大似的，站在路边，保持着难堪的沉默。不是这两位不救他一把，第一，他们说话根本不管用，何况从来也不曾管用过；第二，这小青年才气是有的，勇气是可嘉的，然而这种二百五的狂，用过一次也就废了，无再利用的价值。于是，跟他挥手，拜拜再见。

　　祢衡这时明白也晚了，给人家当枪使，替孔融等保皇派骂了曹操，自己却被押解出境了。

　　到了荆州，刘表不傻，也不愿担杀知识分子的罪名，又把祢衡恭恭敬敬地送到江夏黄祖处。结果，这位青年作家还是因那张骂人的嘴，掉了脑袋。如果，他不击鼓骂曹，也不在告别许都的那场送别会上，意气风发地粪土了在场全部名流，如果，他不傻狂，说了不知天多高地多厚的话，也不至于死在江夏，埋葬在鹦鹉洲。"怅寥廓，问苍茫大地，谁主沉浮？"估计这位狂得可以的文人，到死也不懂得他为什么送了命的。

　　击鼓骂曹，固然痛快淋漓，但孤注一掷的战斗，从此成为绝唱，这就是书生意气的知识分子，既勇敢又脆弱，有胆量无谋略的弊病了。后世人把这笔账，仍旧算在曹操头上，这当然也不怎么冤枉借刀杀人的曹操。

　　二十四岁的祢衡，前程远大，好好写你的文章得了，何必贪图文章以外的声名呢？而孔融、杨修正抓住了他自负、自以为了不起的弱点，蛊惑得他口出狂言。如果他不表现得那样急躁的话，也许不至于如此下场。凡过分狂妄自负的人，无不错误地看轻对手，而把自己估计得过高，结果碰了个头破血流。但文学史只承认文学，却不买他击鼓骂曹的账，至今人们都记得住曹操的"对酒当歌，人生几何"的诗句，可祢衡的《鹦鹉赋》，几乎很少有人读过的了。⑥

⑥ 因为祢衡《鹦鹉赋》的结尾句："期守死以报德，甘尽辞以效愚，恃隆恩于既往，庶弥久而不渝。"与其傲世慢物的性格不称，有论者以为非其所作。近人钱钟书辩曰："祢衡自己也知道别人不喜欢他，他依黄祖时，已是第三个主人了。江湖满地，或许也有自伤飘零之意，而黄射（黄祖之子）又以异才视之，因而作赋时满怀激情，流露出守死报德的情绪，但激情只是偶发性的，个性却是与生命共存，永难改变，最后还是丧生了。"

"祢衡的传世作品，有文学价值的只有这篇《鹦鹉赋》，倘是别人所作，恐会被后人讥为求哀乞怜之文，而未必驰名，也真如古语所谓不癫不狂，其名不彰了。"（《管锥编》）

看来，亦癫亦狂，其名益彰，也会成为某些文人的求名手段的。

傻狂，终究不过是傻狂而已。

孔融的狂，结果也并不比祢衡更好，不过，他一是孔子之后，士族精神的象征，二是现任建筑工程部长，前任地方诸侯，三，也许是最重要的，他是文化人的领袖，汉末时期众多名士的一号人物，所以曹操尽量不去动他，不想动他，某种程度上还不敢动他这位大名士。名士，通常有两种，一种是被统治者用来当招牌的，一种是未当成招牌而与统治者别扭的，孔融属于后者。当时，名义上的皇帝是刘彻，这位汉献帝，说好了，是傀儡，说不好，就是高级俘虏，用镀金牢笼关起来的囚犯。在许都，曹操说了算，他挟天子以令诸侯，拥有予取予夺的最高权力。孔融认为自己在给献帝做事，不买曹阿瞒的账，总是跟他不合作。

从曹操下定决心讨伐袁绍起，孔融就与曹操意见相左，在大政方针上与曹操公开唱反调。与被监视的汉献帝过往甚密，动不动就上表，也很遭曹操的忌。有一回曹操禁酒，他反对曹操的极端做法，说："尧正因为喝酒，才成为圣贤，桀纣虽然以色亡国，但也不能为了防范，不许此后的男女婚姻呀！"让他很下不了台。袁绍失败以后，他给曹操写了封信，说："武王伐纣，把妲己赐给了周公。"曹操犯了一次傻，问他："典从何出？"他回答："以今度之，想当然耳。"因为曹操打下冀州时，把袁绍那位漂亮的儿媳妇甄氏，给了自己儿子曹丕。于是，可想而知，曹操对他多么恼火了。

孔融此人，学问很大，但政治上并不十分成熟，勇气不小，斗争经验却相当缺乏。过于自信，对时局估计错误，小看曹操，进行无谓的挑衅，书生意气，闹得有点过头，组织自由论坛，作为抗衡力量。他哪里知道，当政权安危受到威胁时，文学家曹操的浪漫感情，是要让位于政治家曹操的。而且，祢衡骂了一通，曹操竟然没有操刀，也在鼓励着他。结果，便不自量力地向曹操发动正面进攻。其实，曹操的容忍，自然是有限度的，只是当时，军事上的强敌袁绍未灭，江山不稳，才不敢对孔融下手罢了。一个统治者，可以不理会与当局不合作的知识分子，但不合作而且狂得出格的知识分子，就不会轻易放过的了，不过是时间早晚罢了。

《后汉书》载：有一次，孔融把国舅何进得罪了，何进手下的人"私遣剑客欲追杀融。有客言于进曰：'孔文举有重名，将军若造怨此人，则四方之士皆引领而去矣。莫如因而礼之，可以示广于天下。'进然之，既拜而辟融举高第。"由此，可见孔融具有显赫的地位和人望。知识分子的毛病，就是有了一点资本之后，自我感觉马上就特别的好起来，好得不知好歹，好到不知冷热，好到晕晕乎乎，不知天高地厚。《后汉书》载他和祢衡的一段对话："衡谓融曰：'仲尼不死。'融答曰：'颜回复生。'"一个成了孔子，一个成了颜回，可以看到他们互相吹捧的热烈程度。正如今日文坛上，某些评家吹作家作品不朽，作家吹评家文章盖世的现象一样，那臭脚捧得是相当肉麻而有趣的。

这位大名士，不由得不狂。无论其门阀地位、士族资历、官僚职务、声名学问，在汉末，都称得上众望所归，举足轻重。他有资格看不起曹操，"你算老几？"于是，这位自以为士族豪门的代表，自认为知识分子的领袖，就在曹操的眼皮子底下，公然将他的府邸成为反曹操的各种人物聚会的"裴多斐俱乐部"。这时，中原已定，袁绍覆灭，曹操这时就不管你的文章写得多好，和儿时让梨的美德了，对不起，找了一个叫路粹的文人——在作家队伍中的这种败类，还不俯拾即是——写了封密告信，检举孔融"与白衣祢衡跌宕放言，云，父之于子，当有何亲，论其本意，实为情欲发耳。子之于母，亦复奚为，譬如寄物瓶中，出则离矣……大逆不道，宜极重诛。"书奏，下狱弃市。据说，他的两个儿子，也知道他早晚要倒霉，所以，军吏来逮捕孔融时，这两兄弟正在下棋，别人劝他们赶快躲一躲，他们说："覆巢之下，焉有完卵？"连小孩子都知道处境危殆，孔融还要当反曹的领袖，这就是他狂得实在不知道天高地厚、东南西北了。

按说，孔融的言论，严重程度也未超过祢衡，但曹操不杀祢衡的头，为什么对孔融却不肯轻饶呢？如果说孔融是大文人，曹操同样是大文人，由于文人相轻，嫉妒才华，才要置孔融于死地的话，那么陈琳在文章里指着鼻子骂曹操，也不曾掉脑袋。那为什么要将孔融弃市呢？

我们在曹操赐死崔琰令中看到有一句话，值得深思。"琰虽见刑，而通宾客，门若市人"，由此可以了解曹操最忌畏的，是反对派结成一股政治势力。他之不杀祢衡，因他不过是一个幼稚的文学青年罢了，势单力孤，一条小泥鳅，翻不出大浪。不杀陈琳，因他不过是一个写作工具，而且已经认输降服，不可能有多大蹦头。而孔融则非如此，"虽居家失势，而宾客日满其门"，"家中客常满，樽中酒不空，吾无忧矣！"成为当时许都城里一股离心力量的领袖人物，这是曹操最深恶痛绝的，无法容忍的，所以，狂妄到了头，只有服刑一道。

服了刑，曹操还不罢休。在露布全国的文告中，说这个孔融不孝无道，竟在大庭广众中宣传，说一个人对他父母不应承担什么责任，母亲嘛，不过是个瓶罐，你曾经寄养在那里面而已。而父亲，如果遇上灾年，大家饿肚子，你有一口饭，假使他不怎么样的话，你也不必一定给他吃，宁可去养活别人。这样一来，曹操不仅把孔融打倒，还把他彻底搞臭了。

千古以来，这位大人物在迫害文化人方面的名声，是不算甚好的。但是也要看到孔融、杨修、祢衡、崔琰这些文人，对自己的成就、实力的过高估计，对自己的影响、名声的过大评价，对自己的意志、勇气的过度膨胀，而做出不切实际的挑衅行为，都是由于这种有得狂也狂，没得狂也狂的文人性格，而招致以卵击石的悲剧。在那首《沁园春》的词中，有一句"鹰击长空，鱼翔浅底，万类霜天竞自由"，说得极其透彻，在这个世界上，人与人，人与物，人与事，人与这个社会，人与这个自然，甚至人与自己的性格，都存在着一种契约的平衡关系，这才能得到一种相对的自由。然后，经过积累，经过量变到质变，才能实现新的平衡。所以，书生意气，掌握适度，挥斥方遒，自臻佳境，这自是最好的状态了。当然，偶尔一狂，也无大碍，反过来说，若无一点点狂，成了方形西瓜的文人，还能写出锦心绣口的绝妙文章吗？不过，狂过了头，必贻后患，狂大发了，难以收拾，这就需要及时的警醒。

因之，意气伴之以聪明，言行随之以睿智，眼界常放之长远，视野尽量地开阔，方能在为人为文中立于不败之地。

最是凄寒二月天
——文人的较量

王安石，字介甫，号半山，抚州临川人。庆历进士，任淮南判官，知鄞县，历任舒州通判、常州知府、江东刑狱提点。嘉祐三年（1058）入为度支判官，上万言书，要求"改易更革"。任直集贤院，知制诰。神宗即位，召为翰林学士兼侍讲，熙宁二年（1069），拜参知政事，力主"变风俗，立法度"，为年轻而极想有为的神宗所接受。于是实行变法。设置三司条例司，以吕惠卿主其事。熙宁三年（1070），拜同中书门下平章事，即宰相。先后推行青苗、均输、保甲、免役、市易、保马、方田等法。用王韶发动熙河之役，取得对西夏作战胜利，熙宁五年（1072），永乐之役复大败于西夏。又改革科举，整顿学校，训诂《诗》《书》《周礼》为《三经新义》，遭到司马光、文彦博、吕诲、吕公著和二程等人反对。他以"天变不足畏，祖宗不足法，人言不足恤"的"三不足"思想进行反驳。由于新法在推广实施过程中，粗糙行事，强迫命令，遂出现市场凋敝，商业萎缩，百姓出走，农田抛荒等现象。加之不良官吏，藉税牟利，无耻小人，借以渔肉，以致民众不堪新法之扰，有逃亡者，有自伤者，有背井离乡者，形成强大的反对声浪。高太后、曹太后出面干预，神宗动摇，熙宁七年（1074）四月，王安石罢相出知江宁府。熙宁八年（1075）二月，复相。熙宁九年（1076）十月，再次罢相，退居江宁半山园。死后，先封舒国公，称为舒王，后改荆国公，又称王荆公。

苏东坡殡丧完他的父亲，并守了三年的丧，终于在北宋神宗熙宁二年（1069）的二月，从家乡四川回到阔别已久的都城开封。

二月天，倒春寒，是一个冬天不肯走，春天不肯来的日子。同是这年，同是这月，王安石被宋神宗赵顼任命为谏议大夫，参知政事。这就是说，新登基的年轻皇帝决定赋予他足够的权力，来掌控国家，以推行新法。于是，中国历史上最著名的一次变法，也在这年、这月，大张旗鼓地雷厉风行起来。

中国历史上有过多次改革，不过，成功者少，失败者多。从商鞅、王安石、张居正，到康梁"百日维新"的改革失败来看，商鞅败于贵族夺权，张居正败于死后清算，康梁败于保守势力，对立面都是坏蛋；只有王安石的失败，是个异数。他的支持者，基本上都是声名狼藉之徒，他的反对派，无一不是正直高尚之士。试想，这样一台戏，王安石再蹦再跳，再吼再叫，能唱得下去么？苏东坡，就是建议他"拉倒吧，歇手吧"的众人中的一个。①

> ① 在《王荆国文公年谱》中，有司马光与王安石的一段对话。"介甫行新法，乃引用一副真小人，或在清要，或为监司，何也？"介甫曰："方法行之初，旧时人不肯向前，因而用一切有才力者，候法既成，即当逐之耳。"公曰："介甫误矣，君子难进易退，小人反是，若小人得路，岂可去也？必成仇敌，他日得毋悔之。介甫默然。"（《元城语录》）
>
> 《年谱》著者宋·詹大和按曰："荆公本君子，因行新法而欲借小人以敌君子，其始为小人所朋附，继为小人所反噬，迨其没身复为小人所祖述，遂使宋室断丧，而其身列于千古之罪人。用小人而卒为小人用，择术之不慎至于如此，吁，可畏哉！"
>
> 老百姓有警句曰："跟着鸭子学走路，早晚落个罗圈腿。"便是王安石这段历史的最好诠释。

也许这是巧合，也许这是命运的安排，苏轼回到开封，可谓既恰逢其时，又恰逢对手，正式与实施新政的王安石发生正面冲突。从此，按《宋史·苏轼传》所说，他就一直走下坡路，"为小人忌恶挤排，不使立于朝廷之上。"说句良心话，虽然王安石是他命运中的第一个克星，尽管收拾过他，打击过他，对他恼火透顶，但也并不想置他于死地，只是防着他成为自己的障碍而已。不过，后来，那些尾随王安石而扶摇直上的新贵，则是恨不能将他送上断头台的，民间谚语中所谓"阎王好见，小鬼难搪"，就是这个意思了。

开封的二月天，蔡河尚未解冻，应该是春天的风，却还是冬天那般冷冽。不过，年年如此，岁岁相同，中原地区总是这样送不走寒冬，也迎不来春天，仍须缩颈胁肩，将手揣在袖笼里，熬上一些日子，才有一点春意。也许文人的神经细胞发达，容易对时令敏感，对气候敏感，时隔三年，苏东坡重又回到这座城市，觉得除了冷空气外，还有一股寒飕飕的政治气氛，也教他好一个不自在。王安石呢，你也不要以为他很得意，得意的人也如此，自打上年七月，神宗再三下令，调他到中央工作，居住了大半年光景以后，这位长年生活在南方的人，还是不能适应北方早春二月的冷意。不过，与苏相似，这种瑟缩感也是来自政治上有形和无形的压力。如果说，苏东坡的冷，只是因为他注意到某些人的眼神，变得游离起来，有意对他回避；那么，王安石的冷，则是他发现天子脚下的大小官员，对他的提防、猜忌、拒绝、回避。

历史，大概是个有趣的老人，很爱开玩笑，就在北宋王朝大变化的前夕，非要在这个凄凄寒寒的二月天，将名列"唐宋八大家"的这两位掰过腕子，赛过高低，针锋相对，互不相让，绝说不上是朋友，但也说不上是敌人的两位，硬碰硬撞在皇城丹凤门前的通衢大道上。那场面，两人有点不知所措，因为平素间没有私谊，更没有来往，属于"敬而远之"，属于"河水不犯井水"，属于"道不同不相与谋"的泛泛之交，甚至连"泛泛"也谈不到。不期然地在此相遇，不免一番尴尬。

开封作为宋朝的首都，城市规划是前朝政府厘定的，后周的世宗柴荣是一位英主，气魄很大，志向很远，所以这条北至玄武门，南至朱雀门，再到南薰门，纵贯全城的长街，长而且阔，宽加之广，相当壮观。只是由于黄河多次决口，如今早沉积湮没在城市地底下了。这两位文人，一位天性执拗，一位举止随和，完全可以大路朝天，各走一边的。但世事偏是这样蹊跷，你想他俩碰头，也许凑不齐，你想他俩回避，却歪打正着。一是王安石的脾气，我既然这样一路走来，就不会改变方向；一是苏东坡本性通脱，见面就见面，碰头就碰头，根本不往心里去。于是，应了"抬头不见低头见"这句俗话，正面相遇，两人只好抱拳作揖，寒暄两句，随后，各走各路，扬长而去。②

② 萨特有句名言："他人即地狱"，也许并非绝对真理，可在这个世界上，上帝离你远，撒旦靠你近，却是不争的事实。

据《苏诗总案》引王铚《元祐补录》："沈括素与苏轼同在馆阁，轼论事与时异，补外。神宗语括曰：'苏轼通判杭州，卿其善遇之。'括至杭，与轼论旧，求手录近诗一通，归即签贴以进，云词皆讪怼。其后，李定、舒亶论轼诗置狱，实本于括云。"神宗的意思是希望沈括到杭后，给予关照，可此公套近乎的同时，却在搜集罪证。著《梦溪笔谈》的这位文人，利用苏轼的不设防，下套置饵，使其上钩，也太小人了。贾似道著《悦生随抄》，称"苏子瞻泛爱天下士，无贤不肖欢如也。尝言：'上可陪玉皇大帝，下可以陪卑田院乞儿。'子由晦默少许，尝戒子瞻择友，子瞻曰：'眼前见天下无一个不好人，此乃一病。'"

苏轼的宽大心胸，赞赏佩服，可以，学习仿效，则不可以。有这种豁达，可以，对任何人都打开心扉，则不可以。所以，捷克作家伏契克在《绞刑架下的报告》一书结尾，语重心长地说："人们，可要警惕啊！"确是切切不可忘记的箴言。

王比苏年纪大，身份高，按理，应该先开口，对他老爹的弃世，表示一点哀悼，对他守丧归来，说几句吊唁之词，节哀顺变啦，化悲痛为力量啦，也是情理中事。但王安石是个伟大的人物，从梁启超誉他为三代以下，中国唯一的完人起，到批林批孔，评儒评法，将他捧上法家的尊位止，越来越伟大了。可是，不管多么伟大的人物，往往也有其渺小之处。伟人要思考大事，关注宏观，自不免忽略细部，疏失碎微。其实，他的同时代人，也说他是一个"好学泥古""狷狭少容"的有相当呆气的先生。估计王安石未必会对苏轼的殡丧归来有多在意，也不会对苏老泉当年与他的芥蒂抱有成见。此时此刻，除了变法大计外，任何事物，都不在王安石的视野之中。虽然，苏洵早年对其进行人身攻击的《辨奸论》有很多资料证明系伪托之作，但后人为什么要假借他的名义，由此推断苏洵跟王安石有所不谐，而王安石因此对苏氏父子存在抵牾，当非一朝一夕之事。这也是他们两位宁肯少说一句，决不多待片刻的深层原因。西方有句名言，性格即命运，或性格决定命运，再没有比在这两位文人的身上，得到更完整的体现了。

苏洵死于英宗治平三年（1066）的四月，苏轼上书，为父求官。此事，南宋邵伯温的《闻见后录》说，载于《英宗实录》的说法，为"苏洵卒，其子轼辞所赐银绢，求赠官，故赠洵光禄寺丞"。而载于欧阳修《志》的说法，为"天子闻而哀之，特赠光禄寺丞"。邵氏认为，所以有此差异，是因为《英宗实录》为王安石撰，他对苏洵、苏轼父子不感冒，故而直书"求赠官"。欧阳修与三苏交往密切，通家情谊，笔下遂有"哀之，特赠"的衍溢之辞。其实，王安石大可不必赤裸裸地，狠呆呆地说得这么白，这么直，来出苏东坡的洋相。苏轼请求英宗恩赐其父一个稍微响亮一点的官位，人子之情，无可厚非。看来，王安石对苏东坡耿耿于怀，除了政治上的异同，情感上的隔膜外，文人之间的较量，也是他与苏轼始终相左的根本。③

③据清·赵翼《二十二史札记》："宋开国时，设官分职，尚有定数，其后荐辟之广，恩荫之滥，杂流之猥，祠禄之多，日增月益，遂至不可纪极。真宗咸平四年，有司言减天下冗吏十九万五千余人，所减者如此，未减者可知也。"范仲淹在庆历新政前就说过："假有任学士以上官，经二十年者，则一家兄弟子孙出京官二十人，仍接次升朝，此滥进之极也。"冗官，本是大宋王朝的弊端，会在乎给死人一个不付工资的爵位吗？王安石因对苏轼不感冒，才这样故意装酷。在此之前，熙宁元年七月，因宋神宗要重用他，他弟弟也跟着沾光，"赐布衣王安国进士及第"，那可是既有政治效益又有经济效益的好事，王安石连忙上表谢恩，不再装酷了。

明人茅坤倡"唐宋八大家"说，苏门父子三人均在其中，可见苏洵的道德文章、学问著作，不但为时人所崇，后世亦颇具影响。但他仕途不顺，多次应进士和茂才试，皆不中，遂绝意功名，自托于学术。这也是中国许多文人，在功名上碰壁以后不甘沉沦的出路。问题在于你找到了自己，你活着的时候，可以倚靠学术成就，从此傲岸于世，不买谁的账；可你死了以后，就由不得自己了。你的儿子，你的家属，就得按传统礼教、世俗常规来办理后事。苏洵终身未第，唯有"试秘书省校书郎"和"霸州文安县尉"这样官卑位低的头衔，实在拿不出手，上不得台面。中国人之死要面子，是出了名的，于是，苏轼向英宗张嘴，请求给予这点哀荣，也是完全可以理解的苦衷。老实讲，"光禄寺丞"，算个狗屁？即使实授活着的苏洵，也是一个无职无权的散官。何况死后追赠，纯系顺水人情，大家心里明镜似的，大宋王朝别的不多，这种有名无实的官，多如牛毛，谁稀罕？只不过王安石先生偏要咬文嚼字罢了，至少在这一点上，王欠缺一点厚道。

有什么办法呢？这就是文人根深蒂固的劣根性了。一部文学史，不管厚如城砖，还是薄如蝉翼，上面记载着的，都是文人看不起文人的相轻史。因为中国文人，大度者寡，是非者众，胸怀宽广者少，小肚鸡肠者多。表面上，温文尔雅，彬彬有礼，挺能装蒜；私底下，孰高孰低，谁强谁弱，猴精猴精，无时无刻不在盘算之中。王安石这样写，我们叫现实主义，欧阳修那样写，我们叫浪漫主义，都没有错。话说回来，为苏轼设想，他有非这样行事不可的道理，将其父骸骨从开封运送到四川老家眉山，舟船辗转于江河川汉间，千里之遥，若得不到沿途地方官员的帮助，不知该如何耽搁时日。因此，只有讨了这个"特赠光禄寺丞"的虚名，才有"敕有司具舟载丧归蜀"的谕旨，他之迟迟未行，就为等这张派司，尽管如此，经水路扶柩回乡的他，还是用了十个多月的行程，直到次年的四月，才抵达眉山。

接下来，当然就是安葬；再接下来，当然就是"丁忧"。

封建社会，强调忠孝，父母死后，子女要守丧，三年内不做官，不嫁娶，不赴宴，不应考，名曰"丁忧"。也就是说，苏东坡要守丧三年后方可复职。这种"丁忧"制度，有时会弄得当事人很扫兴，很尴尬。第一，噩耗传来，二话不说，立马辞掉差使，回籍泣血稽颡，寝苫枕块，工作没了，饭碗丢了。第二，守丧三年，不上班，不做事，隔绝官场，远离同僚，顿成一个虽然还顶着乌纱，但已是有名无实的官场植物人。整整三年，该走动的，该联络的，该鞠躬致意的，该磕头烧香的，这些为官必做的基本功，统统放下不练，且不说经济上的损失，守丧以后，继续回到原来的位置上，其可能性还有多大？尤其大宋王朝，冗官为其积弱不振的原因，你还没有站起来离开这把椅子，就有好些竞争者觊觎你出缺的位置，所以，"丁忧"常常成为官场倾轧的一种手段。

不过，苏轼，是位天生的乐观主义者，他倒没有太多往这方面想，因为他心里有底。治平二年学士馆试策后，入直史馆，是宋英宗赵曙的特意安排。按皇上的意思，"即欲便授制诰"，要重用和大用，被宰相韩琦拦住了，认为拔擢过快对年轻干部不利。宋英宗让了一步："知制诰既未可，且与修起居注，可乎？"韩琦还是不同意："记注与制诰为邻，未可遽授，不若且于馆阁中择近上贴职与之，他日擢用，亦未为晚。"所以，苏在史馆中，实际是接受皇帝差遣的贴身秘书，属于能够出入内廷的特殊人物。因此，握有出入内廷腰牌的他，才不在乎别人借丁忧之事来挤对他。④

---

④《宋朝事实类苑》载韩琦"在政府，蜀人苏轼往见公，公因问轼云：'近有人来荐王向，其为人如何？学士相识否？'轼云：'为人奇俊。'公不谕轼意。后数日，公宴，出家妓，有歌新曲《六么》者，公方悟轼之言，盖歌有'奇俊王家郎'也。既而公语诸子云：'苏轼学士，文学过人，然其享大福德人也？'"从这件小事，可以看出政治

家，尤其是缺乏幽默感的政治家，是不会习惯，也不能接受文学家的随性、任意、满不在乎、大大咧咧的浪漫作风。所以，文人当官，在官场里总是被视为异类，这大概也是韩琦不肯重用苏轼的一种心理障碍。

熙宁元年（1068）的七月，正式除丧，在原籍又滞留到这年的十月，才动身回京。一是他入直史馆，在别人眼里看来的良好前景；二是他的诗词文章在别人心目中留下的响亮名声，如此一个红人，一个名人，走到哪里，怎会少了旧雨新知的迎来送往呢？何况苏东坡又特别地爱吃这一套、受用这一套呢？就像如今那些大红大紫的文化明星，到处招摇，骗吃骗喝，快活得不行一样，浑身上下，每个细胞都处于亢奋状态。再加之粉丝的包围，慕名者的崇拜，狗仔队的跟踪，那感觉真是好极了。所以，这次行程，走的是陆路，本想图快一点的，但应接不暇的他，竟"优哉游哉"地逛了四个多月，直逛到熙宁二年的二月，才回到京师汴梁。他的一行车骑，满载着朋友的馈赠，沿途的特产，在其开封寓所南园的院前停下，尚未完全卸下，估计他的家人，他的亲友，马上就会告诉他离京三年期间，在首都发生的大事小情。虽然，千头万绪，说来话长，但总结起来，无非四条：一、英宗死了；二、神宗接位；三、王安石来了；四、马上实行变法。这四大变化，让苏东坡有兜头一棍之感，心底里多少有点发毛。

南宋人李焘，用力四十年，据第一手资料，也就是帝王的起居注，著《续资治通鉴长编》。不知为什么，独缺神宗熙宁二年的这一卷。因此，苏轼回到都城，循例请求复职的报告递上去以后，迟迟不见复文，在此书中找不到任何记载。在元人脱脱主编的《宋史·本传》中，记有"熙宁二年，还朝。王安石执政，素恶其议论异己，以判官告院。"也看不出什么周章。不过，从他给友人子明的一封信中之语："轼二月中，授官告院，颇甚优闲，便于懒拙。"可想而知，苏轼的职务虽然恢复，薪俸如数照领，但三年前那样进出掖庭，奉承圣意，或草诏书，或拟敕令，时刻待诏于英宗陛下的荣幸和特权，随着大行皇帝而一去不再。这种"优闲""懒拙"的牢骚，反映出他交出腰牌的失落感，看出他远离天颜的闹心程度。

在所有的帝国体制里，上至王公大臣、皇后贵妃，下至百官佐僚、太监宫婢，能够得到帝王宠幸者，无不费尽心思固宠，无不竭尽全力排他，让皇帝老子永远爱他，而且只爱他一个。在当代社会里，哪怕一个科长，一个村长，一个小老板，一个下三滥的评论家，都会有他们的亲信、马仔、跟屁虫和狗腿子的。一个个也是虎视眈眈，生怕别人挤进来的。王安石是伟人，这一点，毫无疑问，然而，伟人也是人，他怎么能够允许苏轼进入神宗的视线之中呢？第一，此人年纪轻；第二，此人名声大；第三，此人在朝野的朋友多，而王安石更为在意的是第四，也是最主要的，他觉得这位后起之秀，有点轻狂，有点嚣张，若是给他出入宫禁的方便，若是给他左右天聪的机会，能指望这个在学问上看不起自己，在文学上胜过了自己的苏东坡，对他的改革，对他的变法，能唱赞美诗么？⑤

> ⑤宋·蔡绦《铁围山丛谈》称："熙宁初，王介甫当轴，神庙一切委听，号令骤出，于人情适有难合。于是故臣名士，往往力陈其不可，多被降黜，后来者结舌矣。当时以君相威权而不能帖服者独一教坊使丁仙现，丁遇介甫法制一行，必因燕设于戏场作为嘲诨，肆其诮难，介甫不堪，遂发怒欲斩之。神庙密诏二王，取丁仙现匿诸王府，故一时谚语有'台官不如伶官。'"连一个戏子都容不得的王安石，可想而知，对这个不买他账的苏轼，该是会怎么"关照"了。

那年，苏东坡34岁，王安石51岁，相当于今天80后作家与知青代作家的年龄差距，按理说，基本不搭界，也就不会太计较。可是，从二月起，宋神宗几乎将整个大宋王朝，托付给这位改革家，由着他大展拳脚。际此权高位重，如日中天之际，可以想象他很忌讳他与神宗皇帝之间出现第三者的。作为政治家、思想家的王安石，应该是一个高明的谋略家、精明的权术家才是，冲他把苏东坡放在心上，证明他还不完全是。因此，他首先介意的是与他平级而且资深的司马光，其次是韩琦、富弼、文彦博这些曾做过"平章事"，也就是相当于宰相或副宰的重臣，至于欧阳修，至于苏东坡，自郐以下，统统不在他的眼中才对。苏轼若放在今天，其地位，充其量不过相当于文联、作协的副主席或者主席团委员而已，哪怕享受国家特殊津贴，哪怕出入有小车代步，哪怕人五人六，像模像样地出现在公众场合，眼前有闪光灯"啪啪"作响，手中有麦克风可供开讲，那也无法与职务相当于国家总理、副总理级别的王安石相比。

已经成了神宗的教父兼指导、兼国策顾问的王安石，为什么总是不放过比自己小十七岁的苏轼呢？

这就是文人无法超脱的较量情结了。在文学史上，苏的名声要高于王，苏首先是文学家，其次是政治家；与其说他是政治家，毋宁说他是一辈子搅进政治是非之中的倒霉蛋更为确切。而在中国政治史上，王的名声要大于苏，因此，王第一是政治家，第二是文学家。可这两人都是"唐宋八大家"之一，虽然熙宁二年尚未出现这种说法，但王安石并不认为自己文学家的身份排在第二位，就是第二流。所以，一流文学家的王安石，自然要把一流文学家的苏东坡，视作较量的对手。反过来，苏东坡也不能承认他首先是文学家，其次是政治家，因而他就是一个二流政治家，一个不成熟的政治家。当他被逼到墙角，有什么理由不与这个一流政治家王安石，进行旗鼓相当的角斗呢？丁忧三年回来，这样轻易地被王安石从牌桌上拖下来，逐出于权力游戏之外，当然不能善罢甘休，当然不能咽下这口气。抗争图存，改变劣势，是人类进化的物竞天择之道，更是那些人在官场，身不由己的官员们，在其位谋其事的必然规律。他会想，如果英宗在，当是我踹你王安石到桌子底下去。如今，龙椅上坐着天纵聪明，圣心独运的神宗陛下，也不是只许你一个人巴结，而再无别人趋前的份。

有压迫就有反抗，这是当代的政治口号，然而也是古已有之的汉子精神，苏轼以他自己的方式，从这年的五月份起，连续上书，如《谏买浙灯状》，如《议学校贡举状》，终于得到神宗的召见。在其随后的《上神宗皇帝书》一文中，说到这次与赵顼的对话，两人似乎交谈得很融洽。这年，神宗二十一岁，年龄段接近于苏轼，趋同的可能要大些，也许这是王安石担心的因素。果然，赵顼很开明，很开放，"上谓臣曰，方今政令得失安在，虽朕过失，指陈可也。"据此，"臣即对曰，陛下生知之性，天纵文武，不患不明，不患不勤，不患不断，但患求治太速，进人太锐，听言太广。"苏东坡逮到这样一个进言的机会，自然也是毫不客气，直奔主题。虽然没点出王安石的名姓，但神宗不是糊涂蛋，明白他"三不"、"三太"的锋芒所指，不得不"颔之曰，卿所献三言，朕当熟思之"。

说到官场斗争，只要是这种你背后整我，我背后整你的小动作，就不能以正义或非正义，善良或不善良这些通常的道德标准来衡量。因为其中所夹杂着的个人意气、嫌隙是非、私衷隐情、偏颇怨尤之类见不得阳光、上不得台面的货色，很难以好、坏、对、错来判断。苏东坡是否还给神宗说了一些未便在这篇文章里和盘托出的东西，后人自然无法了解，但王安石显然获悉了一些情况，才赶紧跑到神宗那里去消毒。现在回顾这位大改革家、大思想家，也有其可爱可笑之处，只要一碰上苏轼，就揿不住地神经质，就揿不住地肝火旺，就揿不住表现出文人的气质来。⑥

⑥ 我始终相信，想将苏东坡送上断头台的最致命的原因，不完全是因为他的《上神宗皇帝书》，不完全因他是保守派的核心人物，而是文人相轻，到文人相嫉，到文人要把文人干掉的恶心理，王安石也逃不脱。从这里看到，他尤其在意苏轼，一举一动，全在眼中。因为苏是大家，王也是大家，大家之间，惺惺相惜者少，相轻相嫉者多。如果仅仅是文友的话，也许存在着一定程度的紧张，现在这两个人，既是同行，又兼政敌，那就如同荒野里两条狼相遇，必有一场较量发生。

看来王安石虽是伟人，更是常人，他还真是急了。据《长编拾补》卷四载，此人进宫，直捅捅地就问神宗："'陛下何以召见轼?'上曰:'见轼议学校贡举，异于诸人，故召见之。'对曰:'陛下如此错矣。人臣以得召见为荣，今陛下实未知臣何如，但以臣言事即召见，恐人争为利以进。'"王安石也不在意这种教练训斥球员的口吻，神宗听了能否受用，幸好这位陛下指着他变法图强，来挽救这个帝国，也不好太在意这个说话不拐弯的参知政事。不过，还是建议王安石："轼宜以小事试之，何如?"没想到，本来面孔赭黄的王安石，益发黑沉下来，一脸墨色地说："陛下用人，须是再三考察，实可用乃用之。今陛下但见轼之言，其言又未见可用，恐不宜轻用。"神宗此时需要王安石大于需要苏轼，也就不再坚持起用先帝重用过的才子。

过了不久，六月二十七日，朝廷命举谏官，张方平举李大临与苏轼，神宗估计王安石会亮红灯，干脆压下。

王安石一而再，再而三地阻难，如果苏轼聪明，适可而止，这位同行也许会高抬贵手，给他一条出路。可苏东坡属于那种比较在意人格，在意自尊的文人，点头可以，鞠躬办不到，问好可以，请安绝不会。你可以说苏很傲岸，你也可以说苏有骨气，中国文人患软骨症者固多，但也不全部都是鼻涕虫。王屡次三番用行政手段压苏服，想让苏服，苏还就偏不服。八月十四日，苏轼担任国子监举人考试官，虽然这是一次临时差使，他还是利用这个机会，表现了他对王的反抗。这种文字游戏式的反抗，根本不顶屁用，但是，一个人连这点不顶屁用的声音也发不出来，岂不是太窝囊，太孬种? 这是一道极具反讽意味的策论题目："晋武平吴以独断而克，苻坚伐晋以独断而亡，齐桓专任管仲而霸，燕哙专任子之而灭。事同功异，何也?"试题一发到考生手里，无不会心而笑，连贡院的兵卒都看出名堂来了，王安石哪里能忍受这样公开的挑战，自是大冒其火。

所以，接下来的十月七日，司马光上书，举荐苏轼为谏官，这本是极有可能的安排，但火大的王安石，对与他平级的同僚提出来的方案，照样也给毙了。

十一月初六，蔡延庆、孙觉并同修起居注，神宗想起用苏轼，无论如何，苏轼是他爷爷宋仁宗选拔的才俊，是他老爹宋英宗赏识的才子，但王安石跳出来反对，把他对苏东坡的不满，大大地宣泄了一通。据《长编拾补》云："王安石曰：'轼岂是可奖之人。'上曰：'轼有文学，朕见似为人平静，司马光、韩维、王存俱称之。'安石曰：'邪检之人，臣非苟言之，皆有事状。作《贾谊论》，言优游浸渍，深交绛灌，以取天下之权。欲附丽欧阳修，修作《正统论》，章望之非之，乃作论罢章望之，其论都无理，非但如此，遭父丧，韩琦等送金帛不受，却贩数船苏木入川。此事人所共知。司马光言吕惠卿受钱，反言苏轼平静，斯为厚诬。陛下欲变风俗，息邪说，骤用此人，由士何由知陛下好恶所在。此人并无才智，以人望，人诚不可废。若省府推判官有阙，亦宜用。但方是通判资序，岂可便令修注！'上乃罢轼不用。"他的这番怨言，既有不实之词，也有道听途说，但更多地让我们窥见其内心深处，撇开政治之外的那种文学家的较量。他提到的苏作《贾谊论》，与他作的《明妃曲》，皆是以汉朝历史为背景的文章和诗词。嘉祐年间，这两篇东西轰动一时。相隔十年之后，王说起来还是咬牙切齿，因为曾经抢了他的风头。从计较这等小事可看出，本是政治家的王安石，一下子成了完全的文学家王安石了。

熙宁三年（1070）的二月，新法推行一年以后的弊端，逐渐显现，举国上下，苦不堪言。应该是绝对文学家的苏轼，成为公开挑战王安石的政治家，再次上书神宗皇帝，坚论新法之不可行。据《长编拾补》卷七载，"轼又尝上疏曰：'陛下自去岁以来，所行新政，皆不与治同道，立条例司，遣青苗法，敛助役钱，行均输法，四海骚动，行路怨咨。'又作《拟进士对御试策》，上以轼所对策示王安石。安石曰：'轼才亦高，但所学不正，今又以不得逞之故，其言遂跌荡至此，请黜之。'曾公亮曰：'轼但有异论耳，无可罪者。'他日，安石又白上曰：'陛下何以不黜苏？岂为其才可惜乎！譬如调恶马，须减刍秣，加箠扑，使其帖服乃可用。如轼者，不困之使自悔而绌其不逞之心，安肯为陛下用！且如轼辈者，其才为世用甚少，为世患甚大，陛下不可不察也。'"这段君臣之间的对话，完全暴露了王安石在文学上压不倒对手，在政治上却可将对手打趴在地的嘴脸。⑦

⑦ 任何一个有理智的人，都觉得大宋王朝需要改革，但任何一个有头脑的人，都不会赞成王安石这样的改革。老子说过，治大国如烹小鲜，是经不起像烙饼似的翻来覆去。而北宋王朝一百多年苟且生存下来，连小鲜那样还保持着一条鱼的形状都说不上，只能说是即将散架、还没有马上散架的、快要箍不住的一只漏水不止的木桶。你王安石不是采取小修小补的保守疗法，而是大卸八块，这只桶不完蛋，焉有它哉？王安石先生充满自信，伸出两只手，对神宗皇帝讲，你看，每个手有五根手指，从理论上讲，一下子按住十个跳蚤是绝对有可能的。这是笑话，然而也是熙宁二年的真实历史。

最后，王安石竟然怂恿他的亲家谢景温检举苏轼，诬告他"丁父忧归蜀，往还多乘舟，载物货，卖私盐等事"。神宗当真了，立案调查。好在那时没有"双规"这一说，苏东坡心里坦荡，照吃照喝不误。最后，查无实证，王安石也只好黑着脸，两眼一抹煞，不了了之了。

钱穆在《国史大纲》里评论王安石："是有伟大抱负与高远理想的人。"但也说："安石的最大弊病，还在仅看重死的法制，而忽视了活的人事。依照当时情况，非先澄清吏治，不足以宽养民力。非宽养民力，不足以厚培国本。非厚培国本，不足以遽希武功。""安石未免自视过高，反对他的，他便骂他们不读书，说他们是流俗，又固执不受人言，而结果为群小所包围。""所以当时人说他性情执拗，不晓事。又说他只能做翰林学士，不该做宰相。"大师的这些论断，归纳为一点，最好做翰林学士的王安石，实际上还是脱不了文人本色。王安石的理想主义、感情用事、偏执人格、任性而为，说明他血液中终究是文人的禀赋居多，所以他给中国人留下来的宝贵遗产是文学，而不是加速北宋灭亡过程的熙宁变法。

虽然，将王安石神圣化、光环化，是近年来的一种时髦。王安石在他被污名化的将近九百年间，几乎无一是处，差不多被描绘成臭大粪，这当然是很大的偏见。而在近一百年间，王安石的历史价值重新被认识、被肯定的时候，中国人的浅薄和偏激，又朝着相反的方向，把所有反对王安石变法的同时代杰出人物，统统扔进恶水缸，这就更不足为训了。实事求是地说，在中国，做任何攸关全民生计的大事情，任何一个领袖人物，不能因为其道德之高尚，品格之完好，动机之纯洁，愿望之善良，就以为自己有权驱使广大人民陷于水深火热的没顶之灾中，为其政治实验做牺牲品，那是绝对不可忍受，不可允许，也不可原谅的。王安石最大的错误，就是他根本不把反对者的意见当回事，更不把当时的大多数老百姓的意志当回事。他开着那辆快要散架的帝国破车，只顾踩着他的油门，加速度地向前冲去；口中还念念有词：同志们哪，老乡们哪，我可是一心一意，全心全意，为了你们才这样干的。⑧

> ⑧ 在神宗的强烈支持下，王安石变法的诸多措施终于一一出台，他大概没料到舆论大哗，天下大乱。因为他作为大政治家、大思想家，这是当时和后来所公认的，但从来没有一位研究他的学者，认为他是具有行政能力，具有管理经验，具有灵活机智，应变圆通，能够从容进退，周旋回转的领袖人物。他连自己的私生活都不善料理，焉谈其他？这样一个高智商而低能力的学者型干部，适合做领导者的智库，出谋划策，可以，运筹帷幄，则不行。不要说北宋时期的那种因循保守的政治体制，也不要说北宋时期那种癀顸臃肿的官僚架构，更不要说几乎不跟大宋王朝的老百姓打一声招呼，简直让人吓一个跟头的改革大计，像雷阵雨似的倾盆而来。
>
> 中国历史上所有的改革家，都热衷于用革命的手段来实施改革，结果无不碰得头破血流。革命允许暴力，暴力可以摧枯拉朽，反对派敢龇牙，只要手里有枪杆子，二话不说，马上摆平。改革需要和颜悦色，需要和风细雨，需要润物无声地做细致的工作，需要由点而面，由局部而全体的逐步推广。
>
> 中国人，中国农民，特别是中国农民的小农经济所形成的求稳心态、怕乱心态、苟全心态、保守心态，没有二十年、三十年一切都做到家的扎实功夫，想收到改革的成效，想享受改革的成果，如王安石这样的冒失行事，不失败才怪！

清人王夫之在《宋论》中说："安石用而宋敝，安石不用而宋亦敝。"苏东坡看着这位黑脸车夫，心想，算了吧！尽可能地离你远些，求个安生吧！于是，他给神宗打了个报告，陛下，你还是恩准放我外任，到杭州做太守去吧！⑨

> ⑨ 熙宁四年（1071）的二月，又是一个难耐的初春天气，司马光外放许州，临行前给神宗上书："臣之不才，最出群臣之下，先见不如吕诲，公直不如范纯仁、程颐，敢言不如苏轼、孔文仲，勇决不如

范镇。"又曰："轼与文仲皆疏远小臣，用敢不避陛下雷霆之威，安石虎狼之怒，黜官获谴，无所顾虑，此臣之不如轼与文仲远矣。"话说到这种程度，苏轼还能在汴梁继续待下去么？

于是，在这场表面很政治，其实还是很文学的较量中，两位文人，说不上谁输，也说不上谁赢，双方打了个平手。

文人的较量，最佳状态为实力的较量，才能的较量，智慧的较量，创造力和想象力的较量，谁是半斤，谁是八两，是骡子是马，拉出来溜溜。一切都在公平、公正、公开的竞争之中，那么，赢也赢得安心，输也输得甘心。但有的文人，他只能赢，不能输，他又没有本事赢，可他不想认输。怎么办，只有借助于文学以外的手段，或站在明处，或躲在暗处，取得压倒对手的优势，拿着奖牌，捧着奖杯，数着奖金，披着奖带，面不改色心不跳，气壮山河冲斗牛，那才是文坛上最令人气短齿冷的丑恶现象。

我劝天公重抖擞
——文人的浪漫

龚自珍,一个短命文人,只活了51岁。

此人生于清乾隆五十七年,死于道光二十一年。天资未得尽兴施展,才华未及全面放开,就在创作进入高峰之际,戛然而止,匆匆而来,匆匆而去,令人不胜遗憾。

寿命的长和短,与文学成就的高和低并无关联。李贺活了26岁,纳兰性德活了31岁,在文学史上的地位,一点也不比高龄者差。龚自珍虽短寿,但活得灿烂。灿烂之一,为爱情敢付出生命,灿烂之二,为文学敢献出一生。老实说,中国文人如他这般活得精彩者,并不太多。

他活着的这半个世纪,恰巧是清王朝由盛而衰的全过程。应该说,这个"世变剧烈"的时代,造就了他。对文人而言,外部因素,影响巨大。太平岁月,活得痛快,感官享受压倒一切,创作激情必然衰减;战乱年代,活得艰难,逃命求生压倒一切,创作也就无从谈起。所以,一个贴近现实的作家,过于饥饿,过于饱食,都对创作不利。得以发挥自己的最佳状态,应该是介乎两者之间。

龚自珍,作为"盛世"末期的觉醒诗人,赶上了大清王朝处于时局动荡、天下不安、危机当头、山雨欲来之际,但还没有达到兵荒马乱、枪林弹雨、战火纷飞、民不聊生的程度,诗人体会到已经在发生着的变化,也感觉到还将要发生的变化,遂大声疾呼,遂号召警醒,遂揭露积弊,遂催生变革。

在他的诗中,屡屡出现"风雷"这个大概是他格外钟爱的词汇,如"高吟肺腑走风雷",如"九州生气恃风雷",如"眼前二万里风雷",如"中有风雷老将心"……细细品味,疾风迅雷,振聋发聩,确实是他在这半个世纪里文学形象的描写。凡历史进入倒退期，凡时代进入停滞期，都是特别沉闷，特别压抑，特别百无聊赖，特别看不出前景的时期，因而像"风雷"一般有声色、有气势的龚自珍，自然引人注目，产生震撼，也是正常的事情。

果然如他所忧虑、所担心的那样，他死的前一年，鸦片战争爆发。从此，中国的衰败开始，中国遭列强欺侮的日子开始，中国人抬不起头的近代史开始，印证了这位诗人的预见。或许，这就是今天我们还能提起龚自珍的缘由。

文学家有两种情况被人记住，一是他的时代意义，一是他的作品成就，龚自珍，兼而有之。

一

清末民初，一提起这段"丁香花诗案"，就会想到龚自珍与顾太清的"情史"，就会想到这一段大清王朝文人的最后风流。

说实在的，风流得有一个能风流得起来的环境，鸦片战争那坚船利炮敲开了国门以后，中国历史进入近代史被列强侵略得割地赔款、国破家亡、山河鸣咽、民不聊生、再无宁日的苦难期。才子，会有；大师，会有；文化精英，会有；饱学之士，会有；但风流，便很难在这满目疮痍的土地上出现了。

宣武门内太平湖旁盛开的那丛丁香花，就像鲁殿灵光，成为那盛世末期最后一抹亮丽的色彩。

龚自珍（1792—1841），字伯定，名巩祚，号定盦，浙江仁和人。在当时人的眼光中，他是一个才子，而且是一个风流才子，还是一个浪荡子型的风流才子，他与同为才女，还是一位满族才女，一位出身名门，嫁给一位贝勒爷，为乾隆曾孙奕绘侧福晋的才女，一位骑在白马上让北京城为之倾倒的顾太清的风流韵事，永远为首善之区的头条新闻。那时，没有小报记者，没有摄影镜头，没有传播媒体，没有手机短信，尽管如此，这位漂亮福晋，这位贝勒府的少奶奶，曾经是十九世纪初叶，北京城里那些爱热闹，爱是非，爱起哄，爱幸灾乐祸的老百姓饭后茶余的谈资，也是那些眼皮子浅薄，心眼儿歹毒，笑人无，恨人有，说风凉话一等，没缝儿鸡蛋敢下蛆的老北京嚼舌头的题目。

其实，近三百年内，他是以一位思想家、文学家，存活在中国历史上。更准确地说，更具体地说，他是以别树一帜、不同凡响的诗人形象，存活在中国文学的史册上。如果，他真的被林则徐邀请，入幕为宾，随这位钦差大臣抚粤，我不知道历史又会出现一个什么场面。但是，他没有去成，却是被人追杀于江苏的丹阳书院，就这样匆匆地走完了短促的一生。①

① 十九世纪三四十年代，活跃在京师的龚自珍，尽管在科场上，屡试屡败，频频失利，弄得很没兴致；但在文坛上，诗名鹊起，佳构迭出，成为京城明星人物。那时，宣武门外多各地会馆，进京赶考的举子、等候补缺的闲员，通常寄宿于此，一些短期居留的政客名流，一些待价而沽的文人雅士，也都驻足于此。因此，可以想象，寓居南城的龚自珍，第一，他好客，第二，他名盛，第三，他异类，第四，他叛逆，所以，他的访客，纷至沓来，他的朋友，三教九流，因此，宣武门外手帕口胡同的龚寓，成为精英荟萃、文人会聚、门庭若市、高谈阔论的俱乐部，是可想而知的。

《古学丛刊》引缪荃荪言："定盦交游最杂，宗室、贵人、名士、缁流、伧偻、博徒，无不往来。出门则日夜不归，到寓则宾朋满座，徐星伯先生目之为无事忙。又曰：以定盦之才，潜心读书，当不在朱彝尊、毛奇龄之下。"由此可见，他的被人认可、被人接受的程度，与他的被人否定、被人排斥的程度，是持平的。而人称"龚魏"的龚自珍与魏源，则是焦点人物。

在中国历史上，每当国运更替，新旧代谢之际，总会有一批敏感的知识分子，走在变革的潮流前面，成为先知先觉分子。当时，如林则徐，如黄爵滋，如魏源，这些与龚自珍交往颇深的文友，就是清帝国走向没落时，启迪民智、动员民众的思想界先驱。因为时代在变，世界在变，他们便强烈主张：一是要睁眼看世界，必师西方之长；二是要改造旧河山，必倡经世之学。遂在支持者与反对者之间，产生反响。

他在《金缕曲·癸酉秋出都述怀有赋》中写道："纵使文章惊海内，纸上苍生而已。"这说明他的决心，为了改变"万马齐喑"的现状，文学也是可以不在话下，舍弃一旁的。这当然是诗人的一句大话了，不过，能够体会到他的壮志，他的胸怀，他的决心，和他"何敢自矜医国手"的自负，一直到最后付出生命。体现出一个时代先锋的价值观。

二

想起他，首先说到他的诗，尤其是七绝，简直被他写"绝"了。

明清以降，诗家虽众，出类拔萃者也不少，但像他这样，将诗之七绝一体，写到如此娴熟，如此完美的程度，当数他首屈一指。其辞藻之丰采都丽，其声韵之金声玉振，其意境之突兀奇美，其思路之峻刻险越，域内文人，近三百年，几无能出其右者。

以《己亥杂诗》为代表的三百一十五首七绝，那无拘无羁的浪漫情思，那驰张浩漫的灵犀诗心，那扑朔迷离的象征隐喻，那旨意深远的觉醒参悟，更达到艺术的绝顶，有"一览众山小"的气势。成为鸦片战争以后，绝大多数中国诗人师法之、宗奉之的楷帖。谓予不信，细细玩味柳亚子、黄遵宪、鲁迅、毛泽东诸人堪与匹敌的词章，不难在字里行间，发现龚定盦文字的余风遗韵。

想起他，其次便是他振聋发聩、拯危救亡的文章。

他有一首《行路易》诗，开头五句，那种破天荒的感觉，那种横空出世的感觉，使所有当时的中国人，为之耳目一新。

> 东山猛虎不吃人，
> 西山猛虎吃人，
> 南山猛虎吃人，
> 北山猛虎不食人，
> 漫漫趋避何所已？……

说实在的，这几句平实无华的大白话，别人不是不会写，也不是想不到，而是除他以外，压根儿没有人这样尝试过；即或有人尝试过，大概缺乏胆量拿出来面世，也就胎死腹中。唯非常人，做非常事，这就是龚自珍的风格了，别人不敢，他敢。帝国之灭亡，总是要有一个"百足之虫，死而不僵"的先则心死，后才身死的过程。大清王朝到了嘉庆，到了道光，盛世不再，已经陷于东西南北，虎伺其中的险境里，已经落入四面楚歌，无法为继的危机中，衰迈之年，苟延残喘，虽然从表面上看来，帝国轰轰烈烈，其实内里已经淘空，像箍不拢的水桶，一击即垮。此刻，只有敏感的诗人，才率先发出这样的警世之声。[②]

②龚自珍在《乙丙之际著议第九》中指出："衰世者，文类治世，名类治世，声音笑貌类治世。"这些治世之类，"左无才相，右无才史，阃无才将，庠序无才士，陇无才民，廛无才工，衢无才商……"即或偶然有才之士、之相、之将、之民出，"则百不才督之缚之，以至于戮之。"这些"漫漫趋避何所已"的猛虎之世，最后的结果，必然是"起视其世，乱亦竟不远矣"。

这首诗，这段文，正是那个呈现衰象的时代缩写。

龚自珍的超前思想，率性而为，行径突兀，不拘世俗，是很难被常人所理解的。他经常突破樊篱，时有惊世之举，好发不屑言论，蔑视权威豪贵。尤其，常常察人之未察，觉人之未觉，知人之未知，言人之未言，这种与众不同的风格，与世不协的精神，被目为异类的待遇，遭受排斥的结果，也是可想而知的。

我记得有人说过，作家犹如报晓的鸡，唤醒民众，是其本能，但啼得太早，那也会因不合时宜而遭人厌烦，若仅仅不受欢迎，也则罢了；如果因为吵扰了谁，惹恼了谁，那下场就可能不会愉快了。

梁启超在《清代学术概论》里，对他的启蒙意义，评价极高："晚清思想之解放，自珍确与有功焉，光绪间所谓新学家者，大率人人皆经过崇拜龚氏之一时期。初读《定盦文集》，若受电然，稍进乃厌其浅薄。"

一个大转变的时代，号角之鼓吹，无所谓雅，无所谓精，更无所谓深，只要起到引领天下，召唤众生的作用，对闻者而言，"若受电然"，也就足够了。

龚自珍生活的时代，正是大清王朝走向没落衰微的晚期。他死前一年，便是中国陷于列强争夺的刀俎之下，任人鱼肉的鸦片战争爆发之年。诗人的敏感，或者说，政治家的先知先觉，就是在这山雨欲来之际，先行意识到这场民族的危机，国家的灾难。③

③"少年击剑更吹箫，剑气琴心一例消。谁分苍凉归棹后，万千哀乐集今朝。"

目睹了帝国没落，亲历了世运的转移，深知江山社稷的兴亡安危迫在眉睫，预感大难当前的败世乱象扑面而来，有抱负、有经略、有胸襟、有奇才的龚自珍，是无法安坐在书斋里做学问的，不安于位，不甘寂寞，跃跃欲试，锋芒毕露，便成为他一生的主调。

1840年，他死前一年，发生了第一次鸦片战争。林则徐到广东禁烟时，尽管龚为礼部主事，林为钦差大臣，在职位上有着天壤之别，不过，在文学上为同道、在思想上为同知、在私谊上为至交的龚自珍，倒也不遑多让他上书献策，并有南游之意，这说明中国文人有着天生的政治情结。当然，这其中，有的人的政治是忧国忧民；有的人的政治是谋生手段；有的人的政治，是属于本不想政治，但政治找到了他的头上，不想政治也不行，便一脑袋、一心胸的政治起来，龚自珍大概应该归于这一类。

他的难能可贵之处，就是能够在文章中，痛陈朝政的腐败，官僚的贪渎，直指国家机器的瓦解，封建社会的朽烂，触及水深火热的民众，万马俱喑的局面，揭示整个王朝已经到了矛盾重结的危殆关头，不可救药的圮覆地步。大声疾呼，响彻天地，成为催醒国人的警世钟声。言论之犀利，观点之尖锐，呐喊变革之强烈，呼吁觉醒之迫切，像闪电一样划破封建社会沉重阴森的夜空，对一代知识分子所起到的鼓动、宣传、觉悟、实践的作用，影响巨大，其直接后果，就是他死后五十年所发生的辛亥革命。

而且，他本人也是身体力行的爱国主义者，从他一心一意要与钦差大臣林则徐——他的诗友，他的同道——一起到广州禁烟，就可以看出他确是要为这个国家，这个民族，一心想做些什么的雄心壮志。总之，在中国近代史上，他是一位具有启蒙意识的志士，在中国文学史上，他是一位具有创新精神的文人。④

④ 龚自珍诗："黔首本骨肉，天地本比邻。一发不可牵，牵之动全身。""宗周若蠢蠢，楚纬烧为尘。所以慷慨士，不得不悲辛。"(《自春徂秋——得十五首之二》) 这几句诗，可以视作他为谁而文学的座右铭。

文学家，基本可划为两类，关注社会的为大我者，只重个人的为小我者。为大我，想着的是江山安危，社会治乱，百姓祸福，生存难易。为小我，想着的是悲欢离合，情爱波澜，利害得失，命途起伏。从美学观点来看，为大我，不见得好，为小我，未必就坏。各有各的优势，各有各的欠缺。而且，为大我者，并非不可以卿卿我我，缠绵悱恻；为小我者，也并不妨碍黄钟大吕，激昂慷慨。龚自珍固然以为大我的形象，出现在近代文学史上，然而，他的绮丽文字，他的美艳诗篇，在抒发个性、追求自由、表达内心、体现自我方面，也表明他的为小我的艺术成就。

三

据《学人列传》称，龚自珍"幼聪明，能读等身书"；"其为学，务博览，喜与人辩驳，虽小屈，必旁征广引，得申乃已"。其外祖父段玉裁，为一代文字音韵大师，由于家学渊源的关系，他穷经搜典，治书为文，颇得真谛，从而饮誉文坛，是一个知名度很高的人物。

这首东南西北老虎吃人，称不上规范，但却极具创新精神的诗，一经传抄，其惊世骇俗的声音，京师上下，为之一震。在文学这个领域里，敢为天下先，说起来是很容易的，做起来却是需要相当的自信。尤其对年资稍浅的文人来讲，他不能不考虑：一、别人会不会认可？二、若不认可，别人会不会笑话？三、仅仅是笑话，倒也罢了，会不会从此落下一个狂妄的名声？这都是要掂掇再三的。

然而龚自珍，就敢于睥视群伦，匡然独出。

"定盦生平性不羁，善作满洲语，嗜冶游。晚岁学佛。平居无事时，非访伎，即访僧，遇达官贵人，辄加以白眼。生平所得金，皆随手尽，京师人以怪物目之，夷然不顾也"（孙静庵《栖霞阁野乘》）。

他有两首诗，一为：

> 欲为平易近人诗，
> 下笔清深不自持。
> 洗尽狂名消尽想，
> 本无一字是吾师。　（《己卯杂诗其十四》）

一为：

> 河汾房杜有人疑，
> 名位千秋处士卑。
> 一事平定无崎龁，
> 但开风气不为师。"自注：予生平不蓄门弟子。（《己亥杂诗其一零四》）

这两首诗，可以视作他的文学宣言，也是他的这种"夷然不顾"的"怪物"性格体现。他慨然声言："予生平不蓄门弟子。"那么，下文必然就是，他也不会师从任何人的。因此，前不见古人，后不见来者，他就是他，他就是唯一，他就是这样一个空前绝后的他。

> 沉沉心事北南东，一晚人材海内空。
> 壮岁始参周史席，髫年惜堕晋贤风。
> 功高拜相成仙外，才尽回肠荡气中。
> 万一禅关砉然破，美人如玉剑如虹。（《夜坐》）

他还有一篇短文，题曰《病梅馆记》，就是一个提倡个性自由，思想开放，跳出罗网，不受束缚的檄文。他反对将正常生长的梅花，被那些文人画士弄得"梅以曲为美，直则无姿；以欹为美，正则无景；以疏为美，密则无态"。所以，他辟病梅馆，"购三百盆，皆病者，无一完者。既泣之三日，乃誓疗之，纵之，顺之，毁其盆，悉埋于地，解其棕缚，以五年为期，必复之全之。"

柳亚子誉他为"三百年来第一人"，我认为既是对他文品的肯定，也是对他人品的赞赏。他对龚的惺惺相惜，更看重的是诗人身上少有的自信。一个中国文人，能够像龚自珍这样，不在意别人的首肯，不需要别人的赐准，不师法任何样板，不服从任何规范，对于上上下下的说长道短，置若罔闻，对于老老少少的评头品足，不在话下，这是多么值得提倡的我行我素的文学品格啊！⑤

⑤龚自珍在《己亥杂诗》第 102 首诗后的附录中，抄了一段某生的《与友人书》，"某祠部辩若悬河，可抵之隙甚多，勿为所已慑。其人新倦仕宦，牢落归，恐非复有罗网文献，搜辑人才之励心也。所至通都大邑杂宾满户，则依然渠二十年前承平公子故态。其客导之出游，不为花月冶游，即访僧耳。不访某辈，某亦断断不继见。某顿首。"

对这封略带讥刺的信件，龚自珍很坦然，因为，按他的出身、家庭、学养、凤慧，按他 12 岁习《说文解字》，14 岁考订古今官制，16 岁读《四库全书总目》，17 岁研究金石文字，这种乾嘉朴学的治学方式，绝对应该继承其外祖父段玉裁的"小学"（也就是文字学和考据学）道路，成为学者。

> 但是，"盛世"的败象，王朝的危势，末日的警钟，终局的命运，使他从故纸堆里走出来，面对现实，着意改革，力挽狂澜，实施自己的政治抱负，同时，也寄托自己的文学理想。
>
> 为此，他作诗志之："网罗文献吾倦矣，选色谈空结习存。江淮狂生知我者，绿笺百字铭其言。"

四

我想，对于这位爱上顶头上司的太太，传遍京师的"丁香花诗案"的男主角，一个不可救药的情人，一个不顾一切的情种，为了和那位美丽的满族女诗人顾太清的恋情，而付出生命为代价的浪漫，你若了解到在他暴死前的两年里，即 1839 年（清道光十九年）至 1840 年（清道光二十年），竟是他一生创作的高峰期、爆发期，也就不忍苛责他了。不是每个作家，不是每个诗人，在其写作生涯中，会有幸遇上这种突然间才华的超佳喷涌期。你得相信，爱情，是最强烈的催化剂，思念，是最有效的助燃剂，在他《己亥六月重过扬州记》中，讲他在这次绮丽之旅中，所遭遇到"凄馨哀艳之气，缭绕于桥亭舰舫间，虽澹定，是夕魂摇摇不自持"的亦虚亦实的情感活动，其实，更反映了没有写出来，而在诗人的心胸里、灵魂里，当时有"满洲词人，男有成容若，女有太清春"之说的女诗人，才是他魂牵梦萦的，并激发起无穷无尽诗情的源泉。

庚子年他给他的友人吴虹生的一封信里这样写道："弟去年出都日，忽破诗戒，每作诗一首，以逆旅鸡毛笔书于账簿纸，投一破篓中。往返九千里，至腊月二十六日抵海西别墅，发篓数之，得纸团三百十五枚，盖作诗三百十五首也。"

爱，是没有罪过的，真爱，乃上帝给予的权利，不是吗？他的这本诗集中，那些"红似相思绿似愁"的"凄馨绮艳"的主人公究竟是谁，是谜，然而，也不是谜。

顾太清（1799—1877），字梅仙，自署太清春、西林春。工诗词，擅书画、小说，她的文学成就为大家公认，她的花月容貌更为众人心仪，而且还是一个好交际、喜游玩、出风头、擅应对的社交明星。

太清好着白衣，尝与贝勒并辔游西山，作内家妆，披红斗篷，于马上拨铁琵琶，手白如玉，琵琶黑如墨，见者咸谓是一幅王嫱出塞图也。（《天游阁集》

钝宦按语）

　　一个女人吸引男人的地方，是她的美丽，而一个男人吸引女人的地方，则是他的魅力。虽然，龚自珍以诗名，以文名，以风流名，以恃才傲物名，其实，他的政治抱负，他的爱国情怀，从他《金缕曲》的诗句"纵使文章惊海内，纸上苍生而已"看，最渴慕的还是力挽狂澜的丰功伟业，声震宇内的不世之名。所以，放浪形骸，不拘形迹，嬉笑怒骂，行止任意的文人雅士，是他外在的表象。忧患国是，激昂慷慨，冀图振作，有所作为的志士仁人，才是他内里的真实。这也是顾太清对龚自珍情不自禁而心向往之的缘故吧？

　　我一直相信，龚自珍的那首《减兰》词，应该是十年前与这位江南才女最初见面的记录。这一切，都让那位美丽而多情，天分极高而知音难求的女诗人，不能无动于衷啊！

> 人天无据，被侬留得香魂住。
> 如梦如烟，枝上花开又十年。
> 十年千里，风痕雨点斓斑里。
> 莫怪怜他，身世依然是落花。

词前有一小段文字，写得颇暧昧。

> 偶检丛纸中，得花瓣一包，纸背细书辛幼安"更能消几番风雨"一阕，乃京师悯忠寺海棠花，戊辰暮春所戏为也。泫然得句。

　　也许那时的她，很可能还是婀娜可人、待字闺中的江南才女。一方面，龚自珍那经国济世之雄心，革新变法之宏图，家学渊源之功底，倚马可待之才华，使她芳心暗许；另一方面，他那狂狷傲慢之放肆，负气自恃之浮名，招蜂惹蝶之非议，蒲博滥赌之恶声，也令她举步踟蹰。但后来，她成了贝勒府里雍容华丽的贵族夫人，他又成为她丈夫的下属，一切都在彬彬有礼、保持分寸、疏密有制、若即若离的状态下，进行着有间距的感情交流。由于无法倾力相恋的遗憾，这包海棠花瓣，能不令我们这位多情的诗人抚今追昔么？

　　这位出身自浙中名臣兵部主事许宗彦的义女，又是在满洲贵族环境中长成的顾太清，既有南方水乡女子的情深如水，又有北国边疆女人的奔放风韵，在与龚自珍交往以后，迷惑于他的才华，沉溺于他的智慧，钦佩于他的才思，倾心于他的浪漫，可谓情不自禁。曾经集宋词为七言绝句三十五章，而她分明知道这正是龚自珍的强项，分明就是一片爱心的呈献了。

诗如：

> 肠断魂梦两沉沉，只愿君心似我心。
> 已被色香撩病思，便愁云雨又难禁。

又如：

> 歌尽阳关不忍分，更无留影霎时云。
> 青笺后约无凭据，日日思君不见君。

而龚自珍在 1839 年（清道光十九年）的《己亥杂诗》第 209 首，即使学究气十足，道统气更十足，竭力否定"丁香花诗案"的近人孟森，这位明清史权威，这位老夫子，也不能不坐实"非惟明指为太平湖，且明指为朱邸，自是贝勒府之花"。

> 空山徒倚倦游身，梦见城西阆苑春。
> 一骑传笺朱邸晚，临风递与缟衣人。
> 自注："忆宣武门内太平湖之丁香花。"

而随后不久，那一阕《桂殿秋》，更是若隐若现，欲盖弥彰。

> 明月外，净红尘，蓬莱幽谧四无邻；
> 九霄一脉银河水，流过红墙不见人。
> 惊觉后，月华浓，天风已度五更钟；
> 此生欲问光明殿，知隔朱扃几万重。

你无论如何也想不到，这首疑窦丛生的诗，却给龚自珍招来杀身之祸。⑥

⑥ 龚自珍一生自负，一生倒霉，这大概就是性格决定命运的必然了。林则徐南下主持禁烟大局，所以婉谢龚自珍之助力，一方面考虑到此去赴汤蹈火，前景险恶，有回护年轻友人之意；一方面也是担心这位才子的自负，说不定帮了倒忙。林则徐是文学家，更是政治家，他了解龚自珍只是热衷政治，关注政治，本质却是纯粹的文学家，玩不转政治。最后，竟牵扯到这样一个其实更政治的情感局面中，也就只有死之一途了。

五

关于龚自珍和顾太清的这段"丁香花诗案"的爱情故事，因为涉及诗人最后的暴卒，清末民初，也曾沸沸扬扬的热闹了好一阵。

既有曾朴的《孽海花》，冒鹤亭的《太清遗事诗》，言之凿凿；也有孟森的《心史丛刊·丁香花》，苏雪林的《丁香花疑案再辨》，矢口否定；更有钱穆的《中国近三百年学术史》认为："定盦出都，（因主禁鸦片）得罪穆彰阿，外传顾太清事，非实也。"别证其无。

但我宁肯相信王国维的《人间词话》所说到的，"故艳词可作，唯万不可作俚薄语。"龚自珍"其人之凉薄无行，跃然纸墨间"。据此论点，观堂先生对男女情爱的正经、古板、道学、迂腐，姑置勿论。但他认为龚诗所写，并非向壁虚构，这个学者的断言，是值得采信的。

龚自珍在礼部祀祭司行走，主客司主事，官微职闲，备受排挤，后来，能够到奕绘的宗人府谋得一份俸禄，若无强有力的奥援，是很难获此美差的。顾太清的丈夫，龚自珍当差的宗人府长官，乾隆曾孙贝勒爷奕绘，倒也是个礼贤下士的上司，而且还是一位能够与妻子唱和的诗人。他很爱这个其实有着汉族血统的江南才女，为了能和她结婚，还不得不设法为她改隶旗籍。

而诗人龚自珍终于得以走进太平湖畔的贝勒府，谁能说不是顾太清为其杭州同乡，对丈夫施加影响的结果呢？这位有着满洲和蒙古血统的野性，又得到江南水土润养的女人，有其柔美温雅的一面，也有其奔放热烈的一面，她能毫无顾忌地说项，不怕风险地引荐，除了钟情，除了爱恋，找不到别的什么解释。于是，她对于这位有可能因公因私，从此出入府中的龚自珍，他的浪漫，他的情感，他的文学魅力，以及那种"男人不坏，女人不爱"的放荡色彩，不为所动，也是不可能的。

从太清春的《落花集》《渔歌》等诗词作品来看，她其实是既懂得情，更懂得爱的一个极风流、极妩媚、极冶美、极痴情的女人。然而，1838 年（清道光十八年），当贝勒奕绘的官衔被革职，世袭被褫夺，在抑郁中去世以后，作为嫠妇的顾太清，在家庭中便一落千丈，何况奕绘的正室，和继承人合谋起来，要将她和他置之死地，而仍沉迷在姑且认为是柏拉图式爱情中的诗人，竟浑然不觉，还在为她写"落红不是无情物，化作春泥更护花"，表白自己的不渝之情。

即使，龚自珍比离他家不远的悯忠寺内的海棠花，还要纯净，顾太清比离贝勒府不远的太平湖畔的丁香花，还要明洁，他们这种无瑕的感情，在那个时代，那个社会，他爱上了一个不该爱的非其族类的女人，她恋上了一个绝对被视作异端的叛逆男人，这种近乎十恶不赦的对传统、对体制的挑战，必然是要被斩尽杀绝的。

龚自珍一生，其实只做了三件事：

一、赌命运；

二、赌爱情；

三、赌文学。

然而，上帝从来不会给人百分之百的，结果，龚自珍在文学上获得极大成功，命运上遭遇完全败北，爱情上更是交代出去他的生命。

其实，封建社会的专制制度，之所以万世不坠，就在于对待异端分子的高度一致上，如龚自珍，如顾太春，哪怕只是表现出一点点相异的观点，一点点不同的做法，一点点反对的态度，一点点抵抗的念头，等着吧！这部国家机器，上至最高统治者，下至最低的衙役皂隶、刀兵棍徒、保甲里正、巡丁逻卒，倾巢出动，全力以赴，悉心从事，上下一致，除恶务尽，必干净彻底而后止。

关于他在南归途中，于丹阳书院暴卒事，据清人孙静庵《栖霞阁野乘》所述，有两种不同说法：

一、"其殁也，实以暴疾，外间颇有异词。初，定盦官京曹时，常为明善堂主人上客。主人之侧福晋西林太清春，慕其才，颇有暧昧事。人谓定盦集中游仙诸诗，及词中《桂殿秋》《忆瑶姬》《梦玉人引》诸阕，惝恍迷离，实皆为此事发也。后稍为主人（子）所觉，定盦急引疾归，而卒不免。盖主人阴遣客鸩之也。"

二、"定盦晚年所眷（妓）灵箫，实别有所私。定盦一日往灵箫处，适遇其人，因语灵箫与之绝，箫阳诺之，而踪迹则愈密。半岁后，定盦一日又见其人从灵箫家中走出，因怀鸩以往，语灵箫其人倘再至者，即以此药之。药方固出禁中，服之不即死，死亦无伤痕可验也，灵箫受药，即置酒中以进，定盦饮之归，即不快，数日遽卒。"

六

在中国文学史上，还没有比他失败得更惨的文人。

他的喜赌常输，虽输犹赌的恶习，很像沙俄作家陀思妥耶夫斯基；他在诗歌领域的开创意义，不亚于英国的拜伦、雪莱；他与贵妇人的风流韵事，他与风尘女子的狎邪冶游，法国的大仲马、巴尔扎克之辈，根本望尘莫及。至于他那些披肝沥胆、唤醒国士的警世之作，与雨果作品对于法国，与马雅可夫斯基对于俄国，在革命中所起到的作用堪相媲美。甚至他最后不知是鸩酒暴毙，还是枭首而终，与普希金、莱蒙托夫决斗饮弹，不治身亡，虽同属别开生面之死，但他死得更为蹊跷。

1839年至1841年（清道光十九年至二十一年），是他创作的高产期，生命之烛燃点到最后，爆发出璀璨的光华，他以几乎日写一首七绝的进度写成的这部《己亥杂诗》，达到他一生成就的最高峰。

然而，他的人生赌博的命途，终于也到了终点。

他的一生，极其短促，只活了51岁，就被追杀他的人了断。按照中国文人越活越缩水、越回旋，越活越糊涂、越颠倒，甚至活到最后，越混账，越万人嫌的常规，我怀疑，龚自珍活到七老八十，还有思如泉涌的才华？还有目空一切的豪迈？还有指斥海内的勇气？还有匡时救世的雄心？

我也不敢揣测。因此，他的短命，固属不幸，但他的形象，却在后人的记忆里留下了完美。

与颜色不那么艳丽，香味却异常浓郁的丁香花相联系的，这场大清王朝文人的最后风流，让我们对于古人那份敢于挣脱束缚的精神，多了一层敬意，对于古人那份涌泉而来恣肆汪洋的才气，多了一层钦服。由此，也禁不住纳闷，为什么，我，我的同行，却显得这样侏儒而蹒跚呢？

能找到答案吗？我想请教。

权力场中的角逐
——文人的政治情结

中国知识分子的政治情结，说来也是一种痛苦的自虐。明知是杯苦酒，但一个个却巴不得地端起来一饮而尽。

文人搞政治，一、聪明一点的，浅尝辄止，见好便收，急流勇退，金盆洗手；二、不那么聪明的，越喝越深，越饮越乱，不能自拔，无法收场；三、觉得自己聪明，其实并不聪明的，进退失据，内外交困，搭上脑袋，血本无归。

总之，只要卷入权力斗争的旋涡之中，只要进入政治角逐的黑洞之中，这个文人，纵使满腹经纶，纵使才高八斗，纵使聪明透顶，纵使世事洞明，也会见利忘义，因小失大，一叶障目，因眚掩德，而付出沉重代价。

如果你是一个纯粹的文人，不是披着文人外衣的势利之徒，不是以文学为敲门砖的投机分子，也不是江郎才尽走投无路的过气明星，最好离政治远些，尤其不要玩政治。

公元 1528 年（明嘉靖七年），在国子监坐冷板凳的严嵩，突然接获一道谕旨，朝廷委派他以礼部右侍郎的身份，到湖北安陆去祭奠显陵。①

① 嘉靖能当上皇帝，是很偶然的。因为荒唐透顶的正德死了以后，既无子嗣，又无兄弟，于是，同一祖父的叔伯兄弟，时为藩王的朱厚熜，被选中接位。朱厚熜认为他到北京来，是做皇帝的，而不是过继给弘治皇帝朱祐樘为子，接正德皇帝朱厚照的班。在今天的人看来，这都是些扯淡的争论，但这个年刚十五的小青年，主意挺正，咬死了不当别人的儿子那样的皇帝，他要继承的是他的祖父成化朝朱见深那

里传下来的帝位，这样，他那死去的老子，也就是躺在显陵里的朱祐杬，毫无疑问，也应该是皇帝。这一下，满朝大乱。据《明史·世宗纪》："三年秋七月戊寅，廷臣伏阙固争，下员外郎马理等一百三十四人锦衣卫狱。癸未，杖马理等于廷，死者十有六人。辛卯，杖修撰杨慎，检讨王元正，给事中刘济、安磐、张汉卿、张原，御史王时柯于廷。原死，慎等戍谪有差。"于是，"大礼仪"，这样一件极无聊的争执，成为明史上的一案。因为众多大臣跪哭力争，声震阙廷，嘉靖动用廷杖，强行镇压。于是，这班帝国栋梁，朝廷要员，一个个剥掉裤子，露出臀部，被锦衣卫用大竹板子抽打，那二百来个白花花的屁股，便是中国历史上一道最丑陋、最难堪的风景。

嘉靖所以不让北京方面派人前往，也是怕特使回来以后说三道四，再引发不必要的麻烦。

显陵，即嘉靖死去多年的父亲兴献王朱祐杬的坟墓。因为儿子当上皇帝，老子跟着沾光。原是藩王的陵墓，重新按帝王规格，加高碑基，加厚封土，加宽神道，加上更多石人石马。严格说，这是违制的，你朱祐杬只是生了一个做皇帝的儿子朱厚熜，但本人则是分封在湖北，驻国安陆的藩王。如今享受帝王陵寝的待遇，就绝对是僭越了。朱厚熜很鬼，不亲自回老家拜奠，让别人代替他去；若是有人责难，他可以用"不知情"三字搪塞过去。于是，便教内阁找一个说得过去，也拿得出手的官员，替他来做这件事。某种意义上来说，有一点"打枪的不要，悄悄的干活"的性质。因为，嘉靖三年那场好不容易通过廷杖的镇压，将二百来个大臣屁股打得皮开肉绽，才平息下来的"大礼仪"之争血痕犹在，嘉靖不想再起波澜，另添事端。

这样，一个馅儿饼，从云端落到了严嵩的头上，让他捡了便宜。

严嵩捧读谕旨，心痒难禁。任何朝代，任何社会，凡进入权力场中的这个人，只要有眼睛，有耳朵，无不眼观六路、耳听八方地关注政治动向。看来，这不但是光荣之至的美差，更是政治上得到重视的信号。

中国文人对于权力的渴慕，着实强烈。这应该是孔夫子"学而优则仕"的遗训，数千年来发酵的结果了。溶化在血液中，浇铸于灵魂中，潜移默化，无师自通。所以，封建社会里的知识分子，热爱权力，羡慕权力，追求权力，酷嗜权力，一门心思要做官，乃一生奋斗不已的目标。在文人眼中，权力乃身家性命之事，岂容半点懈怠，权力乃稻菽粱谷之重，不可须臾或缺。因之，没有权力的时候努力要得到权力，得到权力的时候拼命要抓住权力。②

> ② 假设有人编一部《中国贪污史》，大概少不了赫赫有名的贪官严嵩，假如有人另编一部《中国廉政史》的话，大名鼎鼎的清官海瑞，则更是领衔主演的人物。无论前者和后者，巨贪和大廉，都出在明代嘉靖年间，我想，绝对算不得是这位皇上的荣光。

说来可怜，严嵩进士出身之后，虽由庶吉士，授编修，进侍讲，署南京翰林院事，召为国子祭酒，一路走来，几乎都是清水衙门。你不能说他没有做官，官是做着的，不过像脱水蔬菜，缺乏生气；你不能说他手中无权，权也是有的，不过像兑水白酒，度数太低。因此，他既不是白丁、庶民、老百姓，引车卖浆者之流，也不是多么炙手可热，脑满肠肥，官运亨通，威风凛凛的人物。在明代，凡官员被打发到南都，也就是南京去吃粮混事，在北京执政者的眼中，都是舅舅不疼、姥姥不爱，既拍不得、打不得，也拿不起，用不着的闲散大老爷。面子是有的，里子却不免水裆尿裤。所以，这道黄绫缎子包裹着的谕旨，让那些同坐冷宫的僚佐，仰起脑袋，两眼放光，艳羡这个大个子走了狗屎运。

《明史》称严嵩"长身戍削，疏眉目，大音声"，可这回，个子高高，嗓门亮亮的严嵩，却保持难得的沉默。不是谦虚，而是琢磨：是谁关心着他，是谁惦记着他，是谁在丹墀之上向当今圣上建言而选中了他？可以设想，那时，没有春节晚会，没有小品表演，但肯定有人会对朱厚熜说类似的台词：这个严嵩，他太有才了！陛下，此去拜奠，非国子监那位祭酒严嵩莫属。③

> ③ 周作人死后的这多年来，经追随者之美化，膜拜者之漂白，"好汉奸论"者的洗刷，出版商之鼓吹，其书一出再出；而严嵩的《钤山堂集》，却只有到国图的珍本部才能找到。应该说，这位权奸的诗，比那位汉奸的散文并不弱的。

严嵩在江西老家分宜县一个叫钤山的地方，面壁十年，苦读诗书，声誉卓著以后，也就"文而优则仕"，被召回京城做官了。"进侍讲，署南京翰林院事，召为国子祭酒"。一个读书人，囊萤凿壁，悬梁刺股，熬到国子监首脑这样尊崇的位置上，也就是学术界、文化界的顶尖人物了。在封建社会里，当别的什么官，是比较容易的，只要有钱，有势，有关系，有门路，有裙带的援引，能巴结攀附，摇尾示好者，没有达不到愿望的。但要在翰林院混事，肚子里只有《三字经》《百家姓》，或英文 ABC 之类，恐怕还是不行的。即或扛着圣旨去了，坐在杏坛上，我想，那被众文人干着的滋味，那假充内行的心虚状态，那说不了三句就露馅的尴尬，也会是挺受罪的。从这点看，奸臣归奸臣，坏蛋归坏蛋，严嵩在文学成就上，确是货真价实的。

严嵩脑筋快，他的同伴脑筋更快，立刻就想到了是当朝的第一红人，官职不高，地位重要的兵部给事中夏言，他的江西老乡举荐的。于是，有人叹气，到底是朝中有人好做官啊！美不美，故乡水，亲不亲，故乡人，谁让人家是老乡呢！嘉靖初年，朱厚熜嗣位以来，夏言也是因为"议礼案"站对了队而受重用。因此，立规矩，改章法，新皇帝无不嘉纳。他的话，一言九鼎，非同小可，他要为严嵩说项陈词，郑重推介的话，那就等于拍板定案。大家知道，严嵩为江西分宜人，夏言为江西贵溪人。虽然，分宜在宜春附近，靠近湖北；贵溪离鹰潭不远，紧挨福建，一西一东，相距甚远。但是，江西人只要出了省，碰在一起，叙起乡谊，一律以"老表"的昵称招呼，以示一种地缘上的亲近。因此，老乡夏言将老乡严嵩在皇帝面前予以美言，也是顺理成章之事。④

④ 据明·于慎行的《谷山笔麈》："贵溪夏公言以大礼得幸，从都给事中迁御史中丞，翰林学士，遂致大用，世庙眷礼宠遇，无所不至。其后，上于宫中祈祷，禁直大臣皆赐星冠，夏不受，上大恨之，即赐策免。已而复思之，一日，于几上书'公谨'二字，公谨者，夏字也。左右窥知上意，因留其字不除，上复过之而笑，左右密语分宜。分宜固恨夏，不得已，欲自为功，因白上：'故阁臣言可诏用也。'有诏征至阙下，比至，数使迎问于道，宠眷倍昔。分宜心害之，未有间也，而事之甚谨，至不敢与分席。夏公性颇伉直，见上委任，无顾忌，视分宜如无也。分宜益恨，日夜求以中之。"羊和羊相遇，各不相干，大家低头吃草；狼和狼相逢，必有一拼，不是你死就是我亡，这就是食草动物和食肉动物的区别。也许他们本来是羊，但到了权力场中，数十年厮混下来，便不能不是狼了。

据明人焦竑在其《玉堂丛书》中写过，这个严嵩是挺能拉这种老表关系的："高中玄为严介溪门生，师生好相谈谑，为编修时，严自内直回，往候之，适其乡人如墙而立，严一至，众张拱以前，高曰：'有一雅谑，敢为老师道之否？《韩诗》中两语，与目前事酷相类。'曰：'何语？'曰：'大鸡昂然来，小鸡耸而待也。'严亦大笑。人素嘲江西人为鸡，故云。"看来，这种乡党关系，从来就有，各省之中，江西最盛。一声"老表"，不亲自近，绝对有可能的。

不过，严嵩之对夏言，或夏言之对严嵩，很有点给江西人丢脸。这两位老表，既说不上抱团，更谈不到亲近。夏言把严嵩压在屁股底下，让他喘不过气来，凌辱得够戗。严嵩更不是好饼子，以柔克刚，以小事大，一方面向他点头哈腰，装三孙子；一方面在嘉靖耳朵根子底下，日以继月、月以继年地说他的坏话。最后，水滴石穿，到底让朱厚熜对夏言大为光火，砍了这个老表的脑袋。如果他们两个始终是文人，只是文人，那么，仙人洞，开笔会，滕王阁，办讲座，鄱阳湖，赛诗歌，井冈山，写小说，这两位必然是文学赣军的主力，足可以横扫大明文坛。可一玩政治，一弄权力，便完蛋了。据说，严嵩的老婆欧阳氏，在他火得一塌糊涂的时候，曾经浇过他的凉水，"君莫忘钤山十年苦读时"，严嵩一听，虽有醍醐灌顶之感，可他已经身不由己，如同骑在虎背上，下来是死，不下来也是死。在这场政治角力中，只有奉陪到底。于是，以血为墨，以头作笔，来书写自己人生的句号，两人都未得善终，细想起来，真是不胜悲夫！

唐人王勃作《滕王阁序》，"物华天宝，人杰地灵"的江西，确实出现了不少优秀人才，宋、明两代，尤以为最。夏言和严嵩，这两个基本上同龄的人（严生于公元 1480 年，夏生于公元 1482 年），不仅是玩政治的高手，在文学上也具有相当造诣。明·沈德符《万历野获编》卷八里，专门有一节讲到这两位首辅的文学成就。"严分宜自为史官，即引疾归卧数年，读书赋诗，其集名《钤山堂集》，诗皆清利，作钱刘调，五言尤为长城，盖李长沙流亚，特古乐府不逮之耳。夏贵溪亦能诗，然不其当行，独长于新声，所著有《白鸥园诗蕖》，豪迈俊爽，有辛幼安、刘改之风，其谋复河套，作《渔家傲》词，亦其一也。二公故风流宰相，非伏猎弄獐之比，独晚途狂谬取败耳。"

将严嵩的五言诗抬到"李长沙流亚"的高度，恐怕非沈德符一人的见解，而是当时比较一致的看法。连与严嵩有弑父之仇的王世贞，也认为"孔雀虽毒，不掩文章"，不能以人废文，肯定他的诗作。后来，清代的纪昀，主编《四库全书》，在其《总目提要》中，对严嵩的诗，也不得不承认其吟咏之工。现在，几乎没有什么人谈到他的诗，连他的《钤山堂集》，也难见踪影。⑤

⑤ 诗文之外，这位权奸的书法，同样值得称道。圆润丰腴，浑厚泰然，功力不凡，别具一格，绝非当代那些手中既握权也握笔的长官级书法家所能望其项背的。别人写出来的字，是你看它，而严嵩写出来的字，是它看你。字好字坏，厉害就在这里。谓予不信，北京城里至今还留存着他的遗墨，一是卖酱菜的六必居，一是卖中药的鹤年堂，前者在煤市街，后者在菜市口，这两块招牌仍挂在那儿，大可路过那里，贴近体验一番。

夏言《桂洲集》的诗词，纪昀评价不高，"集内词亦未甚工，诗文宏整而平易，犹明中叶之旧格。"不过，对他的《南宫奏稿》，较为肯定。"明代典章，至嘉靖而一大变，史志但撮举纲要，不能具其建议之所以然。观于是集，端委一一具在，录而存之，亦议礼者得失之林，非谓其持论之皆当也。"如今，夏言更不为世人所知，恐怕连当下江西老表也早把他忘了，远不如他的同乡严嵩在中国普通老百姓心目里所具有的知名度。尽管被唾弃，但从三尺童稚，到耄耋老人，无人不知；从通衢大道，到穷乡僻壤，无人不晓。从这个意义上讲，晋人桓温所说的"大丈夫倘不能流芳百世，也当遗臭万年"，就不能说它毫无道理。你要造名，你要炒作，你就得不择手段，你就不能顾你那张脸皮，你就不能不将大司马桓温的名言，视为金科玉律。

史称，处于弱势地位的严嵩，始终很想巴结夏言，而且也是十分讨好夏言的；但处于强势地位的夏言，就是不想让他巴结，就是不接受他的讨好。其实，这两位在文学上出类拔萃，在政治上青云直上的江西老表，一辈子疏隔嫌隙，是有着久远的互不相能的因缘。第一，严寒素出身，夏世家门第，这种家境的差异，遂决定了他们嗣后为官做人的分野，谋事求生的不同。大概自幼穷怕了的严嵩，得权以后，贪欲无尽，拼命攫取，成为永无餍足的吃角子老虎机；从来富惯了的夏言，养尊处优，骄奢侈靡，手中有权，便益发地傲慢恣肆，为所欲为，上下左右，略无半点忌惮之意。第二，严发达早，弘治十八年就科举及第，成为进士，因为家境困蹇，他必须努力奋斗，方能摆脱厄运；而夏出道晚，也是由于家境优裕，用不着那么悬梁刺股，刻苦卖命，迟至正德十二年才中了进士。以封建科举的功名伦理来讲，登第之先后，释褐之早晚，也是一种摆谱的资历，要价的本钱，严嵩是老资格、老先生、老作家，当属无疑，夏言不过相当于乳臭未褪的80后，也无话好说。因此，这两人虽为乡党，但志向分歧，旨趣不同，品位悬殊，性情有别，彼此存在隔阂，也是一种必然。

正如当代文坛，80后可以肆无忌惮地修理老家伙，老家伙还不敢有脾气。而在科举年代，早出道一届，便是终身的学长；即或京剧诸如富连成的科班，有哪个晚辈敢呲前辈的毛？但是，文人有点异类，自古以来，就不大讲究年齿辈分，长幼有序。基本上是你不尿我，我不尿你的相轻状态。你树大根深，著作等身，我硬看扁你，你能奈何我？我小荷刚露尖尖角，前途未可限量，干吗要向你致敬？作为晚生，作为后进的夏，对于又是同乡，又是前辈的严，不拿正眼瞧，严也只好咽下这口气，谁让我们是文人呢？同样的道理，夏为侍读学士，直经筵日讲，红得简直发紫，严在南京翰林院，在北京国子监，早九晚五，一杯茶，一张《参考消息》，乃枯坐熬钟点的上班族，相对于大红大紫的夏，他的色彩基调灰暗得厉害。俗例，在职务级别的高低上，官大一品压死人，可作为文人的严，灰溜溜或溜溜灰又如何，文人是不讲这一套世俗道理的，照样不买那如日中天的夏言的账，照样拍桌子吼一声你算老几，借以消食化痰，出心中这口鸟气的。

人是有感情的动物。而文人，感情则尤其的丰富。感情丰富，写在纸上，便是洋洋洒洒的文章，但用在待人处事上，那些属于情绪发作的感情，那些属于意气用事的感情，就会冲决思想的控制，理智的束缚，便成了文人精神上无法忍受他人比自己强的致命弱点。如果严嵩和夏言，只是明代官场中的一般的政府官员，常见的技术官僚，泛泛的翰林学士，地方的封疆大吏，这两位江西老表，没准会结为很好的搭档。但不幸的是，他们一是有成就的文人，二是有名气的文人，成就和名气，既是资本，也是包袱，更可能是毒药，便决定了他们俩只能做对头，而不会做朋友，更不用说咱俩是老表互相帮衬了。

严嵩此次大出风头的祭奠之行，尽管出于老表夏言的引荐，他心存感激，也是真的，但并非由衷感激，也是真的。因为严嵩不是什么良善之辈，早算了细账：

第一，满朝文武，你找不到比我更符合主祭的人选。

第二，嘉靖皇帝家学渊源，这个文学青年不可能不知道继李东阳之后，在当代文坛上跟这位"西涯先生"有一拼的，舍我其谁？

第三，你要不举荐我的话，或者，你毛遂自荐揽下这份差使，在有识之士的眼里，就要看透你的小格局、小家子气。

第四，不客气地说，阁下在文学这个领域里，相对鄙人而言，还差一点火候呢！

小人，无所谓朋友。用得着是朋友，用不着就不是朋友，通常都是现用现交。因此，可以想象，严分宜不会到夏府登门拜谢的。而且，他盘算好了，通过这次祭奠，跟皇考挂上钩，也就等于跟皇上挂上钩，到那时，你夏言就得看我脸色行事了。所以，严嵩到了安陆之后，便利用这个最佳舞台，充分展现他的表演天才。要眼泪，一把一把；要悲哀，高歌当哭；要悼诗，脱口而出；要祭文，挥笔成章。加之他个子高，跪在那里，也高出众人一头；嗓门大，说出话来，如雷贯耳，满座皆惊。他明白，他这一切，都是演给一个并不在场的观众看的，那就是朱厚熜。他更明白，别看朱厚熜到了北京当皇帝，但这里是他的发祥地，耳报神会将严嵩的表现一一反映上去的。看来，要成为出名的人，无论出好名、出美名，也无论其出恶名、出臭名，都需要一种异禀。必须能做出他人做不出，也做不到的举止行状来，必须能想到他人想不出，也想不到的议论名堂来，让人跌破眼镜，让人大惊失色，让人叹为观止，让人五体投地，这才会产生出效果，产生出反响。

严嵩回到北京，继续把这出戏做足做够，他上书嘉靖皇帝："臣恭上宝册及奉安神床，皆应时雨霁。又石产枣阳，群鹳集绕，碑入汉江，河流骤涨。请命辅臣撰文刻石，以纪天眷。"因为他那敏锐的嗅觉，嗅出了当今皇上的兴趣所在，爱好所在，于是，他便在报告里，投其所好地大讲祥瑞，大讲灵异，这就是严嵩的奸人异禀的特殊能量了。⑥

> ⑥ 在中国封建社会里，嘉靖是一个极迷信的皇帝，自封"灵霄上清统雷元阳妙一飞元真君"，二十来年将自己关在西园里，白天，斋戒打醮，乌烟瘴气，炼丹制丸，以求长生，夜晚，施房中术，纵欲童女，采阴补阳，以求延年。嘉靖一生，其实就做了这两件事。但斋醮这种宗教仪式，向上苍祷告是以呈奉祝词体现的。因为用朱笔写在青藤纸上，又名"青词"，也称"绿章"。明人于慎行在《谷山笔麈》里说过，"嘉靖末年，文学侍从诸臣，多以撰述玄文入值西苑，恩礼优越，百僚莫望焉。"

严嵩非常准确地号中这位皇帝的脉，专心致志地撰写"青词"，而获得朱厚熜的赏赐。因为他的诗写得好，所以，他的"青词"也是写得最出色的。说实在的，历朝历代，凡马屁文人，能把最高统治者哄得团团转，骗得一溜够者，都非等闲之辈。第一，肚子里有真货，保证要啥有啥；第二，脑子转得快，及时迅速反应；第三，舌头要好使，溜舔功夫一等；第四，下笔敢千言，绝不耽误工夫。⑦

⑦ 现在来看一看嘉靖、隆庆、万历三朝辅臣的履历，一个个还真不是草包。

夏言（1482—1548），江西贵溪人，正德十二年进士，著有《白鸥园诗薰》《赐简堂稿》《桂洲集》《南宫奏稿》；

严嵩（1480—1569），江西分宜人，弘治十八年进士，著有《钤山堂集》；

徐阶（1503—1583），上海松江人，嘉靖二年进士，著有《经世堂全集》《少湖文集》；

高拱（1512—1578），河南新郑人，嘉靖二十年进士，著有《高文襄公集》《防边纪事》；

张居正（1525—1582），湖北江陵人，嘉靖二十六年进士，著有《张太岳杂著》《书经直解》。

这说明，能够在官场熬到首辅一级的文人，达到权力顶峰，必然在文学领域里，也是具有较深造诣者。这就是科举制度的优越所在了，它能够把出类拔萃的知识分子，不是凭门第，不是靠出身，不是有后台，不是走门路，通过八股文的考试而筛选出来，鱼跃龙门，进入到权力中心，成为统治阶层的一员。而一旦进入这个权力场中，鲜有不被异化而人格扭曲，性格乖戾，文格卑下，品格堕落的。

这其中，夏言、严嵩、徐阶更有一绝——善于写青词。青词，是道教徒在祷祝仪式中，向上帝许愿发誓，陈情赞颂，祈福求安，消灾免祸的一种文字表达形式，或诗或文，或歌或赋，可长可短，可繁可简，最后，祝事罢了，一燎了之，那缕缕青烟，腾挪而上，表示上达天听，也就任务完成。这种鬼把戏，对像以上这班能成首辅的一流文人而言，应该说是不难为之的笔墨。但却很费事，很用心，必须打点起百倍精神对付。为什么，因为这是笃信道教的嘉靖皇帝布置给你的任务，敢不好好做么？所以，这哥儿仨，擅于此道，精于此道，并不是他们好这一口。而是这个混账皇帝要求写出来的青词，必须华丽富赡，高雅典重，必须气韵灵动，花团锦簇。

夏言后来的青词，写得不尽如帝意，也是他失宠的一个原因。

公元 1542 年（明嘉靖二十一年）十月，发生了壬寅宫婢之变，几个宫女差一点将这位不是东西的皇帝勒死，从此，他就把自己封闭起来。此人在位一共四十五年，有二十年不上朝，不视事，这也给了严嵩掌控朝政的机会。这二十年里，他永远在西园值班，不分昼夜，24 小时当差，随叫随到，恭候差遣，连回家洗澡换衣的时间都挤不出来。那个没有被勒死又缓过气来的朱厚熜，就通过他管理这个偌大的王朝。在此之前，朱厚熜或打或拉，或近或疏，或升或降，或杀或谪，操纵大臣于股掌之间，满朝文武被他制伏得无不服服帖帖。先后用首辅七八位之多，每个人都干不长，多则三五年，少则几个月，只有这个严嵩，一干就是二十年，恐怕不仅仅是异禀，而是什么特异功能了。

清人谷应泰在其《明史纪事本末》中感慨系之："严嵩相世宗，入于嘉靖二十年八月，去位于嘉靖四十一年五月。盘踞津要，盗窃宠灵，凡二十余岁，比之林甫相玄，宠任十九岁，元载辅代，骄佚十余年，嵩且过其历矣！"谷先生不禁奇怪："考嵩以茸阘庸材，黩货嗜利，帝号英睿，竟称鱼水，嵩遵何道哉？"这就是一种假天真的发问了，第一，严嵩固然不是东西，第二，嘉靖其实更不是东西。民间有句俗话，鲇鱼找鲇鱼，嘎鱼找嘎鱼，混账与混账之间，也是有其同声相应、同气相求的心灵沟通功能的。据西方科学家的实验，放在地下室里一块未加收藏的干酪，只要被一只老鼠发现，它发出的信息，足可以使方圆一千米内的同类接受到，并迅速地一齐朝这个方向游走聚集。

因此，从安陆回到北京以后的上书，其实就是严嵩在向嘉靖发出信号，果然，嘉靖响应了。"帝大悦，从之。迁吏部左侍郎，进南京礼部尚书，改吏部。"

这个结果，当然大出严嵩意外，拿到这纸文书，一屁股坐在那儿，喘不出气来。官倒是升了，却打发到他极不愿去的南京。到南京，就等于被雪藏，被冷冻。而且，此公在冰箱里一待就是五年，不长毛，不发霉，才见鬼呢！呜呼，人的一生，有几个五年啊！严嵩当然不甘心，贼滑贼精的他，根据种种蛛丝马迹，知道绝非嘉靖本意，而是夏言从中作梗的结果，便把全部的仇恨集中在这位同乡身上。⑧

⑧"言与嵩同乡，称晚进，以议礼骤贵，嵩谨事之，言不为下。时嵩为礼部尚书，初见宠信，欲入阁，而言沮之，遂有郤。"（《明史纪事本末》）

严嵩在北京汇报了他的安陆之行以后，他等待着读了报告后很开心的嘉靖，一纸命令，就不必回南京去了，留在北京做事吧！

很明显，无论严嵩怎么样向夏言输诚纳款，拉拢联络，恭维示好，吹捧效忠，这位老乡并不将其视为夹袋里的亲信。于是，他灰溜溜地又回到石头城去了。

因为那一年，夏言调吏科，他的目标是礼部尚书，只要登上这个台阶，下一步即为首辅，也就是宰相。若严嵩留在北京的话，势必起到搅局的作用。而且，严嵩还搞清楚了，当时夏言能决定自己的去向，并非朱厚熜赏识夏，倚重夏，而是这位极有心机，极擅权术的皇帝，需要夏言来钳制因"大礼仪"而暴得富贵的张璁、桂萼。严嵩看出来了，拉一个，打一个，是朱厚熜的老手段。夏言还糊涂着呢，竟深信皇帝对这两个江西老表的选择，是站在贵溪这边，而不是站在分宜那边。《明史》称夏言："眉目疏朗，美须髯，音吐弘畅，不操乡音"。夏言认为一口京片子，好讨皇帝欢心，胜过赣西口音的严嵩百倍。严嵩不禁偷着乐，殊不知赣西和鄂东相邻，语系相近，在安陆长大的朱厚熜，听严嵩那土里土气的乡音，没准反而更为亲切呢！

文人尝到权力的甜头以后，通常不能罢手，这也是我认识的或听说的那些年纪一把的文学界朋友，总不肯致仕，总拼命恋栈的原因。严嵩当然不甘在南京沉沦下去。必须回到北京，必须挤进那桌权力的最高盛宴中去，而要达到这个目标，除了打响诗人的金字招牌，营造强大的轰动效应，别无他计。同时，这也是极有可能进入曾经是文学青年的朱厚熜视线的捷径。他可没少折腾，诗集印了一版又一版，墨宝题了一幅又一幅，连卖酱豆腐、萝卜条的咸菜店招牌都不吝笔墨，可以估计他宣传的覆盖面该铺得多广多大。幸亏那时没有什么电视选秀，没有什么文学讲坛，否则，他那张肉脸，肯定要充斥于大明王朝的荧屏之上，成为观众挥之不去的视觉灾难。冲这一点，我非常羡慕明朝观众的好命，少看多少张堵心的面孔啊！

哄抬的气氛逐渐造足，炒作的效应日益显现，严分宜终于找到了在文坛之上那种领袖群伦的感觉。公元1535年（明嘉靖十四年），此公大摇大摆来到京师，以文化要人的身份，以首席诗人的身份，以大众书法家的身份，来为皇帝陛下庆贺万寿节。哇！京城处处说分宜，翰林院开他的联欢会，国子监开他的茶话会，老文人开他的恳谈会，全城士子都为他那首表明心志的《东堂新成》七律倾倒。

无端世路绕羊肠，偶以疏懒得自藏。

种竹旋添驯鹤径，买山聊起读书堂。

开窗古木萧萧籁，隐几寒花寂寂香。

莫笑野人生计少，濯缨随处有沧浪。

在一片叫好声中，有人提出来，分宜先生别回南京了，应该留在北京，为文坛添光增彩。正好，"会廷议更修《宋史》，辅臣请留嵩以礼部尚书兼翰林学士董其事。"（《明史》）⑨

⑨ 严嵩"居南京五年，以贺万寿节至京师"。当时，"会廷议更修《宋史》，辅臣请留嵩以礼部尚书兼翰林学士董其事"，要他领衔修史。这是个油水不大，但享有崇高威望的荣誉差使。看来，他当时的文望与人望，比之后他两朝的周作人任伪华北政府教育总署一把手时要高得多。因为无论王揖唐、殷汝耕，还是汪精卫、东条英机，都不曾有过想请周先生去修《清史》的意思。在中国，凡被统治集团认为有资格修正史的文人，都应属于文坛公认的泰斗之辈。例如宋代的司马光、欧阳修，元代的脱脱，当然更不用说汉代的司马迁了。

熟悉官场运作过程的内行都明白，凡组织部门决定人事的变动，没有最高当局的点头、认可、示意、吹风，是不会出台的。肯定那位曾经是文学爱好者的朱厚熜，对严嵩一直未能忘情，而且，陛下的文学鉴赏力也足以分得出严和夏的差别，估计，夏言看得出朱厚熜的心思，知道再也挡不住这位老表，何况，他也得遂心愿进了内阁，于是顺水推舟，公元 1536 年（明嘉靖十五年）冬十二月，"命嵩还掌部事"。

如果夏大人改弦易辙，与这位老表重叙乡情，共商国是，也许不至于最后落一个身首异处的结果。通常，大文人，建万世之基业，小文人，争一日之短长，而夏言，大小皆不靠，完全是一个被权力扭曲了的自大狂。他将一条狼，当成一只狗，而且呼来叱去，这就只能怪他有眼无珠，自找倒霉了。夏言也许了解严嵩的文学才华比自己要高，却未必了解严嵩的政治智商比自己更高，尤其不了解严嵩的睚眦必报的狼子野心，比自己不知要高出多少倍。从焦竑《玉堂丛书》所载两人的龃龉小节，就懂得严嵩何以"无毒不丈夫"对待夏言的由来。

"严相谓华亭公：'吾生平为（夏）贵溪所狼藉，不可胜数，而最不堪者二事。其一，大宗伯时，贵溪为首揆，俱在值，欲置酒延贵溪者数矣，多不许，间许，至前一日而后辞，则所征集方物，红羊、貔狸、消熊、栈鹿之类，俱付之乌有。其二，次揆诸城为从臾，（夏）则曰吾以某日赴，自阁出，即造公，不过家矣。至日，诸城为先憩西朝房以俟。而贵溪终过家，寝于它姬所，薄暮始至。就座，进酒三勺，一汤，取略沾唇而已。忽傲然起，长揖，命舆，诸城亦不敢后，三人者，竟不交一言。'"又载，"夏言久贵用事，家富厚，高甍雕题，广圃曲池之胜，媵侍便辟及音声八部，皆选服御，膳羞如王公。故事：阁臣日给酒馔，当会食，言与嵩共事二载，言不食上官供，家所携酒肴甚丰饫，什器皆用金，与嵩日对案，嵩自食上官供，寥寥草具，不以一匕及嵩也。"

夏言根本不明白引狼入室，会给自己带来什么灾难。他对自己很笃定，他对嘉靖很有信心，他对未来很有把握，所以，他对严嵩很小看，坚信小鱼翻不起大浪。可严嵩在南京，或许动不了你的一根毛，现在进入这样一个有利的战斗位置，端起枪来，正好对着阁下的脑袋，岂有不跟这位宿敌进行清算的道理？翻阅《明史》和《明史纪事本末》，就知道他是如何处心积虑地一步一步将夏言打败，并使其从眼前消失的。

第一步：释疑。

"尝置酒邀言，躬诣其第，言辞不见。嵩布席，展所具启，跽读。言谓嵩实下己，不疑也。"

"子世蕃方官尚宝少卿，横行公卿间。言欲发其罪，嵩父子大惧，长跪榻下泣谢，乃已。"

第二步：固宠。

"十八年二月，景云见。严嵩请帝御朝受群臣贺，嵩乃作《庆云赋》《大礼告成颂》上之。帝南幸，严嵩从，赏赉优渥，与辅臣等。"

"二十一年八月拜武英殿大学士，入值文渊阁，仍掌礼部事。时嵩年六十余矣，精爽溢发，不异少壮。朝夕值西苑板房，未尝一归沐浴，帝益谓嵩勤。"

第三步：使坏。

"上在西苑斋居，许入值诸贵人得乘马。言独用小腰舆以乘，上怪之，勿言。会上不欲翼善冠，而御香叶巾，令尚方仿之，制沉水香为五冠，以赐言及嵩等。言密揭谓：'非人臣法服，不敢当。'上大怒。嵩于召对日，故冠香叶，而冒轻纱于外，令上见之。上果悦，留嵩慰谕甚至。"

"上左右小珰来，言恒仆视之。诣嵩，必执手延坐，持黄金置其袖中，故珰辈争好嵩而恶言。上或使夜瞰嵩、言，言多酣寝。嵩知之，每夜视青词草。初，言与嵩俱以青词得幸。至是，言已老倦，思令幕客具草，不复简阅，每多旧所进者，上辄抵之地，而左右无为报言。嵩则精其事，愈得幸。"

第四步：下手。

"二十七年春正月，嵩既忌言，会都御史曾铣议复河套，言主之，而嵩则极言不可，语颇侵言。及言请给宝剑，得专戮节帅以下，上亦稍稍恶之。会澄城山崩裂，又京师大风，上益疑。以套议问嵩，嵩诋言'擅权自用'。及退，复上书劾铣'开边启衅'，言'雷同误国'，并自求去甚力。上温旨留嵩，而切责言。帝乃命缇骑捕铣至京，因尽夺言职，俾以尚书致仕。"

"三月，杀都御史曾铣，锦衣卫阿嵩意，谓铣行贿夏言。"

"冬十月，言既归，舟至丹阳，复就逮至京，上疏极陈为严嵩所陷。帝不听。值居庸报警，嵩复以言开衅力持，竟坐与铣交通律，弃西市。言既死，大权悉归嵩矣。"

不过，严嵩也未能高兴得太久，接下来，他的后任再次上演了这种权力争夺战。

看嘉靖、隆庆、万历三朝首辅的下场，要比时下的连续剧不知精彩多少倍。先是夏言被严嵩弄死，后是严嵩被徐阶整倒，而徐阶最终被高拱搞臭；高拱还没有来得及得意，又被张居正迅雷不及掩耳地干掉。张居正倒是威风了一辈子，可他闭眼以后，万历皇帝差点将他刨坟开棺，燔尸扬灰。这几位进入大明王朝最高权力场的文人，无一不由羊而狼，先咬人而后被人咬，成为历史的话柄。

因此，权力对于文人而言，福兮祸兮，还真是得两说着呢！

生死关头见肝胆
——文人的气节

钱穆先生在《国史大纲》中说过："明北部既陷，南方争事拥立。福王在南京，唐王在福州，桂王在肇庆。不到二十年，相继破灭。惟清人所以得吞灭南明，其最重要原因，厥为汉奸之助。（金得汴京而不能有江南者，即因未有汉奸之作伥。）""清既入关，以洪承畴经略江南五省，孔有德徇广西，尚可喜、耿仲明徇广东，吴三桂徇四川、云南，而三桂功尤大。破流贼，定陕、川、滇，取永明于缅甸，又平永川土司安氏。四方精兵猛将，多归其部下。（张邦昌、刘豫为汉奸，所以无成，因其本无军队。至吴三桂部下，尤为明代边兵精锐所聚。）""清既赖汉奸得占全中国，事定酬庸。吴三桂封平西王，居云南。尚之信封平南王，居广东。耿精忠封靖南王，居福建。"钱穆以明与宋相比较，使我们得知，国亡常常不是亡于外邦，而是败于内贼。内贼，即汉奸也。

康熙在平定三藩时，也是发扬汉奸，鼓励汉奸，以汉制汉。他谕绿旗将领，说得再明白不过："从古汉人叛乱，止用汉兵剿平，岂有满兵助战？"

于是，在这样一个汉奸当道，叛徒张狂，皇协军作乱，狗腿子遍地的世界里，有一个坚贞不屈、刚直不阿、临危不惧、信念不变的中国人，顶天立地的存在着，那是一个多么鼓舞人心的场面啊！

明末诗人张煌言，坚持武装斗争，反抗清廷，将近二十年。直到他被清军捕获，并很快处死，大清王朝这才真正地一统天下，而大明王朝至此也就彻底完了。

人在历史的河流中，是非常渺小的。若是能够给某个进程，在某个阶段，起到一个句号的作用，也算是一种难得的光荣。佚名著《兵部左侍郎张公传》称："自丙戌至甲辰，盖十九年矣，煌言死而明亡。"张煌言这个名字的标志性意义，就在于他给明朝这口朽烂不堪的棺材，打下最后一颗钉子。

当他力推并拥戴的监国鲁王朱以海病逝于金门以后，张煌言便率残部撤至海上，隐藏在舟山六横悬山岛，作长期潜伏的打算。虽然，皇嗣绝灭，南明不存，但是，作为兵部左侍郎的张煌言，仍然统军；这就意味着大明王朝还没有完全咽气，还存在着东山再起的可能性。可是，浙省当局实行"迁界政策"，强迫沿海居民内迁，隔绝民众与义军的联系。因此，孤岛残部，给养无法保证，必须派船抵岸采购。一来二去，暴露了行踪。康熙三年七月二十日，清军接获眼线侦得的线索，水师黄夜出海，围岛偷袭。张煌言及随从人等，猝不及防，悉皆被俘。

大清王朝，终于拿获这个最后的反叛，喜出望外；浙省督抚，终于捕捉到多年不得的对手，如释重负。我估计北京城里的最高当局，很想借此舆论造势一把，看哪！明朝最后的一个反叛渠首，也落网称降了。于是，先羁押府城宁波，再解送省城杭州，让他频频出镜，招摇过市。这数十天里，对其颇为优容，俨然上宾款待。宗旨只有一条，着力招安，反复劝降。

浙江巡抚赵廷臣，汉军镶黄旗出身，自恃背景，辗转示意这个对手：你已经穷途末路，在劫难逃。如果深明大义，归降大清，正是朝廷用人之际，我保你任兵部要职，如何？张煌言一笑拒之。谢了，巡抚大人，中国人讲"担当"，你懂吗？何谓"担当"？就是你肩膀上承载着的然诺。在我张煌言的肩膀上，挑起的是故国、家园、江山、社稷，你这种小儿科式的晓以利害，许以爵禄，哄小孩子易，骗张苍水难。再说，多年之前，你们的两江总督郎廷佐已经玩过这一招，阁下就不用再费口舌了。当时，张曾经执笔回答过这个总督的诱降书：大丈夫"所争者天经地义，所图者国恤家仇，所期待者豪杰事功，圣贤学问。故每毡雪自甘，胆薪深厉，而卒以成事"。至于本人，"仆于将略原非所长，只以读书知大义。"但"左祖一呼，甲盾山立，济则赖君灵，不济则全臣节。凭陵风涛，纵横锋镝，今逾一纪矣，岂复以浮词曲说动其心哉？"十年前，张煌言压根儿不吃那一套。现在，十年后，张煌言当然更不买这个账了。大义凛然，不为所动，慷慨从容，一心求死。[1]

----

[1] 通常来讲，人之死，其过程有四：一曰回光返照，二曰散瞳，三曰咽气，四曰尸骨冷彻。一个政权的死亡，一个统治体制的死亡，也是

如此一步一步地死绝的。大明王朝到了这一天、这一刻，已无任何可能起死回生，但骨头很硬的张煌言，却不想就这么拉倒。你可以不赞成他的决断，但你不可能不钦佩其死不回头的决心。

老实讲，这个非常清醒的知识分子，举事之初，就将前因后果看得清清楚楚。第一，明之不可救，因为是从里往外烂朽；第二，南明之不可为，因为压根儿就不成气候。张煌言叹息过自己"鲁阳挥戈"，知其不可救，而救，知其不可为，而为，不过是尽到一份士大夫的"担当"罢了。这就是说，他知道，这一天早早晚晚总是要来到的。公元 1664 年 10 月 25 日，也就是康熙三年九月初七日，清政府见这块硬骨头难以啃动，也就死了心，将他杀害于杭州弼教坊。②

②当行刑之际，天色昏暝，大雨如注，在大雨滂沱中，最后一位反清复明的志士仁人，脑袋掉在地下的那一刻，统治中国已经二十年的大清王朝，才算得上是完完全全地一统江山。

他从去年的七月十七日，在浙江象山南部海域的一个叫做"悬山花岙"的岛上被俘获之时，就等着这样一个结局——行刑。他的死，对实际统治着中国已经长达二十年的清朝主子而言，彻底松了一口气，可以伸直臂膀，做轻松状，并且可以有"东南事了"这四个字，向全国报捷。可想而知，北京城里的高层决策人物，接到这封十万火急的快递，得知这个令当局感到芒刺在背的一介文人，终于束手就擒，这下子，总算可以踏踏实实地睡个安生觉。

因为这个张煌言，着实厉害，出江入海，攻城略地，行踪诡秘，往来江浙沿海地区，如风随形，如影不定，硬是抓不住他，让清廷一筹莫展，终顺治一朝，就是拿不住这反清志士，就是消灭不了这小股武装。

他不死，表示中国人还没有全部薙发留辫，膺服新朝；

他不死，表明大清王朝，还说不上百分之百地入主中原，一统宇内；

他不死，意味着朱明王朝的最后一口气，还没有咽绝，还具有某种生命迹象。

说实在的，中国文人孬种者多，软骨者多，鼻涕虫者多。中国文人的血性，从来没有像明末清初这样一个剧变时期中表现出来的如此刚烈。中国文人的骨头，也从来没有像在这样一个大势已去，败亡已定，求死求生都不容易的二十年里，艰苦卓绝地进行着最后一搏，毫不泄气，直至杀身成仁。

弼教坊，在宋为官巷，在明为检署，如今已淹没于花花绿绿的闹市之中，成为一个街区。旧衙荡然，遗址难觅，不过，提起这个地名，与之相牵系着的血腥记忆，那是不大容易磨灭的。历史的可怕，就在于当需要的时候，它会出来见证。所以不管隔多少年、多少代，只要中国人的情怀中，尚存"气节"二字，弼教坊的图腾意味，便起到酵母作用，令人生出惕厉之心。

人是需要一点气节的，你可以怯懦，不可以叛变；你可以沉默，不可以出卖；你可以逃避，不可以无耻；你可以成为一个精神上的矮子，但千万不能以为已是侏儒而津津自得。尤其当这个国家、这个民族面临存亡危机的那一刻，更是如此。张煌言之所以令人难以忘怀，就是因为他在生死关头，表现出一份难得的壮烈，就是因为与之对比的，明、清之际那些学问比他大的，名气比他响的，资历比他老的，科第比他高的同行，离战火很远，离刀枪很远，离死亡更远，离地狱更远，膝盖就先软了，脊梁就先软了，扑通一声趴下成一摊泥了。当清军多铎豫亲王率部过扬子江后，南京城里那些投降派的丑态，正如唐人刘禹锡《西塞山怀古》里所写的"一片降幡出石头"那样，令人气殪。所以，张煌言临死不跪，先说了一句："好河山！"再说了一句："竟落得如此腥膻！"然后，服刑。天忽大雨，万民哭送，为什么？就是说，中国文人也是有能够让人敬服的硬骨头。③

③ 对时下文坛上浮躁趋利的好事之徒而言，他们无法理解公元1664年以后，会有这么多的文人，将国家、民族、社稷、文化传统，看得比自己的生命更重。尤其是那班喝着小酒，搂着小蜜，写着小文，点着小钱的文坛小虫子，今日溜须甲，明日咬啮乙，后日吹捧丙，再后日敲打丁，忙得不亦乐乎之际，对古人的找死行径，会大不以为然的。干吗呀？岂不太傻B了吗？这就是低头刨土的虫子们，无法领会站着看世界的人们，那一份开阔，那一份高度。

在地里刨食，目光所及，不过方圆之地，当然不可能体会到一个站着的人，那视野之开阔，心胸之豁达，尤其不可能懂得这样的汉子，在生死关头，早将性命置之度外的慷慨气势。庄子《逍遥游》曰：鹏之徙于南冥也，水击三千里，抟扶摇而上者九万里，去以六月息者也。蜩与学鸠笑之曰："我决起而飞，抢榆枋而止，时则不至控于地而已矣，奚以之九万里而南为？"适莽苍者，三餐而返，腹犹果然；适百里者，宿舂粮；适千里者，三月聚粮。之二虫又何知？

蜩，即蝉，学鸠，即灰雀。一个说："你飞到我这里来，我飞到你那里去，不过咫尺，一跃即至，干吗一飞就是九万里呀？有毛病不是？"一个说："飞千里之遥，光粮食就得准备三个月，累不累呀？"列宁也说过，鹰，有时飞得很低，但同样也有翅膀的鸡，却永远飞不到鹰的高度，所以，鹰和鸡，找不到共同语言。

很长时间内，弼教坊周遭那些上了年纪的居民，谈论着从他们的前辈那里听来的，有关这个处决人犯的遗址的传奇。这条常年湿漉漉的青石板路上，每逢凄风苦雨的夜晚，每逢更残漏尽的时刻，会突然间听到大刀片子跌落在石板路上，哐啷啷的声响，从巷口传到巷尾。那些磨豆腐的小铺，做糕团的作坊，老成的夜班伙计，通常都做充耳不闻状。只有不晓事的小弟，才会从门缝的罅隙，偷偷地瞟出去一眼，那可是相当可怕、惊悚的场面。跌在地下的，竟是血淋淋的刽子手刀，与铺路的石板相击，迸发出一溜火星。借这点微弱的光，可以看到一个模糊的人影，身穿长袍，有帽无头，乘云驾雾，冉冉直上。

同时，当地的老人能听得出来，这个人影还在喃喃地念诗。

我年适五九，
偏逢九月七。
大厦已不支，
成仁万事毕。（《绝命诗》）

中国的民间文学，有许多非纸媒记载，口口相传，无稽无考，便具有随意和夸张的演义性，久而久之，以至成为不争的史实。事实也是如此，张煌言行刑那天，天忽然下起滂沱大雨，此乃蹊跷一，于晦暗中，监刑官读完杀无赦的一纸敕令后，刽子手举起那把锋利的刀，尚未触及张煌言头颈时，突然一折为二，丁当落地，此乃蹊跷二。大家无不大惊失色，倒抽一口凉气。只有坐在椅上等待受刑的他，目光如炬，俨若天神。

这个非常吊诡，不足凭信，但言之凿凿，传说至今的坊间话本，一直盛行。那些讲古的老人通常要这样结论，这把刀砍下去的是这个民族的脊梁骨，焉有不折不断之理？然后反诘：康熙怎么样，不得不让他埋在西湖，乾隆怎么样，不得不给他褒谥祭祀。张煌言遇难之后，当地的老百姓冒死收拾他的遗骸，埋葬于西湖，离岳坟、离于谦墓不远，是因为他写过一首有关杭州的诗。别看清廷将其杀害，却不敢不让东南人民，对这位宁死不屈的民族英雄寄托哀思。

> 国破家亡欲何之？
> 西子湖头有我师。
> 日月又悬于氏墓，
> 乾坤半壁岳家祠。
> 惭将赤手分三席，
> 拟为丹心借一枝。
> 他日素车东浙路，
> 怒涛岂必属鸱夷。（《入武林》）

　　数千年来，国人在封建暴政的压迫之下，通常都表现得软弱。好听一点的说法，叫驯服，再好听一点的说法，叫奴才化。而文人，驯服和奴才化的结果，则为一捏即破的软柿子。说来不怕人笑话，别看嘴头子好厉害，笔头子好厉害，一碰上皇帝老头子，全傻。怎么捏怎么是，哪怕捏得不成个了，若勉强凑合着能活，能够苟延残喘，也绝不会造反。可怜哪！甚至连一个屁，也要夹紧着放，唯怕龙颜大怒，将他这只软柿子砸得稀巴烂。不过，话说回来，软弱的人，其实，打心眼里并不愿意他的同胞、他的民族，跟他一样的软弱，而是希望出现英雄和英雄主义的。所以，不管其软弱到如何遭人白眼，受人藐视，被人践踏，任人糟蹋，对于我们这块土地上，铁肩担承的浩然正气，顶天立地的磅礴大义，还是会顶礼崇奉，虔诚膜拜的，这就是弱教坊的传说得以张扬的原因。所以，能令小民们打心眼里觉得扬眉吐气，觉得中国人不都是软鸡蛋，其激动振奋，其欢欣鼓舞，一点也不比别人差。因为，这就意味着中国不会亡，中国人不会灭绝，也意味着中国文化传统的精神力量，将生生不息，不会止步。若软弱的中国人，连这点希望都看不到，连这点精神支撑都难以凭借，那么，还能活得下去么？尤其，国破家亡之际，动荡岁月之中，只要有舍生忘死的，如张煌言这等志士仁人，使人明白，这暝暗的世界，不会永远这样沉沦下去。④

> ④虽然，当下的中国人，物质是第一位的，但不等于所有的中国人，都把金钱看得比生命还重，好像除去点票子之外，再无别的精神追求。其实，细细分析起来，中国人基本可划分为以下三类：
> 第一类是只想到自己，而不顾及他人的，占相当多数；

第二类是想到自己的同时，也顾及他人的，只是相对少数；

第三类是只想到他人，而不顾及自己的，那是绝对的少数。

最后这一类人，或流星一闪，或惊鸿一瞥，但在一个特定的历史条件下，如划破黑暗夜空的一道光亮，熠熠生辉。对大多数并非沦为物质侏儒的人来讲，仍具有超越于时空的震撼力。张煌言，弼教坊，就是这样的例子。

明清易代，东南一带，抵抗是最为剧烈的，清军杀戒大开，疯狂镇压，也是最为残酷的。"扬州十日""嘉定三屠""江阴陷城""舟山焦岛"……都是载之于史的惨案。中国人，说来也颇怪异，其实很软弱，到了生死关头，还相当骨头硬；其实很怕死，到了节骨眼上，还相当不怕死。所以，江、浙两省的老百姓，在反抗清廷的武装斗争中，表现得最为英勇。一路南下的清军，燕赵齐鲁，几乎没有遇到什么反抗。而到了江南，则寸步难行。国学大师钱穆先生在《国史大纲》里这样赞叹："以明末人物言之，较唐、宋之亡，倍有生色，以整个力量，亦为壮旺。"

东南人民的武装反抗，直到顺治朝的中后期，才算稍有平息。一方面，南明鼠窜境外，郑氏困守台湾；一方面，清廷刚柔兼施，并行剿抚绥靖，中国人在勒住脖子的状况下，要是能够稍微透得过气来，基本上是信服现实主义的，很满足于苟全偷安、低头求生的，老百姓也就渐渐习惯了清朝的异族统治。反清义军，一支一支地偃旗息鼓；复明志士，一个一个地服膺新朝。这也是没有办法的办法，大势已去，人心已散，聪明者，不聪明者，都不得不走这条剃发留辫、胡服左衽的路。这其中，唯有张煌言，坚持到最后，坚持到剩下数十残军，既不改弦易辙，更不俯首称臣，仍漂泊在近海孤岛上，高擎义旗，屹立不倒。⑤

⑤ 他不是不了解这个必败的结局，中国文人的清醒，再没有比在这"国破山河在，城春草木深"的时刻更冷静的了。国没有了，家也没有了，他的头脑被腾空之后，便有足够的思考余地。他不能不赞同钱肃乐之上疏所言："目前时事，国有十亡而无一存，民有十死而无一生，若不图变计，不知所税驾矣！"接下来，不能不反心自忖：难道因为无一存，无一生，就裹足不前，坐以待毙吗？难道因为知其必败无疑，必死不可，就袖手观望，引颈就戮吗？

> 中国人到了情势危殆的生死关头，马上就会分化为聪明的一派，傻瓜的一派，和既说不上聪明也说不上傻瓜的一派。归类，是每个人要做的第一件事，这可是莎士比亚在《哈姆雷特》中所说的"活着，还是死去，这可是个问题"的生存抉择。你是做聪明的一派，也就是认贼作父的投降派呢？还是做傻瓜的一派，也就是宁死不屈的抵抗派呢？或者，做那种既说不上聪明也说不上傻瓜的一派，也就是既不投降也不抵抗的听天由命派呢？张煌言了不起处，就是他的"鲁阳挥戈"精神，明知其败，也要战斗到底。

中国人爱说"秀才造反，十年不成"，张煌言造了将近二十年的反，虽然也还是不成，但能让大清王朝心神不安，让浙省要员睡不着觉，这就很令为文人者长出一口气了。这个张煌言不光会写诗，而且会打仗。虽不是行伍出身，却不让职业军人。黄宗羲在其《兵部左侍郎苍水张公墓志铭》中，有一段精彩文字，极写张煌言之智勇，之胆略。他全盛时，兵不过万，船不满百，但他懂政治，懂大局，懂得联络这些反清力量，一致竭力戮贼。

明年（即公元 1658 年，清顺治十五年）五月，延平（郑成功）全师入江，公以所部义从数千人并发。至崇明，公谓延平：崇沙，江海门户，悬洲可守，不若先定之为老营，脱有疏虞，进退自依。不听。将取瓜洲，延平以公为前茅。时金、焦间铁索横江，夹岸皆西洋大炮。炮声雷轰，波涛起立，公舟出其间。风定行迟，登柁楼，露香祝曰：成败在此一举。天若祚国，从枕席上过师，否则，以余身为齑粉，亦始愿之所及也。鼓棹前进，飞火夹船而堕，若有阴相助者。明日，延平始至，克其城。议师所向，延平先金陵，公先京口。延平曰：吾顿兵京口，金陵援骑朝发夕至，为之奈何？公曰：吾以偏师水道，薄观音门，金陵将自守不暇，岂能分援他郡？延平然之，即请公往。未至仪真五十里，吏民迎降。六月二十八日，抵观音门，延平已下京口，水师毕至。七月朔，公哨卒七有，掠江浦，取之。五日，公所遣别将以芜湖降书至。延平谓芜城上游门户，倘留都不旦夕下，则江、楚之援日至，控扼要害，非公不足办。七日，至芜湖，相度形势，一军出溧阳以窥广德，一军镇池郡以截上流，一军拔和阳以固采石，一军入宁国以逼新安。传檄郡邑，江之南北相率来归。郡则太平、宁国、池州、徽州，县则当涂、芜湖、繁昌、宣城、宁国、南宁、南陵、太平、旌德、贵池、铜陵、东流、建德、青阳、石埭、泾县、巢县、含山、舒城、庐江、高淳、溧阳、建平，州则广德、无为、和阳，凡得府四、州三、县二十四。江、楚、鲁、卫豪杰，多诣军门受约束，归许犄牙相应。当是时，公师所过，吏人喜悦，争持牛酒迎劳。父老扶杖焫香、携壶浆以献者，终日不绝，见其衣冠，莫不垂涕。

　　一个文人能打出江南这半壁江山，真是应了"乱世出英雄"这句名言。这个张煌言，做出如此泼胆的天大事业，让已经坐稳江山的大清王朝，倾其全力来对付，来收拾，足足花了二十年工夫，未能得逞，未能敉平，那是何等厉害的角色？黄宗羲在《墓志铭》中赞叹："于时海内升平，滇南统绝，八闽澜安，独公风帆浪迹，傲岸于明、台之间。"试想一下，如此迅风疾云，纵横江海，转战不歇，至死不悔的志士，成气候时，沿江入皖，坐窥南京，不成气候时，挂剑孤岛，划海而治。顺治一朝十七年，未能将其扑灭，如今康熙皇帝登基也已三年，张煌言还扼守着一个约数平方公里的岛屿，那大概是大明王朝的最后一块土地了。居然用旧朝正朔，居然存故国衣冠，居然与大清王朝为敌到底，这一切，都是这个文人所为，实在是中国文学史值得大书特书的一件事。

　　张煌言（1620—1664），浙江鄞县人。字玄著，号苍水，崇祯举人。他这样做，是一种必然。首先，一个人的性格，往往决定命运；其次，一个时代的潮流，往往决定人生趋向。他别无选择，必得这样做，也不能不这样做。明知其大势已去，明知其败局已定，明知其不可为而为，明知死路一条也不犹豫动摇，哪怕洒热血，抛头颅，在所不惜。在这个世界上，中国文人总是把自己与这块土地扭结得最紧，总把自己与国家、民族的命运扭结得最紧，说不上生死与共，至少也是休戚相关。公元1644年，崇祯吊死煤山，公元1645年，清军大举南下，连破扬州、南京、嘉定、杭州等城。大军压境，战火燃眉，或臣服，或抵抗，或做顺民，或存故明，时年24岁的张煌言，作出了自己的抉择。张煌言从家乡鄞县来到府城宁波，先后与钱肃乐的义军，与张名振的义军，与郑成功的义军，初期，驰骋宁绍，转战浙东；中期，三渡闽海，四入长江，转战千里，出生入死，屡败屡起，战功显赫。后期，只剩下他一支义军，坚持抗清斗争十九年，成为清朝政府芒刺在背的心腹之患。

　　所以当这块土地颠覆震荡时，当国家、民族面临危机时，最先触动的就是这些读书种子、文化精英。李世民给萧瑀的一首诗："疾风知劲草，板荡识诚臣。勇夫安知义，智者必怀仁。"从中便可了解在明清易代之际，为什么会有如此众多的爱国文人，表现出忧国忧民的情怀、大义凛然的斗志、宁死不屈的节烈、前仆后继的精神。在改朝换代的这段岁月中，仅以文人为例，如张煌言这样的为捍卫自己的价值观，与异族统治者进行殊死战斗而殉难者，可以开列出来一个很长很长的单子：

刘宗周，万历二十九年进士，1645 年，南京、杭州相继失守，绝食而亡。

史可法，崇祯元年进士，1645 年，坚守扬州，城破被俘，清亲王多铎劝降，宁死不屈，遭杀害。

左懋第，崇祯四年进士，1645 年，北行议和，不辱使命，清摄政王多尔衮亲自劝降，不从，被杀。

夏允彝，崇祯进士，1645 年，因清兵进松江，其友人皆及难，乃赋绝命辞，投深渊死。

侯峒曾，天启五年进士，1645 年，率领嘉定军民据城反抗，城破，与二子投水。气未绝而清兵追至，父子三人皆遇害。

朱大典，万历进士，1646 年，守金华。城中有火药库，恐陷后资敌，在清军攻进城后，引爆自杀。

黄道周，天启二年进士，1646 年，在婺源为清兵所败，被俘，在南京被杀。

万元吉，天启五年进士，1646 年，坚守赣州半年，城破，投水自杀。

吴易，崇祯十六年进士，1646 年，夺敌辎重，再屯太湖，战败，被俘杀。

张家玉，崇祯十六年进士，1647 年，受困增城，兵败自杀。

陈子龙，崇祯进士，1647 年，联结太湖兵，谋再举事，事泄被俘，乘隙投水死。

陈邦彦，举人出身，1647 年，因城破被俘，不降，遭杀害。

夏完淳，诸生，夏允彝之子，1647 年，起义失败，被捕，牺牲时年仅 17 岁。

钱肃乐，崇祯十年进士，1648 年，兵败连江，忧愤至甚，呕血而死。

黄毓祺，天启元年恩贡，孤身起兵抗清，1648 年被执，不降，死于南京狱中。

何腾蛟，举人出身，1649 年，湘潭被俘，绝食七日，不屈而死。

瞿式耜，万历四十四年进士，1651 年，守桂林，清兵入城，逼降不屈，从容就义。

……⑥

⑥ "清人入关，遭遇到明代士大夫激昂的抵抗，尤其是在江南一带。他们反抗异族的力量是微薄的，因其非世家贵族。然而他们反抗异族的意识，则极普遍而深刻。随着社会文化传播之广，北宋不如南宋，南宋不如明末。"（钱穆《国史大纲》）

在吴伟业的《鹿樵纪闻》、戴名世的《乙酉扬州城守纪略》、陈贞慧的《过江七事》，以及《东南纪事》《浙东纪略》等清初著作中，还有很多这样可歌可泣的人物和故事，张煌言只是最后将这段抗清斗争史画了句号的英雄人物。在中国文学史上，以文名而振者为绝大多数，后世读者，记住的多是他们的作品，而不大说得上他们在世时的行状。但是，同是这部文学史，还有极少数的优秀分子，既以文章名天下，更以人品存青史。张煌言就是这样一个诗人。他的诗，激昂慷慨，忧国忧民，可以用"饮血吞泪，气壮山河"八个字来形容。

甲辰七月，张煌言孤岛被执，被押至定海，万民拥至，他向大家屈膝，叹息功败垂成，大家也向他顿首，默默垂泪。

他写下了这首诗：

何事孤臣竟息机？鲁戈不复挽斜晖。
到来晚节同松柏，此去清风笑翠微。
双鬓难容五岳住，一帆仍向十州归。
叠山返死文山早，青史他年任是非。⑦

⑦ 他的诗写得非常壮烈，提起这位明末清初的诗人，首先想到的绝对不是他的作品，而是他的征战，他的失败，他的流亡，他的就义。我们每个人都是历史匆匆的过客，但有的人在其匆匆的一生中，却在创造着历史，见证着历史，张煌言之死，标志着大明王朝的彻底结束。所以张煌言的士大夫的形象，一介文人的形象，已非他这一生的主要特征。身经百战的艰苦卓绝，生死关头的慷慨赴义，那才是人们提到这个名字时，首先浮现出来的印象。

这位最后的反清志士，一个文人，从宁波的城隍庙首义起，到杭州的弼教坊毙命止，一直是以宋末的文天祥和谢枋得为楷模自许，他也以他的生命写出民族气节的强音。正如黄宗羲评价的那样：他成为"比之文山，人皆信之"的"千载人物"，而流芳百世，被人敬仰。

江南何以才子多
——文人的纬度

　　纬度，是我们对所居住的地球进行区域划分的一种概念，说它存在，就存在，说它不存在，也就不存在。因为，终究是人们并不太介意的、只是在地球仪上与赤道平行的几道横线而已。然而，纬度，对于文学，却起着决定性的作用。

　　梁启超先生在其《屈原研究》一文中，这样问过："为什么会发生这种伟大的文学？为什么不发生于别国而独发生于楚国？何以屈原能占有这首创的地位？"他的回答是："依我的观察，我们这华夏民族，每经一次同化作用之后，文学界必放异彩。楚国当春秋初年，纯是一种蛮夷，春秋中叶以后，才渐渐同化为'诸夏'。屈原生在同化完成后约二百五十年。那时候的楚国人，可以说是中华民族里头刚刚长成的新分子，好像社会中才成年的新青年。从前楚国人，本来是最信巫鬼的民族，很含些神秘意识和虚无理想，像小孩子喜欢虚构的童话。到了与中原旧民族之现实的伦理的文化相接触，自然会发生出新东西来。这种新东西之体现者，便是文学。"

　　问题不在两种文化的碰撞，而在于所处地球的这个纬度，其光照、气温、降水量，决定了人类的生存条件。因此，土壤之肥瘠，稼穑之难易，农作物之丰歉，劳动强度的轻重，也是决定能不能产生出文学和文人的重要因素。求生维艰，浪漫便是一种奢侈品；衣食裕足，各式各样的欲望（这当中自然也包括食的欲望、色的欲望、性的欲望，以及随之而来的文学欲望），才会萌发，才会产生。

　　所以，中国历史上那些纬度较高的地区，曾经神气活现过，曾经不可一世过的民族（如匈奴、突厥、鲜卑、女真），当这些游牧民族的金戈铁骑，千里驰骋，如入无人之境，不可抵挡，大好河山，任其践踏，中原儿女，听其蹂躏。然而过不了半个世纪，或者，不足百年，彻底汉化，完全消融于华夏文明之中，连其民族本性也都丧失殆尽。即使如此彻底的同化，也未见梁启超先生所说的"新东西之体现者，便是文学"出现。

在以上这些民族的历史上，别说一个屈原找不出来，哪怕四分之一个屈原、八分之一个屈原，也难寻难觅。

看来，至少在中国，纬度决定文学。

一

公元202年（东汉建安七年），袁、曹官渡大战结束后，陈琳就换了老板。

说来有点扫兴，中国文人不论过去，也不论后来，不论巨匠，也不论末流，总得有人管饭才是。文章写得好坏，是无所谓的，老板好坏，却是十分关紧的事。陈琳比较走运，当初袁绍待他不薄，视为多年知友，随后曹操待他更厚，居然没有要他脑袋。因有不杀之恩，故而到曹营后，忠心耿耿，为新老板服务，直到公元217年（东汉建安二十二年），许都的一场瘟疫，要了他的命为止。

尽管如此，这个来自江东广陵郡的陈琳，还是不习惯，不喜欢北方，尤其看不上北方的同行。

陈琳有资格、有本钱不把北方同行放在眼中，因为即使按曹丕"七子"的排位，他的名次只是在孔融之后；按曹植"六子"的排位，他的名次也不过在王粲之后。因此，此公之高自标置，铮铮佼佼，是毫无疑问的。

要知道，在自以为上国大邦的北方文人来看，陈琳这个南人，挤进这支队伍中来，终究属于异数，不免有点排斥心理。倘不是货真价实，真正够水平，真正有才华，曹氏兄弟不会这样抬举，他俩的老子也不会如此高看的。由此来看，古人大概不太会玩心眼，真的就是真的，假的也不好意思说成真的。陈琳能在文化底蕴深厚、历史传统悠久的北方文坛站稳脚跟，到底是靠自己的作品说话。非会吹、会唬、会骗、会买空卖空的当代文人，凭一张嘴混迹江湖，还能神气活现。最滑稽的，现在所谓的那些名家、名作，到底有多少读者在读？到底有多少群众在关心？应该承认，与陈琳那个时代最大的不同，当下文坛，基本上是一个自拉自唱，自娱自乐的俱乐部。①

① 所以，文坛成为十分热闹的所在，文人成为相当活跃的行当，只是小圈子的现象。有人在街头的报摊作过调查，因为那里摆放着一些文学杂志，话题就从这里谈起，"你买过这类刊物吗？"摇头。"你读过，或者翻过这类刊物吗？"还是摇头。所以，这个坛，这些人，一是作家本人造势，为了热闹而热闹，一是评论家的友情出演，为了活跃而活跃。这其中，难免会有猫腻，会有假象，会有花头精，会有障眼术。所以，列位看官，当下的排行榜，当下的发行量，当下的点击率，当下的好评如潮，齐声喝彩，那都是鬼画符，基本上是信不得的。

汉灵帝在位期间，陈琳就从南方来到北方打拼了。他的第一位老板，为大将军何进。何对他颇为信任，参与机要，总理府事，秩一千石，职位不低。那时曹操尚未发迹，先在洛阳为北部尉，后调顿丘为令，都是级别较低的地方官。他到大将军府来办事，碰上主簿陈琳，恐怕是得要打立正的。当时，小人暴贵的何进，加上草包一个的袁绍，两人密谋，打算引西凉军阀董卓来首都尽诛宦官。陈琳戒劝，二位，此事千万行不得！谁知这二位加上更为草包的袁术，只当耳旁风。结果，事未成，谋先泄，何进被杀，袁绍逃回冀州。陈琳见事不好，也至该地避难。那时无稿费这一说，总得有人给碗饭吃，遂入袁绍幕，为长吏，"使典文章"。最后，十八路诸侯厮杀下来，只剩下袁、曹两大军事集团，针锋相对。遂爆发官渡之战，曹操以少胜多，袁绍败如山倒，陈琳也成了曹军的俘虏。

袁绍讨曹时，让陈琳写过一篇檄文。吃人饭，给人干，端谁碗，归谁管，这就是文人无可奈何的命。但陈琳确实是文章高手，这篇《移豫州檄》与唐代骆宾王的《讨武曌檄》，堪称为中国大字报的老祖宗。②

② 骆宾王（婺州义乌人），公元684年，徐敬业起兵讨武则天，军中书檄，皆出其手。兵败被杀，一说逃亡后落发为僧。据说武则天看到他的《讨武曌檄》后，还发出过"宰相安得失此人"的遗憾，这与陈琳被曹操捉到后的遭遇，颇为类似。而南人处众多北人之中的孤独感，与王勃（绛州）、杨炯（华阴）、卢照邻（范阳），同为"初唐四杰"的骆宾王，与孔融（曲阜）、王粲（邹平）、刘桢（宁阳）、徐干（潍坊）、阮瑀（开封）、应玚（汝南），同为"建安七子"的陈琳，基本上也差不太多。虽然，"四杰"也好，"七子"也好，都是文学史

的一相情愿，并不意味当时他们之间，有过什么同声共气的交流，有过什么互相切磋的交往。但可想而知，地域的隔膜，籍贯的歧见，对身在这种纷扰之中的当事人，体会自是格外深刻的。

陈琳将曹操骂得狗血喷头，不在话下，还将他祖宗三代批得体无完肤，一无是处。这种捅马蜂窝的行径，自然难逃秋后算账。何况第一，曹操绝对是一个宁我负人，而人不负我的小人；第二，曹操绝对是一个杀人不眨眼，斩草必除根的屠夫。现在成为曹操的阶下囚，大家也认为陈琳前脚跨进阴曹地府，生命开始倒计时了。曹操亲自审问他，你骂我可以，干吗拐带上我的先人？陈琳倒也坦白，文人算什么，不过工具罢了，如同一支箭，扣弓弦的手，才是老板。"矢在弦上，不得不发耳"。曹操一听笑了，竟然无罪释放。死里逃生的陈琳，摸摸脑袋还在脖子上，不禁想，也许打了胜仗，主公心情不错；也许当年他到大将军府办事，对他挺客气；其实，关键在于曹操也是文人，而且是个识货的文人。他不相信评论家的狗屁吹捧，报刊上的红包文章，而相信自己的判断。觉得这是支好箭，就把陈琳留在相府使用。

直到公元 204 年（东汉建安九年）曹操攻克邺城，这个在政治上、在文学上，两手都硬的强者，为了营造出来"主流在我，四方归心"的格局，以他两个才分很高，文章极佳的儿子曹丕和曹植为辅佐，再加上陈琳与孔融、王粲、蔡琰之流唱和助兴，形成一个"彬彬之盛，大备于时"的邺下文人集团，迎来了建安文学的高潮。这就是刘勰在《文心雕龙·时序》中所说的"自献帝播迁，文学转篷。建安之末，区宇方辑"的大环境，以及"才俊齐集都下，斯文鼎盛；冠盖雅爱词章，翰墨飞扬"的繁荣景象了。与二十世纪七十年代拨乱反正、改革开放的大背景下，新时期文学的应运而生，基本相似。③

③ "建安七子"与稍后一点的"竹林七贤"的不同，至少从《水经注》的"相与友善，游于竹林，号为七贤"；从《世说新语》的"七人常集于竹林之下，肆意酣畅，故世谓竹林七贤"来看，我们可以想象阮籍（陈留）、嵇康（谯郡）、山涛（怀庆）、王戎（临沂）、刘伶（沛县）、阮咸（陈留）、向秀（怀庆）这七位酒友，断不了竹林小聚，来一次 Picnic，少不了当垆豪饮，开一回 Party，是一个在精神上相容相通，在思想上同声共气的组合体。而所谓的"建安七子"，与所谓的"伤痕文学""反思文学"的作家群体，不过是文学史的一种说法而

已。陈琳和那几位名流，既没同一张桌子上吃饭、打麻将，也没同一条板凳上开会、听报告；甚至不来往，不见面，或许还不相识，也有可能。因为，陈琳是南人，其他几位均为北人，存有南北之界隔，就不如都为北人的"竹林七贤"那样融洽相得了。

中国人好拉郎配，从司马迁作《史记》，将韩非与老子同传，生拉硬拽，为始作俑者，贻笑后人。但这种眉毛胡子一把抓的懒汉做法，人多效之，诸如"建安七子"，诸如"三曹"，甚至如今热衷说道的什么"陕军东征""湘军北上"等等，都是治史者和评论家的权宜捏合。实际上，这些文人并不愿意与参差不齐的同行，同坐一条板凳上，排排坐吃果果。我们从陈琳给他同乡张纮的信，看出他的内心世界，压根儿没把那几位北方文人放在眼里。此信见于《三国志·吴书·张纮传》的裴松之注引《吴书》："（张）纮见柟榴枕，爱其文，为作赋。陈琳在北见之，以示人曰：'此吾乡里张子纲所作也。'后纮见陈琳作《武库赋》《应机论》，与琳书深叹美之。琳答曰：'自仆在河北，与天下隔，此间率少于文章，易为雄伯，故使仆受此过差之谭，非其实也。今景兴在此，足下与子布在彼，所谓小巫见大巫，神气尽矣。'"

我不了解汉代的邮政驿传系统如何运作，但张纮在建安七年前寄出来的这封信，居然在建安九年后送到收信人陈琳手中，让我惊叹古人的认真负责精神。一封信路上走了三年，效率是低了一点，可此信经过的苏、皖、鲁、冀，正是曹操、袁绍、吕布、袁术、刘关张打得难解难分之际。所以，陈琳看到信中，张纮盛赞他的《武库赋》和《应机论》二文，不觉莞尔。那还是他几年前在袁绍幕下为长吏时，小试牛刀之作，想不到传到南方，得到老友兼老乡、兼领袖江东文坛的张纮肯定，自然心旷神怡，喜上眉梢。遂回复了一封信，顺便将当时许都的文学圈子，臭了一顿。

喜欢听捧场的话、顺耳的话，这是文人的通病。张纮"叹美"两句，陈琳便情不自禁了。从这封回张纮的信，可看到陈琳的活思想。"所谓小巫见大巫，神气尽矣"，不过虚晃一招，"此间率少于文章，易为雄伯"，才是他的真实。这位自视甚高的南人，认为北人写不出像样的文字，他才得以"雄伯"。"伯"者何？"霸"也。敢称自己为"霸"，他的得意，他的拿大，他的傲慢，他的藐视，也就不言而喻了。

我总觉得，那几位北方大爷，会承认自己是二流作家、三流作家似的软鸡蛋么？会对这位写过讨曹檄文名重一时的陈琳，中国大字报的鼻祖，多么高看，多么抬爱吗？怕也未必见得。

鲁迅在《花边文学》的《北人与南人》一文中说过，"北人的卑视南人，已经是一个传统。"何况《移豫州檄》，这篇特别政治化了的作品，其政治意义必大于审美价值，其文学生命力必因其政治工具性而大大降低，这是千古不灭的文学定律呀。因此，当面不说，背后乱说，会上不说，会下乱说，并非今日文坛的众生相，古人也难能免俗。弄得南人的陈琳，在这伙北方同行中间，不那么自在，不那么心情舒畅，从而有一点负气，有一点不买账，是可以想象得到的。④

④ 祢衡被刘表安排到了江夏黄祖那里，黄祖问他："君谓在许都有何人物？"祢衡回答说："大儿孔文举，小儿杨德祖。除此二人，别无人物。"由此可见在平原祢正平的眼里，根本不会把来自江东广陵郡的陈琳当回事的。而孔文举连曹操也不甚买账，会对一个原为袁绍记室，而今成为曹操从事的陈琳，表现一点点敬意吗？

所以，南人陈琳读到也是南人张纮的《栟榈枕赋》，马上示人，加以炫耀，而张纮读到陈琳的《武库赋》和《应机论》，叫好不迭，予以张扬。这种文字上的拥抱，除去同乡同里的亲昵，张为扬州人，陈为射阳人，同属广陵郡外，更多是属于当时南人不敌北人的强势，对地域歧视的一种对抗罢了。我估计，邺下文人集团这种南北隔阂、难以谐调的风气，让五官中郎将曹丕，文坛的二把手，也不由得唉声叹气："以此相服，亦良难矣！"

由此推断，曹丕总结出来"文人相轻"这个颠扑不破的真理，恐怕也是对眼面前这些谁也不尿谁的文人，有感而发吧？⑤

⑤ 关于南北的文化比较，一直是学人关注的话题。

《世说新语》："北人学问渊综广博，南人学问清通简要。""自中人以还，北人看书如显处视月，南人学问如牖中窥日。"顾炎武则认为南北方的学者，各有其病，北为"饱食终日，无所用心"，南为"群居终日，言不及义，好行小慧"。梁启超的看法则是："北尊实沽，南尚空谈"。"南人明敏多条理，故向著作方面发展；北人朴悫坚卓，故向力行方面发展。"而清人皮锡瑞则认为在文化上南胜于北，是一种历史的必然。"尤可异者，隋平陈而南并于北，而经学乃北反并于南，元平宋则南并于北，经学亦北反并于南。论兵力之强，北常胜南，论学力之盛，南乃胜北。隋、元前后遥遥一辙，是岂优胜劣败之理然欤？抑报复循环之道如是欤？"

南人的这种文化优越感，更是长期处于政治、军事弱势状态下的自我调适。

"文人相轻"，成为痼疾，由来已久。从陈琳与张纮信，"此间率少于文章"的"此间"看，这两个字的涵义，所流露出来的地理位置的疏隔，已非这一个文人与另一个文人的相轻，而是这一群文人与另一群文人的相轻。本是一个文人的小我情绪，发展到一群文人的集体心态，遂造成中国文人地图上的南北分野。这种群体性的分庭抗礼，互不相能，大概从《诗经》《楚辞》起，以黄河流域为中心的文人集团，和以长江流域为中心的文人集团，便开始出现。嗣后，由于地域区隔，疆界划分，战乱阻隔，外族割裂，两大流域的文人之间，或有形的龃龉，或无形的抵触，或明显的较量，或潜在的角力，便成为中国文学的特殊现象。

二

陈琳死后的七十一年，公元289年（西晋太康十年），陆机、陆云兄弟，以及顾荣等南方文人中的佼佼者，来到洛阳，又一次落入前辈陈琳的尴尬处境之中。

很难说是当时的北方文坛多么瞧不起、看不上他们。要知道，凡老字号，那种老大自居，老气横秋，倚老卖老，老子天下第一，是胎里带的老毛病，很讨厌也很招恨的。当两弟兄奔走于在朝的文人、在野的名流之间时，所遭遇到的这些老爷漫不经心的漠视，所经受的这些要人不当回事的怠慢，常常弄得灰头土脸，意兴全消，很不惬意，很不开心，差点要打道回府的。鲁迅说："我想，那大原因，是在历来的侵入者多从北方来，先征服中国之北部，又携了北人南征，所以南人在北人的眼里，也是被征服者。"⑥

⑥ 王夫之认为："三代以上，华、夷之分在燕山，三代以后在大河。""大河以北，人狎于羯胡。""其士大夫气涌胆张，恫喝以凌衣冠之雅士。"这也是历史上曾经出现过的北人挟势自大，而凌驾南人之上的写照。

　　尽管吴国归晋已十数年，洛阳上下，仍以战败国视江东人士。大多数北人，对南人是不拿正眼瞧的，蔑称南人为"貉子"，南人反击，径呼北人为"伧"，亦不肯相让。当时，在首善之区，甚至吴地的口音，也遭到北人的奚落，"桓玄问羊孚，'何以共重吴声？'羊曰：'当以其妖而浮。'"在这种排斥成为时尚的大环境下，南人的屈辱感，可想而知。

　　在《晋书·周处传》里，有这样一段小插曲。"吴平，王浑登建业宫酾酒，既酣，谓吴人曰：'诸君亡国之余，得无戚乎？'处对曰：'汉末分崩，三国鼎立，魏灭于前，吴亡于后，亡国之戚，岂唯一人！'浑有惭色。"一介武夫的周处，除过三害的周处，吞不下这口气，跳出来反驳，弄得对方哑口无言。陆机是文人，有肩膀，无担承，很敏感，没勇气，心有不平，反抗不敢，只好忍受着这种压抑的气氛，心情郁卒地等待转机。

　　幸好，著《博物志》的大师，官做到司空的大老张华，倒没有北人对南人的偏见。"性好人物，诱进不倦"，将他"荐之诸公"；还说："人之为文，常恨才少，而子更患其多"，特别器重陆机。然而，按这位老前辈的建议，去拜访刘道真，求其善谈之道，人家硬是不张嘴，陆机兄弟碰了软钉子，不免沮丧。中国人之一窝蜂，很具裹胁力，一时风气所至，连有头脑的人也会随风起舞。回想"文革"期间，那些唱语录歌，跳忠字舞，早请示晚汇报，万寿无疆永远健康者，难道只有革命小将身体力行着吗？你、我、他，五十岁以上者，谁不曾抽过这种政治羊痫风呢？

　　"陆士衡初入洛，咨张公所宜诣，刘道真是其一。陆既往，刘尚在哀制中。性嗜酒，礼毕，初无他言，唯问：'东吴有长柄壶卢，卿得种来不？'陆殊失望，乃悔往。"看望你，是尊重你，报之以尊重，斯为待客之道。半天不言语，直喝闷酒，一开口，问人家有没有带着长把葫芦的种子，这算什么屁话？太小看人了嘛！而在造访王济时，那就更为扫兴了。这位富贵公子与他老子王浑一样，都属于混账官僚之列。"（王）武子前置数斛羊酪，指以示陆曰：'卿江东何以敌此？'陆云：'有千里莼羹，但未下盐豉耳！'"这一回，陆机不讲客气了，对这位言语轻薄，话不投机的主人说，我们江南的溧阳县，有个千里湖，那里出产的莼菜，烧出汤来，不加作料，比这又腥又膻的羊酪，不知味美多少倍！

　　莼羹味美汤清，羊酪醇浓如玉，其实不过是南北两地的特色食品而已，但对栖身于北方的南人来说，莼羹，则是思念家乡的精神寄托。"张季鹰辟齐王东曹掾，在洛，见秋风起，因思吴中菰菜羹、鲈鱼脍，曰：'人生贵得适意尔，何能羁宦数千里以要名爵？'遂命驾便归。俄而齐王败，时人皆谓为见机。"也许张翰真是因为觉悟，而跳出名利场，一走了之；也许是以此为借口，逃出是非之地，不过滑头而已。陆机的"千里莼羹，未下盐豉"，遂成千古佳话。其实，杭州的"西湖莼菜"，滑滑的，淡淡的，也就不过如此。可在晋时，小题大做到如此性命交关的地步，可以想见当时的南北鸿沟，在人们心中造成的距离，是多么疏远了。大概也就只有我们中国，才会出现这种独特的文化现象吧。

很快，陆氏弟兄俩在洛阳站住脚。到底是世家子弟，其祖陆逊，其父陆抗的名声，对重门阀、讲族谱的北方势利眼来说，还是不能不买账的。渐渐地，人们不但接受二陆，还赏誉之曰："陆士衡、士龙，鸿鹄之裴回，悬鼓之待槌。"大老张华的哄抬物价，那就更为邪乎："平吴之利，在获二俊。"这番鼓吹，使陆机获得了太子洗马、祭酒等官职，虽为品秩不高的属吏，但能接触高层，出入宫廷，那风光也非人及。而且，在文学圈，也比半个多世纪前来到北方的陈琳，幸运得多。在"鲁公二十四友"的文人俱乐部里，虽然，渤海石崇、欧阳建，荥阳潘岳，兰陵缪征，京兆杜斌、挚虞，琅玡诸葛诠，弘农王粹，襄城杜育，南阳邹建，齐国左思，清河崔基，沛国刘瑰，汝南和郁、周恢，安平牵秀，颍川陈珍，太原郭彰，高阳许猛，彭城刘讷，中山刘舆、刘琨，无一不是北方人，但这位南人首屈一指的文学地位，始终无人与之挑战，也与早年间受挤对的陈琳大不相同。⑦

---

⑦《晋书》称陆机"身长七尺，其声如钟，少有异才，文章冠世"。这种风流才子型的，知名度又非常高的大户人家的公子哥儿，我想他一定很自负，很自傲，因为他具有名气、才分、金钱、权势四大绝对优势，这可是绝对要令人对其侧目之、仰视之，而且，绝对要令他不由自主地既骄且娇，不可一世。

我遍数当代作家，简直找不到一个如此全面兼备，要什么有什么的人物，虽然文人如过江之鲫，但细细端详，不是有才无名，就是有名无才；不是有钱有势而无才无名，就是有名有才而无钱无势。当然，勉勉强强，降低条件，也不是不能挑出几个，可不是地瓜，就是土豆，不是獐头鼠目，就是歪鼻斜眼，真有一蟹不如一蟹之憾，让人扫兴得很。所以，闭目一想，我们这位才子，拥抱大海，徜徉自然，秋日遨游，滨海望远，望着那海天一色，碧空万里的景色，听着那声声鹤唳，阵阵雁鸣的天籁，赏心悦目，胸怀宽阔，该是多么从容，多么自在啊！

　　但是中国文人血液中的权力基因，到了一定温度，一定气候，一定条件，一定环境，便开始发酵，开始膨胀，开始不安分，开始不那么规矩起来，走上了追求权力，玩弄权力，为权力送命的不归路。

　　据《晋书·陆机传》载："葛洪著书，称，'机文犹玄圃之积玉，无非夜光焉；五河之吐流，泉源如一焉。其弘丽妍赡，英锐飘逸，亦一代之绝乎！'其为人所推服如此。"以这样的评价，他完全可以领风骚于一时，集雅韵于一身，为文坛之泰斗，做文章之大家，但他却一门心思混迹官场，投机政治，染指权力，趋炎附贵。《晋书》说他"好游权门，与贾谧亲善，以进趣获讥"。所以，陆机之败，不是败在文学上的北人对手，而是败在政治上的北人对手。

　　在中国文学史上，有些野心勃勃的文人，光有饭碗，不行，还要饭桌。只有饭桌，也不行，还要七碟八碗。有七碟八碗，而且还要尊他在主座上，才行。陆机，就是这样不满足于只做文学的老大，还想在政治上得到更多的人。可他不知道，一个脑袋容易发热，感情容易冲动，欲望容易膨胀，思想容易过激的文人，在权力斗争的旋涡里，在官场厮杀的绞肉机里，你这个南人，无党羽，无朋友，单枪匹马，人地两疏，岂敢跟那些北方的老油子政客们过招。不过，他也并非善类，上蹿下跳，挺能折腾，白道黑道，相当擅长，里跳外撅，不择手段，叛变出卖，家常便饭。《晋书》称他"豫诛贾谧功，赐爵关中侯"，这就是说他先"与贾谧亲善"，后又将这第一个老板出卖。接着，赵王"伦将篡位，以（机）为中书郎"，这说明他又依附第二个老板，并沆瀣一气。再接着，齐王冏诛赵王伦，陆机也被捕。齐王冏认为"（陆）机职在中书，九锡文及禅诏疑机与焉，遂收机付廷尉"。谁知陆机是命不该绝呢，还是他别有路数。"赖成都王颖、吴王晏并救理之，得减死徙边，遇赦而止。"于是，你不能不服气陆机的投机巴结，钻营上层，左右逢源，上下其手的活动能量。这样，成都王司马颖成为他第三个老板。

　　还记得建安时期的陈琳，跟他一样，也是接连换过三个老板的，人家的日子是越换越好。而陆机到北方以后，每换一次老板，都是脑袋别在裤腰带上的冒险行动，谁都为他捏一把冷汗。所以，也在洛阳混事的他的同乡，"顾荣、戴若思等咸劝机还吴。"他不干，他就不相信一个南人在北方干不出名堂来。他看准成都王那窝囊废，必是真命天子，决心赌一把，"遂委身矣"。结果，到底把自己的小命玩掉了。

陆机尤其想不到的，"金谷二十四友"中的弘农王粹、安平牟秀，两位不入流的文人，竟成了要他性命的侪辈。公元303年（西晋太安初年），当陆机被成都王授以统帅，率兵二十万与长沙王司马乂战。一个名叫孟超的部下，公然叫嚣，当着他面吼：你一个貉奴，凭什么资格当大都督？在场的王粹和牟秀，原来对他多么低声下气的三流作家，现在竟一脸阴险，幸灾乐祸，冷笑着看他怎么收拾。这个十分可恶的场面，难道他还预感不到凶多吉少的前景吗？果然，由于指挥不当，由于战斗失利，实际上由于众将消极怠工，招致全军覆灭。别人又给司马颖进谗言，说他要反。这还得了，十万火急地下令牟秀，就地将陆机正法。别看牟秀在文学上是低能儿（这等人在文坛甚多见），可借助非文学的手段来收拾同行，却是高才生（这等人在文坛更多见）。当他处决这个貉奴时，还歹毒地给他安排下一副笔墨纸砚，陆老师，你才华横溢，不想即席赋诗，再抒发一下吗？至此，陆机才真正后悔自己的北上之行，要是留在江东，该有多好。他最后说的一句话："华亭鹤唳，复可闻乎？"除了遗憾之外，这种南北之间的心理距离，也真是让他死不瞑目的。

三

鲁迅在《北人与南人》中说："我想，那大原因，是在历来的侵入者多从北方来，先征服中国之北部，又携了北人南征，所以南人在北人的眼里，也是被征服者。""二陆入晋，北方人士在欢欣之中，分明带着轻薄，举证太烦，姑且不谈罢。容易看的是，羊衒之的《洛阳伽蓝记》，就常诋南人，并不视为同类。"在此文的注释里，举了羊衒之书中一个例证：南齐王肃投北后，不食羊肉、酪浆，而酷嗜茗汁，一饮一斗，人称漏卮。北人刘缟慕肃之风，专习茗饮。北魏彭城王谓缟曰："卿不慕王侯八珍，好苍头水厄。海上有逐臭之夫，里内有学颦之妇，以卿言之，即是也。"其彭城王家有吴奴，以此言戏之。自是朝贵宴会虽设茗饮，皆耻不复食，惟江表残民远来降者好之。由此可见，仅茶饮一端，就受到当时北人的訾议，想到广陵郡人陈琳，能挤进基本皆为北人的"建安七子"之中，若不是曹操拍板，曹丕、曹植定调，早就把这个南人排挤出局了。

不过，公元317年（东晋建武元年），陈琳死后的九十九年，陆机死后的十四年，南北形势发生了翻天覆地的变化。西晋没了，大批北方人士南迁，纷纷逃到江东来苟延残喘。遂定都建康，是为东晋。在南人的地盘上，北人的牛皮、架势、尊荣、娇宠，便大打折扣。不得不诸事求人，不得不看人眼色，连晋元帝司马睿都说："寄人篱下，心常怀惭。"此一时也，彼一时也，南人也仰起脸来，不怎么买账来自北方的豪门贵族。虽说平起平坐，一时还做不到，因为政权、军权仍被北人掌控，但占一席之地，有发言之权，那是当仁不让的了。最主要的，是南人在精神上不再仰人鼻息，不再遭人歧视，其理直，其气壮，确也是陈琳、陆机之流想得而不得的。

东晋政权的精神领袖王导，为了笼络南人，有一次特地请江东士族的代表人物陆玩家宴，席上端出来北人视为佳品的羊酪。可是，南人看不上这东西，也吃不惯这东西，客拘主面，不得不强咽下一小碗，结果回家后拉了一夜肚子。第二天，他写了一纸便笺给王导："昨食酪小过，通夜委顿。民虽吴人，几为伧鬼。"在玩笑中，竟将南人晋称北人的"伧"，信笔写下。放在二十年前，陆玩绝不敢这样放肆，肯定会被视为大不敬的行为。

这种南北逆转的形势，便成为时代的主流。过去南人在北，备受白眼，如今北人款待南人，俨若上宾。据《南史》卷二六，公元548年（梁太清二年），南朝的文人徐陵，被萧衍派往北魏为特命全权大使，竟成了香饽饽。"魏人设馆宴宾，是日热甚，主客魏收（应该算得上是北魏的"国家一级作家"）嘲之曰：'今日之热，当由徐常侍来。'陵曰：'昔日王肃初至，为魏始制朝仪，今我来聘，卿复知寒暑。'收大惭。文宣（帝）以收失言，因囚之。"

在文学这个领域，一等文人是不慌不忙坐等读者找他，二等文人则是慌慌忙忙地去找读者。所以，一等文人，不必太在意知名度，也能知名于世，二等文人，不扩大知名度，还就真是难以知名。魏收，在北方，算得上是一等文人，若在魏晋时，北方的一等，就是全国的一等。而到了南北朝，南方的一等，才是大家公认的一等。魏收便托付回到南方去的徐陵，将他的作品、文章、评论，以及其他学问方面的著述，总有若干部吧，亲自送到徐陵的船上，连连作揖，再三致意，求他散发于江左同行，为之扬名，为之宣传。结果，徐陵在过江的时候，将魏收的著作，通通扔进江水，由其顺流而下。这就是《国史传记》中所载："梁常侍徐陵聘于齐，时魏收有文学，北士之秀，录其文集与陵，令南传之。陵还，即沉之于水，从者或以为问，曰：'吾为魏公藏拙也！'"

生于公元513年，卒于公元581年的庾信，早年在南朝时，与徐陵齐名，时人称为"徐庾体"。后来，经历了侯景之乱，险几丧命；江陵之乱，家人散失。饱尝战争之灾难，乱世之痛苦，流落北国，有家难归。他的挫折困顿，他的颠沛流离，才使得他晚年在文学上达到一个出神入化的境界。其代表作为

《哀江南赋》，为世所公认的南北朝辞赋的压卷之作。据唐人张鹭笔记《朝野佥载》卷六，公元545年（梁大同十一年），"庾信从南朝初至北方，文士多轻之。信将《枯树赋》以示之，于后无敢言者。时温子昇作《韩陵山寺碑》，信读而写其本，南人问信曰：'北方文士何如？'信曰：'唯有韩陵山一片石堪共语。薛道衡、卢思道少解把笔，自余驴鸣犬吠，聒耳而已。'"

据《北史》称，庾信在北方的影响之大，"当时后进，竞相模范，每有一文，都下莫不传诵。"乃至北朝的帝王宗室、王公大臣，都成了徐、庾的粉丝。所以，当南朝向北朝发出外交文书，要求将这些流寓北地的文人，特点名庾信、王褒等十余人，回归本土时，北朝哪里舍得，魏"武帝但放王克、殷不害等，如信与褒，俱惜而不遣"。这与陈琳、陆机当年的遭遇，简直天壤之别。

文坛的星移斗转，由北而南，至唐宋而不可逆转，《庶斋老学丛谈》有过详尽的统计。"汉唐盛时，文景之秀，萃于中原。其次偏方，莫如广陵。建安七子，始有陈琳。晋五俊，始有闵鸿，张华见而奇之曰，皆南金也。唐有李邕章彝，宋有秦观孙觉，皆昭然人之耳目。南渡后，专尚时文，称闽越东瓯之士，山川之气，随时而为盛衰，谈风水者，乌能知此。唐诗人，江南为多，今列于后：陶翰、许浑、储光羲、皇甫冉、皇甫曾、沈颂、沈如筠、殷遥（润州人），三包：融、何、哲，戴叔伦（金坛人），陆龟蒙、于公异、丘为、丘丹、顾况、非熊父子、沈传之、诚之父子（苏州人），三罗：虬、邺、隐，章孝标、章碣（苏州人），孟郊、钱起、沈亚夫（湖州人），施肩吾、章八元、徐凝、李频、方干（睦州人），贺德仁、吴融、严维（越州人），张志和（婺人），吴武陵、王贞白（信州人），王昌龄、刘脊虚、陈羽、项斯（江东人），郑谷、王毂（宜春人），张乔、杜荀鹤（池州人），刘太真、顾蒙、汪汪遵（宣州人），任涛、来鹏（豫章人），李群玉（澧州人），李涛、胡曾（长沙人），皆有诗名。"

李慈铭在《越缦堂日记》中指出："盛氏所举，虽多漏略，如许亮、许敬宗，皆杭州人，沈千运、周朴，皆吴兴人，骆宾王，湖州人，舒元舆，睦州人，崔国辅、殷尧藩，皆苏州人，许崇，宣州人，张籍，和州人，萧颖士，常州人，刘驾，江东人，綦毋潜、戎昱，荆南人，李中，九江人，张九龄，韶州人，孟宾于，连州人，曹邺，桂州人。即以吾越言之，如虞世南，如朱庆余，又人所皆知者也。然而，其言可谓深知古今之变，自宋以来，东南人物益盛，文事敦槃，几不齿及西北矣。"

而到了宋朝，南人势盛，则已定局。晁以道指出："本朝文物之盛，自国初至昭陵（仁宗）时，并从江南来。二徐兄弟（铉、锴）以儒学，二杨叔侄

（亿、纮）以词章，刁衍。杜镐以明习典故，而晏丞相（殊）、欧阳少师（修）巍乎为一世之门。纪纲法度，号令文章，灿然具备，庆历间人材彬彬，皆出于大江之南。"⑧

⑧钱穆先生在《国史大纲》里提到王安石："他新法之招人反对，根本上似乎还含有一个新旧思想的冲突。所谓新旧思想之冲突，亦可说是两种态度之冲突。此两种态度，隐约表现在南北地域的区分上，新党大率为南方人，反对派则大率是北方人。"他进而分析："宋室相传有'不相南人'的教戒。无论其说确否，要之宋初南方人不为相则系事实。然而南方人的势力，却一步一步地侵逼到北方人上面去。真宗时的王钦若，仁宗时的晏殊，都打破了南人不为相的先例。而南方人在当时，显然是站在开新风气之最前线。在野学校之提倡，在朝风节之振厉，文章之盛，朋党之起，皆由南士。"

因此当时南人，颇有北方人政治上待遇较优，南方人经济上负担较重之感。而在北人眼中，则南人在政治上势力日扩，似乎大非国家前途之福。以中国疆域之广大，南北两方因地形、气候、物产等等之差异，影响及于社会之风习，以及人民之性情，双方骤然接触，不免于思想态度及言论风格上，均有不同，易生牴牾。

从南北朝起，北人的文化优势不再，一直到唐、宋，一直到明、清，一直到五四新文化运动，一直到二十世纪三十年代的文艺繁荣，中国文化的历史天平开始向南倾斜，还并非如俗话所说"六十年风水轮回转"的钟摆效应，而是一摆过去，就不再摆回。陈寅恪在《魏晋南北朝史讲演录》中谈到："永嘉之乱，中州士族南迁，魏晋新学如王弼的《易》注，杜预的《左传》注，均移到了南方，江左学术文化思想从而发达起来。《隋书》七五《儒林传序》云：'大抵南人约简，得其英华，北学深芜，穷其枝叶'。"所以，陈的结论是："南北相较，南学胜于北学。"

其实，岂止经学，在文学这个领域里，也是南人要多占优势。鲁迅在他这篇名文中，也表达过类似的看法："据我所见，北人的优点是厚重，南人的优点是机灵。但厚重之弊也愚，机灵之弊也狡。"话虽然说得刻薄，但"愚"和"狡"，这两种精神状态的分野，对于文人而言，其创造性，其想象力，其美学考量，其思想天空，必然会发生着很大的差别。现在，回过头去看"五四"以来中国文坛上的那些顶尖人物，如胡适、陈独秀、鲁迅、郭沫若、茅盾、冰心、徐志摩、叶圣陶、俞平伯、林语堂、沈从文、丁玲……无一不是南人的现状，也证实了这一点。

　　所以，在中国文人的地图上，北主南宾的格局，遂成过去，而南人唱主角、挑大梁的南盛北微的现象，便是历久不衰的趋势。

文文山与谢叠山
——文人的报国情怀

文天祥（1236—1283），江西吉安人，字宋瑞，一字履善，号文山。谢枋得（1226—1289），江西弋阳人，字君直，号叠山。这两位民族英雄，不仅是中国文学史上的巨人，他们在宋末元初所表现出来的报国情怀，确实如他们的号"文山"与"叠山"那样，是两座爱国精神的大山，所有的中国人，无不以高山仰止的心情，崇敬不已。

在中国封建王朝中，宋朝是最令人提不起精神的。北宋历九帝，166年，南宋也历九帝，151年，但这个王朝的版图，与汉、唐、明、清相比，是最小的，连半壁江山也说不上。从赵匡胤陈桥兵变，黄袍加身，建立宋朝，赵姓皇帝的统治权力，压根儿不曾到达长城脚下。先败于辽，后败于金，复受制于党项、西夏，最后亡于元。据说，元朝史官在撰写前朝正史时，曾有过宋为南史，辽、金为北史的设想，这也并非没有道理。因为到了最后的最后，大片国土，悉为异域。赵姓皇帝在元军追击下，一路南逃，逃到珠江口，再也无可逃了。丞相陆秀夫，不忍心宋朝的末代皇帝赵昺，继徽宗、钦宗被敌人掠为俘虏的悲剧，崖山一役败后，他背驮着这位小皇帝跳进大海，宋王朝遂告终结。

宋朝的皇帝一个比一个脓包，用过岁币的办法，纳贡强邻；用过割地的办法，求得苟安；还用过称臣称侄的办法，偏安一隅。很不体面，很不争气，中国人读史至此，无不觉得屈辱。然而，在此家国多难之际，面对着河山沦陷，国土日蹙的局面，中国文人却以强烈的爱国之心，用生命书写出中华民族的浩然正气，以头颅和热血奉献给这方脐带相连、心血相通的土地。这便是文天祥诗句"人生自古谁无死，留取丹心照汗青"的壮烈胸襟，也是谢枋得诗句"义高便觉生堪舍，礼重方知死甚轻"的牺牲精神了。至于那些姓赵的皇帝做些什么事，放过什么屁，肯定不会为人太在意的。但这两位诗人的慷慨赴死，却是中国人永远纪念的主题。

公元 1283 年，文天祥在北京柴市口就义，问鼎中原的蒙古政权，坐稳江山。公元 1289 年，谢枋得在北京法源寺绝食毙命，元朝已经完全控制了整个中国。次年，也就是公元 1290 年（元世祖忽必烈至元二十七年），"八月，癸巳，地大震，武平尤甚。"元朝建都在北京后，还在其发源地旧大名城，也就是现在的内蒙昭乌达盟的宁城县，保留着中都（称北京）的建制。对文化不发达因而也必然愚昧迷信的少数民族政权的首领而言，他们当真相信这场发生在其祖宗所在地的地震，百分百地是"天谴"，不住地摸脑袋，不住地叩问上苍，为什么？为什么？

《元史》描写这次震灾的惨状："地陷，黑沙水涌出，人死伤数十万。帝深忧之。"余震一直持续到九月。元世祖忽必烈有点坐不住了，尽管一世英武的他，年过七旬，终究龙钟老迈，看到死亡枕藉，人畜尸积，草地龟裂，山川溢流的报告，对于天神不断示儆的恐怖，表现出十二万分的敬畏，连忙"召集贤、翰林两院官，询致灾之由"。

这时，一个南人，一个降人，而且还是元的敌国前南宋王朝的一个皇室，赵匡胤的第十一世孙，仕元为翰林侍读学士的赵孟頫，跳将出来。

正如 2008 年的 5 月 12 日，发生在四川汶川地区的大地震一样，一些不三不四的人，马上跳出来说些不三不四的话，从而让人们更加看清了那些不三不四的脸。这次中都武平地震，也给了赵孟頫一次表演机会。本来，中国文人，十之九，多浅薄，一有风吹草动，就耐不住寂寞。而作为一个汉奸文人（包括具有吃里扒外倾向，具有准汉奸意识的知识分子），有一种情不自禁的、必然"跳将出来"的冲动。

赵孟頫，在当下不究细底的人眼中，是位大画家、大书法家，他的书画作品，进入嘉德拍卖，通常开价都在六位数以上。其实，稍稍了解一点宋、元之际的历史，便要对此人的名节不禁摇头了。怎么说，他贵为赵宋王朝的皇族嫡裔，既不抵抗，也不合作，也许还说得过去。他竟然叛祖背宗，变节出仕，应诏加入蒙古政权，得高官，拥厚爵。遂为后人所诟病，所不齿。当时，不但宋朝的人看不起他，因为他叛宋，元朝的人也看不起他，因为他降元。南宋的士流百姓痛恨他，蒙元统治集团的民族分子也藐视他。所谓"猪八戒照镜子，里外不是人"，即此谓也。

这就是当汉奸得到一时好处的同时，必须付出的"遗臭万年"的代价。万年，倒不至于；但付出一世的骂名不行，还得付出两世、三世，甚至好多世的骂名，那是可能的。①

> ① 赵孟頫写过一首题曰《罪出》的忏悔诗："在山为远志，出山为小草。古语已云然，见事苦不早。平生独往愿，丘壑寄怀抱。图书时自娱，野性期自保。谁令堕尘网，宛转受缠绕。昔为水上鸥，今如笼中鸟。哀鸣谁复顾？毛羽日摧槁。向非亲友赠，蔬食常不饱。病妻抱弱子，远去万里道。骨肉生别离，丘垄缺拜扫。愁海无一语，目断南云杳。恸哭悲风来，如何诉苍昊。"说明他被迫也好，被诱也好，或者，自投罗网也好，难忍寂寞也好，来到元大都为元朝官，终于不胜懊悔，后悔出山，成为自己一个难以原谅的罪过。这首诗中，有着沉痛的忏悔，有着深切的自责。但脚上的泡，是自己走出来的，既然后悔，何必当初。
>
> 在这个世界上，人生道路的转轨，事业场景的切换，乃常数也。独是汉奸这一项游戏，为了三十个戈比而将灵魂出卖给撒旦，那是绝对玩不得的。一失足成千古恨，名节上亏了，也就什么都得跟着玩完了。

幸好，赵孟頫是一位全天候的才子，无论当时的南宋遗民、蒙元官宦，还是后来的明清雅士、民国文人，无不欣赏他那绰约妩媚的行草真隶，他那华采风流的诗词歌赋，他那出神入化的水墨丹青。但是，历史的批判，仍然使我们无法闭上眼睛，不介意他的一生名节；无法不谈往事，淡忘他背宋投元的行径。

赵孟頫不仅仅书、画、诗、赋一流，文章经济，也卓有建树。据《元史》评论："前史官杨载称，孟頫之才颇为书画所掩，知其书画者，不知其文章，知其文章者，不知其经济之学，人以为知言云。"另外，他与他夫人管道昇的情感生活，也一直为人所津津乐道。②

> ② 管夫人有一首诗，精彩生动，至今犹在传唱。"你侬我侬，忒煞情多，情多处热如火！把一块泥，捏一个你，塑一个我；将咱两个，一齐打破，用水调和；再捏一个你，再塑一个我；我泥中有你，你泥

中有我；我与你生得一个衾，死同一个椁！"这是一首奇思妙想的爱情诗，还是一首朗朗上口的白话诗，虽然，这是一首距今已经七八百年的古老作品，但是，字里行间，我们还能仿佛看到一个妙曼可人的女性形象。

虽然赵孟頫和管道昇在大都的日子，应该说活得不错，但绝不轻松，也是事实。物质上的穷困是一个方面，精神上的折磨则是更重要的一个方面。假如他真是一个厚颜无耻的人，既无自责，更不惧人责，死猪不怕开水烫，也许就无所谓了。他终究是一个真正的文人，一个真正的贵族，一个在精神素养上、学识修养上、道德涵养上，有着高蹈境界的大师级人物，生活在异族统治者的窒息环境中，相信他写那首《罪出》的诗，是他的心声反映。

当汉奸，不但生前不自在，死后也不自在，这大概就是报应了。因为，中国人对于汉奸的反感，是根深蒂固的，而且是一贯如此，永远不变的。在中国历朝历代中间，吃过汉奸苦头最多最大者，莫过于宋。所以，两宋之人对于汉奸，也最为深恶痛绝。宋·王明清《玉照新志》称："（秦）桧既陷此，无以自存，乃日侍于汉奸戚悟室之门。"而清·无名氏《汉奸辨》则分析："中国汉初，始防边患，北鄙诸胡，日渐交逼。或与之和亲，或与之构兵。由是汉人之名，汉奸之号创焉……所谓真汉奸者，助异种害同种之谓也。"

赵孟頫刚投诚时，初到大都，其实也并不得意。忽必烈欣赏他的才华，统治集团猜忌他的忠诚度。所以任命他为兵部郎中，官阶从五品，级别较低。当时统帅六部的尚书省平章政事，为色目人桑哥。元统治中国，将人分为四等，蒙古人为一等，色目人为二等，汉人为三等，南人为四等。此人颇得忽必烈的信任，登上要位。按照奴才所信奉的哲学，同为主子驱使，心腹的奴才，要高于非心腹的奴才，资深的奴才，要高于新入行的奴才，桑哥有理由看不上赵孟頫。而在元朝，还要加上类似印度种姓制度的差别对待，桑哥为色目人，比赵孟頫这个南人，高出两个层级，那就更不将他当回事了。何况，阁下还是一个货真价实的汉奸！于是，这个说来也十分可恶的桑哥，就曾因他犯下的细微过失，当堂施予鞭刑。众目睽睽之下，可让这个前朝的王孙公子，饱受了皮肉之苦，丢脸于朝廷上下。

二等奴才被一等奴才，暴揍一顿，踹上两脚，当然也是活该。

正好，发生了这次地震，而且元世祖"询致灾之由"，赵孟頫就想借此报一箭之仇。不过他知道，他要单打独斗，对这个骄横跋扈、无法无天、横征暴敛、民怨沸腾的桑哥发难，有可能吃不着羊肉，惹一身臊。于是他私底下串连一个名叫阿剌浑撒里的忽必烈亲信近臣，搞掉这个也是忽必烈亲信的大臣桑哥。

以夷制夷，这是中国老祖宗传下的绝活，利用蒙古人，扳倒色目人，坐收渔利。因为阿剌浑撒里虽与桑哥一样，同为忽必烈的心腹，同为老皇帝的亲信，但亲信也有先后之分，心腹也有亲疏之别的。赵孟頫最擅长者，汉文化，阿剌浑撒里最仰慕者，也是汉文化，于是，一拍即合，这个蒙古要员倚仗一点政治上的特权、种族上的优势，便向这个色目重臣挑战。为什么地震？老爷子，他对忽必烈讲，就因为桑哥弄得天怒人怨的结果。据《元史》，阿剌浑撒里为这次进言，很付出了一些代价。"既而彻里至帝前，数桑哥罪恶，帝怒，命卫士批其颊，血涌口鼻，委顿地上。少间，复呼而问之，对如初，时大臣亦有继言者，帝遂按诛桑哥，罢尚书省。"看来，赵孟頫四两拨千斤，确非等闲人物。

所以，也不能以一个纯粹的艺术家来看赵孟頫。一般来说，当汉奸者，或具有吃里扒外倾向，准汉奸意识的知识分子，都具有唯恐天下不乱的禀赋。一场地震，正好给他一次登台献艺的机会。这次汶川地震，不也目睹某些教授、权威、主笔、特约撰稿人来不及地粉墨登场了吗？不要以为文人不懂政治，不玩政治，只不过文人在政治层面的较量，段位较低，手艺较潮，一下子就让人看透罢了。

忽必烈何许人也，如果不是一条目光如炬的沙漠之狼，至少也是一条耳听八方的草原之狐。兔子老了尚且不好拿，何况他已经做了三十年的皇帝，什么没经过，什么没见过，对这个南朝降臣的地下活动，当然不会一无所知。笛卡儿有句名言，这个世界上有这许许多多的纷扰，就是因为人们不大肯待在自己家里的缘故。要是这位艺术家，能够按捺得住，能够安贫乐道，能够厮守着爱妻管道昇，不从抗震棚里蹿出来趁火打劫，里撅外挑，忽必烈也许就不会找他交流心得了。

我们在《元史·赵孟頫传》中，看到这位灭宋的大帝与这位降元的文人，有过一段相当戳心窝子的谈话：

"帝尝问叶李、留梦炎优劣，孟頫对曰：'梦炎，臣之父执，其人重厚，笃于自信，好谋而能断，有大臣器；叶李所读之书，臣皆读之，其所知所能，臣皆知之能之。'帝曰：'汝以梦炎贤于李耶？梦炎在宋为状元，位至丞相，当贾似道误国罔上，梦炎依阿取容；李布衣，乃伏阙上书，是贤于梦炎也。'"

民谚有云：当着矮子，别说短话。叶李、留梦炎和赵孟頫，都是有前科的变节分子。忽必烈与他探讨汉奸甲和汉奸乙的孰优孰劣，而眼前这个汉奸丙，岂非十冬腊月喝凉水，点点滴滴在心头吗？言外之意，赵孟頫再傻也听得出来，其实是蒙古皇帝给他一个善意的提醒。你从哪里来，是你做主的事，来了我欢迎；你到哪里去，是我做主的事，那就由不得你。所以，阁下，第一，别忘了自己是谁！第二，千万别走得太远！这年，忽必烈75岁，到底是一位老人家了。他得感谢人老以后，心肠不那么铁石，否则，他的下场不会比桑哥好多少。看到这位如坐针毡的前朝皇族，看到这位头冒冷汗的文化精英，忽必烈把口气缓和了下来。"汝以梦炎父友，不敢斥言其非，可赋诗讥之。"

这对才子赵孟頫来说，不费吹灰之力，马屁诗一首，即席呈递上去。"状元曾受宋朝恩，目击权奸不敢言。往事已非那可说，且将忠直报皇元。"据宋·周密的《癸辛杂识》说，这首诗让留梦炎恨他一辈子。

此次谈话以后，赵孟頫便请求外调，做地方官去了。也许，他觉得既然上了贼船，又跳不下来，只好拣一个稍稍能避开风口浪尖的处所，暂且栖身了。③

> ③ 在中国漫长的历史上，一到异邦入寇的国难之际，一到洋人侵略的亡国之时，马上就有汉奸出现。因为我们的同胞，每逢江山易色，朝廷鼎革，每逢天下大乱，神州陆沉，绝不会精诚团结，共御外侮，而是分化分解，互为泾渭。这其中，奋不顾身，起而抗敌，成为爱国的志士者，通常较少；苟安当道，甘做良民，不特别爱国，但也不肯卖国的中间分子，占绝大多数。而为贼作伥，狗彘不若，成为卖国求荣的狗汉奸者，随着敌我对垒的持久，强弱形势之逆转，就会越来越繁殖，越猖獗。
>
> 所以，可以这样说，中国，虽地大而物不博，唯独汉奸从不缺货，乃我国最为丰富的出产之一。甚至异邦尚未入寇，只是张牙舞爪，洋人尚未侵略，只是虎视眈眈，那些具有吃里扒外倾向，具有准汉奸意识的知识分子，便像雨后的狗尿苔一样，来不及地孳生出来。这也是公元1290年发生在内蒙宁城的一场地震，由大文人赵孟頫的表现，而不禁联想起来的。

忽必烈谈话中提到的留梦炎，是一个死有余辜的汉奸。文天祥和谢枋得，正是死在他的手中。不过，当我写下"留梦炎"这样一个怪怪的人名时，我很怀疑，除非那些在历史沉积物中讨生活的"专门家"，还有谁会晓得南宋末年的这个卖国贼？大概历史的"可恶"，就在于它筛选存留在历史上的人物和事件时，其选择的眼光，相当的两极化。无论忠奸善恶，无论贤愚良莠，只有极好的和极坏的，才能在历史上留下或深或浅的痕迹。在历史耻辱柱上受到永远审判的留梦炎，也许会由于时间的迁延而淡化，但是，只要中国人还记得文天祥，记得谢枋得，这个卖国贼想逃脱鞭尸的命运，是不可能的。

留梦炎，宋元之际，还真是轰轰烈烈过，风风火火过，先是宋朝末年的丞相，后是元朝初年的承旨翰林学士。两朝为官，位列中枢，也是一条相当了得的变色龙。按其官位以及他的"名声"，理应有传、志才是。可他太臭了，臭到《宋史》和《元史》，都无法为他单独立传。元·脱脱编《宋史》，显然不能将他的同事留梦炎，列入《贰臣传》中，只好有意忽略。而明·宋濂编《元史》，若为这个叛宋投元的前朝汉奸张目，岂非咄咄怪事。然而，历史的公道，自在人心。据《樵书》载："孔公天胤曰：'两浙有梦炎，两浙之羞也。'历明朝数百年，凡留氏子孙赴考，责令书一结云：'并非留梦炎子孙。'方许入试。"

这就是中国式的斩草除根，中国人要是绝对起来，那也是蛮偏激的。宋·宋荦的《筠廊偶笔》感叹，这两位爱国志士，竟是同科进士。"宝祐四年登科录，是科一甲第一名文公天祥，二甲第一名谢公枋得，忠节萃于一榜，洵千古美谈。"文天祥和谢枋得，可谓中国科举制度最成功的范例、中国科举史最出色的代表，他们因留梦炎的出卖而死，那你留梦炎的子子孙孙，也休想进得考场。

在清·纪昀的《四库全书总目提要》中，论述这两人的文学成就时，给予很高的评价：文天祥"平生大节，照耀今古，而著作亦极雄赡，如长江大河，浩瀚无际。其《廷试对策》及上理宗诸书，持论剀直，尤不愧肝胆如铁石之目。故长谷真逸《农田余话》曰：'宋南渡后，文体破碎，诗体卑弱，故范石湖、陆放翁为平正，至晦庵诸子始欲一变时习，模仿古作，故有神头鬼面之论。时人渐染既久，莫之或改。及文天祥留意杜诗，所作顿去当时之凡陋。观《指南前后录》可见，不独忠义贯于一时，亦斯文间气之发见也。'"谢枋得"忠孝大节，炳著史册，却聘一书，流传不朽，虽乡塾童孺，皆能诵而习之，而其他文章亦博大昌明，具有法度，不愧有本之言"。

这两位爱国志士都是宋亡以后，矢志不屈而死。历史上的中国文人，并不只有卖国贼留梦炎、变节者赵孟頫之流，其优秀分子，其杰出人物，在家国多难之际，都会迸发出一种高尚的爱国情操。

道理很简单，因为这些文人，他们的生命脐带，系于这块九百六十万平方公里的土地，他们的血脉律动，与数万万炎黄子孙同命运共呼吸。国之安危，民之存亡，无不与这些文人的生命史、创作史息息相关。他们之所以敢于洒热血，抛头颅，以身报国，慷慨赴死，如鲁迅先生的诗所写"灵台无计逃神矢……我以我血荐轩辕"那样义无反顾地不惜牺牲生命，其实，是在我们这个民族的文化精神感召之下，中国文人作出的必然选择。

爱国文人用血写成的篇章，永远是中国文学史最辉煌的一页。

文天祥（1236—1283），号文山，江西吉安人。崖山破后，元将"张弘范等置酒大会，谓文天祥曰：'国亡，丞相忠孝尽矣！能改心以事宋者事今，将不失为宰相也。'天祥泫然出涕曰：'国亡不可救，为人臣者，死有余罪，况敢逃其死而贰其心乎！'弘范义之，遣使护送天祥赴燕。道经吉州，痛恨不食，八日犹生，乃复食。十月，至燕，馆人供张甚盛，天祥不寝处，坐达旦，遂移兵马司，设卒守之。既而丞相孛罗等召见于枢密院，天祥入长揖。欲使跪，天祥曰：'南之揖，北之跪，予南人行南礼，可赘跪乎！'孛罗叱左右曳之地，或抑项，或扼其背，天祥不屈，仰首言曰：'天下事有兴有废，自古帝王以及将相，灭亡诛戮，何代无之？天祥今日忠于宋氏，以至于此，愿早求死！'"

"先是，天祥留燕三年，坐卧一小楼，足不履地。……王积翁欲令宋官谢昌言等十人请释为道士，留梦炎不可，曰：'天祥出，复号召江南，置吾十人于何地！'"就因这个卖国贼的这句话，文天祥被押至柴市受刑。"天祥临刑，从容谓吏卒曰：'吾事毕矣！'南向再拜，死，年四十七。其衣带中有赞曰：'孔曰成仁，孟曰取义，惟其义尽，所以仁至。读圣贤书，所学何事？而今而后，庶几无愧！'"

据清·朱彝尊《日下旧闻考》载赵弼《文信国传》："公至柴市，观者万人。公问市人，孰为南向，或有指之者，公向南再拜，索纸笔为诗曰：'昔年单舸走淮扬，万死逃生辅宋皇。天地不容兴社稷，邦家无主失忠良。神归嵩岳风云变，气入烟岚草木荒。南望九原何处是，关河暗淡路茫茫。'"

谢枋得（1226—1289），号叠山，江西弋阳人。"元至元二十五年（戊子，1288年）夏四月，时程钜夫至江南访求人才，荐宋遗士三十人，枋得亦在列。……既而留梦炎亦荐之。"这大概就是汉奸和具有汉奸倾向的知识分子所特有的一种强迫症了。这也是有了汉奸，必有狗腿子，有了买办，必有假洋鬼子一样，卖国求荣者，恨不能中国人都与他一块同流合污；崇洋媚外者，恨不能中国人都与他一起摇尾乞怜。谢枋得不想陪这个留梦炎做落水狗。"枋得复遗书梦炎曰：'江南人才，未有如今日之可耻。春秋以下人物本不足道，今欲求为人如吕饴甥、程婴、杵臼厮养卒，不可得也！……夫女真之待二帝亦惨矣，王伦一狎邪无赖，市井小人，谓梓宫可还，太后可归，终则二事皆符其言。今一王伦且无之，则江南无人才可见也。今吾年六十余矣，所欠一死耳，岂复有他志哉！'"

"元至正二十六年（己丑，1289年）夏四月，福建参知政事魏天祐……逼之北行，枋得以死自誓。自离嘉兴即不食，二十余日不死，乃复食。既渡采石，惟茹少蔬果，积数月，困殆。是月朔日，至燕，问太后攒所及瀛国所在，再拜，恸哭。已而疾甚，迁悯忠寺。留梦炎使医持药杂米饮进之，枋得怒，掷之于地。不食五日，死。"

宋亡，为"元至正十五年，宋帝昺祥兴二年（己卯，1279年）二月，癸未，（崖山兵败），陆秀夫度不得出走，乃先驱其妻子入海，谓帝曰：'国事至此，陛下当为国死，德祐皇帝辱已甚，陛下不可再辱！'即负帝同溺，后宫诸臣从死者甚众。"

文天祥之死，为"元至元十九年（壬午，1283年）十二月，杀宋丞相文天祥"。这时，宋亡五年。

谢枋得之死，为"元至元二十六年（己丑，1289年）夏四月，福建参知政事魏天祐执宋谢枋得至燕，不屈，（绝食）死之"。这时，宋亡十一年。（以上均据明·陈邦瞻撰《宋史纪事本末》）

对这两位爱国文人来讲，宋早亡了，他们所爱的家园，早已沦为异域，他们所爱的故国，早已山河变色，然而，他们至死也不放弃这一份爱，不割舍这一份精神依托，甘愿为这个不存在的故国，为这个失去的家园，走向死亡而无怨无悔。④

④ 要说到中国人的爱国，是和中国人长期以来形成的"国家"概念分不开的。在儒家为尊的封建社会中，孔孟之道一直是以《易·系辞下》："君子安而不忘危，存而不忘亡，治而不忘乱，是以身安而国家可保也。"和《孟子·离娄上》："人有恒言，皆曰天下国家，天下之本在国，国之本在家，家之本在身。"来厘定局部和整体，个人和集团，小我和大我，细胞和组织的关系。在汉语体系里，"国家"这个词，是以"国"和"家"这两个字组成。而这两个单义的字组合在一起，所产生的相因相系，相辅相成的内涵，在英语的"state"或者"country"等单词中，是无法体现的。五千年来，正是这种恒定的诠释和不变的理解，养成我们文化传统中的独特禀赋。

爱国，对中国文人而言，就是基于内心深处的一种对国家的认同感。

天下兴亡，匹夫有责，中国文人的报国情怀，便成为义不容辞的责任担当。

因为我们这个民族遭遇到太多太多的灾难，每一次异族入侵，都是大地血洗，生灵涂炭，山河变色，神州陆沉；每一次强敌来犯，都是奸淫烧杀，掠夺洗劫，铁骑践踏，赤地千里。当民族矛盾压倒一切，当生死存亡就在眼前，张扬着爱国情操的中国文人，就会挺身而出，就会前仆后继，"自古书生多意气，头颅掷处血斑斑"，这也就是为什么宋末、明末，以及上个世纪八年抗日战争时期，涌现出来那么多不屈不挠的爱国文人，演绎出来那么多可歌可泣的英勇事迹，道理就在这里。

聪明的人可以笑他们痴，笑他们傻，笑他们愚，尤其是那些具有汉奸倾向或洋奴心理的知识分子，更是撇嘴，斜眼，冷笑，摇头，一百个瞧不上。然而，一个民族，一个国家，一片偌大的国土，没有这样挺直的脊梁扛着，没有这样担承的肩膀挑着，中国早亡了，中华民族早完了。然而，不幸的是，中国这样过于聪明的文人太多，以至于聪明到不怎么像中国人，而像一个置身事外的外国人，更像那些指指戳戳专挑中国不是，专跟中国过不去的西方人。于是，在这班崇洋媚外的精英眼中，爱国，爱国主义，已经成为一个很臭、很烂、很过时的词语。只要谁提到、讲到、引用到、鼓吹到，就像动了他们的先人板板一样，马上就会歇斯底里发作，马上就会祭起亡幡，请出一个名叫塞缪尔·约翰逊（Samuel Johnson 1709—1784）的英国文人保驾护航。因为此人说过："爱国主义是无赖最后的避难所。"将"无赖"与"爱国主义"画上等号，而且是洋大人说的，不是圣旨，也是金科玉律，用来嘲笑，用来敲打，用来恶狠狠地诅咒这种崇高的境界，那是何等的过瘾，何等的痛快啊！于是，或一脸扬扬自得，或掩口葫芦而笑。⑤

⑤ 塞缪尔·约翰逊先生，这位英格兰的文学大师，想不到死后二百多年，竟然会被中国这班西崽们，时不时地将他从九泉之下勾魂过来，扮演钟馗这个角色，镇压中国老百姓。他如果有嘴的话，肯定会反问，先生们，你们究竟是糊涂呢，还是装糊涂？那是我说了一半的话呀！能不能求你们不要断章取义？如果有工夫，抽空读读我在1774年所写的一篇短文《爱国者》，那我就不胜感谢了。在这篇文章里，我的意思表达得再清晰不过，"真正爱国者的本质，与那些用不正当手段攫取爱国者头衔的沽名钓誉之徒的行为恰成对照。"你们应该了解，鄙人是

以研究莎士比亚起家并闻名于世的，在莎翁的戏剧中，谁是真正的爱国者，谁是沽名钓誉的爱国者，还不足以识鉴和区分吗？

当下这班六国贩过骆驼的西崽精英，也算有点阅历和见识了。但是，邀取功劳，过于心切，领取美金，尤为心切，匆忙做学问之弊病，就是粗糙，知其皮毛，而不知其就里，遂难免缺失。更何况，任何名人的任何名言，都不能离开时代背景的整体考量。十八世纪的塞缪尔·约翰逊先生，也无法完全背离于他所生活着的那个国家和那个时代的总趋势。一个喜欢把手伸向世界各地的不列颠帝国，正处于工业革命的全盛时期和向外扩张的黄金时代，绝不会对殖民地的人民灌输爱国精神和爱国主义的，那只能起到碍手碍脚的作用。所以引用这位洋大人话的西崽精英们，不过是难于适变的"胶柱鼓瑟"罢了。

我忽然想起鲁迅先生写过的《阿金》，此文收于《且介亭杂文》，对挟洋自重的西崽之类，有着深刻真实的写照。

这个阿金，"是一个女仆，上海叫娘姨，外国人叫阿妈，她的主人也正是外国人。"因为主子是外国人，她也就顺势以租界地里的高等华人自居，很看不起中国人和弄堂里的一切。那班西崽式的精英分子，其实也就是生活在文化圈、新闻界、传播媒体、网络世界中的阿金，一有洋人撑腰，二有洋人指点，三有洋人鼓掌，四有洋人埋单，与阿金在弄堂里制造噪音，异曲同工，一有大事小情，一有雷声雨点，就像公元 1290 年（元世祖忽必烈至元二十七年）那场地震，按捺不住的赵孟頫跳出来搞名堂，是一个道理。必定要说三道四，必定要指桑骂槐，必定要含沙射影，这三个"必定"加在一起，就是血口喷人，抹黑中国。

由此来看，那个弄堂里的阿金，公开地"在后门口宣布主张：'弗轧姘头，到上海来做啥呢？……'"以卖身为荣，与西崽精英分子们罔顾事实，吹毛求疵，颠倒黑白，歪曲真相的公然无耻，以换取若干美元的辛苦费，并无本质的不同，只不过一个是在出卖肉体，一个是在出卖灵魂而已。我不禁怀疑，如果有那么一天，英法联军，或者八国联军，又一次耀武扬威于京城地界，这班精英们会不会像满面堆笑的赛金花那样，成为联军统帅瓦德西的座上客，我想，那大概是准能一睹的好戏。

帝王好写诗
——文人的困厄

明人王世贞在《艺苑卮言》中说："自三代而后，人主文章之美，无过于汉武帝、魏文帝，其次则汉文、宣、光武、明、肃，魏高贵乡公、晋简文、刘宋文帝、孝武、明帝，元魏孝文、孝静，梁武、简文、元帝……凡二十九主……而著作之盛，则无如萧梁父子。"

王世贞为明代复古派后七子的领袖人物，主张"文必秦汉，诗必盛唐"，所以，他所列举的这些"人主文章之美"者，只是符合他的艺术标准、审美情趣的一种选取，不但失之偏颇，而且挂一漏九。事实上，在中国三千多年的封建王朝历史上，一共出现过三百多个皇帝，能做文章者，爱好写诗者，绝不止此数。如果再加上那些没坐上龙床，差一点点就成人主者，两者相加，应该是一支庞大的帝王写作队伍。

帝王好写诗，堪称中国一绝，帝王写的诗不怎么样，也是中国一绝。

在中国，凡帝王，无论识得几个大字的，或者，压根儿不识字的；无论会写两笔字的，或者，连横竖撇捺都写不上来的，一旦暴得天下，成为"九五之尊"，找到"惟吾作辟，惟吾作威"的帝王感觉之后，都想在诗词或者在艺文上，表现一下自己的天纵聪明。

我至今百思不解，为什么我们中国的帝王，其附庸风雅，其卖弄斯文，嗜好成癖，简直病态一般的耽迷？而人家外国的帝王，一般没有这种恶习，很少犯令人笑掉大牙的文学幼稚病。莎士比亚生逢两代君王，一为英格兰的伊丽莎白，一为苏格兰的詹姆士，这两位都是精通戏剧的行家，尤其是那位女王，深谙编剧这一行当。据说，莎翁名剧《第十二夜》，就是这位老太太看完他的《温莎的风流娘儿们》以后，意犹未尽，遂点拨一二，莎氏趁热打铁，才获得巨大成功的。看来，人家帝王从不亲自操刀，只是点菜，让莎士比亚下厨，他们光坐在包厢里欣赏就行了。回看我们中国的唐朝，那可是诗歌的黄金时代，诗人之多，如过江之鲫，不可胜数。而且一流的、超一流的诗人，俯拾即是。更有千古绝唱的诗仙、诗圣，乃中国诗歌史上难以逾越的高峰。根本用不着太宗、高宗、玄宗、则天娘娘等来凑热闹的。不行，这几位日理万机的帝王，偏要加入这场诗歌竞赛中来，偏要与李白、杜甫一争高低，这不纯粹是裹乱，或者有毛病吗？①

① 明末清初的王夫之对李世民的一首《咏桃》诗，评价还算不低。"绝代高唱，结语深炼，妙于浃合"。但清人沈德潜编纂的《唐诗别裁》，在卷九的五言律诗篇目中，却只选录了唐玄宗李隆基的三首。他说，"太宗、高宗、中宗皆有诗，然承陈隋之后，古律俱未谐，故以玄宗为始，冠于唐初诸臣之上，尊君也。"

唐代诸帝的诗，比之唐代诗人的诗，自然难以望其项背，但比起别朝别代帝王的诗，还是属于佼佼者流，不可一味抹杀。

沈德潜重订这部书时，为乾隆二十八年（1763），正是这位颇得恩宠的御用文人达到荣耀的顶峰之际，斯其时也，他也许是大清王朝最牛×的文人。所以，谈论起唐代诸帝的诗，那官方的色彩，那威权的口吻，不免过分。沈德潜是个小人，小人得志，就忘乎所以。不过，谁都能听得出来，是这个老头子在投合乾隆，马屁乾隆。显然，乾隆并不愿意看到这个堪称中国"样板皇帝"的李世民，在诗歌成就上，也压他一头。

帝王好写诗，帝王过瘾了，对诗人而言，是好事呢，还是不好的事呢？我想这个答案，谁的心里都是一清二楚的。

若是从历史的经验着眼，帝王最好不懂诗，最好不会写诗，最好讨厌诗、反感诗，其实倒是诗人之幸，诗界之幸，文人之幸，文坛之幸。因为陛下对诗不感兴趣，可以想象，对诗界，对诗人，对文坛，对文人，大概也不会放在心上，那可真是"善莫大焉"的德政。这样，陛下忙他的三宫六院，诗人写他的五言七绝，大路朝天，各走一边，诗人的安全系数没准还可能高一点。

相反，帝王不仅懂诗，还要写诗，那就绝非诗人的福音了。诗兴大发的陛下，自然对他统治下的诗人，有一份同行的关注。关注有其利好的一面，说不定能带来雨露阳光；关注也有其麻烦的一面，谁晓得会不会带来叵测之灾？历史的许多教训，也证实了这一点，中国的帝王，一旦有写诗的欲望，有掺和到诗人行列中来的意愿，对诗人而言，幸的成分，肯定非常之少，不幸的成分，绝对非常之多。有句俗谚："不怕贼偷，就怕贼惦记"，就是这个道理了。虽然将帝王比做贼，有点失敬，但一双帝王的眼睛，老盯着诗人，那心里能不发毛吗？所以，宁可让贼惦着，也别让帝王惦着；被前者惦，至多损失财物，被后者惦，弄不好，脑袋搬家，那才不划算。

所以，帝王好写诗，说到底，乃文人之困厄也。②

② 中国封建王朝享祚长者，有三百年左右者，有一百年左右者。享祚短的，有数十年者，还有数年者，更有数月、数十天者。自公历纪元以降，三百年，似乎是中国唐、宋、元、明、清诸朝由盛而衰的宿命。这个大限，或者，这个气数，同样也适用于西方世界，难能例外。

一般来讲，统治期长的全盛王朝，对文人的体制性压迫，要超过或半壁江山，难以自保，或苟延残喘，坐困围城的统治期不长的衰败王朝。所谓自顾不暇，遑论其他。于是，南北朝的"齐梁以后，帝王务以新词相竞，而梁氏一家，不减曹家父子兄弟，所恨体气卑弱耳。武帝以文学，与谢朓、沈约辈为齐竟陵八友，著作宏富，固自天授。而简文艳情丽藻，在明远、玄晖之间，沈任昉诸臣，皆所不及。武帝以东阿拟之，信不虚也。梁元帝及昭明统、武陵纪、邵陵纶，亦自奕奕……"这是清人贺贻孙在《诗筏》中所描写的盛况。

《南史·文学传》也说，"自中原沸腾，五马南渡，缀文之士，无乏于时。降及梁朝，其流弥盛。盖由时主儒雅，笃好文章，故才秀之士，焕乎聚集。于时武帝每所临幸，辄命群臣赋诗，其文之善者赐以金帛，是以缙绅之士，咸知自励。"

因为以建康为都的南朝，如刘禹锡诗所言，"金陵王气黯然收"，都很短命。宋59年，齐23年，梁55年，陈32年，所以才有这种君臣相得，朝野唱和，上好下效，互相标榜的文学风气出现。

这只能视作个例了。

中国帝王好写诗的毛病，由来久矣！可能与封建王朝对帝王的预期有关，凡为天子，御临天下，立万世基业，必以文治武功彪炳史册，才能称做明主、

帝王好写诗——文人的困厄

英主。中国有将近三百个皇帝，成气候的少，不成气候的多，所有昏君、庸君，甚至淫君、暴君，在紫禁城里南面为王时，都觉得自己伟大、光荣、正确、高明得不行，而最能体现这一点的，莫过于写诗。因为，孔夫子说过："诗言志"，孔夫子还说过："诗三百，一言以蔽之，曰，思无邪。"写诗，宣示天下，谕知百姓，那是树立光辉形象的最佳手段，历代帝王都乐于用这种短平快的方式，达到立竿见影的效果。

帝王写诗，亲自执笔者少，词臣代劳者多，这是公开的秘密，如果相信帝王诗都是帝王一笔一画写出来的，那就如同相信资本家说他每一块金币都是干干净净得来的一样。从《清史稿·汪由敦传》中的记载，看这位汪大学士怎么为弘历代笔，便可大致了解帝王写诗的流程。"乾隆间，大臣初入值军机处，上以自所制诗，用朱笔作草，或口授之，而令归录，谓之诗片。久之无误，乃令撰拟谕旨。由敦能强识，当上意，上出谒陵或驾幸，由敦必从行承旨，心受口领，虽传写不遗一字。"从《清野史·于文襄轶事》中的记载，看那位于大翰林怎么为弘历捉刀，便可基本掌握帝王写诗的细节。"乾隆中，于文襄敏中，入调金鼎，颇有簠簋不饬之讥。然其才敏捷，亦非人可及。其时御制诗文，初无定稿，上朗诵后，于即为之起草，初无一字之误。后梁瑶峰入军机，一日，上召于、梁入，复诵天章，于但目梁，梁初不省，其后问之，亦茫然也。于既退，默处斗室，刻余录出，所误但一二字，梁大服焉。"

由此可知帝王写诗的三部曲，首先，帝王出题目，其次，词臣凑佳句，最后，笔者卒其功，有点类似"文革"期间样板戏的三结合创作方式。江青在指导《沙家浜》这出革命样板剧时，从起用汪曾祺先生改编《芦荡火种》开始，到最后合成演出，她不知亲临现场多少次，即席讲话多少次，当时都奉为圭臬，学习贯彻的。但封建社会中的帝王，要写诗的话，可没有她那种女人的小心眼，絮絮叨叨，啰啰唆唆。第一，帝王金口玉言，岂能轻易张嘴？第二，帝王豢养的这帮词臣，干啥吃的？第三，帝王肚子里的墨水有限，真让他絮叨啰唆，也未必说得出子午卯酉。

这样，我们也就找到了历代帝王诗，为什么都比较短，为什么非绝即律，或五言七言，或四句八句的隐衷所在。在中国帝王诗中，很少出现数十句的长篇排律、或数百字以上的古体长诗。说实在的，中国历代帝王，无一不患有虚胖综合征，好大喜功，好高骛远，好出风头，好青史留名。既然写诗，未必不想大制作，未尝不想大篇章，好千古传诵，好万世流芳。可帝王哪来这份力气？再说，词臣们也不愿多费力气，因为，写得多一点，长一点，固然有讨得陛下欢心，获得皇上嘉勉的可能，可多和长比少和短，出差错、出纰漏、出问题、出事故的概率也相对要大，所以这班老奸巨猾兼之绝顶聪明（非如此不能陪着陛下玩文学）的词臣，无不心领神会，能少不多，宁短毋长，谁也不敢比陛下更高明。试想，他一句出口，你十句跟着，到底是他写，还是你写？喧宾夺主，岂非冒犯天威，恪守分际，方是词臣本色。于是一，不能不使出浑身解数为皇上作诗，可又不能积极过头，越俎代庖。于是二，既要琢磨陛下的秉性，了解陛下的心意，预其所想，揣其所思，着意迎合，马屁拍响。于是三，努力掌控陛下的行文特点，美学倾向，用词遣字的风格，合辙押韵的习惯，拿捏适度，投其所好，不温不火，哄其开心。于是四，也是最重要最关键的一条，一切皆要归功于陛下的神睿，一切皆是来自陛下的灵感，永远是皇上圣明。千万别自我作秀，突出个人。词臣的最佳状态，就是在陛下的诗创作中的"零存在"，这才能保住饭碗。因为帝王一写诗，他就认为自己是诗人，那就必然出现下列状况：

陛下既然写诗，那肯定要与诗人比高低，论长短。若是陛下写得果真的好，还只罢了；若是陛下写得果真的差，那该如何是好？没有一位诗人，敢当面直说"皇上啊，您的这首诗写得可不怎么样"的。而且，迄今为止，还没有发现任何一个活着的诗人，敢和活着的帝王，来比试一下谁的诗写得更好的。除非这位诗人头脑突然短路，除非这位诗人非要把脑门朝枪口去碰而找死，哪怕是一首狗屁不通的烂诗，也要捧场叫好，也要赞不绝口，还要做美不胜收的一言难尽状，还要做醍醐灌顶的无限陶醉状。所以，迄今为止，所有写诗的帝王，当他健在的时候，还没有发现有人敢对他的作品，说一声"不"字的。

在这种集马屁术、小聪明、脑筋急转弯和作诗经验于一体的智力游戏中，乾隆的词臣们，如张廷玉、熊赐履、沈德潜、于敏中、纪昀、刘墉、彭元瑞、潘世恩、汪由敦，无一不是工于心计，善于应对，精于此道的行家里手，这班御用笔杆子心里再清楚不过，帝王要弄死一个文人，比碾死一只蚂蚁还容易，所以，无不贼精贼滑，无不嘴上抹油，也许由于这样的缘故，帝王写诗，一是必然的好，二是不能不好，三是非好不可，四是不好也好，所以在中国全部封建王朝中，帝王而诗人者，络绎不绝，帝王诗而成为一种灾难，也是中国文化的一劫。

而在中国，写诗最多的帝王，当数这位乾隆皇帝了。

据《清通鉴·高宗纯皇帝·乾隆十四年》"六月辛卯（十五日），《御制诗初集》成。帝自序云：'后虽有作，或出词臣之手，真膺各半，且不欲与文人学士争长。故十数年来，臣工以编次诗文集为请者皆弗许。''使阅岁逾时，或致残缺失次，其不忍弃置，较先为甚。'是集取乾隆元年至十二年之作，分为 44 卷，古、今体共计 4150 多首，以端楷分卷抄录，而不付梓。"弘历（1711—1799），活了 88 岁。仅从 1735 年至 1747 年，就已经写出来四千多首诗，所以，他一生写的诗，有说 39340 首的，也有说 43000 首的，差不多接近《全唐诗》的总和，恐非虚言，他是当之无愧的中国诗歌高产冠军，此前无人及他，估计此后也无人破他这个纪录。此人的诗，除以此人的年龄，每年要写五百多首诗，平均每天 1 至 2 首，即使他是专业作家、特级诗人，打死也办不到的。何况他整整当了六十年皇帝和三年太上皇，六下江南，十全武功，把大清王朝折腾得由盛而衰，哪有时间和力气写这么多诗，他自己也不打自招，"或出词臣之手"，并不讳言是枪手代劳的了。

　　乾隆写了这么多首诗，很遗憾，没有一句流传开来，如今几乎不被文学史提及，没人在意他还曾是一个高产的诗帝。卢沟桥头，有一座碑亭，乾隆题的"卢沟晓月"，仍为人所知，但背后刻的那首御制诗，估计不会有人记住都写了些什么。于是，我想起他有一首刻薄钱谦益的诗："平生谈节义，两姓事君王，进退都无据，文章那有光。真堪覆酒瓮，屡见咏香囊，末路逃禅去，原是孟八郎。"乾隆笑话钱谦益的诗，没有什么价值，只配用来盖酒坛子。其实，他的四万首诗，十数卷御制诗集，也只堪覆酱覆醯之用。

　　与乾隆相比，汉代的刘邦，大概是中国帝王写诗最少的一位，他一辈子只写了一首诗，诗题为《大风歌》。③

　　③刘邦的死对头项羽，率诸侯灭秦，政由己出，分封天下，自立为西楚霸王。所以，司马迁作《史记》，将《项羽本纪》排列在《高祖本纪》之前，以帝王待之。因此他的诗，也是帝王诗。

　　他与刘邦相似，只有一首《垓下歌》传世。"力拔山兮气盖世，时不利兮骓不逝。骓不逝兮可奈何，虞兮虞兮奈若何！"因为是他最后失败时的作品，很悲壮，也很凄怆。

　　他乃江东贵族出身，虽然学书不成，学剑也不成，但他懂得一首诗起码要有四句，犹如一张桌子有四条腿才摆得稳的道理。这就比当亭长的刘邦，三句为诗，略显高明。可诗写得可以的项羽，却败于诗写得不可以的刘邦，问题在于这条汉子，有的是力气，缺少的是心眼，尤其狡猾奸诈不如，流氓卑鄙不如，又死要面子不回江东，只好在乌江自刎了。

这位刘邦，曾任泗水亭长。明代的皇帝朱元璋，以为刘邦和他一样，也是大老粗出身。洪武年间，祭历代帝王庙，他站在汉高祖影像前，涌上一股引为同道的感情。献上一爵酒以后，他让人专门再敬一爵，并对这位汉代的开国皇帝说："老哥，咱俩都是起自布衣，白手起家，打下江山，多么的不易啊！冲这一点，我格外多敬老哥一杯！"其实，据《职官记》，"十里一亭，亭有亭长，以兵役满期之人充任。"掌治安警卫，治理民事，兼管停留人等。至少相当于如今的派出所的所长，或街道委员会的主任，应该具有一定的文化水平和书写能力的，与做过小和尚的朱元璋，不完全是一路人。

刘邦称帝后七年，平黥布回师，路过沛县，邀集故里耆老，乡社亲旧，饮酒摆宴，席地大嚼。衣锦荣归的他，感觉当然是非常之好，他一边击筑，一边诗兴大发，扯开嗓子吼出来这首《大风歌》。"大风起兮云飞扬，威加海内兮归故乡，安得猛士兮守四方？"大概这是中国文学史上第一首帝王诗，气势很大，抱负很大，颇具英雄本色，留传至今，家喻户晓。不过，我一直怀疑这位亭长，是否具有写诗的细胞？如果他以后还写过一首《小风歌》，或者《微风歌》，也许无妨将诗人这顶桂冠，加在他的头上。就这一首，就这三句，大有可能是叔孙通之流，现编现诌，当场口授，他记性大概还好，现趸现卖。估计，这位前亭长，那天酒喝得高了一点，也许忘掉了第三句。按说，好像应该四句才是诗。但帝王诗就不可用常理要求，老爷子就吼了这三句，你也只好没脾气。千古以来，有谁敢说汉高祖的这三句不成诗呢？

在中国帝王级的人物中间，真正称得上为诗人的，曹操得算一个。虽然曹操不是帝王，但胜似帝王。如果有帝王文学排行榜的话，曹操名列前茅，例属三甲，是毫无疑问的，甚至有可能拔得头筹。曹孟德的诗，可以用十二字来评价：一、有气概；二、有声势；三、有深度；四、有文采。因此，千年吟咏，弦诵不绝。

毛泽东对于帝王诗，评价不高，看不上眼，"秦皇汉武，略输文采，唐宗宋祖，稍逊风骚"，基本上不买账。不过，他对曹操，颇为推崇。1959年在北戴河的一首《浪淘沙》中，"魏武挥鞭，东临碣石有遗篇。萧瑟秋风今又是，换了人间。"不仅抚今追昔之感，在诗人心中油然而生，而且，对曹操问鼎中原以后，乘胜出击，建安十二年（207）夏五月出兵征乌桓，七月出卢龙塞，九月凯旋班师，经过碣石山赋诗抒怀的英雄气概，也是相当憧憬的。

曹操的诗，并不多，但下面这三句，在所有中国人的记忆里，是永志不忘的。第一句，"何以解忧，唯有杜康"，直到今天，还挂在酒鬼的口边。第二句，"老骥伏枥，志在千里"，几乎是所有上了点年纪的中国人，用以自勉的座右铭。第三句，"神龟虽寿，犹有竟时"，就在毛泽东所说的那个"遗篇"《步出夏门行·观沧海》中，普及程度不如前两句，但思想深度要胜过前两句。这就是说，一个人来到这个世界上，要懂得、要珍惜上帝所给予的有限生命周期，该发光时发光，该发热时发热，过了发光发热的年纪，阁下，你就该"停车坐爱枫林晚，霜叶红于二月花"了。首先，消消停停，不要瞎折腾；其次，安安生生，不要总出镜；再则，切不可颠三倒四，神经错乱，令人不敢恭维。中国有无数诗人，能够在千年以后，被人不假思索即可脱口而出这几句金玉良言者，有几何？

接下来，就该是来自草莽的山大王，来自草根的泥腿子，或来自行伍的阿兵哥，诸如此类写诗积极性特别高涨的帝王了。

第一位是唐后的黄巢，他的诗名，因最近拍了电影，还蹿红了一阵。这就是那首《菊花》诗了。"待到秋来九月八，我花开后百花杀。冲天香阵透长安，满城尽带黄金甲。"第二位是宋代的赵匡胤，黄袍未加身前，就写过"欲出未出光辣达，千山万山如火发。须臾走向天上来，赶却流星赶却月"的诗，题目只一个字，颇怪异，曰《日》，虽然拗口，可谁敢改皇帝的诗？第三位是明代的朱元璋，也写诗，他学黄巢咏菊："百花发时我不发，我若发时都吓杀。要与西风战一场，遍身穿就黄金甲。"第四位是明末清初的李自成，虽然他只做了一个月零十天的皇帝，可那也是在紫禁城武英殿举办过登基大典，颁国号为大顺的天子。他有半首七古传世，"收拾残破费经营，暂驻商洛苦练兵。月夜贪看击剑晚，星晨风送马蹄轻。"据说他失败后隐居山林，还写有若干首《咏梅》诗，这大概都是附会的传说了。

黄巢、朱元璋，都是杀人如麻的帝王，从诗中就透出来一股森森杀气。赵匡胤、李自成，诗虽文绉绉，其实还是顺口溜而已。这四位帝王的出身，一贩盐，一行伍，一缁流，一驿卒，若当不上帝王，也许写诗的欲望未必强烈。而坐上龙床，那就偏要做到两手都抓，两手都硬，治国在行，写诗也要在行。别看俺文化程度相对低下，大字不识一箩筐，硬撑着也要憋出几首诗来，给你们看看，谅你们也不敢不叫好。还得开座谈会，还得开研讨会，还得开新闻发布会，还得组织文学界、诗歌界学习，还得评论界挨个发表文章，至少两千字以上……这就是在文化上处于弱势地位的帝王，暴得天下后的必然行为。看朱元璋做皇帝后，写过的一首《咏燕子矶》的诗，"燕子矶兮一秤砣，长虹作竿又如何？天边弯月是挂钩，称我江山有几多。"那不可一世的口气，听得出来的潜台词是：你们不是说我不行吗？我偏行给你们看。别忘了，我是皇帝，不行也得行。最滑稽的，唐广明元年（880），黄巢进长安后，"有书尚书省门为诗以嘲贼者，尚让（巢之股肱）怒，应在省官及门卒，悉抉目倒悬之；大索城中能为诗者，尽杀之。识字者给贱役，凡杀三千余人。"这就是说，拿笔杆的诗人，永远敌不过拿刀把的诗人。你的诗写得再好，也不及那把刀厉害。（事见《资治通鉴》）④

④《北齐书·文苑传》提到"后主（即高纬，浑蛋一个）虽溺于群小，然颇好讽咏。幼稚时，曾读诗赋，语人云：'终有解作此理不？'及长亦少留意。初因画屏风，敕通直郎兰陵萧放及晋陵王孝式录古名贤烈士及近代轻艳诸诗以充图画，帝弥重之。"这说明北朝异族统治者，入主中原之后，不遗余力地实施汉化。这扇不伦不类的屏风，有点像当下全盘西化之徒，不分好赖，不加选择，照单全收，食洋不化一样，当然便成了一个笑话。

但到了辽、金、元诸朝，汉化程度越来越高，几与汉人无别，于是，中国帝王诗更增添了生力军。如辽道宗耶律洪基《题李俨黄菊赋》："昨日得卿黄菊赋，碎剪金英填作句。至今襟袖有余香，冷落西风吹不去。"如金主完颜亮《南征至维扬望江东》："万里车书尽混同，江南岂有别疆封？提兵百万西湖上，立马吴山第一峰！"如元文帝图帖睦尔《自集庆路入正大统途中偶吟》："穿了毡衫便著鞭，一钩残月柳梢边。二三点露滴如雨，六七个星犹在天。犬吠竹篱人过语，鸡鸣茅店客惊眠。须臾捧出扶桑日，七十二峰都在前。"这些写得不弱的诗篇，要比我们那些泥腿子皇帝的大作，不知高明多少倍。

最后，就轮着那几位末代帝王诗人了。

其实，写"问君能有几多愁，恰似一江春水向东流"的五代李煜，写"中原心耿耿，南泪思悠悠"的北宋赵佶，在帝王级诗人中，算得上一流或亚一流水平，但他们以写诗的浪漫，去治理国家，以写诗的激情，去抵抗外侮，最后，无不落得一个国破家亡，客死他乡的下场，了此一生。接着，等而下之，就该是写"妖姬脸似花含露，玉树流光照后庭"的南朝陈叔宝，写"如何汉天子，空上单于台"的隋朝杨广了。以上这四位亡国之君，在好写诗的帝王中，还应看做是出类拔萃之流，至少他们写出来的是诗，而非数来宝、快板书、打油诗、顺口溜。

隋炀帝杨广虽然是个糟糕皇帝，是个典型的虚胖综合征患者，但他的诗却是个异数，有其不同于当时南朝华靡文风的刚劲雄壮。明人陆时雍说："陈人意气恹恹，将归于尽，隋炀起敝，风骨凝然。"（《诗镜总论》）更有论家认为，隋炀帝的诗，是宏丽壮阔的唐音前奏。《北史·文苑传》也说："炀帝初习艺文，有所轻侧，及乎即位，一变其体。《与越公书》《建东都诏》《冬至受朝诗》及《拟饮马长城窟》，并存雅体，归于典制，虽意在骄淫，而词无浮荡。故当时缀文之士，遂得依而取正焉。所谓能言者未必能行，盖亦君子不以人废言也。"

然而，诗归诗，人归人，杨广在历史上，不但是个作恶多端的昏君暴君，而且还是个卑鄙无耻的小人坏蛋。唐·刘𫗧《隋唐嘉话》载："炀帝善属文，而不欲人出其右。司隶薛道衡由是得罪，后因事诛之，曰：更能作'空梁落燕泥'否？"又，"炀帝为《燕歌行》，文士皆和。著作郎王胄独不下帝，帝每衔之。胄竟坐此见害，而诵其警句曰：'庭草无人随意绿'复能作此语耶？"

由此可见，帝王好写诗，对真正的诗人来讲，绝非是一件值得高兴的事。

耗子玩猫
——文人的宿命

> 耗子开会，商讨防猫之计。一耗子举手说，我有高招。若是能在猫的脖子上挂一铃铛，按物理学定律，音速传播为每秒 340 米，猫跑得再快，也赶不上声音快，所以，我们在听到它的铃铛响后，有足够的时间得以逃脱。众鼠哄然叫绝，认为此计绝对应该获得本年度的诺贝尔文学奖。可是，接下来的问题是，谁去给猫挂这个铃铛呢？
>
> 当然，这是一个笑话。但是，在有皇帝的年头里，中国文人的命运，基本上和耗子也差不多，对于坐在龙椅上的那只猫，为了安全，为了保命，最佳之计，那就只有保持安全距离，而且离得越远越好。如果，你一定想去给他挂上铃铛，除了迪斯尼动画片中的米老鼠，恐怕不会有一个幸运儿能从猫爪子下逃脱的。

在这个世界上，只有猫玩耗子，哪有耗子玩猫的道理？然而，你要知道，一个自我感觉过于良好的耗子，反其道而行之，偏要玩玩这只猫，也不是没有可能。

这种结局必然为悲剧的行动，在鼠类世界中，我相信其发生的可能性为零。再笨蛋，再愚蠢，再混账的耗子，除非它存心找死，否则不会尝试这种以卵击石的自杀式游戏。但在人类世界中，就不一定了。文人，尤其是读了太多书的文人，会有干出这等事的悲剧人物。魏晋时期的何晏，就是这样一个曾经将司马懿那只"病猫"逼到墙角的耗子。当然，动笔的，哪有拿枪的厉害，"病猫"再病，也是猫，耗子终于还是被猫收拾了。可是，无论如何，这只耗子让司马懿不得不装病，不得不装可怜，即使这种一袋烟工夫的得占上风，暂时领先，也够中国文人扬眉吐气一回了。

在中国文化史上，何晏是个很有名的人物。

此人精通玄学，擅长诗赋，《三国志·魏书·曹爽传》说他"少以才秀知名，好老庄言，作《道德论》及诸文赋著述凡数十篇"。他的《论语集解》一书，很是了得，为历代《论语》研究者都不敢忽略的权威著作。这样一位满肚子都是学问的人，其实应该更明智，更清醒，更能识别利害，更能高瞻远瞩才是。但何晏，不知是学问太多，大智若愚，聪明过了头则傻，还是身为贵胄，养尊处优，百事不省，在生活上成为一个呆子，此公对于世俗环境下的如何做人，对于常规格局下的如何生存，对于外部世界下如何适应的一些最普通、最简单的常识，竟然一窍不通，成了一个不识利害，不知深浅的白痴。

所以，只有这位读了太多的书，写了不少的书的何晏，才敢试一下耗子玩猫的游戏。

你还不要马上就耻笑他，因为，就是他，差一点就将那只病猫拿下。如果结局是他来处置司马懿，而不是司马懿来处置他，魏晋史就是另外一种写法了。因此，我很佩服何晏，因为他作为一个其实是耗子似的中国文人，在玩猫的过程中，曾经成功过，曾经接近完全成功过，那就很了不起。

专门研究魏晋文人的鲁迅先生，看不上他。所有不正经的人，在正经人的眼里，都很难得好。鲁迅先生极正经，所以在《魏晋风度及文章与药及酒之关系》一文中，谈到何晏时，不怎么肯定他与司马懿的这一次正面斗法。中国人习惯于成败论英雄，因为司马懿最后胜了，何晏终于败了，故而着重讲此公的弱点部分。鲁迅说，"何晏的名声很大，位置也很高"。"第一，他喜欢空谈，是空谈的祖先；第二，他喜欢吃药，是吃药的祖师。"鲁迅还说："其实何晏值得骂的，就是因为他是吃药的发起人。"当然，还包括他的"空谈"，这都是他在历史上所留下来令人诟病的恶名。

一、在中国，自东汉末，到魏，到晋，从豪门望族的达官贵人，到上层社会的文人雅士，可以用"好庄老，尚虚无，崇玄谈，喜颓废"十二字来概括其整体的精神状态。这些老少爷们儿，经常聚在一起，手里摇着用鹿科动物的麈的尾巴做成的拂子，一边拂尘驱蝇，一边议论风生。有点近似茶馆的摆龙门阵，也有点近似咖啡店的沙龙集会，不能说因他的推动，举国上下，一齐以侃大山聊天度日，但社会精英阶层，文化杰出人士，基本上就以这种玄而又玄，虚之愈虚的交谈，消磨终日，何晏是当之无愧的始作俑者。这中间，上者，探讨学问，针砭时事，中者，品评人物，飞短流长，下者，闲侃无聊，言不及义。于是，便有"清谈误国"这一说。出现这种风气，既有知识分子逃避统治者高压政治的一面，也有无所事事吃饱了撑的一面。而一个社会，都在那里耍嘴皮子，述而不作；一个民族，都在那里坐而论道，乱喷唾沫，绝不是件好事情。由何晏倡起，在夏侯玄、王弼等人的助长下，这种手执麈尾的清谈，成为中原社会的一种颓废的风雅，一种堕落的时尚。注《资治通鉴》的胡三省，对此深恶痛绝。"迄乎永嘉，流及江左，犹未已也"，可谓流毒深远，影响广泛。

二、在中国，名曰强身，其实自戕，服用"寒食散"的病态嗜好，从魏晋起，盛极一时。鲁迅就认为古人这种食散的恶习，类似清末的吸食鸦片，为祸国殃民之举。而在魏晋年间，食散，是有身份、有地位、有财富、有权势人士的一种标志。寒食散，又名五石散，是由石钟乳、硫黄、白石英、紫石英、赤石脂等五种药物配伍的方剂，因这些矿石类药，具有某种健身作用，能够强体轻身，或者，还具有一定的性激素作用，起到房中术的效果。隋代巢元方的《寒食散发候》一书中就说到了这点："近世尚书何晏，耽声好色，始服此药。心加开朗，体力转强。京师翕然，传以相授。……晏死之后，服者弥繁，于时不辍。"但食后奇热难忍，需要散发，否则有毙命之虞。两晋期间，士人竞相仿效这种纯系自虐的行径，以示时尚，以示潮流，但也无不因药的毒副作用和强烈的刺激性，造成相当程度的痛苦。然而，不这样也不能显示自己的品味，和所隶属之高贵阶层。因为服药者必须有钱、有势、有闲，才敢玩这种自己跟自己过不去，自己折腾自己的游戏，否则，轻则中毒，重则伤命。这种恶嗜，荼毒之广，为害之深，竟风靡至隋、唐，食散的带头者，还是这个何晏。①

① 在鲁迅先生的这篇文章中，我们知道，服了寒食散或五石散后，痛苦难耐，非常人所能忍受。因其所含药物成分，《抱朴子》称为丹砂、白石英、紫石英、雄黄、白矾、曾青、磁石；《诸病源候论》称为石钟乳、硫黄、白石英、紫石英、赤石脂。尽管自魏至唐，其配伍方剂，至少不下十余种，莫衷一是，但都离不了以上所列硫化物及矿石等燥热上亢类药。所以服药以后，要行散，要挥发，要冷食，要静息，纯系自虐，不得安宁，否则，药性散发不出，就会出大问题。

既然服药如此受罪，为什么还自讨苦吃？因为，在古籍《神农本草经》中，这些药石被视为"轻身益气，不老延年"的上品。在《伤寒论》和《金匮要略》等传统医学书籍中，更认为具有壮阳及治疗阳痿的功效。所以，古人服散，实际上是看重其所能起到的"伟哥"作用。唐代孙思邈的《备急千金要方》中，有"贪饵五石，以求房中之乐"的说法，也证明了当时人服药风气所为何来。

　　你要是对国民性作一点调查研究，就会知道中国人是多么喜欢赶热闹、凑热闹和看热闹了。

　　如果你的记忆力还好的话，当不会忘掉二十年前，红茶菌大行其道，鹤翔桩遍地开花，神功大法欺世惑人，特异功能招摇撞骗，弄得黑白颠倒，是非不分的笑话奇谈。如果你的记忆力不那么坏，当还能记得三十年前，持红宝书，唱语录歌，跳忠字舞，搞大批判，早请示，晚汇报，抓革命，促生产，最高指示，万寿无疆，文攻武卫，造反有理等等绝非一句两句能够说得明白的行为和语汇，是怎样的泛滥成灾过啊！但这些曾经在中华大地上热闹过的事物，确实是使那时的中国人，为之跟头把式，为之连滚带爬，为之起哄架秧子，上行下效，万众一心，集体无意识地涌动着、追逐着，而成全国一片红的大好形势呢！

　　中国人之容易被蛊惑，容易被煽动，容易盲从发飙，容易上火来劲，遍及各个领域，各个阶层，甚至像文坛这样一块不大的所在，今天是裤裆文学，明天是胸部写作，后天是学术超男，再后天是网络抄手……每一个风起潮生的热点，每一件波澜涌现的事端，都会有追随之粉丝，崇奉之门徒，呐喊叫好；都会有奚落之看客，反对之群众，骂声不绝。总而言之，所有这些风靡一时，轰动一方的大事小情的背后，其实，最初都是一个或一伙领袖式人物，在那里制造这种热闹的兴奋点。②

　　②契诃夫写过一篇小说，说一个人，站在涅瓦大街上，直愣愣地朝天上看。其实，天空里没有什么，一只偶然飞过的鸟，一片偶然飘过的云，不过如此，但他看得很出神，很投入。有人路过他的身边，看他观天，不知所观为何，也跟着停下脚步，把脸仰起来。接着，又有人路过这两个人的身边，看他们齐仰着脖子，怔怔地看天，也不由自主地把脖子仰起来。于是，第四个人，第五个人，相继加入了这个仰脖子观天的行列。随后，路上的马车也停了下来，执勤的警察也走了过来，人越聚越多，谁也说不上朝天空里看什么，和有什么可看，但每个驻足观看的人，都若有其事地，一本正经地，看得十分起劲。

　　盲从和盲动，是一种动物本能，人虽为万物之灵，但有时也控制不住这种一窝蜂的愚蠢。

　　整个社会，和整个社会中的人，自觉不自觉地循着一股潮流运动。这其中，有极少数的先知先觉分子，在那里制造潮流，引领潮流；有一部分后知后觉分子，在那里追赶潮流，鼓动潮流；而绝大多数不知不觉分子，则不明底细地被裹挟于潮流，不知所以地盲从于潮流。公元初，何晏就是这样的一个带引号的"先行者""先驱者""先锋分子"，将魏晋社会带入"服散"与"空谈"的潮流之中。但是，我认为，一个人，能在历史的潮流中起到作用，能将绝大多数人都搅得团团转，能在时代的进程中发挥影响，无论正面或者负面，都非等闲之辈。司马迁说过一句话，只有非常之人，才能行非常之事，那也就是说，能行非常之事者，必为非常之人。说实在的，你可以不赞成他，你可以看不上他，然而，能让上层社会中的众多人物"清谈"，能让精英阶层的贤达名流"食散"，你就不能不佩服他确实了不起。

一个人，且不论对其评价如何，若是能够在历史长河中，留下一些或好或坏、或深或浅的印记，任由后人加以评说的话，应该承认总是有他与众不同的才智、能力、禀赋和天性等等过人之处。所以，"男子既不能流芳百世，不足复遗臭万载邪"的晋大司马桓温的名言，不能说没有道理，倘是资质凡庸一般，好也好不到哪里去，坏也坏不到哪里去，一生行状，无可述及，也就难以卓尔不群，在史册上留下一个名字了。因为中国历史向来都是由皇上指定的那些正统的、主流的文人学士来撰写，所以，离经叛道的何晏，成为一个不被看好的人物，也就是可想而知的命运了。

何晏就这样在中国历史上带了一个坏头，起到了很不好的效果。但是，话说回来，你能制造出这样影响社会的潮流吗？

何晏（190—249），字平叔，南阳宛人。他的官职是三国正始年间的侍中尚书，他的身份是玄学家兼文学家，但他最令人侧目的是，身为曹操的养子，曹魏政权的驸马爷，那可是再嫡系，再正宗不过的皇亲国戚。更何况他来头不小，出身于贵族世家，祖父何进（也有一说是何进之弟何苗），就是引西凉军阀董卓到洛阳除宦官不成，结果自己把命送掉的国舅大人。他依赖妹妹为汉灵帝皇后的裙带关系，而顿时满身朱紫起来。汉重门第，魏重流品，何进虽为大将军，但其屠户出身，很被当时的名门望族所鄙视，而不大受人们尊敬。正如巴尔扎克所言，若不经过三代的教化，成不了真正的贵族。到了何晏这一代，果然就很出息了。这位何家的后裔，不但"少有异才，善读《易》《老》"（据《魏氏春秋》），以才秀知名，而且还是一位在各类史书上都盛赞的美男子。看来，何家的遗传基因，到了这一代发生了很大的变异。尤其，他皮肤白皙，俨若施粉，连魏明帝曹叡都测验过他。南朝刘义庆的《世说新语》，就绘声绘色地描写过的。"何平叔美容仪，面至白，魏明帝疑其傅粉，正夏月，与热汤饼，既啖，大汗出，以朱衣自拭，色转皎然。"虽然吃下刚出锅的汤饼，满脸流汗，但结果证明何晏面不敷粉自白，容不施洗自净。所以，曹操的小女儿金乡公主，看上了这位帅哥，嫁他为妻，从此何晏成了最高统治者的养子兼乘龙快婿。③

③魏晋时期，很讲究人的仪表和风度，尤其在意男性的阳刚之美。曹操身材矮小，颇感到有点自卑。有一次，他接见北方匈奴派来的一个使者，怕自己个头不高，派头不够，便找了一个身高马大的卫士，装扮出王者的样子做他的替身。接见仪式之后，魏王随从问这位使者，您对我们主公的印象如何？使者说，倒是站在主公身后的那位捉刀人，其威武、威风、威严、威势，很有震慑的力量。

稍晚一点的嵇康，与何晏一样，也是美男子，倘非如此，也做不成曹家的女婿。嵇康娶曹操之曾孙女长乐亭主，《晋书》称他"美词气，有风仪，而土木形骸，不自雕饰，人以为龙章凤姿，天质自然"。《世说新语》称他"身长七尺八寸，风姿特秀，见者叹曰：'萧萧肃肃，爽朗清举。'或云：'肃肃如松下风，高而徐引。'山公曰：'嵇叔夜之为人也，岩岩若孤松之独立，其醉也，傀俄若玉山之将崩。'"

这两位美男子，都被曹家的金枝玉叶看中，而成为驸马，但宫廷从来是政治斗争的聚焦点，你既然敢下水，就不能怕淹死，你若是不愿溺毙，你就永远站在干岸上。成为东床佳婿的何晏和嵇康，最终还是因为这份婚姻背景而送了命。

"太祖（曹操）为司空时，纳晏母并收养晏，见宠如公子。晏无所顾忌，服饰拟于太子，故文帝（曹丕）特憎之，每不呼其姓字，尝谓之为'假子'。晏尚主，又好色，故黄初时无所事任。及明帝（曹叡）立，颇为冗官。"（据《三国志》引《魏略》）

鲁迅先生在《魏晋风度及文章与药及酒之关系》中说到何晏，"至于他是怎样的一个人呢？那真相现在可很难知道，很难调查。因为他是曹氏一派的人，司马氏很讨厌他，所以他们的记载对何晏大不满。"其实，司马懿将他视为"曹氏一派"，只是看到他作为曹操养子，又娶了公主，这些早年间的表层现象，并不符合他后来的不得志的处境和被排斥的状态。曹操活着，他是有倚仗的，曹操死后，后台没了，失去保护伞的他，自然先要受到曹操继承人曹丕的压制，曹丕死了后，又受到曹丕继承人曹叡的冷遇。何晏在这样长时期的雪藏日子里，我们能够理解这样一个才华人品无不出众的何晏，倘非自怨自艾的沉沦嗟叹，便是自暴自弃的莫名躁狂，而要通过食散，做出怪行止引人注意，通过空谈，发表怪言论令人惊诧，也是一种作为和手段了。

于是，直到240年齐王（曹芳）登极，曹爽亲政以前，近五十年间，何晏始终处于抑郁压迫的精神极端失落的空虚之中。由于总不获重视，不被青睐，便形成了悖谬逆反的心理。加之他自以为卓识，有坟典之学；自以为睿智，有如椽之笔；自以为机捷，有王佐之才；自以为善谋，有韬略之能；然而，珠玉在前，市人不识货，金声玉振，大众不响应，因此，他沉湎于清谈、醉心于食药，与正统文化相忤，与主流儒学相逆，都和他所处的环境之压抑，心态之郁闷，不得施展之遗憾，长期摒弃之孤独，不无关系。所以将他定性为"曹氏一派"，其实，并非完全如此。

不过，何晏与曹氏政权的矛盾，说下大天来，是一家人的矛盾，而何晏与司马懿的矛盾，则是水火不容的，有你无我、有我无你的敌对关系。在他看来，若是司马懿篡曹成功，曹氏政权终结之时，自然也是他何晏完蛋之日。为了这个他不一定热爱，但血脉相通的政权，虽然，何晏知道司马懿为猫，自己为鼠，但摊牌是迟早要来的事。何晏能不密切关注到这样的前景吗？

曹操临终时，司马懿和曹洪、陈群、贾诩在场受命，当时他排位最后。曹丕临终时，他和曹真、陈群、曹休在场受命，这时位排第三。曹叡临终时，他和曹爽、刘放、孙资在场受命，他已位排首位。何晏不傻，在中国这种最具危险性的继承接班的政治游戏中，他能历仕三朝，作为帝王临死的顾命大臣，一次比一次靠前，这个触目惊心的位置变化，他已臻于极致，下一步，除了弑君夺位，除了废主自立，除了强迫禅让，还有其他选择吗？这就使得何晏非做"曹氏一派"，而进行这场鼠猫之战了。

时机突然变得对何晏有利起来。公元240年，曹真之子曹爽，受命执政。《三国志》注引《魏略》曰："（何晏）至正始初，曲合于曹爽，亦以才能，故爽用为散骑侍郎、迁侍中、尚书。"我们看到，何晏这只胸怀大志的耗子，一直在等着这一天。因为与司马懿较量，其实就是一场权力的角斗。而谁的权力大，谁就能在这场宫廷斗争中稳操胜券。曹爽和何晏，按北京话说，两人可谓"发小"，几乎是从小一起玩大的。何晏没想到他的朋友，沾了老子的光，突然抖了

耗子玩猫——文人的宿命

起来。《三国志·魏书》载："（明）帝寝疾，乃引爽入卧内，拜大将军，假节钺，都督中外诸军事，录尚书事，与太尉司马宣王并受遗诏辅少主。明帝崩，齐王即位，加爽侍中，改封武安侯，邑万二千户，赐剑履上殿，入朝不趋，赞拜不名。"

何晏跟曹爽原是莫逆之交，哥们儿发迹以后，自然弟兄们也跟着封官拜爵，满身朱紫。曹爽虽是草包，一朝得意，倒也没忘了这位浮浪子弟，自然也就破格拔擢，视为智囊，十分倚重。别看何晏是个文人，"最是无能一书生"，按说他不是官场老手，其实，这也并非绝对如此，当他手中握有权力时，他也相当政治，而且在玩政治手腕时，恐怕连老奸巨猾的司马懿，也对他刮目相看。他最厉害的一手，就是说服他哥们儿曹爽，将司马懿架空起来，疏隔起来，尊之弥高，而剥其实权。"初，爽以宣王年德并高，恒父事之，不敢专行。及晏等进用，咸共推戴，说爽以权重不宜委之于人，乃以晏、飏、谧为尚书，晏典选举……诸事希复由宣王，宣王遂称疾避爽，晏等专政。"从这一刻起，司马懿将其视为"曹氏一派"，就是准确的描写了。在文帝、明帝当政期间，坐冷板凳的他，对"曹氏"的怨恨要大于"司马氏"，现在，曹爽是他的哥们儿，当然要捍卫他哥们儿的政权，想一切办法将司马懿除掉而后才能心安了。

司马懿眼看着这不过是一只老鼠的何晏，因为背后有曹爽撑腰，竟能够发出老虎般咆哮的声音。

这只猫不得不先行退让，他未必扑不死这只耗子，但猫老了成精，也担心一下子两下子整不死这只耗子，反而激化矛盾，作出更强的反制措施。因为他也看出来了，"爽恒猜防焉，礼貌虽存，而诸所兴造，皆不复由宣王。宣王力不能争，且惧其祸，故避之。"

在《三国志·魏末传》中，更有一段司马懿装疯卖傻，不堪入目的表演，竟然得以麻痹曹爽、何晏等人，相信这只老猫已经病得不轻，而无须戒备。"九年冬，李胜出为荆州刺史。""爽等令胜辞宣王，并伺察焉。""宣王称疾困笃，示以羸形。""宣王令两婢侍边，持衣，衣落；复上指口，言渴求饮，婢进粥，宣王持杯饮粥，弱皆流出沾胸。"李胜是要当荆州刺史，司马懿故意听成并州刺史："年老沈疾，死在旦夕。君当屈并州，并州近胡，好善为之。""错乱其辞，状如荒语。"④

④ 在三国人物中，最能隐忍不发，最能韬晦不露，最能忍辱负重，或者说，最能像北京人爱骂的装孙子者，大概要数司马懿了。

司马懿于魏，曹操于汉，大抵相同，人臣之位高极矣，权术之运用极矣。但区别在于司马懿于曹操生时，每怀恐惧，一生谨慎，曹操死后，仍唯恐疑有异志，事事小心。这一切，都是为了他的等待。曹操这一辈子，略无半点惧畏顾虑之心，想怎么干就怎么干，不在乎别人怎么看、怎么想，恣意行事，挥洒自如。所以，我们读到曹操的诗，却读不到司马懿的诗。我们知道曹操浪漫，好女色，营中狎妓，但规行矩步，按部就班的司马懿，则无这方面的风流行状。他不作诗，不题词，不出书，不写自传，不出头露面，不高谈阔论，不到处讲学，更不上电视讲座张开大嘴瞎嘞嘞，这一切的低姿态，说穿了，正是为了更好的等待。

司马懿玩弄权术的阴险水平，在三国中，甚至要超过曹操。按弗洛伊德学说分析，一个拼命压抑自己的人，反过来施之于人时，也愈残忍。他在讨伐公孙渊的叛乱时，那种杀无赦的残酷贼忍，也是令人发指的。俗话讲，"不叫的狗，最能咬人。"大概就是这个意思了。

其实，司马懿不是上好演员，戏做得太过，就显得假。然而，这等拙劣的演技，把草包曹爽唬住，也许说得过去，把何晏也唬得一愣一愣，有点说不过去。

问题在于知识分子最容易犯的第一个错误，就是高估自己，低估对手；第二个错误，就是既看不到别人的强项，也看不到个人的软弱之处；第三个错误，就是随之而来的自负、自大、自信、自以为是；跟着，第四个错误，必然就是头脑膨胀，发烧发热，不知天高地厚，不知东西南北。结果，也就可想而知了。

当何晏红了起来，抖了起来，他也就失去了最起码的清醒，他是一只老鼠，绝非一只老虎。虽然，他的"发小"曹爽委他以重任，主选举，管人事，掌握朝廷大员的任命起用，罢免除职的生杀大权，一手遮天，说谁行，谁就行，说谁不行，行也不行。一时间，朝廷上下，洛阳内外，无不趋仰于他，那些日子里，他还真是虎虎有生气，威威令人畏。《资治通鉴》载他得意那刻目空一切的神态："何晏等方用事，自以为一时才杰，人莫能及。晏尝为名士品目曰：'唯深也故能通天下之才'，夏侯泰初是也。'唯几也故能成天下之务'，司马子元是也。'唯神也不疾而速，不行而至'，吾闻其语，未见其人。盖欲以神诸己也。"他认为：夏侯玄深识远鉴，所以能精通天下的才志。司马师虑周谋全，所以能把握天下的大势。至于不用费力而飞快向前，不用行动就达到目的，能够出神入化者，我听说过这样的形容，还没有遇到过这样的人物。他之引用《易·大传》里这三句话，前两句比喻重量级的夏侯玄和司马师，后一句的用意非常清楚，就是突出他自己。其实，他何晏终究是一只有后台的耗子罢了。在政治上，比不上夏侯玄的雄厚资本，在权势上，比不上司马师的坚强实力，何晏只有在文化领域里，倚仗其才智，施展其口辩，驰骋一时之雄了。可他，看不到自己一无兵马，二无地盘，三无本钱，四无信众，不但认为自己胜于夏侯玄，超过司马师，连称疾家居的司马懿那只病猫也不放在眼里。

时为尚书的他，有了位望，有了权柄，自然更是门庭若市，谈客盈座，成为当时朝野清谈的一位精神领袖。"晏能清言，而当时权势，天下谈士，多宗尚之。""与夏侯玄、荀粲及山阳王弼之徒，竞为清谈，祖尚虚无，谓《六经》为圣人糟粕。由是天下士大夫争慕效之，遂成风流，不可复制焉。"更有一群声气相投的诸如邓飏、丁谧、毕轨、李胜之流，相鼓吹，共煽惑，满嘴空话，信口雌黄，虚无缥缈，大言不惭。这些人，视放荡为通达，以信守为顽固，能苟安为高尚，性刚正为欺世；脚踏实地为庸俗，荒诞浮夸为超脱，循规蹈矩为无能，淫佚腐朽为飘逸。然后，就在社会上产生出一批所谓的名士，或过度饮酒，终月不醒，或装痴作狂，全无心肝，或赤身裸体，满街横卧，或长啸狂歌，凡人不理……当时，做名士，是一种潮流，而名士，若无怪行异举、奇谈怪论，也名不起来，于是，在名士们竞相比赛地放浪形骸之下，社会风气也日益地随之败坏。

"是时，何晏以才辩显于贵戚之间，邓飏好交通，合徒党，鬻声名于闾阎。"尤其曹爽当政后，用他们的计谋，将司马懿削职虚权靠边站后，更加有恃无恐。何晏也由此坐上直升机，担任要职，一人得道，鸡犬升天，被擢"用为中书，主选举，宿旧多得济拔"。有了这样一个强有力的撑腰者，便越发地恣意妄为起来。于是，他在政治绞肉机里愈陷愈深，而不能自拔。"晏等依势用事，附会者升进，违忤者罢退，内外望风，莫敢忤旨。""分割洛阳、野王典农部桑田数百顷，及坏汤沐地以为产业，承势窃取官物，因缘求欲州郡。""晏等与廷尉卢毓素有不平，因毓吏微过，深文致毓法，使主者先收毓印绶，然后奏闻，其作威如此。"为非作歹，横行不法，以至于有人向曹爽的弟弟建议："何平叔外静而内躁，不念务本，吾恐必先惑子兄弟，仁人将远而朝政废矣！"（以上引文均见《资治通鉴》和《三国志》）⑤

⑤《世说新语》注引《名士传》载："是时曹爽辅政，识者虑有危机，晏有重名，与魏姻戚，内虽怀忧，而无复退也。著五言诗以言志曰，'鸿鹄比翼游，群飞戏太清。常畏大网罗，忧祸一旦并。岂若集五湖，从流唼浮萍。永宁旷中怀，何为怵惕惊？'盖因辂言，惧而赋诗。"这是何晏传世诗两首之一。因为他请管辂卜卦，"知位当至三公不？"又说："顷梦青蝇数十来鼻头上，驱之不去，有何意故？"管辂说："此履道之休应，非卜筮之所明也。今君侯位重山岳，势若雷霆，望云赴景，万里驰风；而怀德者少，畏威者众，殆非小心翼翼多福之士。又鼻者，艮也，此天中之山，高而不危，所以常守贵也。今青蝇，臭恶之物，而集之焉。位峻者颠，轻豪者亡，必至之分也。"这一番话，说得何晏毛骨悚然，才有这首诗的出现。

据说耗子避险的智商极高，但只是在鼠洞里。一出洞口，鼠窃狗盗的欲望强烈到压倒一切，智商便顿减一半。猫对洞中的耗子，通常没辙。但你出了洞，就由不得你了。何晏这只耗子，不但脑袋探出了洞外，大半个身子也已在洞外，只有一支尾巴还在洞内，这一点点可怜的清醒，还能顶个屁用？

公元249年的高平陵事件，其实是司马懿发动的一次政变。本是一匹驽马的曹爽，加之围绕他身边的狡诈奸宄，不成气候的高层子弟如何晏，浮薄文人如丁谧，小人得志如邓飏，走狗跟包如毕轨、李胜之流，哪敌得住老谋深算的司马懿，结果一个个被收狱处死，严惩不贷，最高权力的争夺，总是伴随着刀光剑影、腥风血雨的。耗子玩猫，败局是必然的，更何况这些不成气候之辈，第一，曹爽本人是个没有多大能量的草包，第二，何晏是个聪明但无深远韬略的文人，第三，荀粲、王弼乃夸夸其谈有余，成事不足之徒，第四，邓飏、丁谧、毕轨、李胜更是不成气候的小人。这些耗子统统加在一起，也不是司马懿这只老猫的对手。这位既足智，又多谋，既能忍，又善变，既残忍，又血腥，既除恶务尽，又斩草除根的司马宣王，他所以装病，他所以退让，一是怕急则生变，二是要等待时机。

司马懿真是厉害，在砍何晏的头前，还有兴致跟他开了一个不大不小的玩笑，居然让战战兢兢、大难临头的何晏，主持审理这桩大案要案。难道他会糊涂到看不出自己的下场吗？司马懿会给他好果子吃吗？但知识分子的习性，最容易患得患失，于是他机会主义地以为网开一面，便鞍前马后，屁颠屁颠地积极行动起来。为了立功赎罪，对他昔日友好，旧时同僚，相契知己，挚亲至朋，加以刑讯逼供，穷追猛查不放，无所不用其极，以此来讨司马懿的好，幻想得到宽恕。到这个时候的何晏，风流倜傥全无，言辩文采不存，连悲剧意味也统统失去，而成了一个丑角。

古往今来的"士"，也就是知识分子，有多少人在与统治者的周旋中败北呀！文学家玩政治，和政治家玩文学，是不一样的，政治家玩不好文学，可以不玩，而且哪怕玩得极不成样子，你文学家还不得鼓掌叫好？文学家玩不好政治，后果就十分严重了。何晏的悲剧就在于他近五十年坐冷板凳，倒获得相对的放浪形骸的自由。因此，在这半个世纪的赋闲生活里，著述甚丰，失之东隅，收之桑榆，不也颇有斩获乎？何晏传世有《景福殿赋》一篇，与东汉王延寿《鲁灵光殿赋》齐名。另有《论语集解》10卷，是研究《论语》的重要著作。《道德论》2卷，应该是他集清谈大成的得意之作，现只存有部分佚文。据《世说新语》称："何平叔注《老子》始成，诣王辅嗣（弼），见王注精奇，乃神伏。曰：'后生可畏，若斯人者，可与论天人之际矣！'因以所注为《道、德》二论。"所以，冷落，寂寞，没有掌声和鲜花，对作家来说，未必是坏事。

其实，尽管何晏颓废荒唐，言行不轨，生性放荡，恃才狂傲，在公元219年以前，自儿时就憎恶他的曹丕，为帝王之尊时，也没有动他一根毫毛，任其自便。后来，曹叡继位，这位皇帝也十分讨厌他的浮华，对他"急于富贵，趋时附势"表示嫌恶，但也不曾采取什么钳制措施，顶多就是"抑而不用"罢了。这说明知识分子表现欲的泛滥，有时候，正如孔雀那华丽的羽毛一样，虽然能成为致祸之由，但是，倘不对统治者构成什么威胁，不造成政权安全的危机，也许睁一眼，闭一眼；如果超过帝王所能承受的界限，恐怕就不会泱泱大度了。

当何晏追随曹爽，卷入朝中权力斗争后，与心毒手辣的司马懿来一回耗子玩猫的游戏，而且竟逼得那只老猫不得不演出苦肉计。起初，一朝得志，忘乎所以的他，竟以为自己是猫，对手为鼠。高平陵事件发生之后，他才知道自己终究是只耗子，当司马懿一度缩回去的猫爪子，又伸出来紧紧攫住他的时候，才感觉到离他生命途程的尽头，已经倒计时了。

案子审判告一段落，何晏将判决书呈上去，一方面请司马懿定夺，一方面冀图恩典。谁知司马懿翻阅了他所拟的大开杀戒的报告，然后，竖起大拇指和食指，做八状，示意给他看。

什么意思？何晏何等精明，分明司马懿是要将曹爽的八个追从者满门抄斩，这其中，他是八个中的一个。何晏装糊涂，一个一个地数，将丁谧、邓飏等七个要处决的案犯数完以后，司马懿一个劲摇头，说还不够。

何晏看那张杀气腾腾的脸，知道装孙子也不行了。低声试探地问："难道还包括我？"

司马懿颔首点头道："这就对了！"

于是，当场逮捕何晏，一并斩首灭门。

李斯西行

古代的知识分子，十有九，或十有九点五，对于权力场有着异常的亲和力。因为唐以前的举荐制度，和唐以后的科举制度，统治者除了世袭、荫补、恩赐、捐纳诸渠道外，大部分官员还是按照孔夫子"学而优则仕"的金科玉律，从知识分子中选取的。因此，仕的来源为士，士的目标为仕。这两者基本上等于一块硬币的正面和反面，而其价值中心，则是一个"权"字。有权便有一切，无权便无一切，权比亲爹还亲，权比性命更重。

近代的知识分子是否也如此这般，不敢妄说，但我认识的一些作家、诗人、理论家，和什么也不是的混迹于文坛的人物，那强烈的权癖，那沉重的官瘾，也不让古人。谋取权力，崇拜权力，成为他们的人生取向，虽然戴着文人的桂冠，但更在意那一顶乌纱。于是，随之而来的官场运作，得意而红，失意而黑；背时而暗，风光而亮。那张小花脸上，便可欣赏到：一曰阿谀奉承，磕头巴结，膝行蔺匐，诚惶诚恐的奴才相；二曰卑鄙无耻，不择手段，削尖脑袋，抢班夺权的恶棍相；三曰失去顶子，如丧考妣，致仕回家，痛苦万分的无赖相。大凡一个文人，耽迷于权力场中，就会人格失衡，就会忘却根本，就会像李斯这样完全沉没于权力的渊薮中。

李斯（前280—前208），楚国上蔡人。早年在本地粮库，当过库管员。一个小县城的粮站工作人员，少不了肩挑背扛、码垛翻仓、杀虫防鼠、下乡收粮等体力活，是一项很劳苦，很琐碎，很没有意思的工作。此人不甘庸庸碌碌，当一个以工代干的库管员，终了一生。于是离家去寿春投师，从学荀卿。荀卿乃大师，能拜他门下，成为高足，说明李斯非泛泛之徒。在班上，荀卿特别器重两位同学，一为李斯，一为韩非，他们也是大家公认的尖子生。因为这两位，第一，聪明，第二，能干，第三，有点子，第四，敢作敢为。学业结束以后，身为韩国贵族的韩非，自然回国任要职去了。荀卿知道李斯来自穷乡僻壤，那里的油馍很筋道，熏兔很入味，可县城天地很小，空间不大，一个小人物，既无政治资源，更无后台背景。看他是块料，有治国理政的才能，便为他在楚国首都的政府机关里，谋了一份差事。

儒家看人，往往注重好的一面，荀卿没有发觉这个小地方成长起来的知识分子，其出头欲望，野心叵测的另一面。李斯有他农民的狡猾，只是深藏不露罢了。他婉谢了老师的这份好意，虽然在寿春当公务员，比回上蔡县继续以工代干强上百倍。但他认为不能这样虚度光阴，混吃等死。李斯认为，"楚王不足事，而六国皆弱，无可为建功者，欲西入秦。"他对荀卿说，老师啊，天底下最可怕的事就是卑贱，最痛苦的事情就是穷困，我卑贱到极点，我穷困到极点，当今之务，我不能待在寿春以混日子而满足，而是应该赶紧搭上西行列车，到咸阳去求发达。他相信："今秦王欲吞天下，称帝而治，此布衣驰骛之时而游说者之秋也。"这一来，荀卿才知道这个河南汉子，乃是一个具大抱负、有大志向的学生，不觉肃然起敬。

人生道路，对平庸的人说，走对走错，是无所谓的。走对，好不到哪儿，走错，也坏不到哪儿。而对李斯这样一个强人，敢下大赌注，敢冒大风险，就很难说他入秦是对还是错了。不过，这位上蔡的农民，很坚定，很信心，乃辞别荀卿，西行入秦。

老师也就只好祝他一路顺风了。

他到秦国以后，果然干得出色。历任廷尉、丞相等重要职位，为秦王上"皇帝"封号，废分封而行郡县制，统一六国文字为"秦篆"。"以吏为师"，禁绝私学，焚《诗》烧《书》，罢黜百家，坑杀儒生，钳制文化。严禁文人儒士，是古非今，谤议朝政。同时收缴武器，浇铸铜人，以防造反。这一系列的暴政，大都出自于这位上蔡县库管员的点子。因此，秦始皇视之为膀臂，授之以重任，仕途立现光明。从此顺风顺水，一路发达，他的官也做到了极点，他的辉煌也达到了极点，如此说来，李斯告别荀卿到秦国开拓的这一步路，是迈对了的。

《史记·李斯列传》中记载这个库管员到了咸阳以后，很快就暴发起来，暴富起来，官运暴红起来，连他自己也觉得暴到快要爆炸的程度。"斯长男由为三川守，诸男皆尚秦公主，女悉嫁秦诸公子。三川守李由告归咸阳，李斯置酒于家，百官长皆前为寿，门廷车骑以千数。李斯喟然而叹曰：'嗟乎！夫斯乃上蔡布衣，闾巷之黔首，上不知其驽下，遂擢至此，当今人臣之位无居臣上者，可谓富贵极矣！物极则衰，吾未知所税驾也。'"唐·司马贞在《索隐》中解释："税驾犹解驾，言休息也。李斯言己今日富贵已极，然未知向后吉凶止泊在何处也。"树大招风，高处不胜寒，若是急流勇退不了，在官场绞肉机中，谁也不可能成为永远的幸运儿。问题在于他明白物极必反的道理，爬得越高，跌得越重，混得越红，死得越惨。可就是不肯收手，不甘罢休，不能煞车，不知回头是岸，于是，这位上蔡农民，只能与所有利欲熏心之徒，作恶多端之辈，一步步走向生命的终点。不过他的最后下场，要更惨一点，"具五刑，论腰斩。"

按《后汉书·杨终传》所记："秦政酷烈，违忤天下，一人有罪，延及三族。"唐·李贤注释，"三族"应该是"父族、母族、妻族"。这时，他屈指一算，他的腰斩，要多少颗头颅陪葬，至少好几百条性命，受其株连。在中国历史上，他不是第一个被腰斩者，但他却是第一位被腰斩而死的名人。他最终得到这样一个下场，回想他的西行入秦，到底是对，还是错，又得两说着了。①

①唐朝的大诗人李白，有一组题名《行路难》的诗，其中之三，提到李斯在腰斩前一刻的后悔，这厮得意时，肯定没少腰斩别人，现在轮到他自己来领教这刑法，悔也晚矣！"陆机雄才岂自保，李斯税驾苦不早。华亭鹤唳讵可闻？上蔡苍鹰何足道！"现在通行的《史记》版本，只有"吾欲与若，复牵黄犬，俱出上蔡东门逐狡兔，岂可得乎"这一句，而从王琦注引《太平御览》曰："《史记》曰：'李斯临刑，思牵黄犬，臂苍鹰，出上蔡东门，不可得矣。'考今本《史记·李斯列传》中，无'臂苍鹰'字，而李白诗中屡用其事，当另有所本。"看来，李白所据的古本《史记》，今已佚失。

一般来讲，在田野里捕猎狡兔，鹰比犬更有用些。今本《史记》删节"臂苍鹰"，也许并无道理。

如果他不迈出这一步，继续在粮站当库管员，到点退休，领养老金，一样也活得自在，至少落一个正常死亡。李斯未发迹前，在上蔡那座小城里，放步东门，纵犬丘陵，兔奔人追，驰骋荒野，还是满自在的。尤其，夕阳西下，满载而归，尤其，四两烧酒，合家共酌。这种其乐融融的日子，老此一生，虽然平常、平淡，可平安，不比享尽荣华富贵，最后得一个腰斩咸阳的结果，强得多多？因为那是真正自由的快乐，发自内心的快乐，绝对放松的快乐，无忧无虑的快乐，最最底层的普通人的苦中之乐，最最贫苦老百姓的穷中作乐。可在他走出老家上蔡，来到秦国为相后，就不再拥有这样实实在在的快乐。获得权力，自然是大快乐，但是，这种紧张和恐惧的快乐，疑虑和忐忑的快乐，随时会被剥夺，随时会降临灾难的快乐，物质虽丰富，精神却苦痛的快乐，到了上夹板腰斩的此时此刻，面对着与他同死的儿子，除了"牵犬东门"的那一份至真的快乐，还有什么值得回味，值得怀念的呢？

聪明的人，不一定就是理智清醒的人；能干的人，不一定就是行事正确的人。有点子的人，不上正道的点子，是既害人又害己的，而敢想敢干的人，一旦为非作歹起来，那破坏性会更大。荀卿的这位学生，始皇死后，为了巩固其既得利益，阿顺苟合于赵高，那是一个心毒手辣，无所不用其极的坏蛋。贪恋高官厚禄的李斯，利欲熏心，竟与魔鬼结盟，参与密谋矫诏，立胡亥而逼死扶苏。秦二世当权，自然宠信赵高，这是他失算的地方，胡亥智商不高，而智商不高的人，容易接受声色犬马，你李斯跟他大谈治国理念，宣扬专制政策，绝对是对牛弹琴，那浑蛋怎么听得进去？这位上蔡农民，以种庄稼的经验，这一茬不行，赶快换第二茬，改弦易辙，转变方向，怂恿他肆意广欲，穷奢极乐，建议他独享天下，恣其所为，向二世拼命讨好，巴结献媚。

赵高哪能容得指鹿为马的胡亥，任由李斯操纵。本是他手中玩弄的傀儡，我玩可以，你玩不行。便设计构陷，令其上套，使二世嫌弃他，捏造事实，不停诬告，使二世憎恶他。加上李斯的儿子李由，先前未能阻击吴广等起义农民军西进获罪，新账老账一块算，以谋反罪腰斩于咸阳，那是在公元前208年。②

②《史记·李斯列传》的结尾，司马迁感叹："李斯以间阎历诸侯，入事秦，以辅始皇，卒成帝业，斯为三公，可谓尊用矣。斯持爵禄之重，阿顺苟合，严威酷刑，听高邪说，废嫡立庶。诸侯已畔，斯乃欲谏争，不亦末乎！"

问题在于利令智昏，尤其在庄稼地里跌打滚爬出来的老农民，目光之短视，心胸之狭隘，做事之投机，行径之取巧，往往会因眼前的、一时的、局部的，甚至个别的现象，而改变大方向、大格局、大前景、大事业，以至于功败垂成，坐失良机，大好形势，毁于一旦。当李斯即将进入其生命倒计时的最后一刻，无论怎样的后悔，也来不及了。

历史是不相信眼泪的，所以，我特别膺服捷克作家伏契克《绞刑架下的报告》里，那最后一句语重心长的话，"人们，我是爱你的，可你要警惕啊！"因此，无论什么样的诱惑，金色的，银色的，红色

李斯西行

的，黄色的，粉红色的，甚至五彩缤纷美轮美奂的，我们都应该尽量离得远些，更远些；看得淡些，更淡些；想得少些，再少些，这就是"东门犬"这样的典故，所蕴涵的时代意义。

"二世二年七月，具斯五刑，论腰斩咸阳市。斯出狱，与其中子俱执，顾谓其中子曰：'吾欲与若复牵黄犬俱出上蔡东门逐狡兔，当可得乎！'遂父子相哭，而夷三族。"这句既是临终，也是临别的话，"牵犬东门，岂可得乎！"便成为悔之晚矣的传世名言。

李斯所以要走出上蔡，所以要西去相秦，所以能够发达到"富贵极矣"的富贵，"当今人臣无居臣上者"的显赫，起因说来可笑，却是由于他受到老鼠的启发。这就是《史记·李斯列传》开头所写的，"年少时，为郡小吏，见吏舍厕中鼠食不絜，近人犬，数惊恐之。斯入仓，观仓中鼠，食积粟，居大庑之下，不见人犬之忧。于是李斯乃叹曰：'人之贤不肖譬如鼠矣，在所自处耳！'"厕所中的耗子，吃的是粪便，一见人来狗叫，慌忙逃避；粮库里的耗子，无一不吃得肥头大耳，膘满体壮，而且永远没有饿肚子的恐慌，永远没有人犬的惊扰，永远没有刮风下雨的忧虑。于是，他感到自己其实的渺小，真正的不足，上蔡这巴掌大的县城，对他这只具大抱负、有大志向的耗子来讲，就是"厕所"而不是"粮仓"了。

司马迁说李斯不过是"为郡小吏"，那口气是鄙夷的。他所担任的那个职务，城关粮站的库管员，在一群乡巴佬中间，也算得上是出人头地的区乡干部了。但这个相当寒伧的土老帽儿，目标正西方，一步一步向咸阳走去，那绝不回头的蛮劲和冲劲，真是值得刮目相看。一开始，李斯并未想投奔秦始皇，只要不当"厕"中之鼠，能够进入秦国统治集团，在那样一个"仓"中为鼠觅食，就相当满意了。但这个农民越走信心越大，越走野心越盛。中国农民，当他束缚在一亩三分地上的时候，手脚放不开，头脑也放不开，那种庄稼人的小心眼、小算盘、小天地、小格局、小农经济、小家子气，为其基调。然而，当他离开土地，离开乡村，变成一无所有的流氓无产者之后，马上就会成为毫无顾忌的、横冲直撞的、否定秩序的、破坏规则的强悍分子。攫取和获得，便是他们的主旋律。李斯到达咸阳，就不再是原来一口豫东口音的上蔡老帽儿，而是满嘴地道秦腔秦韵的政坛新秀。

第一步，他知道吕不韦崇拜荀卿，便以荀卿弟子的身份，"求为秦相文信侯吕不韦舍人，不韦贤之，任以为郎。"第二步，他知道秦始皇和吕不韦的血缘关系，便由吕牵线，得以向这位帝王进言："夫以秦之强，大王之贤，由灶上骚除（如除炉灶尘土一样容易），足以灭诸侯，成帝业，为天下一统，此万世之一时也。今怠而不急就，诸侯复强，相聚约从，虽有黄帝之贤，不能并也。"第三步，他出主意："阴遣谋士赍持金玉以游说诸侯，诸侯名士可下以财者，厚遗给之。不肯者，利剑刺之。"从则给钱，不从者要命，李斯这两手都是够恶够狠的。③

③ 汉·主父偃说过："鄙儒不如都士"，是有道理的。自古以来，由于城乡差别与受教育程度不同的素质差异，由于远离城市和隔绝文明的闭塞心理，由于缺乏广泛社会联系和多面人脉联系的无援状态，从乡野农村里走出来的知识分子，获得权力的几率，较之城市知识分子要低得多。所以，在权力场的争夺中，那些渴嗜权力而机遇不多的乡下人，往往比城市人更多冒险意识，更多投机心理，也更多赌徒思想，更多不遵守游戏规则，更多为达目的而不择手段。而李斯，比他人更无顾忌一些，更愿意采取非常行径。按劣币驱除良币的定律，正是这份野心，使他在秦国权力场的斗争中，倒容易处于优势地位。

就在帝国权力场中的不停洗牌中，李斯脱颖而出，所向披靡，攀登到权力顶峰。

他走出上蔡时，没想到会成为世界上这个顶尖强国的首相。所以，当可能的敌手韩非，他的同班同学，出现在秦国地面上，他就以他撵兔子的那肌肉发达的腿脚，坚定地要踏死这位贵族公子。尽管李斯在学养上，在谋略上，在文章的思想深度上，在决策的运筹力度上，远不是这位同窗的对手，但在卑鄙和无耻上，在下流和捣乱上，李斯做得出的事，韩非却干不出来。这位高傲的王子，永远超凡脱俗，永远高瞻远瞩，永远扬着那思虑的头颅，注视着动乱不已的六国纷争，却从不提防脚下埋伏的地雷，和一心要算计他的红眼耗子李斯。因为他虽然跟李斯同样聪明、能干，有点子，敢作敢为，但却偏偏没有李斯的那狼子野心。

应该说，人，有一点野心，也无妨的。虽说野心二字，口碑不佳，但不完全是坏东西。野心会成为个人进取的推动力，朝着一个目标前进，并全身心投入，为之奋斗不已。不过，若是野心过了头，野心大到蛇吞象的地步，不择手段地去攫取，贪得无厌地去占有，无所不用其极，排除一切障碍，不达目的，死不罢休，野心而成家，那就是很可怕的了。李斯相秦，厥功甚钜。应该这样看，始皇帝的千古功绩，有一半得算到李斯的头上；同样，嬴政的万世骂名，也有一半是他出的坏主意所招来的。因为他无法容忍韩非出现在始皇帝的视野里，李斯这个非常之人，就有可能做出非常之事，将他干掉。韩非一向口吃，不善说道，本来也没有必要和盘托出。话说半句，留有余地，岂不更为主动？可这位贵公子，绅士风度，贵族派头，竟然对李斯说，学长，让咱们两个人联手起来，共同襄助始皇帝成就这番平定六国、统一天下的宏图伟业吧！

李斯想不到这位同班同学，对他半点不设防，以为他还是当年班上的乡巴佬呢！于是，他做出农民式的天真无邪状，一脸朴质地问："不知吾王意下如何？在下可是轻易不敢造次呢！"

韩非觉得不应该瞒住老同学，一点也不口吃地说出真情。"那你就无须多虑了，陛下金口玉言，说早就虚位以待，等着我的到来。"

当天晚上，李斯求见秦始皇，"陛下要委韩非以重任？"

"朕早说过，寡人若得此人与之游，死不恨矣！"

他阴险地一笑，"陛下欲并诸侯，韩国不在其中乎？"

"哪有这一说！"

他匍匐在台阶下，一把眼泪，一把鼻涕，"陛下别忘了，韩非为韩公子，是有家国之人。最终，他的心是向着他的故土，而不是陛下。这点道理，圣明的大王呀，你要作出睿断啊！"秦始皇一皱眉头。然后挥手，示意退下。李斯走下丹墀，心里盘算，明年的这一天，该是他老同学的祭日了。雅贵出身的韩非，想不到李斯端给他的，不是羊肉泡馍，不是桂花稠酒，而是一碗鸩药。

当公元前210年，秦始皇出巡途中，在沙丘平台驾崩后，赵高一手策划的宫廷政变中，想不到一个如此精明老到，如此能言善辩，如此才睿智捷，如此计高谋深的李斯，竟成了处处挨打、事事被动、步步失着、节节败退的完全无法招架的庸人。看来大鱼吃小鱼，小鱼吃麻虾，一物降一物，此话不假。韩非败在李斯手中，因为他不是野心家。李斯败在赵高手下，则是这个最大的野心家，偏巧碰上了最坏的黑社会。什么叫黑社会，第一，绝对不按规则发牌；第二，绝对不在乎罪恶；第三，绝对无任何道德底线。一个曾经是纵横捭阖，兼吞六国，明申韩之术，修商君之法，入秦三十年来，无不得心应手的超级政治家李斯，怎么能事先无远见卓识，猝不及防；事中无应变能力，仓皇失措；事后无退身之计，捉襟见肘，竟被智商不高的赵高、基本白痴的胡亥，玩弄于股掌之上？

赵高对李斯说："上崩，赐长子书，与丧会咸阳而立为嗣。书未行，今上崩，未有知者也。所赐长子书及符玺皆在胡亥所，定太子在君侯与高之口耳。事终如何？"李斯一听，立马魂不守舍。"安得亡国之言，此非人臣所当议也！"从李斯这番话，说明他至少还有所谓的"人臣"的禁条和纲纪，尽管此人野心可怕，什么当做，什么不当做，还是有分际的。矫诏，岂是人臣敢为之事，连想都不敢想的。但绝对不怕天打五雷轰的赵高，即使意大利西西里岛上的教父，也对他的黑手之狠之毒望尘莫及。赵高看着李斯那张不以为然的脸，接连抛出五句话，如同五把钢刀，刺在这位库管员的心口上。"你的才能超过蒙恬？你的功劳高过蒙恬？你的谋略胜过蒙恬？你的声望名誉好过蒙恬？你与扶苏的私人情谊深过蒙恬？"

虽然，李斯明白，扶苏嗣位，必重用蒙恬，他就得谢幕，他是一点戏都没有的。但是，他觉得西出潼关，这多年来扶摇直上，秦始皇待他不薄。"俺不过是河南上蔡的一个平头百姓，现在成为丞相，位列诸侯，子孙显贵，家有万贯，这全拜始皇帝所赐，我是不会背叛的，你就别再说了，我可不愿意跟着你犯错误。"赵高那张不长胡子的太监脸，不阴不阳地笑了两声："阁下怎么就不明白呢？就变从时，圣人之道，你我同心，鬼神不知。"接下来，面孔一板，"你要是听我的安排，保管你吃香喝辣，荣华富贵，你要是不肯合作的话，祸及子孙，我想想都替你寒心啊！"

库管员最擅长的本领，就是在斤两上打算盘。这个被挟持住了的李斯，心中小九九算了好几遍，要不与魔鬼签约，从此一切归零，只有共同作恶，才是唯一生路。呜呼，他打心里愿意吗？他不愿意。可不愿意的结果是什么，他太了解这个被劓的黑社会教父，又岂能饶了他？"仰天而叹，垂泪太息曰：'嗟乎，独遭乱世，既以不能死，安托命哉！'"这一下，李斯碰上赵高，交手不过一二回合，便溃不成军，败下阵来。《史记》是这样写的："于是，斯乃听高。高乃报胡亥曰：'臣请奉太子之明命以报丞相，丞相斯敢不奉命！'"

赵高吃准了这个李斯，他绝不肯交出权杖。权杖是他的命，他能不要命吗？李斯往日的杀伐果断也不知跑哪里去了，其实他拥有这个国家举世不二的权力，却无法反扑这个割了男根的阉臣，只好举手投降。有什么办法呢？中国的士人，智商未必低，头脑未必傻，对于形势，对于时事，对于大局，对于前景，未必就看不清楚，问题在于权力这东西，易上瘾，难丢手，而使得他们在行、止、进、退上拿不定主意。他何尝不想急流勇退，他何尝不想平安降落，但要他作出决断，立刻斩断与官场的牵连，马上割绝与权力的纽结，再做回早先的平头百姓，再回到上蔡东门外，遛狗放鹰逮兔子，那真比宰了他，还要痛苦，还要难受。

其实，库管员李斯的发迹史，与我们这个世界上所有成功的人，走的是同一条路。第一，善于抓住机遇；第二，敢于把握机遇；第三，充分利用机遇。人的最可贵之处，就是有这一份自知之明，但是，人的最糟糕之处，就是不知道自己吃几碗干饭。④

④ 当你的才华，已经达到极致，再也不能产生激情；当你的智慧，已经迈上顶巅，再也无法制造惊奇；当你的年龄，已经不再辉煌，再也难有当年的力气；当你的周围，已经新人辈出，后浪在推前浪，这时候，即使你还在功成名就之际，即使你还在众望所归之时，能够及时急流勇退，能够及时新陈代谢，才是一种思想境界达到相当层次的行为，也是一种具有睿智的人物才能做出的行为。

然而，对那些已经在权力场中厮混过来的文人们来说，尝到甜头，得到好处，捞到实惠，分到利益，所谓"食髓知味"，便停不下脚，住不了手，轻易不肯退场。这也是我们当下文坛上那些看腻了的面孔，成为极其倒胃口的视觉污染，弄得大家很败兴的原因。

因此，有自知之明者，能懂得什么时候该行，什么时候该止，而没有自知之明者，或欠缺自知之明者，或一帆风顺失去自知之明者，往往掌控不了自己什么时候该进，什么时候该退。

人的一生，全在这"行止进退"四个字上做人做事。李斯要是早想到"税驾"的话，也许不至于被腰斩的。

人老莫作诗

活到老，不难；

活到老，写到老，也不难；

活到老，写到老，还写得好，就难了；

而活到老，写到老，还写得好，居然竟是写诗，那就更难了。

所以，袁枚建议诗人，要懂得适可而止、见好就收的道理，上了年岁以后，就不必献丑了。袁枚生于1716年，死于1797年，活了八十岁的这位老诗人，道出"人老莫作诗"的警醒之语，恐怕也是他一生创作的经验总结。

袁枚这人，生前死后，口碑不算很好。连他视为好友，同为"江右三大家"的赵翼、蒋士铨，也对他明里暗里的不以为然。这种情况，袁枚了解吗？我想他当然有所耳闻，他不傻。但我佩服袁枚的高明，知道了也当不知道，照旧当他们的老大哥，领导潮流。我还相信，他不认为自己这样的活法不好，其实，每个人都有他自己的活法，他认为好，你认为不好，很难得出谁对谁错的结论。既然他的活法没有妨碍到你，更没有影响到别人，而且也未曾征求你对他的活法发表观点和看法，你一定要狗拿耗子，多管闲事，说长道短，褒是论非，那就很无趣了。

不过，他的"人老莫作诗"的看法，无论过去，还是现在，都是很具有针对性的。

袁枚此言，出自他的诗，载于《小仓山房诗集》卷二十五。

"莺老莫调舌，人老莫作诗。往往精神衰，重复多繁词。香山与放翁，此病均不免。奚况于吾曹，行行当自勉。其奈心感触，不觉口咿哑。譬如一年春，便有一年花。我意欲矫之，言情不言景。景是众人同，情乃一人领。"

香山，即唐代的白居易（772—846）；放翁，即宋代的陆游（1125—1210），两人都为高龄诗人，同时，还是高产诗人。高龄可以高产，但高产不见得高质，后人对这两位大师的晚年之作，颇有一些负面评价。若白居易，明人王世贞称："极其冗易可厌者。"清人王夫之称："一失而为白乐天，本无浩渺之才，如决池水，旋踵而涸。"若陆游，清人朱彝尊称："诗家比喻，六义之一，偶然为之可尔，陆务观《剑南集》，句法稠叠，读之终卷，令人生憎。"清人田同之称："不免于滑易。"

袁枚的另一部脍炙人口的《随园诗话》，卷十四，第五十九节，也说到类似的这层意思。

"诗者，人之精神也；人老则精神衰惫，往往多颓唐浮泛之词。香山、放翁尚且不免，而况后人乎？故余有句云：'莺老莫调舌，人老莫作诗。'"

由此看来，不得不承认，写诗属于年轻人的专利，你就看俄国的普希金、莱蒙托夫，英国的拜伦、雪莱，中国的李白、李贺、李商隐、杜牧等诗人的创作经历，就知道他们都是在生命史上的黄金时代，写出一生中最好的诗。休看这些外国的、中国的诗人，寿命都不长，有的甚至等于夭折早殇，但他们却像苍穹里一闪即逝的流星，将他们最绚丽、最光彩的一刹那，照亮天际，划破长空，给人留下难能磨灭的印象。

因此，体会袁枚的思路，无妨作如此理解，先生们，女士们，到了谈不动恋爱的年纪，最好就不要写诗了。干什么都可以，就是不要写诗，恋爱谈不动，诗也写不好的。

我们知道诗人写诗，是一次心血的煎熬，需要热血沸腾，需要心跳加速，才能迸发出"语不惊人死不休"的诗句，与谈恋爱一样，是很费精神，很用力气的事情。有人说，诗和爱是孪生兄弟，有人说，诗是爱的副产品，也有人说，爱有多深，诗有多好，道理就在这里。由此推论，一个文人，老了，见到明眸皓齿、婀娜动情、青春靓丽、笑靥迷人的小女子，竟然槁木死灰似的无动于衷，竟然心如古井般的波澜不惊，你还指望他会涌出什么诗情来呢？

所以，基本上失去性趣（系"性"趣而非兴趣）的文人，说句不中听的话，只不过是苟且地活着罢了，既谈不上什么勃勃生机，也谈不上什么创造精神。不但莫作诗，连小说最好也莫作才是。[1]

---

[1] 我一直觉得，曹孟德那首《步出夏门行》中"神龟虽寿"一节，其中"老骥伏枥，志在千里；烈士暮年，壮心不已"一句，很教那些

下野的政客、过气的文人、没落的名流，以及不再重要的要人，如何地坐卧不安，如何地五脊六兽，以及如何地要重出江湖，要奋斗到底，实在是大大的误解和误读。他们不明白，马是马，骥是骥，马中可能有被埋没的骥，但骥中绝无普通的马。所以，只不过是一匹老马，却认为自己为老骥，那可是上了曹操的当。

人老之后，作诗不辍，很大程度上也是因此之故。

曹操这句"老骥伏枥"，弊端不小，后患无穷。一干老爷子、老人家、老名流、老半吊子，不安于位，不识时务，不知进退，甚至不懂好歹，无不由此而起。中国人习惯于敬老，对这班为老不尊者，通常也都尽量礼让。而大家对于前辈的回护之心，反而益发助长那些具有"老骥"情结的人，老而不肯老，老而不服老，自我感觉好得不得了。不上主席台，难受；上了主席台，不居中，难受；上了主席台，居中了，不拿麦克风，更难受。可他上了主席台，居中了，拿麦克风了，那陈谷子烂芝麻的车轱辘话，来回倒腾没完没了，让台上台下不知有多难受，那他是绝对感觉不到的。

在文学领域里，诗和小说，纯粹是形象思维在起作用的天地。王国维在《人间词话》中说："古今之成大事业大学问者，必经过三种之境界。昨夜西风凋碧树，独上高楼，望尽天涯路，此第一境也。衣带渐宽终不悔，为伊消得人憔悴，此第二境也。众里寻他千百度，蓦然回首，那人却在，灯火阑珊处，此第三境也。"作诗与写小说的心路历程，基本也是这样的。而要达到如此三种境界，则源自本我，始自潜意识的性之趣，爱之情，欲之真，望之切，虽然不是构成文学艺术魅力的全部，但却是起到关键作用的因素，这也是中外古今文学史所佐证了的。

你已经干涸了，你已经枯竭了，你已经不再是鲜活的血肉之躯，你已经成为木乃伊状的文学人，还能写出什么爱恨情仇，教读者为之歌、为之泣、为之呐喊、为之怒吼呢？诗就是要人血液沸腾的，温吞水的诗叫诗么？小说就是要人精神激动的，看了直打瞌睡的小说叫小说么？我们常说，性情性情，必须有真性情，才是真文学。汉语中的这个词汇，"性"虽是"性格"的"性"，但从文学创作的角度衡量，这个"性"，其实更接近奥地利那位医生弗洛伊德所说的"性"。

在弗洛伊德看来，人的行为、行动、思维、欲望、感情、性格、禀赋、天资，乃至所有一切精神现象，都是体内性激素的衍生品，这种论断当然过于绝对化；但人的新陈代谢的总规律，大致是符合《红楼梦》中"护官符"所云的"一荣俱荣，一衰俱衰"的规律。当阁下的头脑有点糊涂，记忆有点失灵，胃口有点减退，手脚有点迟笨时，那也就是说，到了这一天，你老先生的性能力，不可能一枝独秀，独领风骚，你老太太的荷尔蒙，不可能还继续斗志昂扬，百折不挠。由于到了这把岁数，性之不振，情之式微，心之无力，气之不继，那性激素就像散了黄的鸡蛋，拿捏不起，动弹不得。因此，灵感也就难以升腾，思路也就不能畅通，风雅也就无从得起，文采也就黯然褪色。在这种状态下写出来的诗或小说，肯定就不好看了。所以，性趣（系"性"趣而非兴趣），可以作为文人自我观察的一个指标，若是不战而降，雄风不振，就要考虑是不是还继续写诗下去，是不是还继续写小说下去。

所以，袁枚说："香山与放翁，此病均不免。奚况于吾曹，行行当自勉。"既是当头棒喝，也是至理名言。这种"人老莫作诗"的提醒，真是太适时的警示。

每个人在其生命周期里，感性的自己，和理性的自己，总是处于不停适应、磨合、调整、改变之中，这既是一个相辅相成、相制相克、此消彼长、逐步成熟的过程，也是人在各个年龄段得以充分发挥所长的过程。少年期和青年期，血气方刚，不平则鸣，冲动、激动、躁动、骚动，适宜于写诗歌，作小说；中年期和老年期，知性理智，求真务实，沉静、文静、安静、稳重，应该做学问，搞研究。因此，文若河悬，思似泉涌，笔底生花，倚马可待，是年轻诗人、年轻小说家所拥有的强势，而埋首书海，剔微钩沉，钻研学问，深入堂奥，是那些有了点年岁，有了些识见的文人所拥有的长处了。②

② 袁枚与赵翼、蒋士铨，为乾隆时期的江右三才子。他出道较早，据《清史稿》载：袁枚"年十二，补县学生。会开博学鸿词科，海内学者二百余人，枚年最少。试报罢，乾隆四年成进士，选庶吉士"。然后分派江南，做了大概不到十年的知县，就辞职不干了。据姚鼐《袁随园君墓志铭》的说法："君仕虽不显，而世谓百余年来，极山林之乐，获文章之名，盖未有及君也。"

清代的康、雍、乾三朝，是中国历史上文字狱案件的高发期，甚于明代的洪武、永乐两朝。鲁迅在《中国小说史略》里分析："雍乾以来，江南人士慑于文字之祸，因避史事不道，折而考证经子以至小学，若艺术之微，亦所不废。惟语必证实，忌为空谈，博识之风，于是亦盛。"袁枚提倡诗的"性灵说"，其实大目标还是一种背对政治的回避，脱离现实的遁逃，在那样一个动辄获咎的文字狱年代里，也许把玩性情文字，况味小我人生，追求清虚境界，努力不看苦难，是既安全又轻勉的为文之道。

袁枚、赵翼、蒋士铨，未能随着年事的增高，思想的成熟，学养的完善，声望的光大，而在文学境界上的提升层次，人文意识上的自由觉醒，社会责任上的文人承当，标榜史册上的自我期许，有些什么推进，有些什么表现，说得好听一点，是时代的局限，说得刻薄一点，当时统治者的意识形态恐怖，已经在精神上将他们阉割了。

话说回来，"少年不识愁滋味，为赋新诗强说愁"，或者，"老夫聊发少年狂"，"将谓偷闲学少年"，这种偶一为之的颠倒差错，在人的一生中，是难免要发生的。不能因为过去领导潮流，现在还领导潮流，就必须继续写诗，领导潮流到底；不能因为曾经名满天下，现在还名满天下，就必须继续写小说名满天下到底。这种永远感觉不到"时差"的文人，自我感觉良好，一首一首地写，一篇一篇地写，让大家知道他活着，实在是够累的。

在文学世界里，感情膨胀，血性方盈，天马行空，无拘无束，是年轻诗人展现才华的大好时光；意气风发，活力充沛，自由驰骋，浮想万端，是年轻小说家笔走龙蛇的丰收季节。而上了年纪的文人，深刻思考，是其强项；逻辑推理，是其擅长；知性认识，是其特色；经验积累，是其财富，这种理性思维应该是适合于非感性、非形象的文体创作。而对诗和小说而言，固然也是不可缺少的因素，但绝非必需的、起决定作用的因素。这就好比做豆腐时，卤水或石膏，是不可少的，但添多了，倒有可能将一锅豆浆做坏，只好倒进泔水桶里当猪食。这也是当前，好多无性趣之人写出来的诗，有一股泔水气味；好多谈不动恋爱之人写的小说，有一种猪食感觉的原因所在。

老猫躺在沙发上打呼噜，晒太阳，正常，小猫在屋子里跳跳蹦蹦，难得安闲，也正常；反过来，小猫吃了睡，睡了吃，懒得动弹，就不正常，老猫精神百倍，上蹿下跳，撞倒瓶子，打翻葫芦，肯定是不正常而且反常了。因此，一位诗人，一位小说家，活到老，写到老，还执迷不悟地要去写不好的诗、不好的小说，真是教人不敢恭维的。

"廉颇老矣，尚能饭否"，但终于遮掩不住"一饭三遗矢"的尴尬。要知道，雄风的零状态，激素的空洞化，随之而来的，必然是血液流动的速度放慢，亢奋不起来；必然是感情膨胀的系数降低，激动不起来；必然是形象思维的能力变弱，浪漫不起来。一个老作家，一个大作家，一个名作家，既不亢奋，又不激动，更不浪漫，才气何在？灵感哪有？能写出什么好诗、好小说呢？

他忘了，他的文学春天已经是过去式，上帝不会为他创造奇迹，更不会给他百分百，早把脸掉过去，拿背脊冲着他了。正如秋后拉秧的老黄瓜种，与早春顶花带刺，碧绿鲜嫩，清香扑鼻，露水犹存的当令黄瓜不可一比的道理相同。一个文人，无论古今，无论中外，到了不再有孩子气，不再做白日梦，不再心潮澎湃，不再浮想联翩，甚至不再惹是生非，不再君子好逑，不再心猿意马，不再好色如好德，以至贼心贼胆统统付之阙如的年纪，还要搜索枯肠在那里"挤诗"、"挤小说"，真是一件对自己、对别人都苦不堪言的事情。

如果我们翻检一下《鲁迅著译年表》，这位大师的创作经历，对我们便更有启发了。

他活了 56 岁，早期的文言文写作略去不记，用白话文写作，始自 1918 年，至 1936 年病逝。③

③ 先后共十八年，前九年，主要是写小说；

38 岁，作《狂人日记》《孔乙己》；

39 岁，作《药》《一件小事》；

40 岁，作《风波》《头发的故事》；

41 岁，作《故乡》《阿 Q 正传》；

42 岁，作《端午节》《白光》《补天》；

44 岁，作《祝福》《在酒楼上》《肥皂》；

45 岁，作《高老夫子》《伤逝》《离婚》；

46 岁，作《奔月》。

后九年，主要是写杂文。

47 岁，出版《华盖集》《坟》；

48 岁，出版《华盖集续编》《而已集》；

52 岁，出版《三闲集》《二心集》；

53 岁，出版《伪自由书》《南腔北调集》；

54 岁，出版《准风月谈》；

55 岁，出版《花边文学》《且介亭杂文》《且介亭杂文二集》《集外集》。

虽然，他曾经有过一部长篇小说《杨贵妃》的写作计划，甚至为此还到过唐代古都长安去考察过。据他给日本友人山本初枝的信，"五六年前我为了写关于唐朝的小说，去过长安。到那里一看，想不到连天空都不像唐朝的天空，费尽心机用幻想描绘出的计划完全被打乱了，至今一个字也未能写出。原来还是凭书本来摹想的好。"试着想一想，即使像鲁迅这样的大师，尚有心劳日拙，力不从心之憾，尽管生活之树常绿，但由于光阴催生华发，青春不再我有，已经不能心飞神驰地去展开想象的翅膀，还能虚构出什么精彩呢？他在写了几篇历史小说以后，戛然而止，再也没有写过一字小说，完全投入杂文写作当中。

等而下之的我辈后人，到了这把岁数，感觉迟钝，神经麻木，脑细胞僵化，审美能力低下，还能给读者虚构出什么为之心动的美学形象呢？

年纪，要紧的就是这个年纪，什么年纪上该干什么，什么年纪上不该干什么，都是有一定之规的。而如果翻翻文学史，巴尔扎克，那个债鬼；陀思妥耶夫斯基，那个赌棍；卡夫卡，那个肺结核患者，查查他们的创作年表，都是在什么年岁上，写出他们最好的小说，恐怕就有更清醒的认识。甚至那些得享高寿的文学大师，如列夫·托尔斯泰的《战争与和平》《安娜·卡列尼娜》《复活》，如雨果的《九三年》《悲惨世界》《巴黎圣母院》，也都是盛年期结出的丰硕之果。由此，不能不想到袁子才的这句诗，"人老莫作诗"，确实是颠扑不破的真理。对文人而言，要是你不再年轻，写诗、写小说，就得谨之慎之了。

民间有一句谚语，曰"少不看《水浒》，老不看《三国》"，表明年龄差别的重要意义。所以不建议年轻人读《水浒传》，因为担心经受不住梁山好汉"大碗喝酒，大块吃肉，论秤分金银"的诱惑，而越位造反，而铤而走险；同样，也是害怕老年人读了《三国演义》之后，会被书中之计谋、之盘算、之权术、之吊诡所吸引，所影响，而心思多端，谋划成精，老奸巨猾，难以叵测。这句谚语，尽管消极，但也无妨我们作积极的理解，这就是说，人活一辈子，年轻时感情丰富，神气十足，下笔千言，出口成章，正是写诗、写小说的绝佳时期；而老年人，到了"世事洞明皆学问，人情练达即文章"的岁数上，其睿智、成熟，其圆通、豁达，哪怕是只语片言，断篇残简，也是弥足珍贵的经验之谈，恐怕最好写一些诗和小说以外的东西，量身定做，自娱自乐，那是再开心不过了。

《随园诗话》卷十四，第三十三节，说明袁枚也是老了以后，才悟到理性之长，感性之短，该做什么，不该做什么：

余七十以后，过宴饮太饱，夜辄不适。读黄莘田诗曰："老似婴儿防饮食，贫如禁体作文章。"叹其立言之妙。然不老亦不能知。古渔有句云："老似名山到后知。"

所以，写了一辈子诗，年过八十岁的袁枚，得出"人老莫作诗"的结论，也是体会太深的经验之谈吧？而他在诗中援引的陆放翁，与他同时代的另一位诗人赵翼，对陆的晚年之作，有着相当详尽的考证。

放翁万首诗，遣词用事，少有重复者。唯晚年家居，写乡村景物，或有见于此又见于彼者。《老境》云："智士固知穷有命，达人原谓死为归。"《寓叹》又云："达士共知生是赘，古人尝谓死为归。"《晨起》云："大事岂堪重破坏，穷人难与共功名。"《客思》又云："壮士有心悲老大，穷人无路共功名。"《夜坐》云："风生云尽散，天阔月徐行。"《夜坐》又一首云："湖平波不起，天阔月徐行。"《冬夜》云："残灯无焰穴鼠出，槁叶有声村犬行。"《枕上作》又云："孤灯无焰穴鼠出，枯叶有声村犬行。"《郊行》云："民有袴襦知岁乐，亭无桴鼓喜时平。"《寒夜》又云："市有歌呼知岁乐，亭无桴鼓喜时平。"《羸疾》云："羸疾止还作，已过秋暮时。但当名百药，那更谒三医。"《题药囊》又云："残暑才属尔，新秋还及兹。真当名百药，何止谒三医。"此则未免太复，盖一时凑用完篇，不及改换耳。（赵翼《瓯北诗话》）

虽然，赵翼说得相当委婉，而且，对这位宋代诗人评价也相当的高，"今合计全集及遗稿，实共一万余首。自非才思灵敏，功力精勤，何以得此，信古来诗人未有之奇也。"但活得太老之后，写得太多之后，气力不足，用心不够，就免不了瑕疵，免不了遗憾。

袁枚，赵翼，还有蒋士铨，统称之为"江南三才子"或"乾隆三大家"。袁枚生于康熙五十五年（1716），卒于嘉庆二年（1797），81岁；赵翼生于雍正五年（1727），卒于嘉庆十四年（1809），82岁；蒋士铨生于雍正三年（1725），卒于乾隆五十年（1785，一说卒于1783年，约60岁），他们三人，既是交往甚得的文友，也是互不买账的同行。这其中，论快活自在，论滋润自得，论无拘束无羁绊，论不官不民却名闻天下者，当数袁枚。加之擅炒作，广交际，常出游，好招徕，活跃诗坛六十多年。生前有名，死后仍旧有名，生前有人对他不以为然，死后对他也是议论纷纭。

民国期间，佚名所著《慧因室杂缀》载：

随园生前，才名遍海内外，高丽琉球，争购其诗。其实借名诗话，以结纳公卿，招致权贵，颇有一种狡猾手段。当时同辈如赵瓯北等，已多诋哄之。及其身后，诟之者犹众。袁之门生某尝私刻印："随园门下士。"后受舆论攻击，乃复刻曰："悔作随园门下士。"张问陶初亦崇拜子才，名己之诗集曰《推袁集》。袁殁后，更名《船山诗抄》。

袁枚之被人不屑，是一回事，他的文学观点，又是一回事；他自称"好味，好色，好葺屋，好游，好友，好花竹泉石，好珪璋彝尊鼎、名人字画，又好书"。此言此语，此德此行，颇受訾议，是一回事，而他总结人到晚年的作诗得失，提出来"人老莫作诗"一说，则又是别一回事了。

为什么中国文人老了以后，会出现这种"往往精神衰，重复多繁词"的现象呢？《随园诗话补遗》卷四第十三节，道出了其中真谛。

引浦柳愚山长云：诗生于心，而成于手；然以心运手则可，以手代心则不可。今之摘诗者，东拉西扯，左支右吾，都从故纸堆来，不从性情流出，是以手代心也。

"以心运手"，从心中"流"出来的诗，是真性情的诗，"以手代心"，系无中生有"挤"出来的诗，永远也引不起读者共鸣的。但有的文人为什么还乐此不疲地"挤"？为什么要使出吃奶的劲去"挤"？为什么坐在恭桶上，憋得额头青筋突出，汗珠直冒，连个屁也放不出来，还要"挤"呢？为什么哪怕大把大把吃伟哥，也要"雄起"，也要"挤"出一点残渣呢？④

④ 要懂得老是一种必然，新陈代谢，为万物生长的自然法则。所以，一个人，总不老，或者，总不想老，或者，总不承认自己老，或者，总是在那里装嫩，装少壮，装朝气蓬勃，那是一种反常现象。老，就得承认老，就得服气老。成为历史的那些，就不再属于今天。作为过来人，负暄南墙，看着后辈写出比自己更好的诗、更美的文，创造出更为丰富多彩的文学世界，不也是一种风物长宜放眼量的怡然境界吗？

说到底，原因无非是中国文人最不愿意面对，更不甘心承认的"江郎才尽"这个事实。也许客观地讲，有的人并非完全"江郎才尽"，但诗这种东西，小说这种东西，非散文、杂文、随笔、报告文学、文学评论可比，这个文学领域中，需要灵感，需要激情，需要冲击力，需要爆发力，需要具象和细节的震撼力，需要虚构和创造的想象力；尤其需要大憎大爱，大热大冷，欲跳欲蹦，欲叫欲吼，欲上吊、欲寻死、欲打架、欲革命的强烈感情，才能写出具有分量的作品。

对年纪一把，胡子一把，白发一把，慢性病一把的诗人、作家来说，这种奢侈的精神耗费，根本就是力不胜任之事。可是，埋不起单，又不退席，便是中国文人特别恋栈的痼疾了。

公元前 47 年，凯撒大帝率领部下，在小亚细亚的吉拉城下，一举击溃帕尔纳凯斯，给他在罗马的友人报捷时，只用了三个拉丁词："Veni, Vidi, Viei"，译成英语，为"I came, saw and overcame"，译成中文，为"我来了，看到了一切，取得了胜利"，这种成就感的极度满足，也是他一生之高峰。这就是等于告诉我们每个人，你做到了，你完成了，你没有必要一定东方不败到底。新陈代谢，人之常态，大江东去，世之常理，这是谁也不能逆转的。

立万世不朽之业的恺撒，曾经是何等了不起的英雄，最后不也终归要退出历史吗？因之，袁枚这句"人老莫作诗"，应该说，是值得大家细细玩味的忠告。

白居易饮酒（外二篇）

白居易（772—846），唐代大诗人，字乐天，祖籍太原，曾祖时迁至下邽（今陕西渭南北）。贞元进士，宪宗元和时，曾任翰林学士、左拾遗、赞善大夫等职。元和十年（815）在首都光天化日之下，宰相竟被军阀所派来的刺客行凶，差点送命。而朝臣慑于地方割据势力，不敢作为。诗人跳了出来，大声疾呼，上书阙廷，力主严办。结果，得罪权贵，扣他一个越职言事罪，贬为江州司马。

中国文人的脐带，系在大地母亲身上，系在民族国家身上，系在人民大众身上，你就不可能和统治者心血相通，你就不可能使统治者龙颜大悦，你就不可能不因为你的干预时政，挑战丑类，揭露败恶，批判权贵，说了些真话，道出些实情，而遭受统治者的修理。

也许统治者日理万机，一时疏忽了你也有可能，可统治者手下的牛头马面、打手爪牙，却绝不是吃干饭的。何况这些握权者，有一种发自本能的，对于文人的集体焦虑感和排斥意识。于是，过了初一，过不了十五的白居易，到底被那些嫉恨他的人，新账旧账一块算，只有捏着鼻子"出佐浔阳"。

白居易被贬江州以后，在那里编纂了他的第一部诗集，从此，诗人实际上中断了他的政治性很强、现实性很浓的讽喻诗写作。本来，他主张"文章合为时而著，歌诗合为事而作"，在诗篇中以揭示民众痛苦，揭露统治者罪恶为己任，至此，别出蹊径，独树一帜，写闲适诗，创"元和体"，成为他新的精神空间。

你可以责备他的退缩，他的软弱，但你不得不认同他这种聪明人的选择。做过斗士的人，不一定要当永远的斗士到底。我们总是以完人全人、尽善尽美，去期待谁，要求谁，指望谁，推动谁，说到底，其实这是一种残酷，一种不堪负荷的道义承担。落在谁的头上，谁也受不了。你得相信，鲁迅的《聪明人、奴才和傻子》一文，绝对是人世间的真实写照。

穆宗接位，召回长安，当时宦官猖獗，朋党倾轧，不再愣头青的白居易，不想也不敢蹚这浑水，自请外出，历任杭州、苏州刺史。文宗时曾官太子少傅，武宗初以刑部尚书致仕。

晚年退居洛阳，自号香山居士，以诗酒自娱。

诗是吟的，酒是品的。

好诗要慢慢吟诵，好酒要细细品味。吟好诗，品好酒，不但是古人，也是今人的一种美的身心享受。

不过，说来不觉有点遗憾，如今，好酒是越来越多，好诗却越来越少，酒吧是越来越贵，诗刊却越来越糟。写诗的人越来越茂盛，读诗的人越来越稀缺。于是，自二十世纪初胡适的《尝试集》倡白话诗以来，中国便成了一个有酒可品、无诗可吟的极其缺乏诗意的国度，想想唐朝，处于酩酊状态下的那些诗人，酒喝得越多，诗写得越好，该是多么令我们羡慕的了。

大约旧时诗人，懂酒、识酒、知酒、深谙酒之妙处，能从中汲取到诗的灵感，当今诗人，善饮者不少，明白酒之真谛而形诸绝妙文章者，却不多。所以，在唐朝诗坛上，无论初、盛、中、晚，凡好的诗人，差不多都好酒，而且还非一般的好，是嗜好，是癖好，有的甚至到了无酒不成诗的地步。因之，诗有酒意，酒有诗情，便是唐朝诗歌的一个相当突出的特色。

据宋人叶廷珪《海录碎事·酒门》载："李白每醉为文，未尝差，人目为醉圣。白乐天自称醉王，皮日休自称醉士"，可见当时诗人与酒是个怎样密切的关系了。再往远看，从曹操的"何以解忧，唯有杜康"，从陶渊明的"结庐在人境，而无车马喧"，在中国，无数好酒的诗人，写了无数出色的饮酒诗。

在中国，凡闻名遐迩的好酒，都留在了诗人的作品里。无论何时，无论何地，只要捧读他们这些锦词绣句，那佳醪浓浆的口角噙香，那金盏玉杯的诗情画意，那酩酊陶然的情致风雅，那玉山倾倒的酣畅淋漓，仍是令人不禁酒兴大发的。

所以，好诗如好酒，耐人玩味，好酒如好诗，让人心醉。

虽然，"李白斗酒诗百篇，天子呼来不上船"，但唐代诗人中，李白写酒的诗，在数量上远不及白居易。宋人方勺在其随笔集《泊宅编》中说过："韩退之多悲，诗三百六十，言哭泣者三十首。白乐天多乐，诗二千八百，言饮酒者九百首。"看来"白乐天自称醉王"，当非虚言。读《白香山全集》，真可以说他是一位诗中有酒、酒中有诗的文学大师。①

> ① 明人王世贞看不上白居易，他说："张为称白乐天广大教化主，用语流便，使事平安，固其所长。极有冗易可厌者，少年与元稹角靡逞博，意在警策痛快，晚更作知足语，千篇一律。诗道未成，慎勿轻看，最能易人心手。"（《艺苑卮言》卷四）
>
> 王世贞领衔明后七子，喜欢以领袖状指点江山，其实，他不了解，文学是要变的，作家也是要变的。不变的文学，必死无疑，同样，不变的作家，总有一天，老调子已经唱完，就该找根绳子把自己勒死了。古今中外，很多真正的作家，最后采取自杀的手段结束生命，就是因为这种没有出路的彷徨所致。而当下，在我们这里，却是相反，那些大作家、老作家，根本已经写不出东西，还硬要写，还要一本书一本书地推到我们眼前，好像发誓，不逼得中国读者在阅读他们的作品时，于愤怒与痛苦中自杀，决不罢休似的，也真是中国式的今古奇观了。
>
> 也许，任何一个信口雌黄的人，任何一个站着说话不嫌腰疼的人，任何一个习惯于高调指责一切的人，任何一个其实很王八蛋却总将别人看做王八蛋的人，大可以痛斥白居易的软弱、转向、后退、认输。可是，善良的人们，怎么不能替这位诗人想一想，他为什么要冲锋陷阵，为什么要慷慨就义，为什么要奋不顾身，为什么要一往直前呢？
>
> 世界在变，时代在变，生活更在变，那么，一个聪明的不那么认死理的文人，也就不可能不变。何况他该呐喊的，也声震九霄过了，该斗争的，也挺身而出过了，他终于知道自己既不是上帝，也不是救世主，于是，换一种无伤大雅的生存方式，也无可厚非的。

据宋人钱易《南部新书·庚》载："白傅葬龙门山，河南尹卢贞刻《醉吟先生传》立于墓侧，至今犹存。洛阳士庶及四方游客过其墓者，奠以卮酒，冢前常成泥泞。"可以想象，甚至到了宋代，人们对于这位一生嗜饮的"醉王"，对他提倡的适可而止，尽兴为善的饮酒哲学，还非常尊崇，非常仰慕。

抄录在下面的这首《醉歌行》中，也有他的饮酒经济学的总结。

> 朝亦独醉歌，暮亦独醉歌。
> 未尽一壶酒，已成三独醉。

勿嫌饮太少，且喜极易致。

一杯复两杯，多不过三四。

便得心中适，尽忘身外事。

更复强一杯，陶然遗万累。

一饮一石者，徒以多为贵。

及其酩酊时，与我亦无异。

笑谢多饮者，酒钱徒自费。（《效陶潜体诗十六首》之五）

还有一首《劝酒歌》，更把人生的况味、世情的参悟，写到了极致的境地。

劝君一盏君莫辞，劝君两盏君莫疑，劝君三盏君始知。

面上今日老昨日，心中醉时胜醒时。

天地迢遥自长久，白兔赤乌相趁走。

身后堆金柱北斗，不如生前一樽酒。

君不见春明门外天欲明，喧喧歌哭半死生。

游人驻马出不得，白舆素车争路行。

归去来，头已白，典钱将用买酒吃。

一般来说，不懂酒者，无诗；不好酒者，无好诗；不善于在酒中觅得诗魂诗魄者，诗人的想象翅膀，也难以高高飞翔起来。白居易，甚至到了晚年，还写下《劝酒十四首》，虽醉眼蒙胧，但对世界看得异常清晰；虽酒意盎然，但对人生保持相当的清醒。诗前的那短短序文，大致可以看到这位自封"醉吟先生"的诗人，是如何沉醉于酒乡之中，而有特别冷静的思考了。

予分秩东都，居多暇日，闲来辄饮，醉后辄吟。苦无词章，不成谣咏。每发一意，则成一篇，凡十四篇，皆主于酒，聊以自劝，故以《何处难忘酒》《不如来饮酒》命题。

白居易将酒、诗、琴，视作"北窗三友"，可是，在他的诗集中，写琴的诗，其实是屈指可数的，而写酒的诗，却比比皆是，荦荦大端。他的全部诗歌中，至少有四分之一，或五分之一，与酒有关。我一直思索，诗人对于酒的这一份眷恋，这一份陶醉，这一份念念在兹，这一份情有独钟，是否与《旧唐书》称："白居易字乐天，太原人"，《新唐书》称："白居易字乐天，其先盖太原人"的籍贯，有些什么联系？是否与他祖先成为山西人前，还曾策马扬鞭于大漠朔方，血管里至今仍流动着龟兹民族的浪漫精神，有些什么关联？

经南北朝，到隋，到唐，民族的大融合，已经模糊了五胡与中原的华夷界限，在唐代，很有几位诗人，其出身，颇具浓重的西域背景。如李白的家族源于"碎叶"说，即是一例。碎叶，今吉尔吉斯斯坦伊塞克湖（热海）以西，托克马克附近的城市，很难说李白不具突厥民族的基因。如元稹，为鲜卑族后裔，已是定论。据近人陈寅恪考证，他与崔莺莺的这段恋情，很大程度上是他用掩饰的写法，讲述他和来自中亚粟特（今乌兹别克斯坦撒马尔汗北古尔丹一带，当时称曹国）的移民女子，所发生的"始乱终弃"的爱情悲剧。

陈寅恪更想象这个被诗人负心背叛的女主人公名字，应为曹九九，是一个美丽得令元稹情不自禁扑上去的酒家胡。诗人压抑不住的冲动，美女无法控制的激情，可能都是缘于边外少数民族比较发达的性腺在起作用了。用现在的语言说，曹九九是来自异国他乡的打工妹，在山西永济，古称蒲州的一家酒肆中当女服务员，对于元稹的诗才、人才，一见钟情，委身于他，是可以理解的，何况，有酒精在为爱情助燃。②

②陈寅恪称："此女姓曹名九九，殆亦出于中亚种族。考吾国自汉以来之史籍所载述，中亚胡人善于酿酒……莺莺所居之蒲州，唐代以前已是中亚胡族聚居之地……中亚胡族，肤色白皙，特异于汉族。今观《才调集》伍元稹《杂思》六首之六'寻常百种花齐发，偏摘梨花与白人'，则莺莺之肤色白皙可证。由是而言就莺莺所居之地域及姓名并善音乐等条件观之，似有辛延年诗所谓'酒家胡'之嫌疑也。"

不过，也有学人对此说法持异议。

中国之种植葡萄，始于唐，中国之酿葡萄酒，亦始于唐，这是唐太宗李世民平定西域，一统天下，胡汉交融的结果。而中国生产出有品牌的葡萄酒，名曰"河东乾和"，也是从山西黄河边的永济开始的，那位曹九九小姐，在她的店里用来招待情人，频频劝饮的，色如琥珀，味若琼浆，甘若蜜露，香若兰桂的葡萄酒，正是当地特产"河东乾和"名牌啊！不知为什么，山西制酒业者竟不珍惜和光大这样久远的历史光荣，而山西的文化人，或许书读得太多而呆的缘故，竟把这近乎常识的细节忽略过去，错过了多好的商机啊！③

③唐初诗人王绩（绛州龙门人）有一组《过酒家》，又称《题酒家壁》的诗，"竹叶连糟翠，蒲萄带曲红。相逢不令尽，别后为谁空。"

说明晋地酿造葡萄酒业的发达。而"有客须教饮，无钱可别沽。来时长道赏，惭愧酒家胡。"也说明当时山西境内确有胡人经营的酒吧，并有漂亮的胡姬陪酒。

由此可见，三晋本为酒国，白居易之不能忘情于酒，与其祖籍山西太原的因素，大有干系。太原，旧属河东郡，北魏郦道元的《水经注·河水四》，还为河东郡之善酿缘起，记下了一则神奇的古老传说。

河东都民有姓刘名堕者，宿善工酿。采挹河流，酿成芳酎，悬食同枯枝之年，排于桑落之后，故酒得其名矣。

由此可以想象，白氏家族在相当长的时间内，是生活在这块中原酒文化的发源地上，而从庾信的诗句"蒲城桑落酒，灞岸菊花天"中，从杜甫的诗句"坐开桑落酒，来把菊花枝"中可猜测，大约远自南北朝时期起，一直到隋、唐，乃至后来的宋、元，河东郡的桑落酒，一直为见诸史册公认的名酒，被历代饮者所喜爱。

因此不妨推断，对白氏家族而言，耳濡目染，佳醪独抚，齿沾舌尝，尽爵毕觞，在生理基因中，遂有了这种喜酒好饮，把盏握杯的天性。所以，唐代大诗人白乐天好酒嗜饮，擅品常醉，应该与他祖籍河东郡这出佳酿的酒乡，有着莫大的关系。

从古至今，山西是出好酒的省份，所谓"河东桑落酒，三晋多佳醪"，这是与其得天独厚的自然条件，与其丰沛富庶的天然资源，与其传统风格的酿造技术，与其历史悠久的地域文化，相辅相成的结果。读唐人段成式的《酉阳杂俎》，列举盛唐时期享誉域内的名酒时，河东桑落酒与剑南烧春并列。那么，到了今天，植根于山西水土的诸多名酒，以其优良的品质，以其上乘的口感，以其沁人的芳香，以其清冽的滋味，大获当代饮者的青睐，也是古代酒乡河东郡在新时代的继承和发扬吧！

白居易饮过的桑落酒，当代人是很难再有此口福了，但近代中国，山西的酒，总是榜上有名。其实我之饮酒，不能满觞，大有苏东坡《题子明诗后》一文中所说"吾少年望见酒盏而醉，今亦能三蕉叶矣"的意思。蕉叶，是一种浅底酒杯，容量不大。我就是属于这类愿意喝一点酒，但酒量有限，喝得不多，绝非主力的酒友。可是我很愿意在席间，在桌上，在小酒馆里，在只有一把花生米，一个搪瓷缸子，席地而坐的露天底下，看朋友喝酒，听朋友聊天。尤其喜欢西汉杨恽所作《报孙会宗书》，向往那"酒后耳热，仰天抚缶而呜呜"的激情，期待能够抒发出自己胸中块垒的热烈场面。

1957年我当了右派后，发配去劳动改造的第一站，就在贯穿豫西北和晋东南的铁路新线工地上。河南这边，山极高，极陡，极荒凉，山西那边，地极干，极旱，极贫瘠。那时，我劳累一天以后，铁路供应站卖的那种散酒，喝上两口，放头大睡，曾经是解乏兼之忘掉一切屈辱痛苦的绝妙方剂。起初，瓶装的山西名酒，还在货架上放着，颇引得爱酒的我嘴馋。但打成右派后，工资锐减，养家糊口，哪敢奢侈，也就只能远远看上一眼，聊过酒瘾而已。

身在晋地而不饮晋酒，心中总有一点欠缺的感觉。

到得二十世纪的六十年代，物资供应渐显匮乏之际，别说瓶酒，连散酒也难以为继了。一次偶然的机会，我也记不得是属长治市管，还是归长子县管的两地交界处的小镇上，一家已经没有什么货品可卖，只摆放着牙膏、牙刷的供销社里，居然在货柜底下，我发现还放着一瓶商标残损的名酒。当我倾囊倒箧，连硬币都凑上，将这瓶酒拿到手，对着冬日的太阳，看那琼浆玉液的澄澈透明，当时，我的心真是醉了。

而将这天赐良机，不期而得的佳酿，带回到工棚，与我那些同吃同住同劳动的工友们共享这份快乐时，他们也都喜不自胜。人总是在没有的时候，才体会到有的可贵，人总是失去以后，才知道拥有的价值。那瓶酒，在人们手中传来传去。冬天，晋东南的丘陵地带，夜里干冷干冷的，寒号鸟叫得人心发悚，帐篷里尽管生着炉子，也不免寒气逼人。不过，这瓶酒，却经过一只只手握过来，透出温馨，透出暖意，尤其后来打开瓶，酒香顷刻间将帐篷塞满，那时，尽管酒未沾唇，我的那些工友们先就醉成一片了。

说来好笑，当辛酸成为历史，也就不觉其苦涩了。那时，几乎没有别的下酒物，你有再多的钱，也买不到任何可吃的东西，有人从炊事班讨来一些老腌咸菜，蔓菁疙瘩，一个个吃得那么香，喝得那么美，成为相当长的时间内一个回味不尽的话题。

不过只是一瓶酒，却能焕发出人们心头的热。

他们知道那时的我是右派，也知道我曾经是作家，而且因为写什么小说，被打下来的。于是有人问，老李，你不是说过好诗如好酒，好酒如好诗么？你不来上一首？

我一愣，我还有诗吗？我灵魂深处还能发掘出来一星半点的诗意吗？

尽管我马上想起来白居易的"唯当饮美酒，终日陶陶然"的诗句，可我却"陶陶然"不起来，尽管那倒在杯子里的酒，芬芳扑鼻，馨香无比，其味佳醇，其韵悠远，但那种政治境况下的贱民，不可接触者阶层的我，唯有愁肠百结，只剩满腹悲怆，哪有诗意存在的空间，哪有诗兴挥发的余地，真是愧对佳醪，辜负琼浆，竟一句诗也写不出来。

不过，我倒也并不遗憾，因为在那个年代里，在那个寒冷的冬夜里，那瓶使人们心头熊熊燃起来的好酒，那一张张把我当做朋友的脸，在我的全部记忆中，却是最最难忘的一首最好的诗。

附一：
白乐天的快乐生活

白居易初出道，拜谒顾况。这位前辈，先是不大在意，读其诗后，大加赏识，为文学史上的一段佳话。

在李白、王维、杜甫等顶级大师死去之后，顾况乃文坛大腕，诗界掌门，独撑唐诗一片天。因此，他的评价，等于给白居易打开了文学之门，使他进入了另外一种人生。

"白乐天初举，名未振，以歌诗谒顾况。况谑之曰：'长安百物贵，居大不易。'及读至《赋得原上草送友人》，诗曰'野火烧不尽，春风吹又生'，况叹之曰：'有句如此，居天下有何难，老夫前言戏之耳！'"（五代·王定保《唐摭言》）

"白居易应举，初至京。以诗谒顾著作况。顾睹姓名，熟视白公：'米价方贵，居亦弗易。'乃披卷首篇曰：'咸阳原上草，一岁一枯荣。野火烧不尽，春风吹又生。'即嗟赏曰：'道得是语，居即易矣。'因为之延誉，声名大振。"（五代·张固《幽闲鼓吹》）

此说还见诸于《唐语林》《全唐诗话》《唐才子传》诸书。看来，从"居大不易"，到"道得是语，居即易矣"的名姓调侃，也是时为著作郎的这位前辈的自况。因为他也是在长安"居"不下去，才卷铺盖走人的。

汉字的"居"，还有一个异体字，是"尸"字下面为"立"字，如今已无人使用。不过这个"立"字，倒相当形象地表明，头顶的遮风避雨，固属重要，脚下的立锥之地，恐怕更为关键。现在，弄不明白顾况的有感而发，只是及时答对的捷智，表示他的幽默，还是这位诗人对于文人生存状态，所表达出来的深思熟虑。

据唐人李肇《唐国史补》载，"吴人顾况，词句清绝，杂之以诙谐，尤多轻薄。为著作郎，傲毁朝列，贬死江南。"估计前者的可能性要大一些。但他先说的"居大不易"，和后说的"居天下有何难"，确实值得我们大家认真思考的。

应该怎么理解这个足以安身立命的"居"字呢？

居之大者，概括天地；居之中者，泛指人际；居之小者，意味周遭；居之实者，物质世界；居之虚者，精神空间。一言以概之，凡人之生存环境，曰居，凡人的灵魂空间，也曰居。

对真正意义上的文人来说，不是那些假冒伪劣、投机倒把、虚抬行市、狗屁不是的，而是那些真有才华、真有思想、真有灵感、真有想象力的，追求既广阔，又自由，无拘束、无疆界的创作天地者，居之重要性、迫切性，不言而喻。

鸟，关在一个笼子里，可能感到寂寞和无奈，人，关在一个笼子里，可能感到痛苦和悲哀，而作家或诗人，关在一个笼子里，那很可能就会发疯。因此，顾况这句看似无意的戏谑之言，具有非常深刻的内涵。

所以，我在臆测，公元790年（唐贞元六年），白居易才19岁，也许不能领悟顾况无意中的这句话所包含的真理价值。要到公元815年（唐元和十年），他也被赶出长安，落魄江州，才有可能懂得"居大不易"的其中堂奥。

那年，白居易44岁，按孔夫子教导，已是过了"不惑之年"的人，但他仍旧改不了年轻时那多血质、好冲动、重感情、易愤激的性格。结果，为当年六月宰相武元衡被暴徒无端刺杀，政府反应迟缓，他跳出来打抱不平，慷慨激昂，伸张正义，结果因狗拿耗子，多管闲事，碰了一鼻子灰，被贬江州，尝到他平生第一次失败的滋味。

人家告诉他，老弟，为什么要打你的屁股，因为，你越位了。

什么叫越位，就譬如一间屋子里有很多人，比你有发言权的多得是。你的爹，你的妈，你的娘舅，你的姨妈，还有你的大哥二哥、表兄表姐，轮不着你第一个抢着说话。老弟，你要记住，"居"之所以"大不易"，就因为你不是鲁宾孙，那荒岛上只你老哥一个，你怎么折腾怎么是，可你在这个屋檐底下，你要跟头把式的话，还得注意不要碰到别人。

经过这次冒傻气、吃苦头以后，他终于懂得必须调适个人的生存环境，才能在"居大不易"的外部世界里，努力顺应，才能达到"居天下有何难"的目标。这是了不起的觉悟，也是诗人此后一辈子谨行不渝的方向。④

④在宋人叶梦得《避暑录话》中，有一番诠释白居易在险恶的官场纷争中，如何摆脱政治绞杀，如何跳出是非渊薮，如何彻底改变自己，如何不停调适平衡的精彩分析：

"白乐天与杨虞卿为姻家，而不累于虞卿；与元稹、牛僧儒相厚善，而不党于元稹、僧儒；为裴晋公所爱重，而不因晋公以进；李文饶素不乐，而不为文饶所深害。处世者如是人，亦足矣。推其所由得，惟不汲汲于进，而志在于退，是以能安于去就爱憎之际，每裕然有余也。自刑部侍郎以病求分司，时年才五十八，自是盖不得出。中间一为河南尹，期年辄去，再除同州刺史，不拜。雍容无事，顺适其意而满足其欲者十有六年。方太和、开成、会昌之间，天下变故，所更不一。元稹以废黜死，李文饶以谗嫉死，虽裴晋公犹怀疑畏，而牛僧孺、李宗闵，皆不免万里之行。所谓李逢吉、令狐楚、李珏之徒，泛泛非素与游者，其冰炭低昂，未尝有虚日，顾乐天所得岂不多哉！"

白居易活了七十多岁，在中国古代文人中，算是长寿者。这与他后四十年，一直贯彻至终这个目标，一直身体力行这个方向，有着莫大的关系。第一，努力在物质世界中追求最大值，营造最为适宜的生存条件；第二，努力在精神世界中追求最佳值，拓展最为妥当的自由空间。在唐代众多文人中间，他大概是唯一的，过得最快活的聪明人了。⑤

⑤他写过一篇文章，题曰《池上篇》，讲述他在洛阳履道里那个精神家园里的幸福时光。"十亩之宅，五亩之园，有水一池，有竹千竿。勿谓土狭，勿谓地偏，足以容膝，足以息肩。有堂有亭，有桥有船，有书有酒，有歌有弦，有叟其中，白须飘然，识分知足，外无求焉。如鸟择木，姑务巢安；如蛙作坎，不知海宽。灵鹊怪石，紫菱白莲，皆吾所好，尽在我前。时引一杯，或吟一篇。妻孥熙熙，优哉游哉，吾将老乎其间。"

这篇得其所哉的短文，至少可以说明一点，在长安"居大不易"的白乐天，终于在洛阳，在静静的伊水边，实现了当年顾况对他"居天下有何难"的期许。

世事短暂，文学长久，聪明如斯人者，才真是值得我们钦服啊！

在中国，其实聪明的文人多得是，但活得不那么辛苦，不那么操劳，不那么忧心，不那么负担的聪明人，却很少很少。白居易有一首诗《吾土》，"身心安处为吾土，岂限长安与洛阳。"这恐怕是他对于"居"这样一个大题目，最为通脱、最为豁达的诠释了。

附二：

白居易的粉丝

中国文学，一直有大众化和小众化的分野。

唐代的白居易，则是最能代表中国文学大众化的典型诗人。

白居易，生于公元772年（唐代宗大历七年），终于公元846年（唐武宗会昌六年），活了74岁。历经顺宗、宪宗、穆宗、敬宗、文宗、武宗六朝。无论当时，无论后世，谈及这位诗人，离不开以下三点：一、他在诗坛领袖群伦，推动潮流的地位；二、他在朝野引起轰动，遐迩知名的程度；三、作为诗人，他在当时中国人之大多数心目中的无与伦比的尊崇，非同凡响的声望，他的粉丝，可以说是举国上下，遍地皆是，大江南北，无处不在，这也许是最值得大书而特书的中国文学的"白居易现象"。⑥

> ⑥ 说到底，中国人欣赏文学，或者，中国的老百姓对于文学的观点，是不能拿高雅的西方文艺理论标准来套的。这就如同橘子一样，淮水以南为橘，过了淮水，则为枳，地域不同，口味也相异。数千年来，中国人的阅读，被训练得已经习惯于"文以载道"。老百姓拿过来一篇文章、一首诗歌，他在享受阅读美感的同时，也在期待作家或诗人要灌输给他的"道"。
>
> 这使那些受过西方文学训练的绅士淑女、闲人雅痞，挺恼火，挺憋气，摇头不迭，叹气不已。不是他们或她们不想与民同乐，而是民不吃那一套，不想与他们或者她们同乐，这样，只好搞小圈子文学，孤芳自赏。
>
> 所以，当下的中国文坛，鞭炮齐鸣的轰轰烈烈，锣鼓喧天的热热闹闹，说了归齐，也只是关起门来，在一个其实有限的范围里自得其乐而已。据最新统计，中国人口已经超过十三亿还多，我敢说，如果

这个圈子的动静，能达到多出来的那个零头数，那也就不得了，也就是奇迹了。

你所写的东西，与大多数中国人风马牛不相及，凭什么要他们向你叫好？

他的朋友元稹为他的诗集《白氏长庆集》写的序中，这样写道："二十年间，禁省、观寺、邮候、墙壁之上无不书，王公、妾妇、马走之口无不道。缮写模勒，炫卖于市井中，或持之以交酒茗者，处处皆是。"

明人胡震亨的《唐音癸签》一书中引《丰年录》："开成中，物价至贱，村路卖鱼肉者，俗人买以胡绡半尺，士大夫买以乐天诗。"白居易的一首诗，竟可以换来一条胖头鱼、一方五花肉，我估计当代诗人的作品，怕难以卖出这样的高价来。所以，我一直认为，白居易大众化的文学追求，和白居易诗歌的大众化现象，是特别应该加以研究的对象。因为与之相对的文学小众化，文人的小圈子化、贵族化、雅痞化、老爷化，使得文学脱节于现实，疏隔于生活，陌生于人民，淡漠于民众，再这样下去，不但换不来鱼，换不来肉，被人唾弃，视做敝屣的日子，也就不远了。⑦

⑦ 不论朝代之变迁，不论帝王之更迭，不论统治者之笼络收买，或打击镇压，不论被统治者之欢迎爱戴，或冷淡隔膜，中国文人中的大多数，总是要把自己的命运，与中国人的大多数者的命运，捆绑在一起。唯有如此，老百姓买你的账。文学，从来是双向的、互通的、有来有往的行为，你不关注老百姓的死活，老百姓干吗要捧你的场？

因此，文必载道，这是中国文学的特色。而且要载老百姓的"道"，则尤其是中国文学的安身立命之处。如果一个作家，一个诗人，为了分一杯羹，沾一点光，歌功颂德，万寿无疆，顺风搭船，为虎作伥，载的是统治者的"道"，也就不必期待老百姓为你鼓掌；反之，你载了老百姓的"道"，也就别指望统治者和国家机器中的臣僚，以及主管意识形态的官员，对你笑脸相迎。所以，白居易的诗遂成为当时家喻户晓，如今脍炙人口的精神食粮。

这就是国情，这就是特色，这就是历经千年而宗旨不变的中国文学传统。

为什么要研究，因为在唐朝，中国文人的作品，其传播的范围、速度、方法、手段，都是极其有限的。然而，白居易能够在这有限的空间里，创造出来无限的局面，在中国文学史上，如果他算不得是唯一的一位成功者，也是少有的被他同时代广大公众所追捧，千载以来被更广大公众所认可的成功者。

"自长安抵江西三四千里，凡乡校、佛寺、通旅、行舟之中，往往有题仆诗者；士庶、僧徒、孀妇、处女之口，每每有咏仆诗者。"

"日者又闻亲友间说：礼、吏部举选人，多以仆私试赋判传为准的。其余诗句，亦往往在人口中。仆恧然自愧，不之信也。及再来长安，又闻有军使高霞寓者，欲聘娼妓。妓大夸曰：'我诵得白学士《长恨歌》，岂同他妓哉？'由是增价。又足下书云：'到通州日，见江馆柱间有题仆诗者，复何人哉？'又昨过汉南日，适遇主人集众乐，娱他宾。诸妓见仆来，指而相顾曰：'此是《秦中吟》《长恨歌》主耳。'"（元稹《白氏长庆集》序）

我很纳闷，唐代一没有作协，二没有诗刊，三没有朗诵会、演唱会，四没有立体的、平面的媒体鼓吹，五更没有好事之徒、乌合之众，炒作什么排行榜、名家榜、成就榜、畅销榜，起哄架秧子，赔钱赚吆喝。然而，白居易的诗，竟弄得连政事缠身的将相王侯，深居九重的嫔妃宫娥，也为他的诗声文名倾倒。不能不看到没有现代传播手段的唐代诗歌，其传播速度之快，影响范围之大，群众反应之广，舆论呼应之热，简直成了一个不解之谜。

因为一直到北宋庆历年间（1041—1048），白居易死后约二百年，一个叫毕昇的技工，才发明活字版印刷。在此以前，雕版印刷书籍，数量有限，然而，尽管如此，白居易还是成为中国最受欢迎、最有读者、最具广泛影响、最拥有知名度的诗人了。那时的读书人，要是手里不拿着两册白居易的书，要是嘴里念不出白居易的诗，就是缺乏格调，赶不上时代的落伍者了。

据宋人计有功的《唐诗纪事》卷二载：

"唐宣宗李道龙闻白居易死，以诗悼之曰：'缀玉连珠六十年，谁叫冥路作诗仙。浮名不系名居易，造化无为字乐天。童子解吟长恨曲，胡儿能唱琵琶篇。文章已满行人耳，一度思卿一怆然。'"一个诗人，能得到上自帝王的知音，下至黎民的拥戴，拥有如此上上下下的热烈支持，得到如此方方面面的强大反应，在中国文学史上，唐代诗人白居易，恐怕是绝无仅有者。

而据唐人段成式《酉阳杂俎》记载，白居易竟有如此热爱其诗歌的追星族，简直令人叫绝了。"荆州街子葛清，勇不膚挠，自颈以下，遍刺白居易舍人诗，成式尝与荆客陈至呼观之。令其自解背上，皆能暗记。反手指其去处，至'不是此花偏爱菊'，则有一人，持杯临菊丛。又'黄夹缬林寒有叶'，则指一树，树上挂缬，缬窠锁胜绝细，凡刻三十余处，陈至呼为'白舍人行诗图'也。"说实在的，古往今来，中国诗人何止千千万万，但从来没有一位诗人的粉丝，追捧到这等程度者。

纵观整部中国文学史上，与大众如此呼吸相通，生息相关，声气相连，心神相交的文人，还真是很少见有与他相匹敌者。所以，对于我等身在其中的，已经进入二十一世纪的中国文坛来说，写诗的人，比读诗的人多，读小说的人，比写小说的人少，相较之下，就不免感到相当败兴，相当沮丧，相当打不起精神来呢！

明 "后七子" 一瞥

　　《列朝诗集·齐王孙承采传》："万历甲辰秋，开大会于金陵，会合四海名士，张幼于辈，分赋投简，秦淮妓女马湘兰以下，四十余人，咸相缉笔墨，理弦歌，修容指拭，以次宴集。若举子之望吉锁院。承平盛事，白下人至今称之。"明代后期，是个相当物质的时代，据陈登原《国史旧闻》称："明人诗社，所以较前世更为发达，一、有巨子为之室主；二、富贵家例多好事；三、能文者矜文好奇，于是此踵彼效，辈起更多。"看来，当时这种文学社团盛行大江南北，甚至还搞大奖赛什么的。据《明史》载："诗胜者辄有厚赠，临川饶介，为元淮南行省参政，豪于诗，自称醉樵。尝集大名士，赋《醉樵歌》，张简诗第一，赠黄金一饼，高启次之，白金三斤，次杨基，犹赠一镒。"

　　通常是这样，物质多了，精神就少，可想而知，在这样一个名利是非场中，文人们会是一个什么德行了？金饼多重，不得而知，三斤白银，价值不菲，一镒银锭，至少也值千儿八百。以今观古，那些得不着奖的诗人，眼睛真要黑一大块了。所以，对于文人来讲，说豁达，容易；做到豁达，就不容易；而具有超越时空的豁达精神，将名利视为过眼浮云，则更不容易。中国文人，都自封清高，其实名之大小，位之高低，利之多少，得之厚薄，在乎得要死，计较得要命，并不是很能想得开的。

　　作家有如月球，你很容易看到他的正面，而很不容易看到他的背面，所以，那些表面文章，嘴上花活，那是信不得的。

　　说到底，一个名，一个利，这才是中国文人的生命线。

明代复古派"后七子"中的谢榛（1495—1575），与其诗友们浮沉文坛的故事，虽然已是相距遥远的事情，但昨日之儒林，今天的文坛，在文人相轻这一点上，不能豁达，或者，不肯豁达，应该说大体上是差不多的。

说到"后七子"，查文学史，通常系指明嘉靖、隆庆年间的李攀龙、王世贞、谢榛、宗臣、梁有誉、吴国伦和徐中行等一个团契性质的诗人组合。但这个诗社的最早发起者，却是不在其列的李伯承。"伯承未第时，诗名籍甚齐鲁间，先于李于鳞（即李攀龙），通籍后，结诗社于长安，元美（王世贞）实扳附之，又为介元美于于鳞。嘉靖七子之社，伯承实为若敖蚡冒。其后王、李名成，而伯承左官薄落，五子七子之目，遂皆不及。伯承晚岁，少年若以片言挑之，往往怒目啮齿，不欢而罢。"（《列朝诗选》）

这位诗社首创元老，也是最先被踢出局的，飙升得快，下沉得也快，连他自己也猝不及防。由此可知，古人多君子之风，但古代的文人却未必，小人成性者谅不比今人要少。

第一，李攀龙和王世贞也太不够意思，你二位羽毛尚未丰满时，得以人五人六地进入这样层次的诗人沙龙，靠谁？等到名气有了，知名度高了，一掉屁股，将这位引见者一脚蹬了。不领情，还只罢了，搞了一次"苦迭打"，将诗社原先的组织者李伯承，生生给政变掉了。

第二，这位被人家无情抛弃的李伯承，也太想不开。老到一把年纪，还耿耿于怀，也太小肚鸡肠，心胸狭隘了。至于嘛，不带你玩，你就不玩，也不影响吃饭拉屎；再说，他们玩他们的，你也可以玩你的，未必不能自得其乐。至于一提往事，就金刚怒目，血压上升吗？

所以，无论李攀龙、王世贞，无论李伯承，都有不够豁达之嫌，世界有多大，文坛就有多大，不一定非扎堆，非聚义，非歃血为盟，非拉这个打那个，才觉得活得有意思的。

好了，李伯承出局，回到山东济南游千佛山，赏大明湖去了。这两位，也是李攀龙、王世贞，琢磨着下一步，该把谢榛从诗社里"开"了。谁红谁紫，谁灰谁黑，谁上谁下，谁来谁去，正是这种无聊而又无趣的文人自戕，构成中外古今文坛的热闹话题。

说到谢榛，我认为，他是一个既快活又不甚快活，既豁达又不甚豁达的诗人。一般讲，豁达，就能快活，不豁达，也就不能快活。因为，他有两个常常使他不能快活和不能豁达的遗憾，一是他生理上的弱点，"眇一目"（《明史》）；二是他心理上的弱点，"以布衣结牛耳"（《列朝诗选》），这样，因为形象上的差一点和学历上的差一点，他也就无法彻底的豁达和完全的快活起来。

我对明诗所知甚少，但在"后七子"中，除王世贞稍有一点灵韵外，就比较欣赏这位老戴墨镜的谢先生了。因为他的文学观点，要比强烈复古的李攀龙来得宽泛些；凡在文学观点上，持"套中人"的紧闭自锁政策，非要在一棵树上吊死，还不许别人按照自己所选择的方式活，是最遭人恨的。

谢榛的诗，稍有生气，因为他能够容忍异己，不那么一条道走到黑。固然，他也复古，这是前、后七子一以贯之的主张，但他不像李攀龙那样绝对，"文必西汉，诗必盛唐"，也不像王世贞那样设限，"大历以后书勿读"，谢榛要放得开些，他明白，文学是不能太过拘束的，一定要这样，而不要那样，必这样不可，而那样则不可，对于文学的发展，肯定不是坦途。

明代文坛，派系林立，经常洗牌，重新组合，所以，升沉频繁，变化匆促。昨日还兴冲冲的文人，一朝离开那把交椅，就没精打采，像霜打似的蔫了；前一阵不见经传的文人，因缘际会，这一阵红得发紫，竟也能指点文坛，领袖群伦。有的人，狗屁不是，文集出了好几大卷，有的人，学富五车，只能坐冷板凳。高下之分，前后之别，宠辱之异，爱憎之变，遂构成文坛的一年到头没完没了的是是非非，长长短短。①

----

① 前后七子代指的是明朝中叶的诗文流派。"前七子"指李梦阳、何景明、徐祯卿、边贡、康海、王九思、王廷相，而以李、何为首，活跃于弘治、正德间。"后七子"指李攀龙、王世贞、谢榛、宗臣、梁有誉、徐中行、吴国伦，而以李、王为首，活跃于嘉靖、隆庆间。他们对于诗文的见解大体一致，即强调"文必秦汉，诗必盛唐"，主张复古，而且到了不可理喻的顽固程度。

在文学活动中，切忌绝对地主张什么，实行什么，中国文人好拉小圈子，一旦团契化地要推广什么，贯彻什么，那就必然走进死胡同。这使人想起俄国作家克雷洛夫的寓言《杰米扬的汤》：虽然，他和他老伴烧的汤里，有鲈鱼片，有肚片，有鲟鱼片，并不难喝，但一碗一碗地非要客人老福卡喝，喝到倒胃口了，还给他不住地端上来，这就实在不敢恭维。无奈的老福卡，只好夺门而出，落荒而走。

如果这个主义，那个方法，这个风格，那个流派，强要人家接受的，只不过是一盆泔水，那该怎么办呢？所以，老农的一句"听蝈蝈蝼蛄叫唤，还不种地呢"，便是对这班文学教师爷的最好态度。

但是，此公的两大弱点，使他尴尬，"眇一目"，尚可配一副墨镜遮掩。不过，嘉靖朝，北京城里有验光配镜之店肆吗？我怀疑。因此，他只能倚仗自己的诗名，做出独眼龙常有的自负神气，徜徉于京都长安。但这表面的自信，也难掩其内心的虚怯，在科举年代里，一个读书人，还是个声名大振的诗人，竟然没进过学，没应过试，是一个无缘于黉门的白衣秀士，这日子不好过。生活在上流社会，不是达官贵人，就是文化精英，你可以用"布衣"自傲，人家却要把你当"白丁"看待，你也只好没脾气。因此，他在这个圈子里面，确实有点抬不起头来。

谢榛实力雄厚，比那个气回山东的李伯承要神气些，一、年纪居长；二、成名较早；三、创社元老；四、估计他颇有公关能力，能够拉来一些赞助，能够在前门外某家酒楼，开个新诗朗诵会，找几个歌星到场助兴，能够在厂甸某家书铺，来个签名售书，找八大胡同的名妓站场，这点银两，他口袋里是拿得出来的。

所以，李伯承走后，他顺理成章当了社长和法人代表，那时不用选举，几个人一合计也就行了，估计王世贞一开始会依附于他，便是因为这个。王虽是世家子弟，可他年轻时，因为反对权奸严嵩，而弄得老父系狱，冤屈难伸。那时，他在诗社早期活动中，其实是个小角色。

但好景不长，马上受到李攀龙的排挤，这个其实也是贫寒出身的诗人，由于系正途熬到这份功名，是个有级别的厅局干部，很看不上一没文凭，二没职称，三没职务的谢榛，以及他的江湖气。加之谢榛时不时地对他的作品指指点点，倚老卖老，口无遮拦，他很恼火，一气之下，愤而与之绝交。王世贞马上掉头站在李攀龙一边，也对谢榛加以摈斥，于是，兴味索然的他，西走秦、晋，再游燕、赵，遂不知所终地客死于出游途中的河北大名。

"奈何君子交，中途相弃置"，谢榛的这个感喟，既是自绝，更是自弃。我在想，此公最后的抉择，更多的是对于文坛的厌倦，倒具有一点豁达的意思了。②

②《列朝诗集·谢山人茂秦传》载："济南李于麟，吴郡王元美，结社燕市，茂秦以布衣结牛耳。时人论五子诗，首茂秦而于麟次之。既而于麟之名益盛，茂秦与论文，颇相镌责，于麟贻书绝交。元美诸人，咸右于麟，交口以排茂秦，削其名于五子七子之列。茂秦有杂感寄都门旧知曰：'奈何君子交，中途相弃置。'即为于麟隙末作也。"

元美，即王世贞，在文学上可称大师，在为人上却绝对不够君子。

黄仁宇在《万历十五年》一书中，提到他以与张居正同年考中进士的
情分，向其求官，"一心想做尚书，多次主动向张居正表示亲近，替
他的父母作寿序，又赠送了许多礼物，包括一件极为名贵的古人法书。
但是张居正却无动于衷，反而写信给王世贞，说什么'人才见忌，自古
忆然。吴干越钩，轻用必折，匣而藏之，其精乃全'。前两句恭维，其
后则把王比做脆弱而不堪使用的武器看待。王世贞当然不曾忘记这段羞
辱，他日后为他同年作《张公居正传》时，也就以牙还牙，行间字里，
酸辣兼备。"

因此，与这样一个权欲极强、官瘾十足、见风使舵、事大凌弱的
诗人共事，谢茂秦是不会很开心的。

作为"后七子"的第一首领李攀龙，也是谢榛难以相处的人物。此人的领
袖欲太强，总觉得自己才高学广，无所不擅，在文学上，复古成癖，"高自位
置，矜视侪辈，诗自天宝以下，文自西汉以降，誓不汙其毫素"，所以，他的诗
一乏灵韵，二乏精神，其实是个志大才疏，不安于位，老想搞地震的人物。同
时代的人也对他多有"抉摘"的。连王世贞也认为："于鳞拟古乐府，无一字
一句不精美，然不堪与古乐府并者，则似临摹帖耳。"

一个只能像描红临帖，少有生气，缺乏想象，难得精神的诗人，非要把谢
榛压下去，也真是令人气短。

看来，为名作家，却无名作品，有高位置，却无广为人知的文学声望，古已
有之。读者只记住了他的官位，却记不住他写了哪些诗篇。凡这类作家和诗人，
都自我感觉良好，而且从来不会脸红，真了不起。不过，他有一首写谢榛的诗，
题为《初春元美席上赠谢茂秦得关字》，倒还可读，而且可以看到他与谢榛没有
全"掰"之前，一些还算融洽的情景。

凤城杨柳又堪攀，谢朓西园未拟还。
客久高吟生白发，春来归梦满青山。
明时抱病风尘下，短褐论交天地间。
闻道鹿门妻子在，只今词赋且燕关。

李攀龙在写这首诗的时候，他与谢榛还能谈得来，尚可以坐在一起喝酒吟
诗。世家子弟王世贞，自然也是相当会凑趣的人物。如果仔细品味诗中的语气，

觉得李的口气中有一点酸味，或许就埋伏了将来绝交的征兆。

题中提到的谢茂秦，即谢榛；元美，即王世贞。李攀龙写此诗时，谢榛正是红得发紫的文学明星，李和王都得仰着脸看他，就像当代新进、自封的文学大师，从西欧、北欧、北美放洋归来，那腰板倍儿硬，那脸色倍儿酷，许多人来不及诚惶诚恐趋前问候一样。明代的谢榛，虽然眼睛只有一个，可有资格比他们更牛，因为，与谢茂秦来往者，可不是外国的瘪三汉学家和三流出版商，而是正经八百的藩王。藩王者谁？是说不定什么时候会请到紫禁城里坐龙椅的候补天子。

他的诗，可唱，他的歌，即诗，所以，这些王爷，都把他当做上宾礼遇。

"谢榛，眇一目，年十六，作乐府商调，少年争歌之。已，折节读书，刻意为诗歌，西游彰德，为赵康王所宾礼。"（《明史》）

"谢榛为赵穆王所礼，王命贾姬独奏琵琶，歌其所作竹枝词。歌罢，即饰姬送于榛。大河南北，无不称谢榛先生者。"（《朝野异闻录》）

根据以上这些史料，此公当是一位快活人。

赵穆王，赵康王，有可能是两个人，但也不排除为同一人。按谢榛的能量、诗情、机敏、活动能力，兼两份差，拿两份薪水，同时担任两位王爷府上的贵宾，应该是没有什么难度的。大文豪莎士比亚，不也一方面写出长诗《鲁克丝丽受辱记》，讨好他的恩主扫桑普顿伯爵；一方面将其十四行诗集，献媚地题献潘布罗克伯爵吗？用词赋去公关，去干谒，去拍官方的马屁，这种无伤大雅的阿谀，这种不失低级趣味的奉迎，还是可以原谅的。

明代中央高度集权，分封世袭的王爷们闲得没事干，声色犬马之余，附庸风雅，弄几个文人清客在身边凑趣，还得算是品味够高尚的休闲活动。加之明代后期淫佚成风，色情事业发达，歌女乐伎，弦索唱吹，有一个需要流行歌曲的大市场，适逢其时的谢榛，得其所哉，也不足为奇。

因此，这位独眼龙诗人，畅销歌词作者，能够受到多个特权阶层关照，名片上印着这个王府的文学顾问、那个王府的文学侍卫等等头衔，也蛮唬人的。书斋里有秀色可餐的美女，为其弹奏琵琶，活得相当滋润，是毫无问题的。难怪同是诗人的李攀龙，心里怪不是滋味，要写出这首酸溜溜的诗了。清人沈德潜评点李的这首诗，"诵五六语，如见茂秦意气之高，应求之广"，连隔代的沈老夫子也对谢榛之火、之红、之快活得令人眼馋，有微言焉，李攀龙能受得了？③

③公安，竟陵出，主张性灵、童真、本我，又把前后七子的复古主义，彻底粪土。明人沈德符在《万历野获编》中谈到："邸中偶与袁中郎谈诗，其攻王（世贞）李（攀龙）颇甚口而詈，于麟尤苦。""渠所最所推尊，为吾浙徐文长，似誉之太过。抽架上徐集，指一诗云：'三五沉鱼陪冶侠，清明石马卧王侯'，谓予曰：'如此奇怪语，弇州一生所无。'予甚不然之曰：'此等语有何佳处，且想头亦欠超异，似非文长得意语。'袁苦争以为妙绝，则予不得其解。"

文人应该以文为主才是。但旧时文人常常不在为主的方面下力气，却把工夫全用在名位上的得失考量上，那一份斤斤计较，那一份奔走营逐，其贪婪，其恋栈，其巴结，其钻营，真是很不怕斯文扫地的。于是，展眼望去，你多我少，抓心挠肝，你上我下，咬牙切齿，你高我低，寝食不安，你红我灰，如丧考妣，便是文坛的风景线。

所以说，文学之争，有多少究竟纯属于文学性质的论争，是大有疑问的。归根结底，无非两者，名的升沉，利之多寡而已。在名上，升者怕沉，沉者要升，升者要长升，就得使别人老沉，沉者要上升，就得使升者往下沉；在利上，多者总嫌少，少者不怕多，多者想多，必须使别人少分一杯羹，少者要多起来，必须要不择手段将嘴伸到别人的碗里。大概这是一个永恒的角力态势。

所以，日子过得很快活的谢榛，心灵深处却豁达不起来，因为，李攀龙认为这个独眼龙挡他的道，弄一些人抬轿子、吹喇叭，圈子里造空气，圈子外放风声，弄得谢榛很郁闷，于是，一甩袖子，我惹不起，还躲不起么？后来，他客死大名。在一个没有真正对手的竞争中，李攀龙终于如愿以偿，登上龙头老大的位子。不过，《明史》不怎么肯定他："其为诗，务以声调胜，所拟乐府，或更古数字为已作，文则聱牙戟口，读者至不能终篇。"因此，文学史上视他为明代伪古文潮流中的李梦阳第二，这就更不是什么正面的评价了。

因为李攀龙要当这个沙龙的龙头老大，"李攀龙、王世贞辈结诗社，榛为长，攀龙次之。及攀龙名大炽，榛与论生平，颇相镌责"（《明史》），无论这三位诗人，友好的时候，亲密无间，好到恨不能同穿一条裤子，分手的时候，互为仇雠，恨到不咬一口就死不瞑目的程度；也无论这三位诗人，怎么扛过文坛的大鼎，怎么"片言褒赏，声价骤起"地对文坛起到影响，但随着时间的推移，他们在文学史上，也只能是属于一笔带过的人物，这种"无可奈何花落去"的局面，是很令今日兴致冲冲者气冷的。那些自认为主导潮流，气横宇内者，那些自以为文学领先，已经不朽者，其实只是过眼烟云罢了。

但上帝不怎么支持这位挤对别人而得意的诗人，很快使其离开了这个世界。但他想不到，剩下来的王世贞，独领风骚。"攀龙殁，（王世贞）独操柄二十年，才最高，地望最显，声华意气笼盖海内。一时，士大夫及山人、词客、衲子、羽流，莫不奔走门下。"如果李攀龙不死，还把持着诗坛，王世贞也断不了要跟他掐的。④

  ④ 明人沈德符的《万历野获编》载："王李七子起时，汪太函虽与弇洲同年，尚未得与同列，太函后以江陵公心膂骤贵，其副墨行世，暴得世名。弇山力引之，世遂称无美伯玉。而七子中仅存吴明卿、徐德甫，俱出其下矣。汪文刻意摹古，尽有合处，至碑版纪事之文，时援古语，以证今事，往往扞格不通，其病大抵与历下同。弇山晚年甚不服之，尝云予心服江陵之功，而口不敢言，以世所曹恶也。予心诽太函之文，而口不敢言，以世所曹好也。"初因汪得张居正重用，连忙拉他入列七子，后因为张居正垮台，便大批汪之文章，首鼠两端，令人齿冷。

  又载："江陵封公名文明者七十诞辰，弇山、太函，俱有悼词，谀语太过，不无陈咸之憾。弇山刻其文集中，行世六七年，而江陵败，遂削去此文，然已家传户颂矣。太函垂殁，自刻全集，在江陵身后十年，却全载此文，亦不窜易一字，稍存雅道云。"王世贞的这一副小人嘴脸，暴露无遗。

  文人的心迹，总是讳莫如深，很难探知究意，但文人的行径，不经意间也能露出一点端倪，更何况时间这试金石呢，那尾巴，那马脚，早晚总会显现出来的。

现在，除了研究明代诗的专家学者，还有谁去关注"前七子"，或"后七子"呢？

随行就市的时值，文学史是不会认账的，因为文学史不可能无限制地装进去只具有相对时值的作家和作品。时愈远，值愈低，甚至在当时很有名，超过王世贞和李攀龙的谢榛，一直到明末清初，这位独眼龙诗人，仍不断受到评家称誉。陈子龙评曰："茂秦沈炼雄伟，法度森严，真节制之师也"；钱谦益评曰："茂秦今体工力深厚，句响而字稳，七子五子皆不及也"；沈德潜评曰：

"四溟五言近体，句烹字炼，气逸调高，七子中故推独步"。但文学的淘汰，说来也真是无情，如今，即使如谢榛者，也已几乎不大为普通读者所知悉。而李攀龙、王世贞，甚至还在他们活着的时候，就被人疵议了。

公安袁弘道对王世贞、李攀龙的清算，最为彻底："唐自有诗，而不必选体也，初盛中晚，亦皆有诗，而不必盛唐也。欧苏陈黄，亦乃有诗，而不必唐人也。唐人之诗，无论工与不工，取而读之，其色鲜妍，今人之诗虽工，拾人饾饤，才离笔砚，已成陈腐，岂非流自性灵，与出自摹拟，所由来者异乎？""中郎之论一出，王李之云雾一扫，天下文人才士，始知疏瀹性灵，以涤除摹拟涂泽之病，其功伟矣！"（《历朝诗选》）

这位袁弘道还有一句名言："粪里嚼渣，顺口接屁，倚势欺良。"便是时下那些腰板硬、脸色酷的伪大师们的最好描写，也是那些春风得意，功夫全在文学外的准不朽者的最佳形容。

在这个舞文弄墨的圈子里的男女老少，无论是暴得大名者，浪得虚名者，或者只不过是徒有其名者，甚至还包括那些躲在阴暗角落里，东放一屁，西嚼一蛆，搞点小耸动，冀获微名者，对淡淡的旁观者来说，即使不从文学史的角度衡量，这般货色，充其量，秋风落叶，总是要随风而逝的。

文学，终究是文学；文学以外的东西，终究是文学以外的东西。想到这里，也就顿觉豁达多了。⑤

---

⑤ 不过，到了王世贞晚年，病重卧榻，有人去探望他，看见这位誓不看唐大历以后书的文坛领袖，枕头旁边，放着一本《苏子瞻集》，他自己也一百八十度地变化了。谈到他的《艺苑卮言》，很有忏悔之意。"作《卮言》时，年未四十，与于麟辈是古非今，此长彼短，未为定论。行世已久，不能复秘，惟有随事更正，勿误后人。"清人钱谦益说："元美之虚心克己，不自掩护如此。"

而他的儿子同伯，就完全否定他的文学主张："同伯之论诗文，多与弇洲异同，尝曰：'先人盖弇山园，叠石架峰，但以堆积为工，我为泌园，土山竹树，池水映带，取其空旷而已。'予笑曰：'兄殆以园而喻家学欤？'同伯笑而不答。"（《列朝诗集》）

名父之子 (外一篇)

《孟子·离娄下》："君子之泽，五世而斩；小人之泽，五世而斩。"这句话的意思是说：在朝圣贤的流风余韵，过了五代就衰竭了。在野圣贤的流风余韵，也是过了五代就衰竭了。通常认为三十年或五十年为一代，无论在朝的，还是在野的圣贤人物，其流风余韵，能够保持一百五十年以上，其子，其孙，其曾孙，其玄孙，还一以贯之，还继续发扬，还光大门庭，还风光永续，那是绝无可能的，这也是唐人刘禹锡的诗句"旧时王谢堂前燕，飞入寻常百姓家"，令人感叹系之的缘故。

长江后浪推前浪，一代胜似一代是必然趋势。公元630年（唐贞观四年）李世民与群臣讨论教化的问题，封德彝认为"三代以还，人渐浇讹，故秦任法律，汉杂霸道，盖欲化而不能"。魏徵持进化论观点，"若谓古人淳朴，渐至浇讹，则至于今日，当悉化为鬼魅矣"，这就是人类发展史的新陈代谢规律。但具体到一位财主，也许"富不过三代"，他的儿子尚可能败家，他的孙子尚不至于饿饭，而具体到一位名人，一位文化名人，到他儿子这一代，孙子这一代，基本上就一蟹不如一蟹，振作不起来了。

名父之子，不一定是名人，因为名父之子，要比非名父之子，更难成为名人，这是一个定律，也是无数事例证明了的真理。

至少从文学领域看，只有法国的大仲马和小仲马这对父子，雏凤清于老凤声，青出于蓝而胜于蓝，说得上是子承父业，后来居上的范例。舍此以外，还真是凤毛麟角，难得一见。

回顾我国新文学运动两位先驱人物，陈独秀、胡适，以及五四新文学的六位巅峰人物，鲁、郭、茅、巴、老、曹，他们的子辈孙辈，有能称得上为响当当的名人吗？我想，那答案为零。虽然，以上名父的直系亲属，有的仍在从事文学活动，有的转行不再笔耕纸耘，但是，截至目前，这班文学名父之子，或之女，其成就，其声望，其知名度，其影响力，尚未出现超出他们父辈者。

我想，不是他们不想超，而是规律的局限。历史的河流，被父与子两代人同样成功跨过，其几率比彩票中奖还难。对名父之子而言，一、先人的余泽，使他们容易满足；二、先人的光芒，使他们黯然失色；三、先人成名的时代背景，已经发生了改变，所谓"时不再来"，"机不我遇"，就是这些名父之子面临的窘境。若是从遗传的角度，从基因的角度，从耳濡目染的角度，从没吃过猪肉见过猪跑的角度，名父之子成为名人，似乎是天经地义的。不过，话说回来，龙生龙，凤生凤，老鼠的儿子会打洞，从理论上讲，应该是这么一回事；然而，龙不生龙，凤不生凤，老鼠的儿子偏偏不会打洞，实际上也是可能的另一回事。

对名父之子期望值越高（他自己的期望，他周围人的期望），压迫力也就越大（他内心的压力，他外部的压力）。从他出生在这个名父之家的那天起，有形的、无形的压迫力，就随之出现。在这期望的包袱，要求的负担下，其进取心，其奋斗心，必定会被拖累，必定难有进展。更何况，名父犹如一座高山，壁立在他面前，要想达到那样的高度，已属奢望，还想超越这个高度，岂非痴人说梦？

"据说古希腊的亚历山大大帝在东宫的时候，每听到他父王在外国打胜仗的消息，就要发愁，生怕全世界都给他老子征服了，自己这样一位英雄将来没有用武之地。"这是钱钟书先生在《宋诗选注》序文中的一段话，本意是在唐诗的高峰以后，宋诗如何别开生面的思考。而对一位有远大抱负、有豪情壮志的名父之子来说，确实是会产生出这种英雄之叹的。

好在这个世界上，亚历山大大帝只有这么一位。

名父之子很难超越，要从根子上寻找原因。于是我想起在《国语·鲁语下》中读到过的这样一句发人深省的话："沃土之民不材，淫也。瘠土之民向义，劳也。"何谓"沃土"，就是指名父为其子所创造下来的优越环境、丰裕生活、良好氛围、安适条件。老百姓有句谚语："大树底下好乘凉"，就是这个意思了。

名父之子在这棵大树底下，遮风雨，蔽烈日，摘果实，赏鲜花，热了有人打扇，冷了有人送暖，饿了饭碗端上，渴了饮料侍候。周围是艳羡的目光，逢人是恭维的笑脸，从小长大，格外呵护，快乐王子，无忧无虑。所以，名父之子，享现成者多，托荫庇者多，好依赖者多，等靠要者多。日久天长，快活自在，自然是坐着不如躺着，累着不如歇着，惰性大于进取，惰性高于勤奋了。如此这般饭来张口，衣来伸手的懒货，要想成为他父亲那样的名人，显然是很难很难的。①

> ① 从遗传学的角度来看，父辈成功的某些具有进取精神的基因，未必悉数传给子辈的 DNA，这也是帝王家系的退化程度更甚于常人的原因。一是由于太过优渥的物质生活；二是由于太过消耗的性事活动；三是由于太过紧张的宫廷斗争；四是由于太过狭窄的精神世界。这四个"太过"，造成中国封建社会最高统治者的智商、体能、行为力、适应力的加速度消耗，而呈下降衰减沉沦颓废之势。所以中国出现那么众多的弱智、白痴、呆傻儿式的皇帝，是一点也不奇怪的。正如一块土地，肥力耗竭殆尽，还能指望打出什么好庄稼来吗？一般来说，每朝的开国之主，其聪昏周期率的间距，可能拉得时间长一点，因为那时的地力尚可，而随后的继承者，则是黄鼠狼下豆鼠子，一代不如一代，很快就会不成气候了。

如果无法超越，做一个守成的、本分的、规矩的，端多大的碗，吃多少的饭的名父之子，也是不错的选择。但实际上，犹如清人赵翼在其《廿二史札记》卷二十中，有一篇《名父之子多败德》的读史心得，从历史的角度考察，有不少的名父之子，却走向了其父辈的反面。赵翼举了很多唐朝的例子：如房玄龄，如杜如晦，都是唐朝李世民视为股肱的宰相。"玄龄善谋，如晦善断，当世语良相，常称房、杜。"但他们两位的后裔，房玄龄的儿子房遗爱，杜如晦的儿子杜荷，都是在武则天当政期间，因为谋反而被诛杀。如果说这两位名父之子的死，有武则天的政治迫害因素，那高宗、武后时的名相狄仁杰，他的儿子狄景晖，则是咎由自取的败类了。"官魏州，以贪暴为民所恶，并毁仁杰生祠。"因他生性残忍，虐杀无辜，当地老百姓被欺压得无以为生，起而抗争，愤怒的群众将他父亲的生祠推倒。

开元时期与姚崇同为名相的宋璟，"直声震天下，而其子（宋）浑等，流荡无行，为物议所薄。"同样，历事肃宗、代宗、德宗的名相李泌，"其子（李）繁乃党于裴延龄。"而这个裴延龄，是当时人所共识的坏蛋，这个名父之子，竟然与其沆瀣一气。"阳城劾延龄，属繁书疏稿，繁即默识以告延龄，使得先奏。"赵翼叹息道："此皆名父之子，而败德坠其家声，不可解也。"

至于清朝龚自珍的儿子龚橙，那是最为突出的例子。

由于毛主席在其著作《农村合作化高潮》一书中，引用"九州生气恃风雷，万马齐暗究可哀。我劝天公重抖擞，不拘一格降人材"这首七绝，诗人龚自珍的名字便广为人知。他是一位了不起的诗人，以他词中的灵韵，诗中的精魂，文章中的气度，论者誉他为清文学史的压轴人物，"定盦之才，数百年所仅有也"（清人沈曾植语），这些评价，并非过甚之词。

龚自珍同时还是一位思想家，具有强烈的爱国主义思想，魏源和林则徐是他最为志同道合的朋友，当林为钦差大臣到广州去查禁鸦片的时候，他曾经自告奋勇，要与他同行，为其效力。收在他《定盦文集补编》中的《送钦差大臣侯官林公序》，就是为林的禁烟此行出谋划策，贡献良多的一封长信。林在给他的复信中，说道："惠赠鸿文，不及报谢。出都后，于舆中抽绎大作，责难陈义之高非谋识深远者不能言，而非关注深切者不肯言也。"对龚的见解，龚的韬略，龚的赤诚，龚的爱国之心，评价是非常高的。②

②爱国的父亲，卖国的儿子，在中国，当然不仅仅龚定盦、龚半伦这一对父子。遗传基因逆向性的异变，尤其于帝国宫廷中屡见不鲜。例如，秦嬴政夷平六国，雄视千古，胡亥却弱智低能，指鹿为马；汉刘邦马上得天下，威加四方，刘盈却为人仁弱，治国乏术；隋杨坚节俭成性，生活朴素，杨广却疯狂挥霍，败家亡国；唐李世民英武神勇，为天可汗，李治却阘懦怯畏，成怕老婆汉；明朱元璋草莽出身，杀人如麻，其子朱标，其孙朱允炆，都宅心仁厚，待下宽容。刘邦就对吕后埋怨，我的这个儿子怎么一点也不像我。朱元璋恨他的儿子软弱，缺乏杀伐无情的狠绝，特地要他到刑场上去看行刑杀人，血流遍地的场面。

这些例证，都说明了父子之间的传承，既有同方向的顺变，也有反方向的异变，赵翼从全部二十二史得出的这个结论，"名父之子多败德"，有其相当普遍的现实意义。

应该说，再没有比龚自珍的这个十恶不赦的儿子，更为典型的了。这位名父之子，叫龚橙，一个地道的混账东西，一个地道的浪荡之人，而且还是一个地地道道的卖国贼。恐怕龚自珍自己万万更想不到，甚至很多中国读者，欣赏其瑰丽诗词，赞成其奇绝文章，敬佩其政治敏感，震撼其末世呐喊，也都想不到一个如此强烈爱国的名父，却生出这样一个极端卖国的"名"子。

看来，名父之子，一旦坏，必然坏得特别快，而且加倍的坏。因为越是优裕的外部环境，极可能成为名人之子变坏的最佳土壤。在森林里，越毒的蘑菇，在越是肥沃的泥土中，生长得也越鲜艳，毒性也越大。据野史《半伦传》载："定盦好藏书，富甲江浙，多《四库》未收本。半伦幼好学，天资绝人，于藏书无所不窥，为学浩博无涯涘。既长，随定盦入都，兼识满洲、蒙古、唐古忒文字，日与色目人游，弯弓射马，居然一胡儿矣。"其实，他的资质，他的才华，他的聪明，他的根底，可以看得出来，他并不弱于乃父的。清人孙静庵笔记《栖霞客野乘》，其中有一则《龚定盦轶事》，提到他的这个不肖之子龚孝拱，即龚橙。说他"喜改定盦文稿，每置定盦木主于案，凡改一句一字，则以竹杖击木主曰'某句不通，某字不妥，尔为我父，故为改易，不敢欺饰后人也'。"从这一点看，无论是巧作聪明也罢，还是佯狂作秀也罢，说明他确实不愧为才高八斗，学富五车的龚定盦的儿子。然而，名父之子，太容易得到想得到的东西，而且也用不着费力气就能得到比期想更多的东西，干吗还要上进、发奋、深造、图强呢？

可想而知，"好作狎邪游"，"日挥千金"，"鬻其先人金石书画殆尽"的这个龚橙，声色犬马，过着花天酒地的日子，"恃才傲物"，"居恒好谩骂人，视时流无所许可，人亦畏而恶之，目为怪物，往往避道行"，"居海上十数年，与妻子未尝一见"，儿子去见他，"辄被斥逐"，"与胞弟念匏亦不睦"，"其家人亦无敢与往"。最后，他混到除了一个小妾外，成了六亲不认的孽子。于是，他给自己取了一个外号，叫做"龚半伦"。人家问他，"龚先生，何以自号'半伦'？"他说："半伦者，无君臣、父子、夫妇、昆弟、朋友、五伦俱丧。而尚有一爱妾，故曰'半伦'也。"

龚自珍当然没想到自己的儿子，如此之不成器，而尤其没想到的是，他竟成为火烧圆明园的帮凶。这就是龚自珍在九泉下永远为之不安的孽障了，因为他对于西方殖民主义者，有着最清醒的认识。据章炳麟《检论》称，龚自珍曾为文论述："近惟英夷，实乃巨诈，拒之则叩关，狃之则蠹国。"可是，他的儿子偏偏当了英国殖民主义者头子巴夏礼的谋主，一个为其出尽坏主意的狗头军师。甚至，"投靠威妥玛，嫁女为洋人妾，诱引联军进圆明园。"

历史就是这样无情地戏弄着人类，革命的父亲，生出不革命甚至反革命的儿子；爱国的父亲，生出不爱国甚至卖国的儿子；有学问、有文化、有思想、有智慧的父亲，生出愚昧的、无知的，甚至白痴的呆傻儿。龚自珍的这个儿子，可倒并不呆，并不笨，他为英法联军的向导，直奔西直门外，扑向圆明园，却成了点起第一把罪恶之火的败类。

《清朝野史大观》卷一，有更详细的记载："定盦子孝拱，晚号半伦，半伦者，无君臣父子夫妇兄弟朋友，而尚劈一妾，故曰半伦云。半伦少好学，天资绝人，顾性冷僻而寡言语，好为狎邪游。中年益寥落，至以卖书为活。英人威妥玛方立招贤馆于上海，与之语，大悦之，旅沪西人均呼为龚先生而不名，月致百金以为修脯。庚申之役，英以师船入京，焚圆明园，半伦实与同往。橙单骑先入，取金玉重器而归。"

而据《圆明园残毁考》这篇史料，英法联军攻入北京后，"所以焚掠圆明园者，因有龚半伦为引导。半伦名橙，自珍子，为人好大言，放荡不羁，窘于京师，辗转至上海，为英领事纪室。及英兵北犯，龚为向导曰：'清之精华在圆明园。'及京师陷，故英法兵直趋圆明园。"③

③最无耻者，这个龚橙竟大言不惭，倘非他不将洋人吸引到圆明园抢掠，若是由此进到北京城内，后果尤不堪设想。钱基博《中国近世文学史》说："姚大荣曰，世皆以淀园之焚为仁和龚孝拱奇计，不者且欲屠城，此特孝拱妄言，不衷于事。"

在这个世界上，所有那些为虎作伥者，都会想尽方法，擦干净自己屁股上的屎迹，装得像个人似的。

对于这种引狼入室的汉奸行为，咸丰十年八月癸亥的谕旨里，奕䜣有过这样一段话，也足以佐证龚半伦为敌前驱的罪不可逭："该夷去国万里，原为流通货物而来，全由刁恶汉奸，百端唆使，以致如此决裂。"逃到热河承德的这位皇帝，在诏谕里出现"汉奸唆使"之词，当有所指，绝不是普通老百姓，而是有头有脸之辈，自然是冲着龚自珍这样有名之人而言。若诗人地下有知，将何以堪？

如今谈到这位大名人，自然不会马上联想到他的不肖子的。但只要谈到火烧圆明园，就不能不涉及引导英法联军烧毁一代名园的龚半伦。而提到这个丧心病狂的汉奸，就难免要想起龚自珍。这个逆子，确确实实给这位晚清大诗人的一世声名抹了黑。想到这一点，不管是名父，还是非名父，都是应该引以为鉴的。

名父之子（外一篇）

尤其，作为名父之子者，能不以此类推，而慎乎其慎乎！

附：

杨士奇"泥爱"其子

去年的某一天，我听说一位老朋友被"双规"了。

我吓了一跳，因为，这是绝不可能的。他早不在其位、不谋其政了，至少十年前就退到二线，五年前连二线也不线了。"采菊东篱下，悠然见南山"，侍弄阳台上的花花草草，怡然自乐。一个不在职的离休干部，何从"双规"得起来。他和我，相识半个世纪，不在同一单位，却住同一城市。此公谨言慎行，遵纪守法，勤劳奉仕，积极工作，是出了名的。上下左右，保持着不亲不疏，不近不远的关系，好好好，大家都好。开会必到，发言有稿，逢人点头，满面含笑。出版社本是清水衙门，即便如此，社里的党、政、财、物等权力部门，都尽量不搅和进去，唯恐惹是生非。因为没有欲望，领导对他很放心，群众对他无戒心，说他明哲保身也好，说他胸无大志也好，总而言之一句话，全世界的人都"双规"了，也轮不到他头上。

于是，我给他打了通电话，接电话的是他老伴，才知道"双规"的是他们家的公子。由于有关部门怕转移藏匿财产，不免公事公办，到府上来查询过。说实在的，这五十年来，历次运动，我是生不逢时，在劫难逃，而他总能逢凶化吉，遇难呈祥。老头子一辈子也没见过这种阵仗。红卫兵算厉害的了，那时，经常光顾舍下，可对他，三过其门而不入，让我羡慕得要死。

说是查询，免不了搜检，所以，一惊一吓，中风了。

因为抢救及时，倒无大碍。于是，我到医院去看他，他拉着我的手，半天说不出话来。可能因为轻度卒中，语言困难。不过，他说出来的话，让我为之一怔。老兄啊老兄，你疼你的儿子，但你的儿子不一定疼你！接着又叮嘱，如果有可能，应当写进文章里去，提醒天下为人父母者。我从他断断续续的言谈里，才知道他和他老伴，真是"舐犊情深"，这些年来，几乎为这位在银行做事的儿子，创造了一切。

从插队知青，到保送大学，到入党提干，到出洋镀金，到越级提拔，到主管贷款，无一不是这老两口利用所有关系、使出浑身解数，动员全部可能借助的力量、不怕豁出老脸东求西托，以达到目的。爱是无止境的，爱是不需回报的，这位大少爷真是吃定了老头老太。至于物色对象，相亲定聘，结婚成家，大排宴席，二老的多年积蓄，也花得所剩无几。

尤其，把自己的房子腾出来，重新装修，作为新房，老两口搬进银行分给儿子的两居室，由于阳台变小，不得不精简掉多盆心爱之花木，那可让我的朋友痛苦了好些日子。而且没过很久，那小两口又在市郊高尚小区里，买了新房，可又并无要将现住的房子退回给父母这一说，反正他们有车，城里城外两处住着……

说到这里，我的这位老朋友长长叹了一口气，又重复他的名言：你疼你的儿子，但你的儿子不一定疼你！

于是，我想起明代李贤所著的《古穰杂录摘抄》，其中有一则笔记，起句为"（杨）士奇晚年泥爱其子"的"泥爱"来。这位被"双规"的银行信贷部主任的父亲，我的老邻居兼老同事，应该是属于无可救药的"泥爱"父母了。

在《现代汉语词典》里，找不到这个古老的汉语词汇。

关于明代大臣杨士奇"泥爱"其子这件事，在同时代焦竑所著的《玉堂丛语》一书里，也提到过。题目为《惹溺》，这个"惹溺"，同样也是一个稀见词。看来，任何民族的文字语言，都是处在不停地变化发展的过程之中，一些新的词语在产生，一些旧的词语在消亡。"泥爱"和"惹溺"，便是埋葬在古籍中，属于尸骸性质的词语，很难在现代语言中复活了。

由于李贤和焦竑写的是同一件事，参照来看，"泥爱"的"泥"，与其"惹溺"的"溺"，大概同义。也就是与现代汉语中的"溺爱"一词，而古语中的"泥"和"溺"，更接近于时下口语中流行的"爱呆了"。一个人爱呆了，爱傻了，爱到不清醒，爱到不问是非的程度，便是"泥爱"和"惹溺"了。

语言虽然古老而且死亡，但这种为官之父，"泥爱"其不肖之子的社会现象，由明至清，由民国至现在，倒是一点没变，甚至还发扬光大了呢。就看最近坐在被告席里的高级干部，与其子，与其妻，与其情人小蜜，与其三亲六故，作奸犯科，贪赃枉法，包庇纵容，共同为恶，便可证明。

我这位朋友的儿子被"双规"，某种程度上也是父母"泥爱"的结果。我看着躺在病床上的他，也在琢磨，这个一生谨慎做人，小心做事的他，难道会发觉不了他儿子的变化？心理变化看不出来，说得过去，感情变化不易察觉，也说得过去，些微的物质变化，年轻人好穿好戴，也许不会当回事。但是，老兄啊！忽然间冒出郊外一幢高尚住宅，忽然间冒出一部不错的进口车，你眼睛再老花，你耳朵再重听，你会不感到诧异？车是人家借给他的，房子也是人家出国让他暂住的，如此慷慨大方的人，你我都活到古稀之年，怎么从来没福气碰到的。你怎么能相信这种赤口白舌撒出来的谎呢？

这就得从"泥爱"其子的明代宰辅杨士奇剖析起来。

生于公元 1365 年，死于公元 1444 年，差几天就八十岁的杨士奇，是位名相，历事惠帝、成祖、仁宗、英宗四朝，这位老先生亲身经历了辅臣地位逐步提高的过程。若不是他"泥爱"其子杨稷，弄得声名狼藉，最后搭上老命，这位元老政治家的一生，本可以画个更圆满些的句号。

因为，引车卖浆之流，贩夫走卒之辈，纵使"泥爱"他的子女，小小泥鳅，能翻多大风浪？但是，官做得越大的干部，"泥爱"其亲属，任其行凶作恶，听其胡作非为，那后果也越严重，对于社会的危害性也越可怕，最后付出的代价也越沉重。看来，这也是为官者，尤其为大官者，必须戒之慎之的事情了。

其实，正史对于杨士奇，以及杨荣、杨溥的"三杨"辅政，还是比较肯定的。《明史》赞曰："是以明称贤相，必首三杨，均能原本儒术，通达事变，协力相资，靖共匪懈。"一方面，朱元璋和朱棣半个世纪的铁血统治，基本上是暴政，是镇压，是不停地杀戮，无论国家的元气，还是百姓的繁衍，都经不起再折腾，需要休养生息；一方面，朱高炽、朱瞻基，乃至朱祁镇，都是无甚才智，无甚作为的平庸之君，因而在敬谨恭勉，求稳慎行的"三杨"辅佐下，国家能够正常运转，大局能够保持安定。

明代郑晓所著《今言》中称："惟西杨起布衣，历四朝四十一年"，杨士奇执政的这时期，明代虽无大发展，但也无大动乱，不能不说是三杨的贡献。在封建社会中，老百姓不处于风雨飘摇，朝不保夕的日子里，便是托天之福了。

杨士奇，江西泰和人，出身寒门，早年在乡间为塾师，很清苦，也很努力。惠帝时，以才学优异荐入翰林，为编纂官，尽管未经科举，以出类拔萃入仕，值得自豪，但并非正途出身，他也是相当抱愧，引为生平一恨。因此，永乐夺了他侄子建文帝的江山，没有什么资历的他，赶紧投靠新朝。由于他很表现，也很卖力，定都北京以后，先任编修，后入内阁，再进侍讲，一路青云，升任辅臣。永乐北巡，朱棣委任他扈从东宫，驻守南都。

当时，永乐不喜长子，属意次子，朱高炽差点被废，当不成太子。杨士奇极力美言，予以回护，才得以无事。后来，朱高炽继位。杨士奇升礼部侍郎，兼华盖殿大学士，加少保，颁"绳愆纠谬"勋圅，予以殊荣。随后进少傅，为兵部尚书，也算是对这位曾经保护过他，使之得以登上大位的老臣的一种恩渥和报答。

也许因为这种原因，洪熙当朝，作为宰辅的杨士奇，和以前侍候成祖，大不相同。能够秉公用人，持直主政，能够坦陈己见，建言无忌。中国知识分子之可爱处，即使有了一点发言权，还是能够为国为民做点好事的，正史上对他予以相当肯定。譬如朱高炽登基后，那些在他为太子时得罪过他的官吏，他一心惩办，大搞报复，是被杨士奇劝止住了的；譬如那些上书歌功颂德的臣僚，因为马屁拍得顺当，洪熙很开心，便要加以提拔，是被杨士奇一一反对掉的。譬如后来成为栋梁之才的于谦、周忱、况钟这些才干突出之士，又都是他发现引荐而获得重用的。"雅善知人，好推毂寒士，所荐达有初未识面者，而之属，皆用士奇荐。"（《明史》）

有一位叫顾佐的御史，也是杨士奇起用的人才。有一次，"奸吏奏佐受隶金，私遣归。帝密示士奇曰：'尔不尝举佐廉乎?'对曰：'中朝官俸薄，仆马薪刍资之隶，遣隶半使出资免役，隶得归耕，官得资费，中朝官皆然，臣亦然。'帝叹曰：'朝臣贫如此！'因怒诉者曰：'朕方用佐，小人敢诬之，必下法司治。'士奇对曰：'细事不足干上怒。'"（《明史》）

从这些地方看，杨士奇在尽责为官上，可谓兢兢业业，孜孜不懈。但是，这样一位极明白事理、极通晓大体的政治家，却因为"溺爱"其子，而成为一个被蒙蔽的糊涂父亲。

李贤这样写道："士奇晚年溺爱其子，莫知其恶最为败德事。若藩臬郡邑、或出巡者，见其暴横，以实来告，士奇反疑之，必以子书曰，某人说汝如此，果然，即改之。子稷得书，反毁其人曰，某人在此如此行事，男以乡里故，挠其所行，以此诬之。士奇自后不信言子之恶者。有阿附誉子之善者，即以为实然而喜之。由是，子之恶不复闻矣。及被害者连奏其不善之状，朝廷犹不忍加之罪，付其状于士奇，乃曰左右之人非良，助之为不善也。而有奏其人命已数十，恶不可言，朝廷不得已，付之法司。时士奇老病，不能起，朝廷犹慰安之，恐致忧。后岁余，士奇终，始论其子于法，斩之。乡人预为祭文，数其恶流，天下传诵。"

焦竑对这个败类，又有进一步的描写："杨文贞子稷恶状已盈，王文端为文贞言之，遂请省墓，实欲制其子也。稷知，每驿递中，先置所亲誉稷贤。后扬言曰：'人忌公功名之盛，故谤稷耳。'稷复迎于数百里外，毡帽油靴，朴讷循理，家中图书萧然。文贞遂疑文端妒己，还京师，出之吏部。"

鲁迅先生写过一首《答客诮》的旧体诗："无情未必真豪杰，怜子如何不丈夫。知否兴风狂啸者，回眸时看小于菟。"为父亲者，爱自己的儿子，是一种很正常的人类天生的感情。但这种爱，超过一切，压倒一切，以致颠倒黑白，罔顾是非，那就害人害己，遗祸社会。

因为这个父亲不是蹬三轮的，不是卖鸡蛋的，碌碌无闻，谁也不会关心，不会注意。可大人物、大干部、大名人，众所周知，是白纸黑字出现在报章上的，无人不晓，是衣冠楚楚出现在荧屏上的，于是，有这样一个终被斩首的混账儿子，纵使相信是被蒙蔽，是糊涂虫，不曾同流合污，也不曾狼狈为奸，那不论是杨士奇，还是别的什么士奇，也不论是过去的杨士奇，还是当代的别的什么士奇，都会成为历史上的一个大笑柄，为人所不齿，被人所唾弃。

我那躺在病床上的老朋友，他疼儿子，可儿子一点也不疼他。最让他伤心的，那个在"双规"中的儿子，经他妈再三恳求，允许他到医院里探视其父。你猜他说什么？这位泥爱其子的父亲告诉我，他儿子觉得他完全没有必要这样激动。至于嘛，不是还没到杀头的程度嘛！听听……

我怕他太难过，遂把话题扯远了。

明代的何良俊，在其所著的《四友斋丛语》中，也提到这位杨士奇，锋芒所指，话语就很不客气了。

"杨文贞公之子，居家横暴，乡民甚苦之，人不敢言。王抑庵为文贞同乡且相厚，遂极言之。后文贞以展墓还家，其子穿硬牛皮靴，青布直身，迎之数百里外。文贞一见，以为其子敦朴善人也。抑庵忌其功名，妄为此语，大不平之。后事败，乡民奏闻朝廷，逮其子至京，处以重典。文贞始知其子之诈，然文贞犹以旧憾，抑庵在吏部十余年终不得入阁者，人以为文贞沮之也。由此事观之，则三杨之中，文贞为最劣矣。"④

④ 明人沈德符《万历野获编》载杨文贞士奇"初于建文朝为太祖实录纂修官，永乐间再修、三修太祖实录，至宣德间，修太宗、仁宗实录，正统间，修宣宗实录，又皆为总裁，以劳加进师保。凡握史权者六次，后来无与比者。又主乡试、会试各二次，真布衣之极宠也"。能够达到这样一个代代红的地步，在官场中非九段高手，绝不能操胜算的。尤其《太祖实录》，朱允炆的求实和本真，朱棣的造假和掩饰，显然尺度不同，口径不一，可他历经两朝，纂修三次，周旋于这对反目成仇的叔侄之间，竟然侍候得不留半点把柄，不露丝毫破绽，想来此公之风评不佳，恐怕在明代就难掩人耳目了。

俗话说，知其父者莫如其子，同样，知其子者也莫如其父，从遗传学的角度考量，父子之间，总是会有共同的基因。按照其子杨稷那一份作伪本领，造假功夫，高超的表演能力，呜呼，我不禁怀疑，这个老爹，果然是被蒙在鼓中么？

于是，我忽然悟到，别人传言，我的老朋友被"双规"的消息，看似讹传，其实那是颇具贬义的说法。很大程度上也是对其"溺爱"之祸，多少带有一点指责之意吧？我不愿再多想下去，不过这个古老的词汇，倒还能使人清醒。"溺爱"，非爱也，这样的爱之，实则倒是害之。杨士奇"溺爱"其子的教训，天下为父母者，是要牢牢记住的。

文学的 "粥化" （外一篇）

　　1935年鲁迅为《中国新文学大系·小说二集》写了几句《编选感想》，文字不多，抄录于下：

　　"这是新的小说的开始时候。技术是不能和现在的好作家相比较的，但把时代记在心里，就知道那时倒很少有随随便便的作品。内容当然更和现在不同了，但奇怪的是二十年后的现在的有些作品，却仍然赶不上那时候的。""后来，小说的地位提高了，作品也大进步，只是同时也孪生了一个兄弟，叫做'滥造'。"

　　大师所以被称做大师，第一，他的先知先觉，第二，他的话，也包括他的作品，不那么快就过时。鲁迅六十多年前说的这番话，至今还是很有针对性的，这就是他的伟大之处，也是他至今仍旧被人讨伐的原因。不过，在他笔下的，那个名叫"滥造"的孪生兄弟，这些年来，可有出息了。一个个，一位位，一尊尊，从作品，到人品，从形而上，到形而下，已经进入全面的、彻底的泡沫状态之中。若是先生还活着，我想如他儿子周海婴所回忆的那样，闭嘴，不做声，或者，爽性去坐牢，倒不失为求得一份安生的万全之策。

　　要是没有敦诚、敦敏两兄弟，和张宜泉写给曹雪芹的诗，还真不大相信《红楼梦》里作者自己说的，他是在"茅椽蓬牖，瓦灶绳床"的贫困状态下，"披阅十载，增删五次"地进行创作的。

　　敦氏兄弟这两句诗，"满径蓬蒿老不华，举家食粥酒常赊"，举家食粥，也许有诗人的夸张，有酒可赊，说明还不到断顿的程度。但曹雪芹晚年的艰难，是确凿无疑的。尤其他在逝世前不久，在贫病交加，"饔食有时不继"的困境中，还能坚持不懈地写作他的《红楼梦》，一直熬到"壬午除夕"，也就是大年三十晚上，他生命这盏灯熄灭为止，实在让后人敬佩。仔细琢磨，粥固然使他营养不良，造成英年早逝的不幸悲剧，是乃粥之罪也。但又不能不归功于粥，要没有这点卡路里，也许我们今天，连那八十回也看不到的。

喝粥的人能写出如此伟大的作品，真让我们吃干饭的人羡煞愧煞。

于是我相信，粥与文学或许有些因缘。郑板桥在山东做官的时候，给他家人写信，就说十冬腊月，凡乞讨者登门，务饷以热粥，并佐以腌姜，可见他是对粥比较了解的文人。苏东坡在《大风留金山两日》写过"半夜不眠听粥鼓"，描写了寺庙里的和尚，是怎样等待着天亮以后的这顿粥。因为和尚没有晚餐这一说，连做梦也惦着那碗热烫的稀粥。

食粥，可分主动与被动两类。主动食粥者多半系快活之人，为使食物更滋润地进入肚子的功效出发，或"食不厌精，脍不厌细"，考虑到肠胃的消化能力实际需要出发，才喝粥的。这时候，粥是辅助食品，不唱主角。一旦粥挑了大梁，那就成了被动食粥，非喝不可，不喝不行，粥稀得可以照见人影，喝的人通常就不快活，或很不快活了。所以，饥饿只能产生现实主义，如曹雪芹，而吃饱了以后的作家，只能写出打呃文学，如当下你我之辈混迹于文坛者，大概也不是什么妄言。

粥之不能与饭比，系于营养价值。系于淀粉提供的热量。道理很简单，无非就是粥比饭所需米量，要少三分之二，或四分之三，灾荒年景，米甚至还要少些。虽然粥和饭成分相同，但形式颇异，一为流体，一为非流体，区别在于水和米的比例上。由此可见粥的最大特点就是水分比较的多，而干物质比较的少。粥可以填满胃部，但不耐久，两泡尿一撒，就会饥肠辘辘了。在文学范畴里，凡兑水太多，言之无物者；凡米粒甚寡，内容空洞者；凡文字游戏，华而不实者；凡思想浅薄，识见鄙陋者；凡前车后辙，老调重弹者；凡鸡零狗碎，茶杯风波者；凡无病呻吟，感情廉价者；凡假冒伪劣，粗制滥造者……这些当代文坛屡见不鲜的现象，大概都可称之为文学的"粥化"危机。

社会需要货真价实的精神食粮，读者需要结结实实的文学营养，这是时代赋予作家的使命。

但是，不幸的是，在当下物质第一的世界里，那些自以为是永垂青史的大师级作家，那些自以为是千古绝唱的了不起的作品，所以愈来愈不堪入目，愈来愈被人不以为然，就是由于他愈来愈多地兑进太多的水，而愈来愈少地放进米粒。若是减去那些大家看腻了的老套路、变换不出新花样的性描写，减去令人恶心的陈词滥调，减去大家都能猜想到的情节、故事、结局，实在没什么干货了。文学出现了"粥化"现象，十之八九，是由于作家的那块地里，打不出几粒粮食的缘故。

我记得我开始阅读文学作品，大约是二十世纪四十年代，在当时称为"孤岛"的上海。现在回想起来，读过的，留有印象的，以及在爱好文学的同学之间经常谈论到的作家，不会超过三位数。那时的中学生，也有文学社之类的团契，出于民族危亡的爱国热情，想到日本鬼子一进租界，肯定便是大东亚共荣圈的文学和汉奸文学的天下。所以，对于"五四"以来的新文学，凡能搜罗得到的，无不辗转传阅，交流心得。因此，到图书馆里找寻《小说月报》《新潮》《现代评论》《文学》《创造》《语丝》《人间世》《论语》，以及《东方杂志》等非文学性刊物，到福州路也就是四马路的书店和旧书摊，以及街头的租书铺，发掘如今被称之为现代作家的作品，便是社团成员的使命。尽管如此不遗余力的寻访，累计起来，这些作家的总人数，绝不会超过百位。①

① 从鲁迅所编的《中国新文学大系·小说二卷》来看，他负责收集编选的作家小说作品，是除文学研究会和创造社两个团体以外的作家的作品，共收33位作者的小说59篇。1935年至1936年间出版的这套《中国新文学大系》（赵家璧主编，上海良友图书印刷公司发行），也是文学界和出版界的一件盛事。是从1017年新文学运动开始到1926年十年间的创作和理论的选集。全书共十册，作品有小说一至三集，散文一至二集，诗歌、戏剧各一集。因我手头没有这套书，以鲁迅编的这一集为准，粗略统计一下的话，也足以了解中国现代文学作家，总数在百位数上，是不会大错的。如果加上文学建设理论、文学论争、史料等其他各卷，也就二百人左右。

这个数字，连我自己也很怀疑。但是，据北京图书馆书目编辑组的《中国现代作家著译书目》（书目文献出版社，1982年出版），和这部书的《续编》（书目文献出版社，1986年出版），现代作家的数量，恐怕只是当代作家的一个零头。这部根据北图现藏并补充其他图书馆的一些藏书编写而成的书，是一部权威性的著作。前书共收录阿英、艾青、艾芜、巴金、巴人、冰心、曹禺等50位作家著、译、编、校的图书近3000种，后书收128位作家著译3400种。看来，当时号称四万万五千万的中国人中间，充其量，也就只有区区百多位作家，用不着恶性竞争，尤其不需要狂热地进行粥化。②

②当代作家的数量，就实在惊人了，而当代作品的数量，就尤其惊人了。仅以年产长篇小说600部至700部的这个速度，说中国是这个世界上当之无愧的文学大国，是不用怀疑的。以中国作家协会的会员计，我记得粉碎"四人帮"以后的第四次文代会上的一次统计，从新中国成立到那时止，会员为3000人。二十多年以后，如今的会员已达6000人。二十世纪三四十年代，中国人口为4亿5000万，作家约为200名，进入二十一世纪，中国人口为13亿，作家约为5000名（因为有的会员不一定是作家，因此不计在内），这样，两相比较，半个多世纪以来，我们这个国家，人口增长3倍，而作家却增长了25倍。

如今，把煮粥的办法运用到文学上来，几乎成为作家的手段，本是短篇，硬拉扯成为中篇，本是中篇，拼命兑水，扩充膨胀，以长篇面貌出现。一部作品叫好以后，跟着拷贝出若干同类项的复制品，影视剧取得成功以后，立马一鸡两吃，长篇小说跟着上市。在经济效益上，也许能有可观的收入，但读起来，就很不舒服了。因为往粥里掺的是水，至少不硌牙，可是往小说里掺的东西，味同嚼蜡，那就令人反胃了。

让读者喝这样光灌大肚的粥，实在是差劲的。其实做文章，还得按照煮干饭的办法行事才对。哪怕少一点，也不要拼命往锅里掺水。

《红楼梦》里有一回说到给贾母开饭，竟无法多出一碗来给别人吃。于是从贾母嘴里，便说了那句"可着头做帽子"的成语。其实，这对作家来讲，倒是至理名言。

附：

半夜不眠听粥鼓

粥和饭，从本质讲，并无不同，只是水放得多寡而已。

清代的袁枚在《随园食谱》里作了一个权威的论定："见水不见米，非粥也；见米不见水，非粥也。必使水米融洽，柔腻如一，而后谓之粥。尹文端公曰：'宁人等粥，毋粥等人。'此真名言，防停顿而味变汤干故也。"

食粥一事，中国旧时文人笔下时常涉及的。宋代费衮《梁溪漫志》里，有一篇《张文潜粥记》，讲得最透彻了。"张安道每晨起，食粥一大碗，空腹胃虚，谷气便作，所补不细。又极柔腻，与脏腑相得，最为饮食之良。妙齐和尚说，山中僧将旦，一粥甚系利害，如或不食，则终日觉脏腑燥渴。盖能畅胃气，生津液也。今劝人每日食粥，以为养生之要，必大笑。大抵养性命，求安乐，亦无深远难知之事，正在寝食之间耳。"

这与宋代陆游的一首《食粥诗》，主旨上颇为相似："世人个个学长年，不悟长年在眼前。我得宛丘平易法，只将食粥致神仙。"他们所以把食粥提到养性命、求安乐、得长生的高度，其实，这是和我们中国这个农业经济社会靠天吃饭，经常因天灾人祸、十年九荒造成的粮食匮乏状况相关连的。"忙时吃干，闲时吃稀，干稀搭配"的"稀"，也就是粥。这种农家饮食习俗，并不表明种田耕地的农夫，不习惯一年到头天天吃干饭，而有喝粥的瘾。问题在于忙时吃干，闲时也吃干，到了青黄不接之际，瓮空罐罄，无米之炊，巧妇难为，那勒紧裤带的日子就难熬了。

张文潜、陆游的食粥，很大程度上反映了清寒文人于困顿中的超脱，于窘迫中的豁达，于匮乏中的安恬，于平淡中的自适。他们笔下的粥，就不仅仅是果腹之物，而是精神上的自我宣示了。

苏东坡由湖州任上量移密州，调差之际，曾约秦观、参寥同游镇江金山寺。由于当日随后风浪大作，船只无法返航，遂留宿僧寺，在那里，他作《大风留金山两日》诗一首。最后两句为："潜山道人独何事？半夜不眠听粥鼓。"

所谓"粥鼓"，就是寺庙清晨传膳的击鼓声。

此时的苏轼，由于经受不了官场的倾轧、小人的排挤，主动要求外放，离开朝廷，放浪江湖。初初领教到失落、冷淡、白眼、排挤的滋味，能够切身感受平民的心情。这才使他有在僧寺里与众和尚在一起，饿着肚子等待清晨那顿粥时，既亲切又迫切的体验。文人要放不下架子，而且太快活，太优裕，经常处于酒足饭饱、声色犬马、桑拿按摩、三陪服务的大满足中，是不容易体会到饥饿、贫穷的真情实感的。

苏轼另一首求粥的诗："老我此身无着处，卖书来问东家住。卧听鸡鸣粥熟时，蓬头曳杖君家去。"这时候的苏东坡，已经是饱尝人情冷暖，深知世态炎凉的一谪二贬之人，更是坦荡无遮，文人本色。这种闻粥而去的落拓不羁，浪漫情怀，多少是他身处逆境中的精神抗争了。

"人以群分，物以类聚"，什么人能跟什么人相通、来往、交际、接近，是有其规律的。看《水浒传》便可知道，凡赞成"大碗喝酒，大块吃肉"的好汉，才聚齐到梁山泊；淡茶一盏，薄酒一杯，小菜一碟，谈诗论文，肯定是《儒林外史》中文人雅士们的集会；而吆五喝六，猜枚行令，觥筹交错，水陆纷陈，不消说，在座的便是些《三言两拍》里官佐商贾、市井小人、酒肉朋友、饮食男女之流；若是听到抬轿吹拍之声，捧场喝彩之词，帝王伟大，长官英明，上司正确，老爷英明，便知是《官场现形记》里的盛会。

道理很简单，彼此同为肉食者，脾性能接近；大家同是喝粥者，心情易相通。

旧时文人，很提倡甘于清苦的精神，在《颜氏家训》中，提到了一位叫裴子野的文人，说他"有疏亲故属"，凡"饥寒不能自济者，皆收养之。家素清贫，时逢水旱，二石米为薄粥，仅得偏焉，躬自同之，常无厌色"。只有自己饥饿过，才能体会别人饥饿的痛苦，裴子野与众亲友一齐捧碗啜粥，那是充满了人情味的温馨场面。同样，从郑板桥《家书》看到，给他弟弟的信里说"十冬腊月，凡乞讨者登门，务饷以热粥，并佐以腌姜"。也可知只有自己清寒过，才能了解别人清寒的窘境。中国文人与粥，这种不同一般的感情，都由于他们自身的贫苦体验而来。正因如此，这些喝粥文人的文章里，才能多多少少地反映出民间的疾苦。

由此看来，若曹雪芹一直过着"钟鸣鼎食""锦衣饫食"的生活，未必会写出《红楼梦》来。他的文友敦诚、敦敏兄弟，在诗中说到他贫居北京西山时的窘迫景况，"满径蓬蒿老不华，举家食粥酒常赊"，使我们知道他是文人中的"食粥族"，正由于他家境没落以后，处在生活贫穷线上，才了解到人世的沧桑、时事的艰窘、仕途的险恶、命运的坎坷吧？

敦诚的诗，自然有诗人的夸张成分。曹雪芹那时的确生计艰难，但尚可以到小铺去赊二两酒，看来，还不到只是以粥果腹，舍此别无其他的地步。因为，按常理，即使再薄的酒，也比再稠的粥，多费上几文。何况中国人喝酒，最起码要一碟花生豆吧，连斯文扫地的孔乙己，还以茴香豆下酒呢！

若以郑板桥自叙的"半饥半饱清闲客，无锁无枷自在官"而言，能相信他是一位吃了上顿无下顿的七品县令吗？要饿得两眼发青，曹雪芹写不出《红楼梦》，郑板桥也画不出墨竹了。然而，他们过着的是当时普通老百姓的生活，当无疑问。在物质水平上，与大多数人相同，因此在认知上，更接近劳苦大众一些，是自然而然的事。而那些戴着白手套，坐在象牙之塔里的作家，一天到晚打饱嗝，从无饥饿之苦，穷困之痛，也就难以与喝粥的大多数中国人共鸣，便一点不奇怪了。

中国旧时文人，由于喝粥的结果，多半喝出一个淡泊的精神世界，实在是值得后人景仰的。他们或坚贞自守，或安贫乐道，或充实自信，或知足不争，但在他们的笔下，却总是程度不同地要发出对社会、对民众、对国家、对世界的真实反响。有的，哪怕为之付出生命，也要说出大多数人想说的话，这就是喝粥文人与大多数喝粥普通人的心灵感应了。

文学，要都是风花雪月，虚无缥缈，没有老百姓的真情实感，恐怕也够呛的。

袁枚的《随园食单》

"乾隆三大家"，或又称"乾隆三才子"之一的袁枚，恐怕是中国文人中活得最明白，同时也是活得最开心的文人了。

中国文人基本可分三类，一类是忧国忧民的大义凛然型，"铁肩担道义，辣手著文章"，成天紧锁双眉，圆睁两目，义愤填膺，激昂慷慨。一类是忧国忧民的同时，也不忘了经营谋划，竞逐进取，使自己活得较好的左右兼济型。一类是曾经忧国忧民过，后来，忧不下去了，或者，不准他忧了，再忧，可能要掉脑袋了，索性想开，也就不去忧了。如此明白以后，便径顾自己的痛快，怎么活得好，就怎么去活的自由自在型。

袁枚属于最后这一类型的中国文人。

他字子才，号简斋，别号随园主人，又号小仓山居士，他知道自己很"堕落"，也知道好多人既眼红他的"堕落"，同时又正颜厉色地指责他的"堕落"，因此，他很为自己这点"堕落"骄傲，他说：鄙人"好味，好色，好葺屋，好游，好友，好花竹泉石，好珪璋彝尊、名人字画，又好书"。这若干个"好"，构成他一辈子的快活。在大清王朝，文人活都不容易，焉谈快活？可他老人家，别的且不讲，就他这薄薄小册子的《随园食单》，那些个吃喝，如数家珍道来，而且他都吃过、尝过，这一份口腹享受，你就不得不拜倒，不得不服气。

这其中所谓的"好味"，就是好吃喝。中国文人基本上好吃能吃，但为之著书立说者极少。这在"君子远庖厨"，圣人的话还相当管用的封建社会里，他敢跟圣人唱反调，可见此公确是当时的一个异类。

此书约八万字，十四章，三百三十二味，以及须知单二十，戒单十四，分门别类，洋洋大观，值得找来一阅。而且可大致了解到乾隆年间的江浙地方中产阶层的饮食状况，以及今天老饕们经常光顾的杭帮菜、本帮菜、淮扬菜的出处、典故、要诀等等。

我们读《三国演义》，曹操对降将关羽"三日一小宴，五日一大宴"，那餐桌上肯定水陆杂陈，觥筹交错，可究竟是些什么呢？连作家罗贯中都一抹黑，能指望他给我们什么答案。我们读《水浒传》，除了"大块分肉，大碗喝酒"，除了人肉馒头，除了酒精度不高还有不少沉淀物，必须沥过方可饮用的酒外，忠义堂上那些好汉吃什么，喝什么，谅施耐庵也相当懵懂。作家既然都说不出名堂，读者怎能不跟着一块糊涂。因为孔孟之道，因为"君子远庖厨"，古代中国文人能吃会吃而讳言吃，最假惺惺了。尤其不肯在笔下认真其事、实实在在，一就是一、二就是二的写吃，对后人来说，是很不够意思的。

从泽及后人的意义来讲，袁枚这本《随园食单》，可谓"善莫大焉"，使我们了解到乾隆六下江南，大致吃些什么？也了解当时江浙一带鱼米之乡，能够吃点什么？

袁枚是一个绝对的享乐主义者，更是一个不可救药的美食主义者。他极其会吃，善吃，能吃，而且用心去吃，他活了八十一岁高寿，拥有八十年的吃龄，积四十年孜孜不息之努力，将其口腹享受之精华，之精彩，之精粹，写出一本在中国饮食文化上空前绝后的著作《随园食单》来。为什么说它是前无古人、后无来者呢？因为中国自古至今的食谱，都是技术性的阐述，数字化的概念，袁枚写他自家随园私房菜的食单，文化气味强烈，文学色彩浓郁，文人风雅十足。这本书不厚，字不多，一时半刻，即可翻阅一过。留给你的第一印象，此老真会吃；留给你的第二印象，此老真会写吃。

吃是一种享受，人，一出娘胎，不教自会。会吃，却是一门学问，并非所有张嘴就吃的饭桶，都能把到嘴的美味佳肴，说出子午卯酉，讲得头头是道的。而提起笔来写吃，写得令人读起来，津津有味，口舌生香，那才是作为一个美食家的最高境界。

《随园食单》是文人菜谱，而且是一位懂吃、会吃，又能写吃的高手，以其经验结晶而用生花之笔写出来谈吃的文学作品。

今人写吃，容易；古人写吃，有障碍。孟子说过，"君子远庖厨"，逆反圣人的教导，突破世俗的看法，来做这件不登大雅之堂的勾当，不容易。这一点，我钦佩袁枚的勇气。

今人写吃，容易，但写来写去，舔嘴巴舌，馋涎欲滴，终究属于一斑半点的心得，一鳞半爪的体验，充其量，只能当做食典中的一个词条而已。而袁枚的这本小册子，简直就是一部缩微版的中国饮食百科全书，将一千年来长江流域，鱼米之乡的中国人之吃之喝，囊括一尽。这一点，我钦佩袁枚的渊博。

今人写吃，容易，那些"吃嘛嘛香"的酒囊饭袋，那些"脑满肠肥"的饕餮之徒，写一点吃的享受，吃的幸福，谅是不难。要写出一点学问，一点道理，用文字精彩地表达出来，就玩儿不转了。有会吃的嘴，不一定有会写的手；有会写的手，不一定有袁枚手下的才气；有才气而没有"余雅慕此旨，每食于某氏而饱，必使家厨往彼灶觚，执弟子之礼。四十年来，颇集众美"的实践，也难臻于完善。这一点，我钦佩袁枚的执著。

由此三者，我很想推荐你读一读这本古代菜谱。①

> ① 袁枚之热衷此道，之甘居下游，无论以过去的正统眼光，还是以现在的革命眼光，对这种一不忧国，二不忧民，罔顾文学的崇高使命感，无视作家神圣责任感，不干正经，大写吃喝，肯定是不以为然的。但是，如果了解到袁枚身处的那个时代，爱新觉罗·弘历几乎与他同龄，你会觉得他这样子的选择，其实，是一种无奈。
>
> 乾隆，生于公元1711年，逝于公元1799年；
>
> 袁枚，生于公元1716年，逝于公元1798年。
>
> 这位皇帝比他早生五年，比他晚死一年，袁枚一辈子为乾隆的臣民，而乾隆酷爱收拾文人，对于前面提到的敢抗膀子、敢昂脖子的第一类型文人，和不听调教、不听招呼的第二类型文人，有一种时不时要收紧骨头，动不动要开刀问斩的特别嗜好，很可怕，很恐怖。所以，便可理解他宁可谈吃谈喝，不敢忧国忧民的缘由了。因为他只有一个脑袋，要是玩掉了的话，吃什么也不香了。这大概就是袁枚为什么好吃喝女色，好盖房造园，好收藏古玩，好交友远游，非要做第三类文人的原因了。
>
> 《清史稿》对他的这些"好"，也有微词，说他"喜声色，其所作亦颇以滑易获世讥"。

说实在的，在中国的饮食文化之中，很少有像点样子的典籍拿得出手，因为中国人吃得不讲究，不光是"忙时吃干，闲时吃稀，不忙不闲时干稀搭配"的凑合对付，而是中国小农经济的基本贫穷状况，决定了温饱问题之难以解决。家无隔宿之粮，一饱难求，如何侈谈美食，人家会以为你是神经病的。除了曹雪芹那样昨天的富家子弟，穷到"举家食粥酒常赊"，尚有薄粥糊口，才奈不住在笔底下重温昔日的美食，来一次精神会餐的。而对赤地千里的饥民来讲，对

袁枚的《随园食单》

枵腹绝粒的饿殍来讲，想到的只能是如何造反，因为只有豁出一身剐，才不会饿死，只有当流寇，哪怕人食人，也强似倒毙在地头上。饿肚子的人革命性最坚决，饱肚子的人才想到美食，而整个中国历史，饿肚子的时候多，饱肚子的时候少。所以，鲁迅先生很感叹古籍中资料之匮乏，是与这样大背景分不开的，饱且匪易，何从美食？

"我于此道向来不留心，所见过的旧记，只有《礼记》里的所谓'八珍'，《酉阳杂俎》里的一张御赐菜账和袁枚名士的《随园食单》，元朝有和斯辉的《饮馔正要》，只站在旧书店头翻了一番，大概是元版的，所以买不起。唐朝的呢，有杨煜的《膳夫经手录》，就收在《闾邱辨囿》中。……"（《且介亭杂文二集·马上支日记》）

袁枚此人，生前身后，颇多訾议。独他这本食谱，倒一直被视为食界指南，传布甚广。据说，此书有过日文译本，译者为青木正儿。清人梁章钜在其《浪迹丛谈》里，凡谈及饮食，无不推介袁枚的《随园食单》，认为他"所讲求烹调之法，率皆常味蔬菜，并无山海奇珍，不失雅人清致"。看来这本虽薄薄一册，但极具文采的《随园食单》，总算填补了中国饮食文化史上的空白。

唐朝没有袁枚，我们不知道唐朝人吃什么和怎么吃；唐以前的朝代也没有袁枚，我们更不知道那些朝代的人吃些什么和怎么样吃。近人尚达先生专攻唐史，著《唐代长安与西域文明》一书，对于唐代吃食，也只是转抄前人记载而已。我们如今在古籍中看到的，诸如"馎饦""饆罗""焦槌""馉脯""不托""胡饼"等唐代食物，当时在长安街头，大概是可以随便买到的小吃，究竟是个什么东东呢？很难有行家说出个子午卯酉了。再如宋代苏轼，这也是个美食家，东坡肉，就是他的发明。当他流放海南儋州后，思念中原饮食，遂有那段"烂蒸同州羊羔，灌以杏酪，食之以匕不以箸；南都麦心面，作槐芽温淘，渗以襄邑抹猪、炊共城香粳，荐以蒸子鹅；吴兴庖人斫松江鲙。既饱，以庐山康王谷廉泉，烹曾坑斗品茶"的佳话，这道颇近似西人圣诞节火鸡大餐的菜式，若是能像曹雪芹那样写他的"莲叶羹"、"茄鲞"，比较仔细地交代选用之材料，制作之过程；何以"温淘"而需"槐芽"？何以"抹猪"必用"襄邑"？因何"炊香粳"而"荐子鹅"？因何"灌杏酪"而"蒸羊羔"？这些细节部分，如果留给后人更多的参照系数，也可以弄出赚食客钞票的，如同红楼大宴一样的东坡大餐呀！

但袁枚能写这本《随园食单》，这真得感谢乾隆皇帝，要不是他一个劲地压迫文人，那么狠，那么毒，到了赶尽杀绝的程度，弄成万马俱暗的局面，也许袁枚不会花四十年工夫，念兹在兹地写他这本饮食大全了。袁枚生于"盛世"而未被杀头，是其幸；但碰上乾隆，他只好风花雪月，大谈饮食之道，是其不幸。

据《清史稿》，袁枚"幼有异禀，年十二，补县学生。弱冠省叔父，广西抚幕巡抚金鉷见而异。试以《铜鼓赋》，立就，甚瑰丽。会开博学鸿词科，遂疏荐之。时海内举者二百余人，枚年最少，试报罢，乾隆四年成进士，选庶吉士，改知县江南。历溧水、江浦、沐阳，调剧江宁。时尹继善为总督，知枚才，枚亦遇事尽其能。市人至以所判事作歌曲刻行四方。枚不以吏能自喜，既而引疾家居"。

于是，公元1748年（清乾隆十三年），才三十出头的他，递上一纸辞呈，弃官不干了。第一，他做了官；第二，他官做得不错；第三，他为官的这些地方，都是江南富庶县份；第四，应该说不是无关紧要的一点，两江总督对他相当赏识器重。这个尹继善，就是《随园食单》里提到的，"自夸治鲟鳇鱼最佳，然煨之太熟，颇嫌重浊"的尹文端公。看来，一个县长能跟一个省长同桌吃饭，也许不以为奇，但是这两个官员，能够坐在一张桌子上，切磋厨艺，显然关系非同一般。尽管如此，袁枚仍激流勇退了。②

②仕，就是为官。学而优者谋官，学而不优者也要谋官。职位小者要谋大官，级别低者要谋高官，待遇差的要谋肥官，官声微者要谋名官。于是，文人基本上就这样三种心态：一、没做官时要谋官；二、做上了官的要固官，保官；三、做久了官者还要防着罢官、丢官、免官。至少在封建社会里，官是中国文人的命根子。

哪怕当个小组长，领导三五小卒，也能从那高高在上的感觉中，获得精神上的最大享受。因此，文人之谋官求官，都到了病态的程度。像袁子才这七品官做得正来劲的时候，自己炒了鱿鱼，这是中国绝大多数知识分子难以做到的一种割舍。

袁枚为官九年，32岁时辞职回家当老百姓了。由此可以看到乾隆年间那严酷的文化统治，对诗人所产生的噤若寒蝉的效应。所以唐之出现李白，宋之出现苏轼，因为那样的时间和空间的外部条件下，尚留给天才生存和发展的一线生机，而嗣后的元、明、清，即使李白转世，苏轼再生，也恐怕会如袁枚，振作作诗，唯恐惹祸，老死牖下，心有不甘，既没有勇气反抗，也没有胆量造反，只能做一个从生理到心理，从精神到肉体被阉割的文人，苟且而已。尽管顶头上司是如此赏识他的两江总督，他也感到"煨之太熟，颇嫌重浊"的官场，不是久待之地，于是，"引疾家居"。

大概稍晚半个世纪，俄国的普希金（1799—1837）、莱蒙托夫（1814—1841），德国的歌德（1749—1832）、席勒（1759—1805），英国的拜伦（1788—1824）、雪莱（1792—1822）这样伟大的诗人，即将走上世界文学的舞台，产生出世界级的影响；而才华天分不弱于这班大师巨匠的袁枚，一生被这位文字狱皇帝罩着命门，只有沉沦一道。他终生在乾隆淫威的阴影下，用本该写出石破天惊作品的力量，来搞这样一本聊胜于无的吃喝之书。你说，在文字狱大门敞开着，像张开的吃人虎口前面，他还能干些什么？

"春风又绿江南岸"

王安石改诗很出名，既改自己的，也改他人的。自己的作品，改好改坏，他人难以置喙，不是自己的作品，改好改坏，便挡不住他人的评说。钱钟书在《谈艺录》中说："每逢他人佳句，必巧夺豪取，脱胎换骨，百计临摹，以为己有。或袭其句，或改其字，或反其意。集中作贼，唐宋大家无如公之明目张胆者。"话很刺耳，但钱列举例证，一一摊在那里，大有"人赃俱获"的架势，让人对这位唐宋八大家之一，不敢恭维。

他的改诗，有改得好的，如他自己的诗，《泊船瓜洲》中"春风又绿江南岸"句，多次改动，而后用"绿"，可谓点石成金。有改得不好的，如南北朝梁代诗人王籍的《入若耶溪》，其中有"蝉噪林愈静，鸟鸣山更幽"一联，他用在自己的《钟山即事》中，改作"茅檐相对坐终日，一鸟不鸣山更幽"，黄庭坚就嘲笑他的这一改为"点金成铁"了。本来，鸟的鸣声，山的幽静，动静对照，互相衬托，王安石这样大白话式坐实以后，意思是对的，可原诗的那种美感，也就荡然无存。

历史上的王安石，其自信到了自负的程度，其自以为是的行径超出常人范畴。尤其官大以后，居高临下，凌驾一切；嘴大以后，令行天下，目空一切。虽然他政治发迹，是由这样骄纵取得成功的，但是他变法的流产，也是因这样蛮横遭到失败的。

据说，他罢相后回金陵，居处的地名为"谢公墩"，因东晋谢安曾居于此遂名。王安石写了一首诗："我公名字偶相同，我屋公墩在眼中。公去我来墩属我，不应墩姓尚随公。"他这种改动文字的坏毛病，可谓恶习不变了。如果不是他很快过世，这个地名也会被他改的。

每到转过年来，大地春回的季节，往往会想起王安石的这句诗。王安石已死距今近千年，千年之后，还有人顺口念出来他的这首诗，这大概是真正不朽了。

这首《泊船瓜洲》所以被人牢记，很大程度上因为其中的这个"绿"字。典出南宋洪迈的《容斋续笔》，卷八《诗词改字》中说："王荆公绝句云：'京口瓜洲一水间，钟山只隔数重山。春风又绿江南岸，明月何时照我还。'吴中士人家藏其草，初云'又到江南岸'，圈去'到'字，注曰'不好'，改为'过'。复圈去而改为'入'，旋改为'满'。凡如是十许字，始定为'绿'。"

这则传闻很精彩，全诗28个字，用对一字，全诗皆活。王安石这种挑来拣去，才定妥了这个极其传神的"绿"的做法，一直被视为诗人字斟句酌的范例，作家不惮修改的样板。唐代诗人卢延让《苦吟》的"吟安一个字，捻断数茎须"，大概就是这个认真精神了。王安石（1021—1086）和洪迈（1123—1202），虽相距百年，但俱为宋人，而且洪迈声称目睹原件，当是确凿无疑的事情。

其实，春风送暖，岸草萌绿，意味着春天的来临，北人和南人的感受不尽相同。冬去春又来，江南水乡的绿，那可是全面的、彻底的；而春来冬不去，华北平原的绿，只可能是依稀的、朦胧的。记得早年间铁路没有提速之前，由北京回上海探亲，列车行驶在北方原野上，别看已是阳春三月，地里的残雪未化，河里的残冰依旧，仍是一副残冬的景象。可睡了一觉醒来，到达安徽、江苏境内，车窗外那"杏花春雨江南"景象，一片浓绿，迎面扑来，这时才领略到真正的春天，应该是与这个王安石笔下的"绿"字分不开的。

所以，西长安街红墙外的玉兰花，在枝干上冒出骨朵，然后，小骨朵变大骨朵，这应该说是京城来得最早的春天使者。休看时令为春，根本谈不上春天的一点感觉；甚至玉兰花绽放了，凋谢了，时离五一节也不远了，一眼望去的盎然绿意，对京城人而言，仍是一份奢望。真到了那一天，触目皆绿，绝对便是夏天了。所以说，北京人心目中，初春与残冬，无甚差异。二十世纪二十年代，居住在西城的鲁迅先生，也有这种观感，他在《鸭的喜剧》里这样说过，"我可是觉得在北京仿佛没有春和秋"。①

① 清人褚人获《坚瓠集》中载："世传王介甫《吟菊》，有'黄昏风雨过园林，残菊飘零满地金'之句，苏子瞻续云：'秋花不比春花落，为报诗人仔细吟。'因得罪介甫，谪子瞻黄州。菊惟黄州落瓣，子瞻见之，始愧服。"也有另外一种说法："后二句，又传为欧公作，介甫闻之曰：'欧九不学之过也，不见《楚辞》夕餐秋菊之落英乎？'"

王安石还有一首脍炙人口的《元日》诗："爆竹声中一岁除，春风送暖入屠苏。千门万户曈曈日，总把新桃换旧符。"与《泊船瓜洲》一样，这是一幅以长江流域为人文背景的风俗图画。而北京的春节，其实并无"春风送暖"这一说。常常倒是一年之中最冷的日子。因此，王安石的这个"绿"字，要是泊船通州的话，恐怕就未必贴切了。所以，地域与时令、季节、气温、植物的生长周期，都不可一概而论。

明代"公安三袁"之一的袁中道，对北京城的春天来得奇晚，去得特快，也是深有体会的。偶读他的一篇《游高粱桥记》，忍不住笑了起来。这篇记述了他一次失败春游的小品文，也是扫兴在毫无春意的京城春天上。文中所记的同游者，有其兄袁中郎，有一位王子，想必是一位国族贵胄吧？彼时，两兄弟俱未发达，为求发达不得不离乡背井，来到天子脚下，谋职求官。邀王子同游，也许是一种公关活动吧？这就姑且不去深究了。他们春游的目的地，为如今出西直门不远的高粱桥。明代这个地方，与今大不同，"有清水一带，柳色数十里"，甚至还有小舟穿行于莲荷中的。如今，桥已不存，河也湮没，只是作为记住这段历史的一个地名，一个公交站名，而还留存着了。

袁小修的文字十分洗练，"于时三月中矣，杨柳尚未抽条，冰微泮，临水坐枯柳下小饮。"接下来，"谈锋甫畅"，自然是谈正题的时候，没想到，"而飚风自北来，尘埃蔽天，对面不见人，中目塞口，嚼之有声。冻枝落，古木号，乱石击。寒气凛冽，相与御貂帽，着重裘以敌之，而犹不能堪，乃急归。已黄昏，狼狈沟壑间，百苦乃得至邸。坐至丙夜，口中含沙尚砾砾"。

这大概发生在明万历年间的一次强沙尘暴，那时没有"风云二号"气象卫星，没有晚间新闻后的天气预报，猝不及防的袁中郎、袁中道可被折腾得够戗。事后，他越想越懊恼，不禁牢骚。"今吾无官职，屡求而不获，其效亦可睹矣。而家有产业可以糊口，舍水石花鸟之乐，而奔走烟霾沙尘之乡……"这不是犯傻吗？"噫！江南二三月，草色青青，杂花烂城野，风和日丽，上春已可郊游，何京师之若此。"他想起家乡那绿色的春天，对自己，忍不住责疑起来："予以问予，予不能解矣"。不过，最后他解开了，作了这篇短文。"然则是游也宜书，书之所以志予之嗜进而无耻，颠倒而无计算也。"

袁中道批判自己"嗜进而无耻"，看出他人格精神的高度；"颠倒而无计算"的自省，说明了同是春天，地分南北，人分你我，在认知上和感受上，是存在着差距的。三袁的籍贯为湖北公安，与王安石诗中的镇江、瓜洲，纬度稍南，北京的"杨柳尚未抽条"，那里早就是春暖花开，莺飞草长的季节了。

野史笔记，不可尽信，但从王安石的这句"春风又绿江南岸"的形象措辞，"菊惟黄州落瓣"的细节真实，以及"公安三袁"那弟兄俩对于家乡春天与京城春天，其同与不同之处的疏忽来看，无论写文章、做事情，对象、时间、地点，必须首先要弄清楚，搞准确，否则，很可能要出"坐至丙夜，口中含沙尚砾砾"的笑话来的。

汤显祖和莎士比亚

据清人张怡的《玉光剑气集》载，钱牧斋曰："万历中年，王（世贞）、李（攀龙）之学盛行，黄茆白苇，弥望皆是。文长（徐渭）、义仍（汤显祖），靳然有异。"在钱谦益这位大家眼里，这两位不随凡俗的功力，不依不傍的风格，在"后七子"以王、李为首的是古非今的文学运动中，是一股清新的空气。钱谦益是指他们的诗文而言，不包括这两位在戏剧创作上的巨大成就。因为在旧时中国文人眼里，戏曲也好，杂剧也好，不怎么看重。以至于写出精彩戏剧的文人，也视之为末技，上不了台盘，不登大雅之堂。

徐渭在总结一生写作成就时，自我排序为："吾书第一，诗二，文三，画四。"根本未将他的杂剧创作当一回事。汤显祖曾说到他的《四声猿》："乃词坛飞将，辄为之演唱数通，安得生致文长，自拔其舌！"可见评价之高。同样，汤显祖这一辈子，戏剧只是他着力最少的部分。他1583年科举得中进士，已经34岁，1584年入仕，至1598年弃官，已经49岁。他的大部分精力全消耗在应付科举和官场生活上。而使他生前身后享有盛名的戏曲《牡丹亭》等不朽之作，则是罢官居家以后的业余创作罢了。在他全部写作生涯中，此公始终一往情深地以诗赋古文为主攻方向。

但历史跟他开了一个不大不小的玩笑，当下的中国人坐在北京东城南新仓的皇家粮库里，欣赏昆曲《牡丹亭》，然而，对于他的诗词歌赋，他的文学成就，基本是一问三不知的。

东西方这两位戏剧大师，实际上是毫不搭界的，但他们却难得巧合地同在公元1616年逝世。

莎士比亚死在这一年的4月23日（西历），活了52岁，汤显祖死在这一年的 6 月 16 日（农历），活了 66 岁。

公元 1616 年为明朝的万历四十四年，那时候的中国人，小日子过得相当滋润，虽然大环境不怎么样。《明史》称，明亡亡于神宗。朱氏王朝从此一直走下坡路，到崇祯吊死煤山而灭亡。但普通百姓只管小日子，不管大环境，有一口饭吃，有一张床睡，不兵荒马乱，不妻离子散，就谢天谢地了。因此，十七世纪的中国，从上到下自我闭关，自我禁足，自然也就处于一种自我陶醉的状态下。第一，不可能知道世界之大，第二，也不想知道这世界在发生什么变化。因此，当然不知道有个英伦三岛，有个莎士比亚。

汤显祖若是了解他的这位外国同道，如何为英镑奋斗而其乐融融，也许会选择另外一种生活方式，不活得那么累，也不会活得那么苦、那么穷了。

莎士比亚所以比汤显祖幸运，因为他不是书香门第出身，不存在光宗耀祖的想法，这一点实在太重要了。这个手套匠的儿子，离开家乡斯特拉特福来到伦敦谋生的时候，心态比较从容，要求也不太高。第一，没有功名的负担，第二，没有当官的念头，第三，更没有汤显祖那忧国忧民的情怀，第四，尤其没有汤显祖修身齐家治国平天下的远大理想。莎士比亚只是想挣钱，恰巧十七世纪初的伦敦，赶上了资本主义的上升期，已经是贸易发达，商业繁荣的大城市，泰晤士河口停泊着来自世界各地的商船，经济的富足，催动了娱乐文化事业的发展。开始在剧团搭布景、跑龙套的他，一个偶然的机会，人们发现他的编剧才能，胜过了他的演技。遂让他以鹅毛笔为生，源源不断供给剧团以剧本。他也从此财源滚滚地成为剧团的股东，成为剧场的老板。当他再度回到斯特拉特福，已是衣锦还乡的体面乡绅，很受尊敬的地方显贵，门楣终于镶上他梦寐以求的贵族徽记。他还向当地的圣三一教堂捐了一笔钱，不但活着的时候，教堂里有他的专用祈祷坐席，死后还可以很有面子地埋葬在这里。

直到今天，莎翁故居和他的埋葬地，仍是去英国旅游者必看的景点。

汤显祖相比之下，就有点惭愧了。我们知道他是江西临川人，但那里已经找不到什么可供凭吊的大师遗迹了，或许曾经有过一些，也早湮没无闻。他这一辈子，按《明史》的说法，只有四个字，"蹭蹬穷老"，虽然有点刻薄，但也是这位从未发达起来的文人的真实写照。从他朋友的记载中，说他处于竹篱园蔬，鸡豉豚栅之中，看来也是穷困潦倒的一种诗意写法。总之，他一生之不得意，第一，在于他自视甚高，"张居正欲其子及第，罗海内名士以张之。显祖谢弗往"，开罪了张居正，很晚才得以成进士。第二，在于他相当自负，在太常寺任礼部主事，上书万历，痛斥"陛下御天下二十年，前十年之政，张居正刚而多欲，以群私人，嚣然坏之；后十年之政，时行柔而多欲，靡然坏之，此圣政可惜也"。将皇帝与他的两任首辅，都给否了。万历不是唐太宗，哪吃得消臣下如此针砭，当然气得跳起来。第三，还在于他不甘落寞，"帝怒，谪徐闻典史，稍迁遂昌知县"。做了几年小县官，总是想回到京师，以图发展，谁知"二十六年上计京师，投劾归。又明年大计，主者议黜之，竟夺官"，从此"家居二十年"。（《明史》）

外国文人不存在这一说，当官，或者为"仕"，对莎士比亚而言，从来不是天经地义的、必须如此的人生追求。他从到伦敦打工那天起，直到退休回乡，活了半百年纪，连个小组长也没当过。唯一的一次接近最高权力的机会，就是詹姆士一世加冕典礼时，曾经穿上镶金边的侍从服装，戴上熊皮帽子，在他的王宫里，站过一夜岗而已。因为他所在的剧团，已为国王所有，他不得不尽责当一回哨兵。可他并不因此对伊丽莎白女王，对詹姆士一世，存有什么赏个官职，赐个爵位，捞个差使，混个级别的额外想法，更不会为乌纱帽，八抬轿，肃静回避，鸣锣开道的官场生涯，魂牵梦萦到茶饭不思的程度。而汤显祖，直到逝世前不久的一首《贫老叹》："一寿二曰富，常疑斯言否。末路始知难，速贫宁速朽。"看来也未能达到完全彻底的清醒。

尤其令后人为之惋惜的，他将他全部才智的精华之处，全部文采的亮丽之点，几乎百分百地投入诗的写作中。①

---

① 汤显祖的强项是戏曲，可并不热衷，嗜诗成瘾，几近病态。从12岁起，写他的第一首诗，一直到66岁死前一天，最后一首绝笔写完，才撒手西去。半个世纪间，共作诗两千两百多首，不可谓少，但没有一部文学史，认为他是位出色的诗人，都以杰出的戏曲作家称之。对他的几部戏曲，无不赞美备至，对他的诗，则贬多于褒。所以，他这种按捺不住好写诗的冲动，基本为无用功，旧体诗就是这样成为一个消耗中国文人智力的无底洞。可他一颗心吊在诗上，任其消耗着他的才智，浪费着他的才华，流失着他的才气，而且很有可能将本来应该为大块文章的整体创造，委弃搁置，将本来应该为长篇巨著的完好构思，拆整为零。如果，他毕生用来写诗的力气，全部投放到戏曲创作上，恐怕就不仅仅只有《牡丹亭》等五部作品。那我们完全可以相信这位戏曲作家，会给中国文学史贡献更多的不朽。

　　这位大师在他弃官遂昌的那年秋天，可能也是心有所思、情有所寄，可能也是诗兴不畅、百无聊赖，一稿即完成了他的杰作《牡丹亭》。惊人之笔，名震天下。而在夺官受黜的那年秋天，他的《邯郸记》脱稿，几年间，他的戏剧成就，达到了巅峰。如果，以他《牡丹亭》问世，那盛况空前的演出，达到了"京华满城说《惊梦》"的痴狂程度，当不让喜剧《温莎的风流娘儿们》，在少女巷的寰球剧场演出的成功。伦敦的观众记得，那个被捉弄的颠颠情人福斯托夫，出现的灯光下，整个舞台都被掌声震得晃动起来。而汤显祖《牡丹亭》剧中的杜丽娘，魂兮归来，风情万种地唱起"良辰美景奈何天"时，京都的观众也记得，有多少有情人为之垂泪，又有多少钟情女为之肠断。这两位戏剧大师们笔下的艺术魅力，可谓不相伯仲。其实，当其时也，汤显祖绝对应该与莎士比亚一样，接着写他的戏剧，方是正道。可是，他在笔端找到了自己的文学生命的新区，却不知珍惜，因为他志不在此，日思夜想，指望着朝廷有朝一日，能重新起用他，竟放弃了这个最能表现自己艺术天才的福地。这就是中国文人的致命伤了，"学而优则仕"的"仕"，是害了他一生的梦。

　　所以，汤显祖活了66岁，只有5部戏剧，除《牡丹亭》外，尚有《邯郸记》《南柯记》《紫箫记》和《紫钗记》。莎士比亚活了52岁，比他少活十四年，一生却写出了37部戏剧，而且正如他的同时代人本·琼森所预言的，莎士比亚"不属于一个时代，而是属于所有的世纪"那样，产生了全球范围的巨大影响。而与他同年而逝的汤显祖，虽然这种联袂西行的偶然，也许并无深意，但引发我们中国人思索的是，为什么在舞台这个特殊空间的创造性上，汤的完美，汤的才分，并不弱于与他同时代的西方同行，却不拥有与之相称的世界性的广泛声誉呢？

　　这就是东西方社会的文化差异，和中国文人传统价值观所造成的恶果了。

　　对活在封建社会中的中国文人而言，第一，"学而优则仕"的终身憧憬，第二，科举制度的极度诱惑，第三，官本位架构下的毕生追求，是压在头顶上的三座大山。然而奇怪的是，几乎所有的中国文人，很少有觉悟者能够想得开，能够黠出去，能够主动跳出这种压迫和摧残。差不多所有的"士"，都这样一条道走到黑，要挤进权力的盛宴中分一杯羹。尽管，时到今日，八股科举，已成过去，学优则仕，也非必然，但官本位的社会风气，仍旧使得一些当代文人削尖脑袋，丑态毕露，跑断脚筋，洋相出足，功夫全用在诗外。这你也就能理解，为什么中国只能有汤显祖，而不能有莎士比亚的缘故了。

　　有人统计过，汤显祖一生，从14岁补县诸生，到21岁中举，34岁中进士，科举应试几乎花费二十年，从南京任太常寺博士，到遂昌县任知县，数年后弃官归里，官场生活十五年。而且，在汤显祖心目中，戏剧，末技也，只是继诗、词、古文之后的消闲活动罢了。莎士比亚就截然不同了，他写剧本，是谋生之饭碗，呕心沥血，全力以赴；是捞钱之正道，专心致志，绝无他想。因此，他获得成功，也是很自然的事情了。

■ "最是无情花落去"

出仕过南朝宋、齐、梁三朝的文人江淹（444—505），他的《恨赋》和《别赋》，可以说是他的一张传诵千古，历久不衰的文学名片。这两篇赋的开头，那警策句具有强烈的震撼力。《恨赋》为"试望平原，蔓草萦骨，拱木敛魂。人生到此，天道宁论！于是仆本恨人，心惊不已，直念古者，伏恨而死"。《别赋》为"黯然销魂者，唯别而已矣"。只消目读一过，便很难忘却。赋是一种古老的文学样式，到南北朝已渐渐式微，但江淹却鲁殿灵光，枇杷晚翠，使这一样式的文体，迸发出灿烂的光华。

研究者认为江淹写作此一系列愁恨主题的赋，应该是在南朝宋昇明元年（477）被萧道成赏识重用之前。因为他在刘宋朝任职时，不但被贬黜放逐过，还蒙冤入狱过，只有饱尝失意之苦，流放之难，生离之痛，死别之恨，才能写出真实的感情，深刻的体会。萧道成篡宋为齐后，江淹便春风得意，步步高升，历任显职，官到金紫光禄大夫。好像从此他再也写不出什么出色的作品，他的存世作品，少有昇明年后的。有人推断，他自己觉得不成样未收入集中，别人也觉得不成样子未编入集中。于是，就出现了文学史上这个独一无二的成语故事"江郎才尽"。

《南史·江淹传》："淹少以文章显，晚节才思微退。云为宣城太守时罢归，始泊禅灵寺渚，夜梦一人自称张景阳，谓曰：'前以一匹锦相寄，今可见还。'淹探怀中得数尺与之，此人大恚曰：'那得割截都尽。'顾见丘迟（464—508，稍晚于江淹的梁朝文人）谓曰：'余此数尺，既无所用，以遗君。'自尔淹文章踬矣。"

"又尝宿于冶亭，梦一丈夫自称郭璞，谓淹曰：'吾有笔在卿处多年，可以见还。'淹乃探怀中得五色笔一以授之。尔后为诗绝无美句，时人谓之才尽。"钟嵘的《诗品》中，也有类似的记载。

对于江淹这种"才尽"的说法，研究者认为，因为江淹跟不上文学潮流的转型，"永明体"带来创作新风，转移着读者的欣赏习惯。江淹落伍于文学的变化，才编出这段故事，说张协（景阳）把给江淹的锦缎，给予了新秀丘迟。也有另外一种说法，他发达了，他显贵了，他被权力腐蚀了，再也不肯下力气，用工夫了。于是，说来也是蛮阿Q式的，编出来这样一个挺有美感、挺有想象力的，其实是自欺欺人的梦，下了台阶。

不过，任何一个作家，都不可能拥有"不尽长江滚滚来"的创作灵感，更不可能拥有一张上帝开给他的可以无限支取才华的支票。因此，任何一个作家，都不可能不面临着"江郎才尽"的这一天。只是有些人，比较不要脸，或者，相当不要脸，挂着作家的胸卡，在文坛装孙子罢了。

"最是无情花落去"，果然。

其实，作家的创作生命也是这样花开花谢的过程，即使最有天才的作家，也没有永远的花期。"开到荼蘼花事了"，作家的创作生命还会延续下去，但灵感会凝滞，想象会枯涩，智慧会逐步衰竭，对于生活的敏感度会一天天地淡漠下去直到丧失，这是一个不以人的意志为转移的生理、心理衰老的过程。我在作协工作，有机会见识很多前辈作家，当那些老同志眼光中的神采日益暗淡，风烛残年的感觉日益明显，不用隔很久，一纸讣告便出现在案头。

其实，这些从延安来的，从东北来的老同志，甚至在未老之前，就退出了文坛的竞技场。我请教过一位三十年代出足风头，鲁迅死时抬过棺材的老人家，何以后来便一蹶不振？他说，而且很正经地说，连对漂亮女人都不感兴趣的人，还能有小说吗？性情性情，有性才有情，没有了性，还会有情吗？没有了情，还会有文吗？这是他的话，我觉得很真理。

有心理的老，有生理的老，不管如何的老，老，是一种必然，失去创作力，也是一种必然。所以，从古至今，从中到外，没有一个作家，像一朵盛开而不败的花，永远处于出佳作、出力作的巅峰状态之中。

问题在于有些还谈不上老的，时下也就四十岁、五十岁的作家们，写了一两部像点样子的大作以后，一下子就老得不行了，使出吃奶的劲，也再写不出让人眼睛一亮的东西，拉着大师架子，在写小师作品，包装得金玉其外，剥开来败絮其中。我想，或许是老天的调侃了，安排的花期太过短促，来得匆匆，去得匆匆，属于文学史上的过眼烟云了。

活到老，写到老，是有的，就看你怎么写和写什么了，日放一屁，不香不臭，不也照样骗得几文稿费吗？但活到老，写到老，写出来都是顶尖之作者，还是不大多见的。法国的巴尔扎克，是少数几位一直写到死的作家。他1799年出生，1829年30岁时，写出他《人间喜剧》的第一部《舒昂党人》，以及随后的《婚姻生理学》。接下来，便不停笔地写下去：

1831年，32岁，《驴皮记》；

1832年，33岁，《夏倍上校》；

1833年，34岁，《欧也妮·葛朗台》；

1834年，35岁，《高老头》；

1836年，37岁，《幽兰百合》；

1841年，42岁，《搅水女人》；

1843年，44岁，《幻灭》；

1846年，47岁，《贝姨》；

1847年，48岁，《邦斯舅舅》。

身体健壮得像做厨师长的这个胖嘟嘟的法国人，在上帝给他的十七年创作生命中，写出了近90部小说，还不影响他谈了好几次恋爱，打了好几次官司，阔佬似的大把大把花钱，买了无数有用和无用的物品，喝下不计其数的咖啡，这种高强度的玩命似的消耗，终于搞得他精疲力竭，身心两衰，1850年，他51岁时病倒趴下便不起，新讨的老婆正好过门，给他送终。我们可以非议他的生活方式，但他的现实主义的写作方法，至今还是很多作家奉为圭臬的祖宗之法。作家，短命者不少，但短命，写出这么多不朽之作者，他是很少几位中的一位。

另外一位同样，也是写到死，也是写出来的都是杰作，也是一个短命的作家陀思妥耶夫斯基。这位俄国大作家生于1821年，开始写作的年纪，比巴尔扎克要早，但他却是从这个法国人开始他的文学生涯的，1844年，他就翻译了巴尔扎克的《欧也妮·葛朗台》。1846年，25岁时，才华洋溢的他创作了第一部长篇小说《穷人》。然后，他将手稿寄给别林斯基，未存什么奢望，只是想听听这位批评家的意见。谁知收到了一封令他欣喜若狂的回信，信中，这位一言九鼎的评论家断言："真理已经展现在您的面前，并宣告您是一位有天赋的艺术家。"

尽管后来这位批评家并不赞同他的心理小说，而他也不苟同别林斯基的

"使命观"，两人有了深刻的分歧，但事实证明别林斯基慧眼识人，这的确是一位天才，是开创现代派文学的鼻祖。如果不是因为陀思妥耶夫斯基触犯了沙皇当局，让他"领教"了西伯利亚的五年流放，当大头兵的苦难，成名应该更早一些。这样一耽误，他的《死屋手记》，直到1861年他已经40岁的时候，才得以问世。书一出版，便奠定了他在文学界的地位。随后，他的佳作，如泉涌出：

1862年，41岁，《被欺凌与被侮辱的》；

1864年，43岁，《地下室手记》；

1866年，45岁，《罪与罚》；

1868年，47岁，《白痴》；

1879—1880年，58—59岁，《卡拉马佐夫兄弟》。

1881年，陀思妥耶夫斯基60岁时，逝世。

这两位了不起的作家，各自开创了一个属于自己的文学世界。这也算得上是一个奇迹，花从开放的那一刻起，就进入盛期，很快，又在雨疏风狂中，蓦然凋谢。突兀而起，戛然而止，真像昙花一样，花期虽短，却绽放出生命的异彩。

这样的特例，在文学史上是极少出现的。

这两位，都是那种生命的极度挥霍者，如果巴尔扎克每天不喝十杯以上的浓咖啡，以支持他日以继夜的写作，不依赖咖啡因刺激他有足够的兴奋度，也许不至于短命；如果陀思妥耶夫斯基不被西伯利亚的暴风雪，挫折到身心沮丧的程度，不至于终生处于悲观和抑郁的边缘，说不定会延缓其死亡；如果巴尔扎克不是世界末日快要来临似的疯狂消费；如果陀思妥耶夫斯基不那么沉迷于赌场；如果这两位大师没有那么多的债主逼门，也用不着拼命写作以还账的话，是不是还会给文学史增添更多的杰作呢？

即使没有以上这些"如果"，我想，老天爷宽限一下，再让他们疯狂若干年，也未必再能写出震撼之作，花期过去以后，谁都有江郎才尽的那一天。对于重量级的文学天才而言，其能量应该是相差无几的。法国的雨果，俄国的列夫·托尔斯泰，就是例证，虽然相比于巴氏和陀氏，这两位长寿作家，多活了三分之一的年纪，创作生命力的花期，也几乎延长了近一倍，但是，长寿者留给这个世界的不朽之作，并不是按比例的较短命者多出更多。

先看雨果：他1802出生，1885年逝世，活了83岁。从1823年21岁第一本小说《冰岛魔王》，1824年22岁第一本诗集《新颂歌集》开始他的文学生涯，到1874年72岁的最后一部长篇小说《九三年》，投入写作的年头，粗略算来，不低于五十一个年头。

其主要作品为：

1831 年，29 岁，《巴黎圣母院》；

1834 年，32 岁，《穷汉克洛德》；

1845 年，43 岁，《悲惨世界》；

1866 年，64 岁，《海上劳工》；

1869 年，67 岁，《笑面人》；

1874 年，72 岁，《九三年》。

1875 年至 1885 年近十年间再无重要作品。

再看列夫·托尔斯泰：他 1828 年出生，1910 年逝世，活了 82 岁。从 1852 年 24 岁时最早一部作品《童年》，到 1901 年 73 岁时的最后一部作品《哈泽·穆拉特》，他一生中的创作周期，大概应该有四十九个年头。

其主要作品为：

1856 年，28 岁，《两个骠骑兵》；

1857 年，29 岁，《琉森》；

1859 年，31 岁，《三死》；

1863 年，35 岁，《哥萨克》；

1867 年，39 岁，《战争与和平》（第一卷）；

1872 年，44 岁，《高加索的俘虏》；

1876 年，48 岁，《安娜·卡列尼娜》；

1889 年，61 岁，《克莱采奏鸣曲》；

1899 年，71 岁，《复活》；

1901 年，73 岁，《哈泽·穆拉特》。

1902 年至 1910 年近十年间基本上没写出什么作品。

虽然，以创作生命力的"花期"论，这两位大师都持续了半个世纪。虽然，他们作品的成就，可以说是步步登高。虽然，或许是巧合，这两位最后的扛鼎之作，《九三年》和《哈泽·穆拉特》，都是在 73 岁时写出来的，都达到了前所未及的高峰。但是，也似乎是不谋而合，从此，就基本搁笔，再无力作。

这就是大师的明智和从容了。

不能写，写不出，即使能写，写得出，可再也写不好的话，与其如此，不如搁笔。任何一个作家，不可能始终保持着井喷状态。我到过东北大庆油田，在那里待过一阵，早先，从地底喷出来的油，是百分之百的原油，而采集了数十年后，地下储量减少，就得通过大量注水将残存的油挤出来，这样，原油中的含水量必然就高。原油的水分是可以脱除出去的，而文学作品中的水分，就只有留给读者以嚼蜡的感觉了。

无论是写得好的作家，还是写得不好不坏的作家，在他一生中，总是有他创作的"花期"，也就是所谓井喷的日子，花儿绽放的"爆发期"。这种从数量到质量的跃变，往往因人因时因地而异，"花期"的长短，从上面所列举的例证来看，也各个不一。像巴尔扎克，像陀思妥耶夫斯基，是写了一辈子，爆发了一辈子的大师；像雨果，像列夫·托尔斯泰，基本上也是写了一辈子，爆发了一辈子，而且，愈来愈佳，然后就打住。

在我国有专业作家编制，有评一二三四等作家职称的光荣传统和优越条件下，写一辈子，写大半辈子，倒是不难做到，但绝大多数人，都谈不上什么爆发期的，弄好了，三五年，弄不好，虚晃一枪，更差的，像从来没有来过例假的女人，花都没有开放，哪里还有结果的可能，就更谈不上爆发了。于是，就不由得对于像巴、陀、雨、托这样的文学大师，而且越写越好的始终处于爆发状态的文学天才，从心底里涌上来那句"花儿为什么这样红"的赞叹。

所以，我对目前时不时出现的天才啊，大师哪，持一种怀疑的态度。至少在近二十年间，文坛上大师之多，几乎超过城市里禁养的狗，那是绝不可能的事。我相信，如果有上帝，他肯定是一位挺吝啬、挺小气的老先生，绝不是那么大方得很，随手就把文学大师和文学天才这两顶桂冠，像烙烧饼撒芝麻似的大把撒。

我记得 1945 年，抗日战争胜利，开着吉普车的美国大兵，和《读者文摘》及简装廉价的畅销原版书，一齐出现在上海的马路上。那年，我 15 岁，在家长的逼迫下，硬着头皮到夜校或什么补习班读那些廉价读物，以提高自己的英语水平。至今我还能记起念过的萨罗扬（William Saroyan）的一本小说《鸡蛋与我》（*The egg and me*）。只留下书名的印象，书中写了些什么，脑海中已是一片空白。

萨罗扬这个美国作家的名字，还可以从文学辞典中找到，而他这部《鸡蛋与我》，却一丝也想不起来了。同样，西德作家伯尔，也是曾经名噪一时，得过诺贝尔文学奖的。但是，他的作品，如《火车正点到达》，如《九点半钟的台球》，如《小丑之见》，如《失去名誉的卡塔琳娜·勃罗姆》等等，在二十一世纪的中国读者群中，究竟还有多少人在捧读，是要打个问号的了。不是他的小说不具有经典价值，也不是他的小说对于今天已毫无意义。但读者脑海中的信息处理，如同早期的 PC 机一样，硬盘是很小很小的，只有 1 兆或 4 兆的字符储存量，存这个，就存不了那个，一定要存这个，就得先格式掉那个。这种限制是很无情的，是一个不停地除去废品、俗品、赝品、次品，保留正品、佳品、珍品、极品的筛选淘汰过程。

读者自发的扬弃，是所有作家最难逾越的一道很高的门槛。

所谓"名著"，所谓"经典"，不是评论家说了算的，更不是作家自己贴上的标签，只有时间，无限的时间，便是历史，这才是最严峻的审判者。萨罗扬（1908—1981），伯尔（1917—1985），他们的作品至今还未超过五十年，而巴尔扎克、陀思妥耶夫斯基、雨果、列夫·托尔斯泰的作品，已经超过一百年，所以，对后者的认定，要比对前者的认定，更为准确。

那么我们时下那些未超过十年、二十年的作品，就"名著"，就"经典"，就"大师"，就"天才"，等于半夜过坟场，吹口哨给自己仗胆一样，纯属自我精神鼓励一族，也就不必当真的了。

陆游在《老学庵笔记》中，就写了南宋时期那些自我精神鼓励一族。

"晏尚书景初作一士大夫墓志，以示朱希真。希真曰：'甚妙。但似欠四字，然不敢以告。'景初苦问之，希真指'有文集十卷'字下曰；'此处欠。'又问：'欠何字？'曰：'当增"不行于世"四字。'景初遂增'藏于家'三字，实用希真意也。"

"藏于家"，是绝大多数作家所写的作品，一个必然的去处，这是你凄婉、哀怨，悲愤，恨绝，跺脚，跳墙，上吊，寻死，也无法改变的事实。真正的"花儿为什么这样红"的文学作品，一代一代传下去，被许多人阅读，那一定是少之又少的。否则，就我们中国的一部文学史，也会比《二十四史》还厚了，那就太痛苦、太负担了。

■ 走近歌德（外二篇）

近人叶灵凤在其《读书随笔》中这样写道："《浮士德》是歌德集中毕生精力所产生的一部作品。他活了83岁，但是这部《浮士德》的写作，在他八十多年的岁月中，却占了近六十年。文学史上很少有一部作品是要花费这样长久的时间才完成的。据歌德的传记所记载，歌德蓄意要写这部作品，开始于1773年，1775年完成了初稿大纲，直到1790年才写了若干断片。但又毁稿重写。我们今日所读的《浮士德》，第一部在1797年动笔写，写了九年，直到1806年才写成。第二部则继续写了二十多年，直到1831年才脱稿。这部开始于23岁的作品，直到82岁才正式完成。《浮士德》全书出版后一年，我们这位大作家便去世了。"

一位作家，倾其一生，孜孜不息，持之以恒地经营一部作品，值得我们肃然起敬。

更何况这位作家，一不东张西望，文坛流行什么风气？二不左顾右盼，同行鼓捣什么东西？三不上下打探，当局提倡什么精神？四不心急火燎，生怕错过最佳时机。他按部就班，不疾不徐，用六十年时间写出这部史诗。这一份定力，这一份矜持，这一份自信，这一份雷打不动，就更值得我们由衷钦佩。

六十年写一部长篇，和一年写六部长篇，使我们懂得如何来识别一位文学大师，和一个文学工匠的不同之处。如果前者的创作精神以"呕心沥血"来形容的话，那么后者这种写作上的喷发状态，也许用"大便失禁"来描写，怕是最准确的了。

魏玛（Weimar），是德国东部一座淡雅憩静的小城，更是一座拥有歌德、席勒这样文化巨擘的古城。

二十世纪的八十年代末，我曾经来到这座秋天的小城。时值那个叫做民主德国的政权，即将终结其历史的日子。大批东德人在柏林墙即将推倒之前，利用邻国匈牙利开放边境的机会，纷纷出走，驾车绕道前去西德。于是，这座小城，本来不大，如此兴师动众地、大张旗鼓地整家、整楼、整个街区的居民离去，益发显得空空荡荡。一个城市，忽然少掉一半人，少掉三分之二，那该是怎样一个景象？

幸好，歌德还在，这棵文学常青树还在，朝谒者还在，崇拜者还在。

至少，那一天，还有不多的人，在向这位文学伟人走近。站在歌剧院广场上的他，呆呆地，面无表情，不太像诗人，有点像将军。不过，无论如何，魏玛有了他才成为魏玛，如果这座城市要没有他的话，还会有游客，特意来到这座城市吗？

我想回答是否定的。

看起来，这就是文学的力量了。尽管文学敌不过政治，文学家总会成为政治家的手下败将，但弱者未必就弱，强者未必就强。当时魏玛公国的执政者，何其赫赫扬扬，如今，也许只是在历史教科书里，有一席之地，而曾经视其脸色行事的我们这位诗人，从那时以后，一直到现在，到将来，是这座小城的象征。

这一刻，几个中国人，包括我，瞻仰着这位文学巨人。

正好，有几位西德来的游客，对我们说，我们那边也有。从这句话，倒使我感悟到，无论东德还是西德，在歌德这个交集点上，是一致的，不存在着柏林墙的分裂。看来文学的生命力，文学家的生命力，却是永远要比政治、比政治家坚强许多倍，长久许多倍。

经过那间施泊林咖啡馆，拐个弯，路过一座喷泉，在白天鹅饭店旁边，所谓肥皂弄的那座黄色的大房子，就是这次魏玛之行的目的地。然而踏进门槛，我真的很失望，作为魏玛公国枢密顾问，一位贵族，一位富豪，一位老爷的歌德，我是深切体会到了，而作为伟大作家的歌德，灵思如流的歌德，浪漫情人的歌德，纵横捭阖于文坛的歌德，却怎么也感觉不出来。

我心目中的歌德，还是早年读《少年维特的烦恼》时留下来的，是一个穿着绿色短呢外套，充满激情的年轻人。可当我走进他的大宅子后，看到到处挂着的他的绘画像，不禁茫然了。这样一张胖胖的，有着多余赘肉的脸，这样一副臃肿的，过于富态的沉重身躯，作为一位养尊处优的公爵大人，是绝对气派而且也够绝对的庄重非凡。但作为一位写过让天下年轻男女都不由得情动于衷，不由得爱涌胸臆，不由自主地要去寻觅心之归属的《少年维特的烦恼》，那部爱情宣言，那部爱情白皮书的作家，实在有着很大的视觉差距。

歌德故居，三层楼，几十个房间，豪华得令人咋舌。天井中的小花园，泉水淙淙，花草萋萋，精致得令人叹绝。可见歌德不仅写东西传世不朽，谈恋爱千古绝唱，享受生活也是臻于极致境界。然而，在他的寓所里，看到作为诗人的东西并不多，而看到作为枢密顾问、作为老爷那些养尊处优的东西，好像更多一些。

所以，楼上楼下，走来看去，唯有扫兴。

而且，那是再自然不过的，所有踏进这座纪念馆的人，都在寻找着那位夏绿蒂的芳踪，都在向往这位多情女子的余馨。可陪同的东道主，却不断向我们的耳朵灌输歌德、席勒、李斯特、巴赫等与这座小城相关的响亮名字。那个"多情自古空余恨"的美丽女子，在这位已成圣人的歌德的光环下，已经是一个作为点缀用的，可有可无的符号，属于不在话下，甚至有亵先贤的题目。

然而，没有夏绿蒂，会有歌德的这部不朽的成名作吗？

在血气方刚的年纪，读这部名作时，谁不曾迸发出激情之火？因为，写书的歌德在燃烧，那么，读书的年轻人，自然也随之燃烧。可等到我走近这位枢密顾问的家，所见所闻，却是一位居高临下，让人肃然起敬的圣人。在圣人面前的我等凡人，自然存在着凡圣之隔，自然也就很难产生共鸣。我本希望看到那个作家的歌德，却处处可见必须脱帽致敬的圣人歌德，对不起，使我欣欣然来到魏玛的游兴，顿时减掉许多。

于是，辞了主人，在这个小城踱步。

也许因为居民出走得太多，商店也都处于半停业的状态。关着的门，比敞着的门多；紧闭的窗，比打开的窗多。我便把注意力放在魏玛小城里那种中国少见、外国常有的橡树上。

为什么对这种阔叶树感兴趣？我觉得更接近于我心目中构想的那位文学伟人。合抱的树干，支撑着重重叠叠，向四面八方平展出去的枝杈，构成巨大的树冠，足可以覆盖半条街，与这位文学大师在文学史上的无与伦比的地位，有些相似。那宏大、硕伟、粗壮、敦实的气势，与我时常逛的北京太庙里，所见到的古老、苍劲、峭直、矍铄的针叶树不同，魏玛满街的橡树落叶，厚到甚至绊脚的程度，可太庙里的松、柏、桧，也许老到懒得落叶的年纪，树下顶多撒上薄薄一层松针，不过是意思意思而已。

于是，我迁想过，针叶树的拘谨，阔叶树的放纵，也是东、西方文学发展道路不同的象征。十九世纪的中国文学，未能产生汪洋恣肆的浪漫主义，很大程度上因为与歌德同时期的中国文人，几乎来不及地向大清国皇帝磕头膜拜，一口一声"臣罪当诛兮"地诚惶诚恐。在如此卑微的精神状态下讨生活，文章也就难得浪漫起来。

可在魏玛，秋风吹拂之中，枝叶摇摆之际，听那窸窸窣窣的响动，我似乎能倾听到，这些见证过小城历史的古橡树，在向远来的客人碎语，那位穿着绿色短呢外套的年轻人，那位穿着黄裙的风流女子，说不定就是在这橡树荫下邂逅的。

于是，我坐在树下的长椅上，看透过树影的阳光在慢慢移动，树影也渐渐拖长，渐渐淡化，渐渐消失，这时候，物我两忘，相坐无语，只有树与人的心灵交流，这种"相看两不厌"的境界，确实是一种愉快的享受。

如果没有在路旁拉小提琴的行乞者，我也会在这个近似沉睡的静谧中，进入梦乡。

魏玛，是个小城，稍为抬起眼皮，城外通往国境的公路上，络绎不绝的是排着长队，恨不能马上就离开这座城市的车流，你不能不为这个城市伤感。而有的人走得了，有的人走不了，走不了的人看着走得了的同胞，那一张张五味杂陈的脸，你不能不为他们的失落同情。那行乞者的琴声，让我想起李后主的词，"最是仓皇辞庙日，教坊犹奏别离歌"。

人之死，我们叫做诀别，因为在这个世界上，再也见不到了。可城市之死，躯壳仍在，总在提醒你它的存在，没有想到我看到的是这样怅惘的魏玛，实在是令人黯然神伤的。有一条穿过魏玛的伊尔姆河，不宽，水流湍急，显然没人打理的缘故，河岸的草莽长得太高太乱，淹没住河边的小路。我曾经踱步于滨河的这条石子路上，河上已没有船在行驶，再往前走，本是游船的码头，也看不见船，连救生艇也没了踪影，大概凡是足以离城出走的一切交通工具，都杳然无存。

只有无声无息的河水，承载着这份凄凉，静静地流淌。于是，这座本来人口不多的隶属图林根州的老城，即使在商业区，也是格外的寂寥和萧条，那些没有走的居民，惶惑沮丧的表情，无助无奈的眼神，蹀躞在满街落叶之中的沉重步伐，便是那次魏玛之行的最深刻印象。

这座处在风雨飘摇中的魏玛，马上就要变换新的政治色彩，也就是鲁迅先生的诗，到了"城头变幻大王旗"的时刻。旗会变，而站在广场上的歌德，是不会变的。哪怕再过几百年，还会有人像我这样向他走近，向他致敬。

附一：

人生的阳光

人生何处不阳光？我们活着的一生，除了头顶上的阳光，给我们带来生命、光明、绿色、希望之外，其实，人与人之间，也是充满着灿烂阳光的。因为每个人的心中，都有一轮能够发出热量和光明的太阳。正是有这光和热，我们这才活得有声有色，有滋有味。所以，在这个世界上，你和你周围的人，你周围的人和更多的人所构成的社会，彼此之间，都存在着这种阳光的亲密联系。别人的阳光，温暖了你，同样，你自己的阳光，也照亮了别人。只有这样，世界，才有生气，人类，才有精彩。

德国的文学大师歌德，活到他八十多岁的暮年。"他的伟大思想和伟大的性格特征，好像一座山峰，虽然在远处，但在白天里阳光的照耀下，轮廓仍是鲜明的。在风和景明的日子里，我陪他乘马车出游，他穿着棕色上衣，戴着蓝布帽，把浅灰大衣铺在膝盖上。他的面孔晒成棕色，显得健康，蔼如清风。他的隽妙语言的声音流播原野，比车轮滚滚声还更洪亮。"这就是说，歌德到了晚年，他那睿智，经过时光的砥砺而精粹，他那心境，经过人生的历练而彻悟，所以，那些贴近地生活在他周围的人，感觉他像阳光照耀下的远山，明亮，清晰，鲜明，亲切。爱克曼动情地写到这位冬日阳光下的大师："我们谈着一些伟大的和美好的事物，他向我展示出他性格中最高贵的品质，他的精神点燃了我的精神。"（爱克曼《歌德谈话录》）

我们，或许并不能比拟杰出的文学大师，而且也不会在历史的流程中，留下难以磨灭的痕迹。但那却是每个老年人努力的方向。也许，热，有高有低，光，有强有弱，然而，有一分热，发一分光，我们做了应做的一切，尽到责任；我们像树木的年轮一样，承前启后。剩下来，我们也应该像歌德一样，将这冬日的阳光，更洒脱、更慷慨地付与这个世界，贡献给所有爱我们的人，让整个社会和谐安详，充满阳光。

无论如何，到了"停车坐爱枫林晚，霜叶红于二月花"的桑榆之年，伏枥之际，有过美丽而又激情的春日阳光，有过热烈而又辉煌的夏日阳光，有过饱满而又丰足的秋日阳光，现在，到了热烈又明亮，温馨又亲切的冬日阳光之下，经历过春天的新绿，夏天的热烈，秋天的成熟，这些"早生华发"的一代，自然也会欣欣然与大家同乐于冬日的收获。虽然，冬日的阳光，离北半球比较远，但冬天也是北半球人对阳光倍感亲切和温暖的季节。因此，和大家在一起拥抱阳光的明亮，感受阳光的温馨，便是最佳的生活方式了。

附二：

读《歌德谈话录》

树木如人，人是一本可读的书，树也是一本可读的书。尽管，人这本书，没有树这本书厚实，但是，树这本书，却没有人这本书复杂。年轮，便是历史在树木中的凝固物，可是，没有连根砍掉锯断之前，那一圈圈深深浅浅的岁月隐秘，都密藏不露。不为人知，也不想为人知，更不在乎人知或不知，这是树的性格。

也许在魏玛"读树"时的感觉，使我想起爱克曼在《歌德谈话录》中所写到的，他与这位八十多岁的老人那无言的交融场景。毫无疑义，歌德是值得后生心向往之的文学大师。与这样一棵根深叶茂的参天老树，对面而坐，哪怕只是"高山仰止"地瞻望，也会获得一种精神上的鼓舞。

"我又回想起他坐在书斋的书桌旁，在烛光下看到他穿着白法兰绒外衣，过了一天好日子，心情显得和蔼。我们谈着一些伟大的和美好的事物。他向我展示出他性格中最高贵的品质，他的精神点燃了我的精神。两人心心相印，他伸手到桌子这边给我握。我就举起放在身旁的满满一杯酒向他祝福，默默无语，只是我的眼光透过酒杯盯住他的眼睛。"

我以为，若是想与大师名家，保持最佳的和谐状态，应该去寻找他所写过的，隔着烛光的，那一种只可意会、不可言传的朦胧感觉。

对于老人，老夫子，老先生，是大师或还不够大师的老作家，自称的或他称的文坛前辈或泰斗之流，宜尊敬，宜礼貌，宜恭谨，宜谦逊，切切不宜靠近，尤不宜亲昵，更不宜登堂入室，深入其内心世界。最好，保持一点点距离，远远的欣赏，可以观察到笼罩在老人头上的真的或不那么真的五彩光环，可以感觉到他整体的真实的美或看上去的美，这就对了。

距离太近，便知道太多；知道太多，便难免毁誉；其实，对于作家最好的了解，还是要靠读者自己对其作品的破读。知道一，便是一，知道二，便是二，我只能领会出一和二，因我的天资不够，因我的悟性太低，可以待之来日再深人。别人说破嘴，不是我自己的体会，等于白搭。而现在，爱克曼想在书中告诉我他知道的三，那就麻烦。因为他这个三，有可能影响了我已经认知的那一和二。

太贴近，看到伟大，也就有可能看到难免要败兴要渺小；太细致，看到光辉，自然也会看到生出堵心之感的灰暗。虽然，瑕不掩瑜，但是，瑕疵摆在那里，总不能掉头不顾。因之，像植物学家，站在树干前，用显微镜看那皴裂斑驳的树皮细缝里的真菌、木蛆、寄生虫，具体入微到这种程度，即使不出现颠覆感和破灭感，也会感到恶心的。

年轮，便是时光在树木中的凝固物，可是，没有连根砍掉锯断之前，那一圈圈深深浅浅的岁月隐秘，都密藏不露。不为人知，也不想为人知，更不在乎人知或不知，这是树的性格。人，却不这样，除了遁世者，男女老少都唯恐别人漠视自己的存在，尤其有点名气的文人，大大小小成器或不成器的男的女的作家，最害怕的事情，莫过于不把他当回事，将他忽略或者忘却。这就是树与人的不同之处，也是我愿意多亲近古树，而宁肯疏远老年名流的缘故。

所以，对于名人大家，我习惯于敬而远之，对于具有侵略性的名人大家，我采取惹不起但可以躲得起的逃遁态度。

虔诚的爱克曼如此心仪于这位八十多岁的老人，那无言的交融，颇相类似于我在太庙里"读树"时"相看两不厌"的境地。毫无疑义，歌德是值得后生心向往之的文学大师。与这样一棵根深叶茂的参天老树，对面而坐，哪怕只是"高山仰止"地瞻望，也会获得一种精神上的鼓舞。

从1823年初次在魏玛会见歌德起，一直到1832年歌德去世为止的九年里，与这位大师保持了过多的密切接触，了解得太真、太实、太多、太细。因此，他觉得有义务，应该逐年逐月逐日，记下这位大师的只言片语，公之于世。

这就不是一件值得赞许的事情了。

大概，这也是一种必然，作家一旦成名，所有写他的书，也包括他写自己的书，都含有一点拟圣化的倾向。前者，如同树缝里的木蛆那样，靠树吃树，写作家者，也就靠作家吃作家。要想靠得牢，自然要拔高，拔得越高，这个饭碗也更有得捧。后者，作家写自己，也是因为别人不拔高，或拔得不够他想象的那高度，才亲自下厨操刀的。所有这类生前自己盖庙，死后别人为他盖庙的作家，基本信不得，你信了他，你不但是二百五，而且你原先的认知，也就要动摇了。

这就是树和人的不同，树怕拔高，人不怕拔高，树拔高一寸，会死，人拔得天高，也是不会死的；哪怕花钱雇了一桌吹鼓手，围坐在那里天花乱坠，赞不绝口，被谀颂的那一位，只能生出晕晕乎乎的醉酒感，绝无生命危险。这也是文坛各式各样的唱诗班，至今弦歌不绝于耳的原因。

古树与老人，相同之处，都有一份难得的沧桑感；不同之处，古树无言，老人要份；古树不在乎别人怎么看，苦日无多的老人，却总爱跟世界较劲，不拔高不行，拔不高也不行。有的人，初老尚好，犹知收敛，更老以后，灵性消失，感觉迟钝，精力不逮，思想麻木，便要做出令人不敢恭维的尴尬事。

我们没有理由责怪爱克曼最善良的心愿，然而，我们有理由认为他只知道老了以后的歌德，并不是完全的或真正的歌德。正如瞎子摸象，他仅仅摸着了他能摸着的那一部分。何况，所有到了这年纪的大师，都是不拔高不行，拔不高也不行的老小孩。

于是，我们看到了他笔下的歌德的另一面。

1823 年，74 岁的歌德，爱克曼结识他的第一年，这位大师说："产生伟大作品所必不可少的那种不受干扰的、天真无瑕的、梦游症式的创作活动，今天已不复可能了。在最近这两个破烂的世纪里，生活本身已变得多么屡弱呀！哪里还能碰到一个纯真的、有独创性的人呢！"

1824 年，75 岁的歌德，爱克曼结识他的第二年，1 月份，这位大师开始向他抱怨："人们对我根本不满意，老是要我把老天爷生我时给我的这副面目换成另一个样子。人们对我的创作也很少满意。我一天又一天、一年又一年地用全副精神创作一部新作品来献给世人，而人们却认为他们如果还能忍受这部作品，我为此就应向他们表示感谢。如果有人赞赏我，我也不应庆贺自己，把这种赞赏看做是理所应得的，人们还期待我说几句谦虚的话，表示我这个人和这部作品都毫无价值。"

到了 4 月份，这位大师告诉他，面临着"人数很多"的文学对手，并对他分析了敌情。第一类反对他的："由于愚昧，他们不了解我，根本没有懂得我就进行指责。这批为数可观的人，在我生平经常惹人厌烦。"第二类反对他的："由于妒忌，我通过才能所获得的幸运和尊荣地位引起他们吃醋。他们破坏我的声誉，想把我搞垮。"第三类反对他的："很多人自己写作不成功，就变成了我的对头。这批人本来是些很有才能的人，因为被我压住，就不能宽容我。"第四类反对他的："我既然是个人，也就有人的毛病和弱点，这在我的作品里，不免要流露出来。不过我认真促进自己的修养，孜孜不倦地努力提高自己的作品，不断地在前进，有些毛病我早已改正了，可是他们还在指责。"

　　1930 年，81 岁的歌德，爱克曼结识他的第八年，他索性毫无顾忌地说出来他的憎恨："我知道得很清楚，我是许多人的眼中钉，他们很想把我拔掉，他们无法剥夺我的才能，于是就想把我的人格抹黑，时而说我骄傲，时而说我自私，时而说我妒忌有才能的青年作家……"

　　这位老人没完没了的埋怨，一直持续到 1832 年 3 月 22 日逝世。

　　死前不久，他对爱克曼还爆发了一次："你知道我从来不大关心旁人写了什么关于我的话，不过有些话毕竟传到我耳里来，使我清楚地认识到，尽管我辛辛苦苦工作了一生，某些人还是把我的全部劳动成果看得一文不值，就因为我不屑和政党纠缠在一起。如果我要讨好这批人，我就得参加一个雅各宾俱乐部，宣传屠杀和流血。且不谈这个讨厌的题目吧，免得在对无理性的东西作斗争中我自己也变成无理性的。"

　　这部书的中文译者朱光潜先生，对歌德的这段夫子自道加以注释："歌德因政治上的保守而为当时进步人士冷落甚至抨击，他到临死前还耿耿于怀，这也体现了伟大诗人和德国庸俗市民这两重性格的矛盾。"

　　这还不仅仅是"金无足赤，人无完人"了，而是人老了以后，老一旦成为精神上的负担，比纯生理的老，更麻烦。无论对别人，还是对自己，弄不好，都会成为灾难。所以，人之老，不如树之老，树虽老，可贵在不失态，不糊涂，不张狂，更不老而作孽。文人之老，作家之老，好像又不如一般人之老。而文学大师之老，包括真正的大师和不那么够格的自以为的大师，因为像蜗牛背负了太重的包袱，老起来以后，更令人为他捏把汗。

　　不过，我们从爱克曼记录下歌德的谈话里，也还能读到他对于前辈、同辈和后辈的肯定。这种对别人成就的坦然，可以体会到真正大师的胸怀，其包容性，其多面性，其变化性，其丰富性，都不是一句话、两句话可以概括，也不是一两年、两三年可以结论。老作家和老树的一年四季一样，那是一个多彩的世界。

　　"每个重要的有才能的剧作家都不能不注意莎士比亚，都不能不研究他。一研究他，就会认识到莎士比亚已把全部人性的各种倾向，无论在高度上还是在深度上，都描写得竭尽无余了，后来的人就无事可做了。

　　"莫里哀是很伟大的，我们每次重温他的作品，每次都重新感到惊讶。

　　"莱辛之所以伟大，全凭他的人格和坚定性，那样聪明博学的人到处都是，但是哪里找得出那样的人格呢！

　　"雨果确实有才能。

"弗勒明是一个颇有优秀才能的人。

"席勒特有的创作才能方面，可以说，在德国或外国文学界很少有人能比得上他。

"曼佐尼什么都不差，差的是他不知道自己是个很优秀的诗人。

"我对拜伦的作品读得愈多，也就愈惊赞他的伟大才能。除掉拜伦以外，我不知道任何其他人可以代表现代诗。

"梅里美确实是个人物。"

这都是歌德誉扬同行的话，当然还可举出很多，就从略了。

歌德，这位文学巨人，既不自我封王，也不粪土同行，尽管有时也偶尔开开玩笑："听众对于席勒和我谁最伟大这个问题，争论了二十年。其实有这么两个家伙让他们争论，他们倒应该感到庆幸。"但就冲这一句话，可以看到歌德从未认为他是这个世界上横空出世的唯一，是"前不见古人，后不见来者"的唯一，是文学史上就他绝户老哥独有的唯一。

凡大师（真的，而不是假的），应该像太庙里那些古老的树，在属于自己的方圆世界里，巍然挺立，不倚不傍，但并不反对别人的存在，也不在意别人活得比自己更好。天地如此之大，阳光如此之足，空气如此之新，水分如此之多，让每个人拥有他自己成长发展的份额，岂不"万类霜天竞自由"地相得益彰？若是能够共襄盛举，乐助其成，相互联结成一片绿荫，岂不"环球同此凉热"，进入更美妙的文学世界？

人之老，若能如树之老那样，共沐阳光，同受雨露，那该是多平和、多自如，多惬意、多自在的晚景啊！

■ 他为什么迷上巴黎？ （外一篇）

厄内斯特·海明威是个率直的美国人，喜欢说一些别人也许并不愿意听的直来直去的话。第一，他有这样大咧咧说话的本钱；第二，他也有敢这样肆无忌惮说话的勇气；第三，大家也知道这只是一个成功人士，凭着直感而发表出来的见解，也并不太当一回事。

不过，他在谈到作家和钞票的关系，作家与批评家的关系时，颇有一点精彩的看法。

"我们的作家一旦发了财，他们就过起挥霍无度的生活，于是乎他们就该倒霉了。到了这个时候他们就不得不写作了，为了维持自己的生活方式，为了供养妻室儿女，如此等等，结果写出来的尽是劣品。其所以如此，并非出于他们的本意，而是由于他们抢时间所致。是由于他们本来没得可写，本来井水已枯竭，可偏偏要写。是由于他们的名利欲望在作祟。他们一旦背叛了自己，便竭力为自己的这次背叛而辩解，于是我们照例得到一份劣品。

"作家开始读批评文章。如果批评家对你唱赞美歌的时候，你相信了他，那么往后当他们开始骂你的时候，你必然就会丧失自信心。现在我们就有两位作家，他们因为读了一些批评文章而丧失了自信，从而不能写书了。如果他们不搁笔，他们有时会写出好作品，有时会写出不算太好的作品，有时还会写出糟糕的作品，但是总会留下一些好作品的。可是他们读了批评文章之后就一心只想创作杰作，而且是创作据批评家说他们以前曾经写过的那种杰作。当然那远远不是什么杰作，不过是一些还算不错的书罢了。可如今这些人根本无法写作了。批评家害得他们得了不育之症。"

他的这番话，见诸 1935 年出版问世的《非洲的青山》，距今已经七十多年，但仍具有现实意义。

你去过巴黎吗？

在这个世界上，也许只有这个城市，文学不是停留在书籍里、纸面上、文字中的一种属于精神方面的东西，在巴黎，文学是活生生的存在，是触目所及都能感觉到的物质存在。一个屋顶，一扇窗户，一间阁楼，一块墓碑，一把路边咖啡店的椅子，一架老式面包房的烘烤炉，一株我们称之为法国梧桐的悬铃木，都可能与某一位作家、某一位诗人、某一部小说、某一首诗歌联系起来。

你也许想不到，你拾级而上的某个街区，某条小巷，也可能正是海明威1921年到1926年生活在巴黎的那段岁月，所徜徉过的地方。你大概更不会想到，那时还属无名之辈的他，正是由你所走的这条上坡路开始发迹，开始领受什么叫做成功的滋味，也开始将文学，将浪漫，将爱情，与艰辛的日子糅合在一起的文人生活。

海明威后来的所有一切，都是与他在巴黎的这个开始分不开的。

"物华天宝，人杰地灵"，是王勃的《滕王阁序》里大家耳熟能详的句子，用来形容这座城市，也许再合适不过了。人杰地灵，反过来，就是地灵人杰。于是，我们不妨这样来理解：在优越的外部条件下，人才得以出头的机会，要比在恶劣的环境中，好得多多。而对人杰来说，好的机遇，也就是地灵，可以为他提供更大的发挥余地。人们常常惋惜天才的命运不济，生错了地方而被毁弃，生错了时代而被埋没，碰不上名师而浪费才华，碰到了小人而永劫不复，说明了外部世界，对于一个人的成长发展，具有非同小可的重要性。

巴黎，这座世界之都，提供了海明威登上文学舞台的一个阶梯。

他的回忆录，《流动的圣节》，记述了这段历史。假如二十年代，海明威不作为《明星日报》的常驻欧洲的记者，到巴黎来，在这座世界文化名城开始他的文学生涯，而恰巧又极其幸运地接触了这座名城里一群文化艺术界精英的话，也许，结局将会是另外一个样子。按他那种硬汉精神，有可能去当斗牛士，然而在巴黎的这段生活，使他决定与文学奋斗，一直到最后开枪自杀，始终轰轰烈烈。

人的周围状态，可是不能漠然视之、掉以轻心的。中国古代的第二位圣人孟子的母亲，为了使她的儿子有良好的学习环境，曾经搬了三次家，可见这位女性懂得一个好的周围，能起到玉汝于成的作用；反之，周围比赛着谁更多一些小市民的无聊和庸俗，即使有一番振作之心，周围的安于现状，惯于苟且，得过且过，浑浑噩噩的一张张肉脸，也会像那沉重的尾巴拖住了你，想跳也难。

在充满腐蚀性的空气中，即使黄金也会失去应有的光泽，更何况懒散堕落，习惯势力，无谓消耗，虚掷时光，都是在销毁着人们的意志呢！一位哲人这样说过："宁肯被恶狼撕得粉碎，也不愿和一群癞皮狗苟活在一起。"这话很有道理，老跟着鸭子走路，早晚会落下罗圈腿。也许这位先贤整日与癞皮狗为伍，实在受不了周围的狗腥龌龊之气，所以，才愤然呐喊吧？

周围是谁，你是谁，这是一个定律。出污泥而不染者，有，但，很少。

同样，一个不大不小的作家，周围一圈拉拉队，为他摇旗助威，为他制造声势，为他涂脂抹粉，为他冲锋陷阵，估计这位作家，也是难能免俗的热闹中人，起哄架秧子的货色，没有多大起子的癞皮臭虫，而不会是其他。

海明威是幸运者，如果没有巴黎，海明威不会走向世界。巴黎平静地接受了这位大师，没有捧到天上去，也没有打进十八层地狱，大方而慷慨地给了他最初登场的舞台。

最近，他的百年诞辰，文化界照例热闹了一小阵。很不幸地，中国读者已经被太多太烂的信息垃圾，搅得昏头涨脑，弄不清谁是真的大师，谁实际上不过是冒牌货的大师，于是，主持人雨过地皮湿地走了一回过场戏，也就礼成退席了。过去也就过去了，估计下一次再提海明威，该是一百年后的今天。

没有人提到这本薄薄的回忆录，其实，这倒是了解海明威成为大师过程的一把很关键的钥匙。不过，这本小册子被冷落，倒也不奇怪，那些正儿八经的海明威小说，又有多少人在捧读？如今，在一般读者心目中，这位大师的名字，已经不那么闪亮了。这不怪读者，而是应该责备那些不三不四的评论家、教授、报章杂志的主编之流，他们总是按捺不住一种近乎手淫的下流嗜好，有事没事地爱搞一些什么二十世纪经典、什么百年排行榜之类的游戏，误导读者。把一些猪下水、羊杂碎，当做满汉全席，推荐给一心想读些名著的年轻人，实在害人不浅。

也许这个圈子，是一块小丑容易称王的地盘，越没有学问，越显得学富五车，越没有本事，越显得全副武艺，样样精通。这些人以没吃过猪肉，还没见过猪跑的敢想敢干的大无畏精神，对本世纪、本百年的文学精华妄加褒贬，信口雌黄。海明威说过："对于优秀作家来说，是不存在任何等级的。"唉，你拿这些在大师著作上随地大小便的人，有什么办法？一个个还做出庄严肃穆、苦思冥索、痛苦得要命的样子，真让人恶心。

这本小册子，据海明威的太太说，是从 1957 年在古巴开始写作的，1958年冬到 1959 年初在爱达荷州的凯奇姆继续写作，1959 年赴西班牙，带去了原稿，1960 年春才在古巴写完，然后，在这年的秋天，又在凯奇姆做了一些修改。我所以抄录下来这些写作日期，只是想说明海明威本人对这部作品的重视，他甚至建议大家不妨当小说来看。

我想，每个人，在他一生中，总有一些特别的记忆，或是温馨的、甜蜜的，或是苦痛的、酸涩的，或是印象深刻的、弥足珍惜的，或是难以磨灭、永志不忘的。海明威在巴黎的岁月，是以上两者兼而有之的情感产物，所以他格外重视，并不仅仅是他成功的第一步。

二十多岁到巴黎的海明威，带着他刚结婚的妻子，度过了六七年在生活上很窘迫，精神却异常充实的日子。近三十岁离开巴黎时，他已和第一个妻子哈德莉·理查森离婚，这或许是他抱憾终身的事情。因此，他无比珍惜他和他的妻子、他的一系列朋友们在巴黎度过的七年美好时光：他坐在雨中的咖啡馆里，用铅笔写他的电报文体语言的小说，或是到罗浮宫去欣赏名画，或是看街头画家的绘画，或是在拳击馆里发泄他那无穷的精力，或是到塞纳河去钓鱼，或是外出滑雪，或进行采访，有机会坐火车到巴黎以外的地方去。他过的是清苦然而是快乐的生活，那只能吃廉价食品的感觉，那冬天火炉冷冰冰的感觉，那口袋里只剩下硬币丁当作响的感觉，对他来讲，都不在话下，这一切都无碍于这个硬汉一步一步走向文学。

他成功在巴黎！因此，这记忆对他来讲，很不一般。

大凡一个胜利者，到了接近人生旅程终点的时候，到了不再把辉煌视做生命必需品的年纪，到了孔夫子说的"从心所欲不逾矩"的阶段，便可以坦然面对走过来的道路。既不需要回避是非，维护尊严，也不需要用特别的笔墨，一定把自己或者别人描绘成自己认为的那种样子。他之所以念念不忘在巴黎的日子，因为他生活的周围，是一些睿智的诗人、作家、艺术家聚集在一起的集体，他们每一个人，都像物理学上所说的"场"那样，与他产生过或重或轻的撞击，使他由并不非常出色的战地记者，蜕变而成为一位出类拔萃的小说家。他满怀深情地然而又是客观真实地，追述着这种场与场的精神世界的运动，使我们懂得周围，除了物质条件以外，人的因素对于一个作家来说，何其性命攸关！

上个世纪 20 年代与海明威一齐生活在巴黎，形成他周围的那些朋友们，既有名声响亮的菲兹吉拉德、庞德、刘易斯，也有举足轻重的斯泰因、帕辛，既有当时闻名，后被时间磨蚀得毫无光彩的诗人、艺术家，更有那些穷困潦倒的无名之辈。虽然，他们谁也不是大师，但在海明威成为大师的起跑线上，这些人所表现出来的对于艺术的信念，对于文学的忠诚，对于批评的执著，对于创作的自信，起到了"大师"式的撞击作用。合金钢之所以坚韧，就由于它的成分中，有其他稀有金属；这些掺入物，本身也许是极一般的矿物，然而与钢铁熔化在一起，便产生出质的变化。

他们是真正的文学接触，没有依附，没有臣属，更没有谄媚，也不存在打压，尤其没有"顺我者昌，逆我者亡"的霸道，和"老虎屁股摸不得"的唯我独尊，唯我独革。周围里有了这些乌烟瘴气的东西，文学便成了果戈理笔下的那个彼得堡的十二等文官，夹着公文包永远向长官鞠躬的小员司。

所以，他怀念那一时期他所拥有的极其正常的和健康的周围，他视那段日子为流动的圣节，这本书是他死后由其妻子（他四位太太的最后一位）玛丽·海明威整理出版的。书前引用了海明威在1950年写的一首《赠友人》的几句诗：

假如
你有幸在巴黎度过青年时代
那么
在此后的生涯中，无论走到哪里
巴黎都会在你心中
因为
巴黎是一个流动的圣节

从这里，我们更了解海明威对于巴黎那圣节般记忆中的文学精神，是何等的萦思不已了。

不过，我们再读一读他对自己国家的那些作家的议论，再来品味这首《赠友人》的诗，对他怀念的文学精神，会有更深的理解。他谈到美国文坛时，总是运用愤世嫉俗的语言："我们国家没有伟大的作家，我们的作家一到了一定的年龄，就准要出点什么毛病。"

这样出了毛病的周围，他肯定是掉头不顾而去。

对于美国的同行，他出语惊人："这是一些装在玻璃里供作钓饵用的蚯蚓，它们极力想从彼此间的交往中和从同瓶子的交往中摄取知识和营养。""凡是进了瓶子的人，都会在那里待上一辈子，一旦离开那个瓶子，他们会感到孤独。"

而且，他还认为：美国的某些作家，"活到了古稀之年，但是他们的智慧并没有随着年龄而增长。我不知道，他们究竟欠缺什么。""关于过去的事我无从谈起，因为那时我还没来到这个世上，不过，在我们这个时代，作家是什么都可能发生的。男性作家到了一定的年纪会变成婆婆妈妈的老奶奶。女性作家则变成圣女贞德，但却不具备她那种战斗精神。无论前者还是后者，都以精神领袖自诩。至于是否有人跟着他们走，这并不重要。如果找不到追随者，他们便臆想出几个追随者。"（以上均见《非洲的青山》）

等等等等。

所以，他大概庆幸自己的青年时代，是在巴黎度过的，因此，他要写这部《流动的圣节》。如果海明威在美国，他有可能不钻进这只瓶子里么？既然进去了，他有办法使自己不成为蚯蚓么？那恐怕很困难。假如只有一个作家成为蚯蚓，大家也许会觉得这个成为蚯蚓的作家很好笑；一旦所有的作家都钻进了瓶子里，那个没成为蚯蚓的作家，有可能成为众蚯蚓嘲笑的对象。

因此，人与周围的互动关系，是一种必然现象。人，作为存在的个体，类似物理学上所说的一个场。这个个体与周围无论近在咫尺，还是远在天边的其他个体，凡能构成一定关系者，都存在着场与场之间相吸或是相拒，亲密无间或是不共戴天的场效应。

这样，一个人，影响着周围的人，同样，周围的人，也影响着这个人，这是永远的现实。除非你自我封闭，否则，这世界上没有与周围完全绝缘的人；同样，除非你画地为牢，这世界上也没有丝毫不受周围影响的人。正常情况下，你周围全是精英分子，谅你不会是白痴，你周围全是一百一的浑蛋，估计你也圣贤不了。所以，周围，很重要。看你的周围，便大致可以称出你的斤两。假如你是一位大作家，看哪些人尾随你，围住你，也就八九不离十地了解了你；假如你是一个中作家，看你尾随谁，围绕谁，用老百姓的话说，也就知道你的大概其了；假如你是一个普通作家，看你对谁不分青红皂白地五体投地，马前鞍后，老是把袖子卷到胳膊上，做效忠他的敢死队状，也就基本上把握得住你的道行深浅了。

我国旧时文人，很在乎周围，应该有谁，应该没有谁，是很在意的。"谈笑皆鸿儒，往来无白丁"，刘禹锡先生追求的就是这种精神胜于物质的周围。房子虽然陋，境界相当高，在他心目中，澄清周围的质素，保持一定的格调，谁到我这里来，我到谁那里去，要有一点考究。

《世说新语·排调》："嵇（康）、阮（籍）、山（涛）、刘（伶）在竹林酣饮，王戎后往，步兵曰：'俗物已复来败人意！'王笑曰：'卿辈意亦复可败邪？'"又，《世说新语·简傲》："钟士季精有才理，先不识嵇康，钟邀于时贤隽之士，俱往寻康。康方大树下锻，向子期为佐鼓排。康扬锤不辍，旁若无人，移时不交一言。"

阮籍对王戎的不欢迎，嵇康对钟会的不答理，除了情绪成分之外，也有一种保持个人周围纯净的意图在。这种中国人追求百分之百的洁癖，也是从汉代党锢之祸，到明代东林之争不断发生的原因。一旦到了绝对化和极端化的时候，清流浊流，就会绝对的泾渭分明。不但不往来，不应对，不为伍，不通婚，甚至不坐在一条板凳上。

南齐的一位幸臣纪僧真，有士风，但非士族，很遗憾，也很痛苦，他已经给自己儿子娶了一位出身华族的女儿，门望有所改善，还不满足。他向齐武帝提出来，要求改变一下本人的周围状态。皇帝感到为难，卿要做什么官，朕可以给卿，但卿定要做士大夫，却不是朕说了算的。卿不妨去找一下江敩吧！《南史》记了一段他去拜访江敩的经过："僧真承旨诣江敩，登榻坐定，江敩便命左右曰：'移吾床让客。'僧真丧气而退，告武帝曰：'士大夫非天子所命。'"纪僧真本打算敦请这位文化巨擘江敩，给他一个面子，名列士林，能够参加笔会，哪怕掏腰包补贴一二，想不到那位自视甚高的文化名流还挺古板，叫佣人把胡床挪得距离来访者远些，不愿沾他的边。看到这里，他也就没了兴头，垂头丧气地走了。

因为记史的官，自是士大夫无疑，所以，对一心要挤入知识分子行列的纪僧真，是以一种嘲笑的口吻，来讲述他的故事的。但我觉得这位先生提高个人周围文化档次的努力，值得尊敬。要是中国历史上所有大老粗出身的干部，都有这份进取之心，中国肯定早就大为改观了。他没有打皇帝的旗号，硬逼着人家认可他是文学的行家里手；也没有通过上级指定的办法，混迹文坛，要指导作家。即或说他附庸风雅，企慕高尚，也没有什么好笑的，总比铁定一颗心去做贪官污吏、奸臣贼子强呀！他希望从此可以使自己的周围，多一些知书识礼之人，博学鸿儒之士，提高自己的精神文明，难道有什么不妥么？

但许多人，包括一些智商不低的作家，也未必有纪僧真先生这份自觉。一旦成为这个瓶子里个儿最大、分量最重、自我感觉最好、谁也不能与他抗衡的蚯蚓，他不想听赞美诗，也不行了。"你真棒，你真了不起，你写的传世之作，让我等叹服，你即将不朽或已经不朽的杰作，惊天地而泣鬼神，大师已经现世，让我们顶礼膜拜吧！阿门……"周围全是纸糊的桂冠，廉价的高帽，溢美的言辞，恭维的唾沫，好开心，好神气，好威风，他还想跑出瓶子这样的周围吗？我看未必了。

海明威在《非洲的青山》里，写到一位叫康迪斯基的人。他告诉海明威：

"我现在买不起新书，但我们彼此可以随时交谈。谈话，交流思想，这是多么有趣的事！我们在家里什么都议论，简直是无所不谈。我们的兴趣广泛。从前，在我们有一块耕地那个时候，我一直订阅《横断面》杂志。这使得我们感到自己属于、跻身于团聚在《横断面》周围的显耀人物之列，我们很想能够与这些人物交往，假如这种可能性完全取决于我们的意愿的话。"

从短短几句流露出优越感的表白里，这位乡愿的面目轮廓，也就烘托出来了。他比咱们南朝的那位纪僧真，自觉性差得太远，纪先生不满足于周围，因而要求改善周围，这位洋人却满足于周围，怡然自得于周围，也就不想改善周围。显然，这也是钻进了瓶子里以后出不来的必然心态了。

我不知道海明威挖苦的瓶中蚯蚓，在我们这块文学土地有还是没有？

司马迁在《史记·西南夷列传》中写到这样一个细节："滇王与汉使者言曰：'汉孰与我大？'及夜郎侯亦然。以道不通故，各自以为一州主，不知汉广大。"由此可见，不知周围之广，世界之大，乐在瓶中，自鸣得意者，是古已有之的现象。所以，多少年来，固步自封而自视甚高，狭隘排斥而自大成瘾，孤芳自赏而自怨自恋，井底之蛙而自我封王，诸如此类形形色色局限于瓶子里的文坛人物，大概不会没有。否则，我们这块文学沃土上，早就该有海明威那样震撼世界的大师了。

附：

想起海明威

海明威，是人所共知的硬汉了。读过《老人与海》的读者，通常会把他和作品中那个与鲨鱼作殊死战的桑提亚哥等同起来。

因为他是一位强者，一位文学的强者，一位奔赴世界各地，总处于第一线的记者、作家、战士。其实，再强的强者，年龄也会一天天的老起来。也许他永远不想知道自己在老的事实，也许在他这样强者的辞典里，没有老的概念。所以，在这样良好的自我感觉下，他一生曾经毫不疲倦地结过四次婚，其中三位的年龄都大大小于他。说他是一位爱娶少妇的文学大师，这个评价大抵是不会错的。如果说，《老人与海》的主人公桑提亚哥在海上，是与鲨鱼搏斗的话，那么，这位文学大师的一生，至少要用很多力气对付他身边的这一个和那一个，或者，这两个和那两个少妇。我想，那些少妇大概比鲨鱼，要更难招架些。

　　1959 年，已届花甲之年的他，也是因不堪疾病缠磨最后开枪自杀的前两年，还倾心一位 19 岁的一家比利时新闻社的特约记者瓦莱莉·丹比·史密斯，并动过娶她的念头。他的第四位太太玛丽·韦尔什，只好委屈着自己，接受丈夫这种令她难堪的安排，忍受这位更年轻的姑娘，成为海明威月薪 250 美元的亲密助手，成为第三者，在她和他之间存在，夹杂在家庭生活之中。虽然她对这位比自己更少妇的少妇，感到"令人讨厌、丑恶和痛苦"，但玛丽·韦尔什硬是下定决心，无论发生什么事情，也要赖着不走，要守在这个家庭里。这种"三个早餐盘子，三件晾在绳子上的湿浴衣，三辆自行车"式的状况，在海明威与第二个太太，那位富家女哈德莉共同生活期间，就曾经发生过。

　　所以，那位自以为雄风不减、金枪不倒的海明威，居然信口开河地"告诉查尔斯（巴克）·兰汉姆将军，经过一段时间的冷落，安抚玛丽·韦尔什是件很容易的事，因为'前一天晚上已经对她灌溉达四次'。海明威死后，兰汉姆将军偶然间向那第四位太太玛丽·韦尔什求证这个问题，她叹息着说：'那要是真的该多好！'"（据保罗·约翰逊的《知识分子》）

　　读到这里，我突然觉得在古巴寓居的海明威，最后饮弹自杀，其中一个很重要的因素是，这个硬汉终于不得不承认，自己老了。显然，这是他接受不了的事实，于是，他用硬汉的手段，结束了生命。

　　这位伟大的作家不明白，老是一种必然，也是一门学问。人过花甲，应该追求一种成熟的美。进入古稀之年，更应该体现出一种智慧的美。但实际上，要做到这种程度，又是谈何容易。所以，最难得者：六十岁时清醒，七十岁时更清醒，八十岁时彻底清醒，这就达到上善若水的至美境界了。但通常情况下，即或不是早老性痴呆症，六十岁时开始糊涂，七十岁时更加糊涂，八十岁时完全糊涂，也是大有人在的。

　　不要怕被人遗忘；

　　不要怕受到冷落；

　　不要不识时务地抛头露面，还要插手管事；

　　不要怕失去讲话机会，产生令人厌恶的指导癖；

　　不要怕后来人否定自己，长江后浪推前浪，这是必然的真理；

　　不要当九斤老太，就自己空前绝后，谁也看不进眼里，做出失态举止；

　　更不要躲在自己的阁楼里，用嫉恨的目光，诅咒一切后来人，便不被人尊敬了。

　　回到文学这个话题上，也是同样道理，作家的清醒，或许更为重要。"江山代有才人出，各领风骚数百年"，除极少数的大师外，谁也不可能永远风光。检阅文学史，作家诗人，长寿者众，但还能坚持写到生命的最后一刻，并不多的。学到老，写到老，有这种可能。但写到老，还写得好，那是十分稀有的现象。我们知道，得过诺贝尔文学奖的美国作家斯坦贝克，最后江郎才尽，写出来的作品，竟到了令人不忍卒读的程度。美人难耐迟暮，英雄老境颓唐，作家也不例外，都会有在创作上老态龙钟这一天的。

我们也看到并领教过的，个别作家，一旦到了写不出什么作品的时候，便像妇女失去生育能力，进入更年期，开始不安生地折腾了。折腾自己不算，还要折腾别人。这种折腾，便表现在文学的嫉妒上。诸如嫉妒来日方长的年轻人；诸如指责年轻人的变革尝试，诸如反感文学上出现的一切新鲜事物……老不是罪过，老而不达，则让晚辈讨厌了。因为年龄不是资本，可以对后来者做一个永远的教师爷。

在荒原上，毛色苍黄的老狼，总是离群而去，孑然独行。而在热带雨林中的大象，最后的结局，是不知所终。所以，俄罗斯的文学大师列夫·托尔斯泰，已经是风烛残年，还要在一个风雪夜里独自出走。也许，他希望自己像丛林中的大象一样，大概打算从这个世界消失吧？我一直是如此忖度的。

文学是一代一代承接下来的事业，在我们的前面，有过前人；在我们的后面，还会有后人。我们做过了我们应做和能做的事，我们走过了我们应走的和能走的路，老是再自然不过的，坦然面对，相信未来，便是自己的座右铭了。

我一直觉得日本大作家川端康成在他作品《临终的眼》里说的话，是值得牢牢记取的。他说："我以为艺术家不是在一代人就可以造就出来的。先祖的血脉经过几代人继承下来，才能绽开一朵花。"

当想到这朵花里，有自己曾经尽过的一份心力，老又何足畏哉？

永远的巴尔扎克

有一个名叫米歇尔·比托尔的法国小说家和批评家这样说过："巴尔扎克的作品是那样的庞大，即使像人们所说的那样要想在其中'转上一圈'，那也是非常困难的。每个人只能选读一些适合于自己的作品。总之，能读完巴尔扎克所有作品的人是很少的，但是要对他作出真正的评价，通读却是必不可少的。"

他又说："巴尔扎克肯定无疑是一位非常伟大的作家，但他的作品瑕瑜互见。这同人们如下的话有点相像：韦兹莱的玛大肋纳是一个非常漂亮的建筑物，但是上面的每一块石块并非同样都是值得关注的。……如果在组成《人间喜剧》的小说中，我们随便抽出一卷来，那是很容易指出它同现代文学的对立之处的，也是很容易指出它的陈旧和过时之处的，但是如果从整体上来研究巴尔扎克的作品，我们就会发现直到今天，它的丰富和胆识还远远没有受到应有的重视，从而仍然是一个巨大的宝库，我们可以从中得到许多的教益。"

一个真正的作家，总是与他所存活过的时代联系在一起的。他的成就是系于他笔下反映这个时代所能达到的深度和广度，至于艺术的技巧，写作的手法，语言的风格，文字的功力，都是放在第二位的考量。后代读者在捧读巴尔扎克作品的时候，首先想知道的是十八、十九世纪那个资本主义社会。只要这个时代，仍在人们的回忆中、视野里，那么，他的作品便有它永葆青春的生命力。

巴尔扎克 200 岁了，如果他活着的话。

但他短命，51 岁，就谢世了。有人为他鸣不平，说，司各特的一生，如日中天，歌德的有生之年，就已享有不朽声名。然而，巴尔扎克在他生命中途，还未登上高峰，溘然病逝……这是没有办法的事情，人犟不过天。这样，按中国标准，他的年龄只能算中青年作家。若是与文坛诸老一桌子吃饭的话，肯定是敬叨末座的人物。可是，在人家那儿，他刚出道不久，就当上文学家协会的主席。他活着的时候，除了他欠钱的债主外，他是老大。他死了以后，那些向他讨账的执达吏（估计是税务局的稽查员或审计员），也到上帝那里去了。从此，他在文学史上，就是永远的老大了。

这位法国作家，真敢花钱，真敢借钱，透支，对他来讲，小事一桩，债主逼门，他连眼睛也不眨一下，请坐请坐，有话好说。说实在的，他的资产负债表的记录，不值得我们羡慕，他去世后丢下的一屁股两肋巴的欠债，不得不由他新娶的俄国太太来还，这软饭吃的也颇令吾等须眉泄气。

另外，他还有一种过度的嗜好，不值得我们仿效。他那种拼命用黑咖啡提神的做法，对于他减寿可能起到不良作用。有人统计过，他为写作大概喝了一万几千杯的咖啡。他的写作神经，受到太多的咖啡因刺激，多产高产是直接效果，早衰早逝则是间接效果，这是双刃剑，你得到了作品，也付出了生命。

但是，生命固然重要，作品应该更为了不起，正如雨果在他墓前演说中指出的："他为我们留下的作品，是一座高大而坚固，建立在花岗岩基石之上的丰碑。"这座丰碑，却是存在于这个世界上，受到人们永远景仰。他的创作劳动，那塞纳河上渔夫所看到的终夜不眠的灯窗，这种劳作精神，对我们当代缤纷多彩的中国文学，说不定会有许多有益的启示。

他当文学家协会主席，不是靠上级任命，不是靠暗箱操作，不是靠嘴皮子卖大力丸的结果。他被称之为文豪、为大师，是他至今还有生命力的作品，得到尊崇的结果。巴尔扎克这座丰碑，经过二百年岁月的荡涤磨砺以后，如雨果所料的，仍然"闪耀着作者的不朽声誉"。看来，时间是文学的铁面法官。小孩子吹出来的肥皂泡沫，虽然能在阳光下闪现美丽的彩虹，可是，转瞬间便会化为乌有。

大概有泡沫经济，也就难免泡沫文学，这也许是当代文学中的一道风景线。所以，出书必须炒，不炒不成书，作家不炒，出版社炒，出版社不炒，作家的哥哥妹妹们也要炒，已成时尚和惯例。炒书的同时还要炒作家，于是，文坛花絮，作家片断，与女歌星的婚变，女演员的情史，一齐在报纸的娱乐新闻版出现。不是忙着应付洋人的午夜来访，就是躲开狗仔队的年终追击；不是将赴外国接受铁十字勋章，就是出洋领取本年度比萨饼连锁店评比出来的文学奖。

鲁迅先生写过一篇文章，题目叫做《中国人失去自信心了吗?》，起码在文坛，好像这种缺乏自信的遗患仍在，凡洋人一点头，马上这位作家就找到了大师的感觉，一投手一举足也有了大师的模样。这些年来，外国老娘婆不知替中国接生了多少个文学大师，一会儿这个是，一会儿那个是，结果也不知是先天不足，还是后天失调？抑或由于洋奶水对中国作家产生水土不服的反应？至今弄不清楚这些大师多大程度是真，多少成分为假？所以，在分不清究竟是狸猫换太子，还是太子换狸猫的情况下，倒是应该寄期望于读者，不为炒作起来的喧嚣所动，回到古典，读一读巴尔扎克或别的经典作品，也许不失为浮躁中的一贴清凉剂。

因为文学作品究竟不是狗不理包子，只有刚出蒸笼就端上来咬一口，最为佳美，一凉了，汤凝油固，便味同嚼蜡。《红楼梦》出屉至少有二百多年，至今仍然是一碟不可多得的佳肴；巴尔扎克写作的年代，相当于嘉庆、道光年间，比《红楼梦》的康、雍、乾晚上百年，他笔下的高老头、葛朗台、拉斯蒂涅、邦斯、贝姨……时不时地挂在人们口头。这就是名师制作的美味，只消品尝过后，那齿颊生香的记忆，会长久令人回味一样，说明好的作品永无过时这一说。

巴尔扎克，从出道起，一路走来，也是并不平坦的。

他刚刚写出作品时，难能免俗，还曾经化名一位什么伯爵，发表文章说"巴尔扎克先生的天才，在这两卷著作中露出了锋芒"。那是他对自己还不具备足够信心的表现。他早年把处女作呈献给一位法兰西院士，想得到他的指点时，想不到得到的回答是，老弟，你什么都可以干，就是不能干作家这个行当。据同时代不太喜欢他的人回忆，认为巴尔扎克这个人，是个一文不名的家伙。甚至欣赏他的波德莱尔，也说巴尔扎克的文笔给人一种"冗长、拥塞、芜杂的感觉"。

他终于还是成了法兰西文学中的大师，这是实力的胜利，也是劳作的胜利，更是坚持理想直奔而去不达目标绝不罢手的胜利。列夫·托尔斯泰说他最推崇的三位法国作家，一、司汤达，二、福楼拜，三、就是巴尔扎克。

我不知道法文版《巴尔扎克全集》是多少卷？摞起来有多高？但中文版的《巴尔扎克全集》的新版本，一共三十卷，堆在那儿快一人高了，真教人打心眼里宾服。这三十卷，每卷以四十万个汉字计算，乘一下，应该有一千二百万字。这数量，也许我孤陋寡闻，好像在中国，还未见一位用白话文写作的作家，写出这许多的小说来。所以，"著作等身"这句成语，用于巴尔扎克，他是当得起的。

如果，再算一算他一生中，用来写作的时间，那就更让人肃然起敬了。从1829年，以巴尔扎克的真名开始发表作品起，一直到1849年，也就二十年工夫，写出了一千二百万字。两者相除，他平均每年要写六十万字，如果再将他不停修改的字数也包括在内，当数倍于这个净值。据说，巴尔扎克的出版商，每次给他送校样，按他的要求，每页必须留下足够的空白，以便他修改，而且都要改上好几过甚至十几过才能定稿。"他的笔迹极难辨认，他就叫人用废旧铅字印成长条校样，然后在上面进行大量修改，修改之多使出版者不得不把修改费用算在巴尔扎克的账上，'排字工人干巴尔扎克的活儿好比苦役犯服刑，干完这份苦差再去干别的工作，简直像在休息。'"（见莫洛亚《巴尔扎克传》）我们可以从人民文学出版社出版的这部传记张守义先生设计的封面，用作图底的手稿上，那密密麻麻的改动痕迹，得到佐证。

在中国，自打曹植写了他的《七步诗》后，文人们很为落墨不移的捷才自负，假如是王勃的话，一挥而就《滕王阁序》，站起来，背着手，在都督阎公面前吹上两句大话，应该承认，他拥有这份说嘴的资格。而现在有些才子，本钱不大，作品一般，感觉却异常之好，扬扬得意于自己那一字不改的"功底"，一过即成的"天分"，其实哪怕他投五回胎，也不见得就变成王勃。如果此话私底下说说，图一个嘴痛快，也则罢了，还要在文章里自吹自擂，就不能不令人齿冷。

比起这等吹公，巴尔扎克自然惭愧，但他不惮修改的认真精神，虽然折磨了曾经为他排字印刷的工人，但也感动了他们。他死后，在他送葬的行列中，据《巴尔扎克传》中的引文，"那些长期同他在一起，为他排字的印刷工人在人群中占了相当大的比例。"这倒也是文学史上的一段难得的佳话。

巴尔扎克200岁了，最早将他介绍给中国读者的，倒是反对白话文的林纾。看来只要是真大师的好东西，无论旧派和新派，都能识货。鲁迅先生在1934年的《申报》的《读书琐记》中，更是给这位大师以极高评价："高尔基很惊服巴尔扎克小说里写对话的巧妙，以为并不描写人物的模样，却能使读者看了对话，便好像目睹了说话的那些人。"他的结论是："中国还没有那样好手段的小说家。"

毋庸置疑，从二十世纪起，在中国文学界，巴尔扎克便是一个响亮的名字。

严格讲，中国现行的白话文小说的写法，与中国传统的章回体小说，诸如《三国演义》《水浒传》《红楼梦》，并无太显著的血缘关系，不像是嫡传。相反，与西方小说的师承关系，更一脉相通些，可以找到很清晰的姻亲渊源。就以鲁迅先生的《狂人日记》论，这是中国第一篇现代意义的小说，从题名，到题旨，到结构，甚至到语言，更多的不是继承传统，而是对西方的借鉴。"五四"以来，中国新文学的成长、发展，几乎每一过程都受到欧、美，包括旧俄、日本等文学的深刻影响。

所以，二十世纪二十年代到四十年代，先是以北平为中心，后是以上海为中心的大多数中国作家，无一例外地从西方文学中汲取营养，提挈技巧，这种状况一直延续到五十年代新中国成立。此后，由于人们习惯用政治标准衡量一切，文人乖巧者多，又特别善于自律，西方文学便日见式微。苏联文学登堂入室，巴尔扎克也就悄没声息地退到书架的次要位置。及至"文革"，"封资修"三个字，差不多把所有书籍都囊括在内，扫荡殆尽，只能用呜呼哀哉四个字来概括那时的惨状了。

巴尔扎克逝世后的一百五十年以来，世界文学发生了重大的变化。辉煌的十九世纪欧洲现实主义，对于今日还在写作的作家来言，已经是具有相当古典意味的文学了，时下新锐的年轻一代，或许近年去世的女作家杜拉的名字，会感到更为亲切一些。这种缺乏对西方文化的系统学习的现象，与十年"文革"所造成的隔阂，不无关系。因此，和年轻作家谈论高老头、葛朗台、拉斯蒂涅、邦斯、贝姨的话题，恐怕会像"白头宫女话玄宗"那样的生疏了。

我记得最早读过的《高老头》和《欧也妮·葛朗台》，并非傅雷先生翻译的。五十年代初期他译的巴尔扎克著作，成规模，影响大，但印数很少，随后也就从书店消失了。但我们这些开始写作的一代人，他的书曾经是爱不释手的范本。他的作品中逼真传神的写实手法，汪洋恣肆的史诗场面，壮观浩瀚的人物画廊，锐利深刻的思想锋芒，都是我们努力企及而始终也难以达到的高度，他的作品对那一代作者的启蒙作用，和今天流行的新小说派、后现代主义、魔幻现实主义作品，对当代中国新兴作家所产生的吸引力，是同样不可低估的。

改革开放，国门打开，人们眼睛一亮，在文学领域里，这世界上敢情还有很多闻所未闻、见所未见的新事物。当卡夫卡、萨特、加缪、西蒙、索尔仁尼琴、博尔赫斯、马尔克斯、昆德拉……这些名字甚嚣尘上的时候，那个"一副面包师的相貌，鞋匠的身段，箍桶匠的块头，针织品商人的举止，酒店老板的打扮"的巴尔扎克，在这二十年里，好像也从未成为文学界关注的热点。

这也怪不得，文学的趋时务新，是文学进取的必然。文学有一点类似时装革新的成分，到了换季的时令，自然要推出更时新的设计。但文学又不完全等同于时装表演，刚上市的款式，必定是价值昂贵，好销抢手；不入时的货色，必定要从橱窗里撤下来，打折出售。时装是这样的，文学却不应该是这样的。

文学有竞争，自然也就有淘汰，作品有不朽，自然也就有湮没。但淘汰也好，湮没也好，和文学是否新潮或者守旧，是没有什么关系的。无论文学怎样千变万化，其本质的部分，也就是时代要求于文学的，历史要求于文学的，以及审美功能所要求于文学的等等，这些应该是文学中必不可少的功课，大概是不会太变和大变的。因此，真正的文学，永不过时，巴尔扎克不会热到沸点，大红大紫，但也不会冷到零度，无人问津。

新时期文学二十年，那种昙花一现的盛况，令我们雀跃过多少次，兴奋过多少回，但到了如今，那些"一举成名天下闻"的作家，依旧忙得脚下生风，屁股冒烟，可他们那些作品早就被人遗忘，放在旧书店里的书架上，也积满灰尘，面目可憎了。

不管愿意还是不愿意，大多数作家是要过时的，如果过了十年，读者已经记不起他写过些什么，是很正常的；如果过了五十年，人们甚至记不起来这位作家的名字，也不必奇怪。这样的文坛过客，多如过江之鲫，有的在文学史的夹缝里，偶尔留下一个名字，也不是没有可能。正如演员表上饰演匪兵甲、匪兵乙，老乡甲、老乡乙的小角色，记住名字又如何，还不是舞台上一个过客而已。我一直想，做一个群众演员，陪着北京话叫做"大腕"的"名角儿"，"得儿令锵"地跑一回龙套，也没有什么不好。契诃夫的"大狗叫，小狗也要叫"的名言，是很有道理的。

舞台上不可能全是主角，统统是主角的话，每一位都抢戏，这台戏干脆就演不下去。任何时代，任何地域的文学事业，都是由极少数大师级的作家，和绝大多数非大师的作家，共同来完成这场演出。大多数作家像过眼烟云一样，过去也就过去了，即或五十年间名噪一时的作家，到了一百年后，未必还能保持往年的风光。文学史上的名字，会长期保留，但读者的萃取率，随着时间的推移，相隔愈远，筛选愈严，很多作家都会从普通读者的视野里消逝，很无情的。《全唐诗》有数万首诗，有数千诗人，你能记住的，还不是那几位诗人那几首诗？所以，1799年出生在图尔城的巴尔扎克，二百年过去了，还有人纪念他、研究他，还有出版社出他的书，还有读者买他的书，能得到这样的不朽，只有极少数拥有天分和才华的作家，只有在作品中永远焕发着生命力的作家，才能获此殊荣。

像巴尔扎克这样的文学大师，称得上"高山仰止"了。他真是一座山，一座不可逾越的高山。这座山，能够使人"横看成岭侧成峰，远近高低各不同"的，多层次、多侧面、多角度地体会他；这座山，能够使人"仁者见仁，智者见智"，如入宝山，绝不会空手而返地获得良多教益。这种使后来人永远有话好说的作家，那才叫做真正的不朽。

这位法国最优秀的作家之一，在他 200 岁生日的时候，还被人津津乐道，就因为他笔下那波澜壮阔、多姿多彩的画面，对我们具有吸引力，就因为他在创作中投入的劳动，不停燃烧生命的热忱，对我们具有鼓舞力，而他在作品中那股"咬定青山不放松"的与时代契合的精神，对我们同样经历过复杂、艰难、动荡、险阻的大半个世纪的中国作家来说，或许更具有启示意义。

生于 1799 年，死于 1850 年的巴尔扎克，这半个世纪，是法兰西近代史上的多事之秋。他短促的一生，几乎经历了拿破仑帝国、路易十八封建王朝和老拿破仑侄儿路易·波拿巴的第二帝国。他的这部冠之以《人间喜剧》总标题的庞大史诗，全景式地反映了剧烈动荡的社会变革时期，从巴黎到外省，从贵族到平民的法国生活。如果赞美《人间喜剧》写出了一份形象化的法国十九世纪的历史，巴尔扎克是当之无愧的。

其实，二十世纪，中国土地上的风云变幻，不见得比巴尔扎克时代的法兰西逊色，中国作家的所经所历，不见得比巴尔扎克差池到哪里去。但我们中国的《人间喜剧》式的大作品，却还在孕育的过程中，只有待之以来日了。

这样的期待，也许未必可取，作家不是史学家，文学作品也并不承担记载史实的任务。但是，假如作家的创作，与他生活着的那个时代，稍稍扣紧一些；与大多数的人的心境，稍稍融合一些；与社会跳动着的脉搏，稍稍同律一些，如巴尔扎克那样，用生命去燃烧手中的笔，去触摸世界，去感知时代，给后人留下一份历史的印迹，岂不是在纪念这位大师诞生二百周年的时候，值得我们闲来无事，不妨思考一下的事么？

巴尔扎克之所以永远，这恐怕是很重要的一点。

图书在版编目（CIP）数据

天下文人／李国文著.-北京：中国文联出版社，2009.5
ISBN978－7-5059-6379-5

Ⅰ.天… Ⅱ.李… Ⅲ.文化-名人-生平事迹-世界 Ⅳ.K815.4

中国版本图书馆CIP数据核字(2009)第065228号

书　　名	天下文人	
作　　者	李国文	
出　　版	中国文联出版社	
发　　行	中国文联出版社 发行部 （010—65389152）	
地　　址	北京农展馆南里10号(100026)	
经　　销	全国新华书店	
责任编辑	薛燕平　刘 旭	
责任校对	师自运	
责任印制	李寒江　刘秋月	
印　　刷	北京隆昌伟业印刷有限公司	
开　　本	710×1000　1/16	
印　　张	19.5	
插　　页	1页	
版　　次	2009年6月第1版第1次印刷	
书　　号	ISBN978－7-5059-6379-5	
定　　价	39.00元	

您若想详细了解我社的出版物
请登陆我们出版社的网站http://www.cflacp.com